영의해 역주【상】 令義解譯註(上)

An Annotated Translation of "Ryonogige"

기요하라노 나츠노清原夏野 저 ▌ 이근우 역주

세창출판사

영의해 역주【상】令義解譯註 上

1판 1쇄 인쇄 2014년 9월 11일
1판 1쇄 발행 2014년 9월 20일

저 자 | 기요하라노 나츠노(淸原夏野)
역주자 | 이근우

발행인 | 이방원
발행처 | 세창출판사
신고번호 | 제300-1990-63호
주소 | 서울 서대문구 경기대로 88 냉천빌딩 4층
전화 | (02) 723-8660 팩스 | (02) 720-4579
http://www.sechangpub.co.kr
e-mail: sc1992@empal.com

ISBN 978-89-8411-488-3 94910
978-89-8411-487-6 (세트)

이 책은 한국연구재단 명저번역사업의 지원을 받아 수행한 연구결과임(421-2011-1- A00010).

이 도서의 국립중앙도서관 출판시도서목록(CIP)은 e-CIP홈페이지(http://www.nl.go.kr/ecip)와 국가자료공동목록시스템(http://www.nl.go.kr/kolisnet)에서 이용하실 수 있습니다.
(CIP제어번호: CIP2014025441)

머리말

序文

동아시아 사회의 공통적인 문화요소로 종종 한자, 불교, 유교, 율령을 든다. 그중 율령은 동아시아의 각국이 법적인 지배를 위해서 수용한 법률체계이다. 다만 한반도 고대 삼국의 율령의 모습은 구체적으로 확인하기 어려운 상황이다. 통일신라의 경우조차도 단편적인 관련 기록을 제외하면 많은 부분이 의문인 채로 남아 있다. 이에 대해서 고대 일본의 경우는 율령격식의 법전이 모두 남아 있는 상황이다. 이번에 번역한 『영의해』는 일본이 시행한 양로령(養老令)의 원문과 그 원문에 대한 법적인 효력을 갖춘 해설을 담은 책이다.

당령(唐令)조차도 산일되어 버린 상태에서 이 양로령은 당령을 복원하는 데도 중요한 역할을 하였다. 니이다 노부루(仁井田陞)가 『당령습유(唐令拾遺)』(1933)를 편찬할 수 있었던 것도 일본에 『영의해』라고 하는 영의 법전이 남아 있었기 때문이다. 양로령의 경우 기본적으로 당령을 계수(繼受)한 것이지만, 고대 일본의 상황에 맞추어 규정을 수정하거나 채용하지 않은 경우도 있다. 따라서 이러한 조항을 당과 고대 일본 사회의 차이점을 확인하는 단서로 삼을 수 있다. 특히 호령(戶令)・전령(田令)・부역령(賦役令) 등에서 당과의 차이를 확인할 수 있다. 해제 부분에서 특히 이 부분에 대하여 자세히 설명하였다. 번역자의 능력 부족으로 모든 영에 해제를 달지 못한 점은 해량해 주시기 바란다.

『영의해』를 번역하기 시작한 것은 2007년의 일이다. 부경대학교 사학과 대학원생을 중심으로 한문강독을 겸하여 번역에 옮기기 시작하였고, 2010년 10월경까지 공식령(公式令)까지 초벌 번역이 끝났다. 결코 쉽지 않은 한문과 씨름하느라 고생한 대학원생들에게 지면을 빌려 감사한 마음을 전한다. 특히 호령의 주석 작업은 고대법제사를 전공하는 김은상 군이 맡아 주었다.

2011년에『영의해』가 한국연구재단의 명저번역과제로 선정되었고, 이때부터 초벌 번역의 윤문, 남은 부분의 번역과 전체적인 주석은 대학원생들의 유학 등으로 인하여 혼자 진행하게 되었다.

한 권의 책, 그것도 법령을 담은 책 전체를 번역하는 일은 결코 쉽지 않았다. 법령 자체가 다양한 분야에 걸쳐 있는 것이므로 여러 분야의 지식이 필요하고, 또 옥령(獄令)과 같은 경우는 율(律)과 밀접한 관련을 갖는 것이므로 율에 대한 이해가 선행되어야 했다. 다행스럽게도『당률소의(唐律疏議)』와『당육전(唐六典)』을 이미 김택민 선생님을 대표로 하는 연구팀에서 번역하였기 때문에 이를 참고할 수 있었다.

『영의해』는 일본에서도 아직 전문이 번역된 적이 없다. 양로령의 본문은『율령(律令)』(日本思想大系, 1976)으로 번역된 바 있으나 해설 부분에 대해서는 관위령 직원령 신기령과 옥령에 대한 비교적 자세한 주석서가 있을 뿐이고, 나머지 부분은 공백으로 남아 있다. 번역하는 과정에서 내용을 좀 더 구체적으로 알기 위해서 명법가의 법에 대한 해설을 망라해 둔 영집해(令集解), 그리고『율령』의 보주 등을 많이 참조하였다. 미진한 부분에 대해서는 반드시 이 두 책을 참고할 필요가 있다. 당연히『영의해』의 내용에 대한 일본 측의 연구가 방대한 양에 달하므로, 부분적으로는 저서나 논문을 살펴보고 보완하기도 하였지만 부족한 점이 많다. 고과령의 내용을 이해하기 위해서는 노무라 다다오(野村忠夫)의『律令官人制の硏究』(1967)가 필독서이다.

관위령의 의의에 대해서는 하야카와 쇼오하치(早川庄八)의 『日本古代官僚制の硏究』(1986)를 읽어 볼 것을 권한다.

부족한 능력에도 불구하고 영의해의 번역을 시도한 것은 영의 온전한 모습을 보여주고 싶은 마음 때문이었다. 우리 학계에서 삼국이나 통일신라의 율령을 논의해 왔지만, 당령을 계수한 일본 양로령의 전모는 제대로 알 수가 없었다. 한문 원전보다는 다소나마 읽기 쉽게 우리말로 번역을 해 두면, 우리 학계의 율령에 대한 논의가 한걸음 진전될 수 있을 것이고, 특히 고대 법제사에 관심을 가진 학생들의 입문서 역할을 할 수 있을 것이다.

솔직히 우리들은 일본 고대사에 대하여 제대로 알지 못한다. 우리는 삼국사기와 삼국유사 그리고 몇몇의 금석문을 가지고 우리 고대사를 고민하고 있으며, 필사본 『화랑세기』가 김대문의 『화랑세기』인지도 쉽게 결론을 내리지 못하고 있다. 그러나 일본은 고대에만 육국사(六國史)라고 불리는 여섯 종류의 사서(史書)가 있다. 우리에게 잘 알려진 『일본서기』(이근우 외 번역, 동북아역사재단)는 그 첫 번째 사서이고 이어서 『속일본기』(이근우 번역, 지만지), 『일본후기』 등으로 이어진다. 『삼국사기』는 1145년에 편찬되었지만, 『일본서기』는 720년, 『속일본기』는 797년에 편찬되었다. 당연히 일본 고대사에 대한 정보가 우리 고대사에 대한 정보보다 훨씬 촘촘하고 치밀하다.

법제사의 경우도 다르지 않다. 우리는 율령과 관련된 법전을 고려시대에도 제대로 확인할 수 없는 상황이지만, 일본은 율령격식의 법전이 모두 갖추어져 있다. 『영의해』(833년, 전 10권 30편)는 영에 대한 해설서이다. 이보다 4배 분량이 많은 『영집해(令集解)』(868년경 전 50권)는 법령을 전공으로 하는 명법가 집단의 존재를 확인시켜준다. 이 두 문헌은 일본의 영이 어떠한 것이었고, 각 규정을 구체적으로 어떻게 이해하고 적용하였는지를 보여 준다.

그 밖에도 영의 개정법이라고 할 수 있는 격(格)을 담은 『유취삼대격(類聚三代格)』(전 30권), 영의 구체적인 시행을 위해서 필요한 규정인 식(式)을 담은 『홍인식(弘仁式)』, 『정관식(貞觀式)』, 『연희식(延喜式)』(전 50권) 등이 편찬되었고, 『연희식』이 남아 있어서 율령격식(律令格式)의 운용 상황을 구체적으로 살펴볼 수 있다. 『유취삼대격』은 11세기에 편찬된 것으로 보이며 관사별 사례별로 모아서 법령의 활용도를 높이고자 한 것이다. 시행세칙의 집대성이라고 할 수 있는 『연희식』은 927년에 완성되었으나 개정을 거쳐 967년부터 시행되었는데, 약 3,300조에 이르는 규정이 망라되어 있다. 사소한 사항까지도 규정하고 있기 때문에 일본 고대사의 기본 사료 중 하나이다.

8세기 이후 일본의 문헌 사료는 급격하게 증가하여 방대한 양이 남아 있고, 목간 자료도 30만 점을 넘어서고 있는 실정이다. 이제부터는 넓은 시야에서 우리의 고대사를 연구할 필요가 있다고 하겠다. 길은 멀고 짐은 무겁다.

『영의해』를 번역할 수 있기까지 많은 분들의 도움이 있었다. 한국학중앙연구원에서 『경국대전』 번역사업을 할 때 이성무 교수님의 배려로 예전(禮典)의 주석 작업을 도와드리게 된 것이 전통시대 법률과의 첫 만남이었다. 1991년에 일본 경도대학 일본사교실에서 다시 박사과정을 밟게 되었을 때 그전부터 공부해 왔던 한일관계사가 아니라 고대법제사 쪽에 뜻을 두게 된 것은 예전을 읽으면서 얻은 몇 가지 지식 때문이었다. 『영의해』는 지금은 고인이 되신 경도대학의 가마타 모토카즈(鎌田元一) 교수님의 학부생을 위한 강독시간에 처음 접하게 되었다. 번역도 없는 한문 원전을 학부생들이 준비해 와서 발표하면, 번역의 잘못도 짚어주고 일본어의 표현까지 다듬어 주는 수업이었다. 학부생들이 한문 원전을 가지고 수업을 하는 것도 놀라웠고, 폭넓은 지식과 엄격한 고증을 겸비한 가마타 교수님의 지도를 통해서 많은 것을 배울 수 있었다. 직접 학은을 입지는 못하였으나, 김택민 교수님을 비롯한 『당률소의』『당육전』 번역팀의 연구성과에 크게 도움을 받았다.

『영의해』의 번역을 지원해 준 한국연구재단과 번역과 원문을 함께 출판해야 하는 어려운 일을 맡아준 세창출판사에 감사드린다. 안효희 선생님을 비롯하여 교정을 맡아 고생하신 분들께도 감사드린다. 출판사에 처음 건네준 원고가 신통치 않아서 교정 보는 과정에서 교정지가 새빨갛게 되도록 많은 내용을 추가하였기 때문에 어려움이 많았을 터이다.

2014년 8월

이 근 우

범례

凡例

❶ 번역 底本은 『新訂增補國史大系本 令義解』(吉川弘文館, 1976년. 초판은 1939년)로 하였다.

❷ 일반적인 令의 본문은 11포인트 굵은 글씨로, 영의 본문 중에 작은 글씨로 되어 있는 것은 10포인트로 나타내었고, 주석 부분은 9포인트로 < > 속에 넣었다.

❸ 원문의 체재는 가능한 한 底本에 따랐다.

❹ 『令義解』의 本文이 아닌 후대의 追記는 번역하지 않았다.

❺ 漢字는 가능한 한 저본에 충실하고자 하였으나, 난해한 異體字인 경우는 일반적인 한자로 고쳤다.

❻ 한자는 ( ) 속에 넣었고, 만약 해석과 원문의 한자가 다를 경우에는 [ ] 안에 넣어서 구별하였다. 예를 들어 主婚을 혼주[主婚]로 고친 경우다.

❼ 『令義解』의 각 篇名은 「 」 속에 넣어 표시하였다. 예를 들면 「官位令」과 같이 나타내었다.

❽ 한자로 된 용어를 번역하는 데 있어서, 당시 실제로 사용된 용어나 의미가 복잡한 경우는 가능하면 원형을 유지하고자 하였다. 예를 들어 장부에서 삭제하거나 기입해 넣는다는 뜻을 가진 除附, 이전의 본관지를 나타내는 先貫 등은 번역하지 않았다.

❾ 「令義解」 원문에는 영의 조문에 번호가 붙어 있지 않으나, 조문을 찾기에 편리하도록 임의로 일련 번호를 붙였다.

차례
次例

영의해 권제1
令義解 卷第一

영의해 권제2
令義解 卷第二

영의해 권제3
令義解 卷第三

영의해 권제4
令義解 卷第四

해제
解題

『令義解』는 고대 일본에서 제정된 법률인 「養老令」에 대한 주석서이다. 「養老令」은 중국 당의 令을 수용한 이른바 繼受法이지만, 당의 令이 현재 산일된 상태이므로, 「養老令」이야말로 가장 완전한 형태의 令이라고 할 수 있다. 그렇기 때문에 唐令이 그나마 『唐令拾遺』라는 형태로 부분적으로나마 복원될 수 있었던 것도 사실은 일본의 「養老令」이 존재했기 때문이다. 그런 의미에서 「養老令」은 고대 동아시아의 법률과 제도를 연구하는 데 극히 중요한 자료이며, 신라를 비롯한 한국 고대 삼국의 율령을 복원하는 데 중요한 단서가 될 뿐만 아니라, 또한 고대 일본 사회의 성격을 이해하는 데도 큰 도움을 준다.

「養老令」은 당시 일본 정계의 최고 권력자였으며 이미 「大寶律・令」의 편찬을 주도하였던 藤原不比等(659~720)이 편찬하였다. 그는 「大寶律・令」 편찬 직후부터, 大寶律令이 가진 문제점을 해결하기 위하여 보다 일본의 상황에 적합한 율령을 만들기 위한 작업을 계속하였다. 그러나 720년(養老 4년)에 不比等이 죽음으로써 그 작업은 일단 중단되었다. 그 후 孝謙天皇 때인 757년에 藤原仲麻呂의 주도로 720년에 찬수가 중단된 상태의 율령이 시행되기에 이르렀다. 종래의 大寶律令과 養老律令은 戶令의 중요한 개정이 있기는 하지만, 전반적으로는 큰 차이가 없고, 字句의 수정이나 미비한 법령을 보완한 정도이다. 그러므로 법제사적인 측면에서는 「養老令」의 시행이 큰 의미가 없다고 할 수도 있다. 오히려 「養老令」이 시행된 배경으로 당시의 정치정세의 변동에 주목하지 않을 수 없다. 당시 上皇으로서 조정에 군림하고 있던 聖武(701~756. 재위 724~749)가 756년에 죽고 나자, 조정 내에서는 주도권 다툼이 일어났다. 이때 藤原不比等의 손자인 藤原仲麻呂가 孝謙天皇과 손을 잡고 급속하게 권력의 핵심으로 부상하게 된다. 藤原仲麻呂와 孝謙天皇은 모두 藤原不比等의 孫子女였으므로, 不比等의 업적을 활용함으로써 자신들의 권력을 정당화하고자 하였다. 즉 자신들이 不比等의 후손임을 선언하는 동시에, 양자의 협력으로 정권의 안정을 꾀하고자 하였던 것이다.

820년에 편찬된 「弘仁格式」의 서문에 의하면, 718년(養老 2년)에 撰修되었다고 하지만, 『續日本紀』에는 이 시기의 養老令 편찬에 관한 사실이 기록되어 있지 않다. 한편 722년(養老 6년) 2월조에 율령편찬과 관련된 論功行賞이 이루어졌으며, 757년 5월에 「養老律令」의 시행을 알리는 칙에서 그 성립을 지난 '養老年中'이라고 하였으므로, 반드시 養老 2년에 「養老令」이 편찬되었다고 보기 어려운 점이 있다.

「養老令」은 10卷 30編으로 구성되어 있으며, 각 관위에 해당하는 관직을 밝힌 官位令(1卷)을 필두로, 職員令·後宮職員令·東宮職員令·家令職員令(2卷), 神祇令·僧尼令(3卷), 戶令·田令·賦役令·學令(4卷), 選敍令·繼嗣令·考課令·祿令(5卷), 宮衛令·軍防令(6卷), 制令·衣服令·營繕令(7卷), 公式令(8卷), 倉庫令·廏牧令·醫疾令·假寧令·喪葬令(9卷), 關市令·捕亡令·獄令·雜令(10卷)으로 구성되어 있다.

「大寶令」과의 차이는 「大寶令」의 「官員令」을 「職員令」으로, 「選人令」을 「選任令」으로, 「考仕令」을 「考課令」으로 한 점을 비롯하여 「大寶律令」의 미비점을 다소 보완하고 用字를 수정한 점을 들 수 있으며, 대체로 실무적인 수정작업에 주안을 둔 것이라고 할 수 있다.

「養老令」은 「大寶令」과 더불어 고대 일본의 정치체제와 사회 전반을 규제하는 근본법령으로 기능하였으며, 중세에도 「養老令」에 규정된 관위와 관직체계가 실질적으로 기능하였다. 근대에 들어도 명치유신 초기에 「養老令」에서 규정된 관직제도가 부활되기도 하였을 만큼 「養老令」의 영향력은 일본사의 여러 곳에서 확인할 수 있다. 다만 현실적으로는 平安時代에 들면서 사회 경제적인 상황의 변화를 반영하지 못하는 등의 문제점을 드러내게 된다. 그래서 「養老令」의 不備를 보완하거나 새로운 법률을 만들 때 주로 格이라는 형식의 법을 제정하게 되었다. 弘仁格式(弘仁格・弘仁式), 貞觀格式(貞觀格・貞觀式), 延喜格式(延喜格・延喜式), 交替式, 類聚三代格 등이 바로 그 산물이다. 따라서 奈良時代를 律令政治의 시대라고 한다면, 平安時代는 格式政治의 시대라고도 할 수 있다. 이러한 의미에서 奈良時代와 平安時代를 관통하는 정치와 법제를 이해하는 기본적인 축이 바로 「養老令」이라고 할 수 있다.

이러한 「養老令」에 대한 주석서인 『令義解』는, 833년에 淳和天皇의 칙명으로 당시의 右大臣 淸原夏野가 책임자가 되고, 文章博士였던 菅原淸公 등 12인이 편찬한 책이다. 그중에서도 明法學者였던 興原敏久, 讚岐永直 등이 편찬의 실무를 담당하였을 것으로 보고 있다. 이 책은 勅撰 즉 천황의 명령으로 편찬되었기 때문에 그 해석 자체가 법적인 효력을 가지고 있었다. 平安時代 초기에 만들어진 『令集解』와 더불어 율령 연구의 가장 기본적인 문헌이다.

기본적인 체재를 살펴보면 令의 본문을 열거하면서, 각 조문의 자구마다 '謂'로 시작하는 간결한 해석을 덧붙인 것이다. 대체로 표준적이고 온당한 해석이 많지만, 구체적인 논점은 『令集解』와 동시에 읽어야 비로소 이해되는 경우도 적지 않다.

『令義解』의 제1권 부분은「官位令」,「職員令」,「後宮職員令」,「東宮職員令」,「家令職員令」이다. 『令義解』는 전10권으로 이루어져 있고, 그중의 제1권이지만, 분량에 있어서는 전체의 1/5에 해당한다. 「관위령」과 「직원령」이 율령제 국가를 구성하는 근간이 되는 부분이기 때문에 令의 첫머리에 있을 뿐만 아니라, 1권의 분량도 다른 권과 비교해서 특히 많다. 「관위령」과 「직원령」을 보면 당시 관인제의 면모를 쉽게 짐작할 수 있다. 이하 중요한 영을 들어보면 다음과 같다. 이하 중요한 영을 들어보면 다음과 같다.

戶令 해제

호령은 전체 45조로 이루어져 있는데, 編戶・戶籍・戶의 질서・良賤의 질서・國司와 郡司의 직무 등에 대하여 규정하였다. 그 내용을 요약하면 다음과 같다.

1. 戶・里・坊・郡의 구성 및 책임자 里長・坊長・方令의 임명에 관한 규정 1~4조.
2. 戶主 및 課戶・不課戶에 대한 규정 5조.
3. 나이와 장애 및 질병에 따른 戶口의 분류 6~8조.
4. 戶 간의 상호감시를 위한 保 및 保의 역할 9~10조.
5. 80세 이상인 자에 대한 給侍 및 양자 규정 11~12조.
6. 호의 분할・편제에 관한 규정 13~14조.
7. 호의 이동・沒落・浮逃에 관한 규정 15~17조.
8. 계장・호적의 작성 등에 관한 규정 18~22조.
9. 재산 분할에 관한 규정 23조.
10. 혼인에 관한 규정 24~31조.
11. 鰥寡孤獨・病者 등에 관한 규정 32조.
12. 國司의 지방 순행 및 근무 규정 33~34조.
13. 천인의 신분, 양인 사이에 출생한 자식의 신분에 관한 규정 35~44조.
14. 흉년 대처 규정 45조.

◈ 戶令의 특징

戶令은 唐令에서도 중요한 부분이지만, 日本令에서는 唐令과는 다르게 배치되어 있을 뿐만 아니라 그 의의도 큰 차이가 난다. 이러한 戶令은 唐令이 일본으로 계수되는 과정에서 생긴 차이와 日本令의 성격을 이해하는 데 중요한 단서를 제공한다. 唐令에서는 戶令이 學令・選擧令・封爵令・祿令・考課令 앞에 위치하고 있다. 이에 대해서 養老令에서는 田令・賦役令 앞에 위치하고 있다. 즉 唐의 戶令 속의 戶는 官人을 공급하는 기초단위인 데 대하여, 日本 고대의 戶는 토지 분급의 대상이자 조세 부과의 기초단위라는 성격이 더 두드러진다. 곧 당에서는 관인의 자제뿐만 아니라 일반 백성들도 四門學 이하의 학교에 들어가서 수학할 수 있었다. 四門學의 경우 庶人으로서 뛰어난 俊異 자가 입학할 수 있었고, 律學・書學・算學의 경우도 이 분야에 지식을 가진 자가 입학할 수 있었다. 또한 州縣學生의 경우도 역시 庶人이 포함되어 있었다. 그러나 일본의 경우는 중앙의 大學에는 관인의 자제 및 문한을 담당하였던 東西史部 출신들만 입학할 수 있었고, 지방의 國學의 경우는 전통적인 지방호족으로서 지방관인으로 편제된 郡司의 자제들만 입학할 수 있었다. 일반 백성이 학교를 통하여 관인으로 진입하는 길은 원천적으로 차단되어 있었다.

그러므로 唐에서는 戶가 관인 충원의 단위로 인식된 데 대하여, 일본에서는 戶 및 戶口가 토지 반급의 대상이자 세역 수취의 단위로만 인식되었고, 결과적으로 양국의 법전 속에서 戶令의 위치가 크게 달라지게 된 것이다.

또한 지역구분도 당령에서는 里坊・保라는 인위적 구분과 村・隣이라는 자연적 구분이라는 이중구조로 되어 있으나, 양로령에서는 里坊・保라는 인위적 구분으로 단일화되어 있다. 戶 자체도 唐令은 실제로 함께 거주하는 가족을 바탕으로 하고 있으나, 양로령은 戶의 구성에 있어서 인위적인 성격이 강해서 한 戶 내에서 100명 이상이 파악되어 있는 경우도 있다.

그 때문에 力役의 동원에서도 차이를 나타내는 사례가 있다. 예를 들어서 養老令에서는 한 戶에 3丁이 있는 경우에 1丁을 兵士로 차출하도록 되어 있다. 그러나 당의 경우는 3丁에 한 명꼴로 府兵에 충당되는 것을 원칙으로 하였다. 일본처럼 한 戶에 3丁이 있는 경우는 자연적인 戶에서는 쉽지 않다. 인위적으로 편제된 호이기 때문에 가능한 일이다.

戶에 대한 인식의 차이는 여기에 그치지 않는다. 唐令의 경우는 100戶를 1里로 하고, 6천 호 이상을 上縣, 3천 호 이상을 中縣, 2천 호 이하를 下縣으로 삼는다고 하고, 다시 州의 경우도 4만 호 이상을 上州, 2만5천 호 이상을 中州, 2만 호 이하를 下州라고 하여 州縣의 크기를 戶의 수에 따라 규정하고 있다. 그러나 養老令에서는 50戶를 1里로 하고, 20里 이하 16里 이상을 大郡, 12里 이상을 上郡, 8里 이상을 中郡, 4里 이상을 下郡, 2里 이상을 小郡으로 하여 戶가 아닌 里의 수로 郡을 규정하였다.

이러한 양상은 일본 지방지배의 특수성을 보여주는 것이다. 郡의 官人인 郡司는 중앙에서 파견되는 것이 아니라 현지의 호족들이 임명되었고, 이들은 終身職이었다. 郡 이하의 지배, 조세 납부의 책임을 郡司가 맡고 있었고, 郡의 상위기관인 國은 중앙에서 파견된 國司들이 있어서 郡司들을 관리하는 이중적인 지배체제였다고 할 수 있다.

이처럼 양로령을 당령과 비교하면 里의 크기를 비롯해서 지방행정단위의 크기, 호적의 작성 연한, 재산분할, 천인 신분에 대한 규정 등에서 많은 차이를 보인다. 그 밖에도 士農工商의 규정이 없는 점, 호적의 보존기간이 다른 점, 천인 간의 신분 차이가 적은 점 등 여러 가지 차이가 있다. 특히 혼인과 관련해서 당의 경우는 정혼(양가에서 主婚이 각각 나와서 혼인을 약속하는 일)과 성혼(여자를 맞아들이는 의식)의 두 단계로 되어 있으나, 일본의 경우는 여자 쪽에 거주하거나 새로 집을 지어 거주하는 방식이었을 뿐만 아니라, 연애와 혼인의 구분이 분명하지 않았다. 그래서 「양로령」에서 조부모 부모 등의 허락을 받지 않고 혼인하는 것을 姦으로 규정하고 있지만, 실질적으로는 야합을 금지하는 기능은 하지 못한 것으로 생각된다. 그런 점에서 혼인 규정에서 主婚이라는 표현이 빠진 점도 중요한 의미를 지닌다고 생각할 수 있다. 또한 당령의 경우 同居共財는 형제 간의 균분상속이 원칙이었지만, 「養老令」에서는 嫡子에게 더 많은 재산을 상속할 수 있도록 하고 있다.

이러한 차이는 당과 일본 사회의 차이를 이해하는 데 가장 중요한 단서라고 할 수 있다. 한편 일본령은 당령의 계수법이기는 하지만, 해당 사회의 성격이나 특질에 맞추어 적잖은 내용을 개정하였음을 알 수 있다. 그렇기 때문에 일본령은 명목적인 법령으로 존재한 것이 아니라, 고대 일본 사회에서 실제로 기능하고 있었던 법령이라고 할 수 있을 것이다.

田令 · 賦役令 해제

田令과 賦役令은 戶令 다음 篇目이다. 戶令 · 田令 · 賦役令은 밀접한 관련을 가진 내용이다. 戶令이 戶를 바탕으로 한 里郡國이라는 행정단위의 설정, 나이에 따른 戶口의 구분, 호적 작성, 재산 분할, 혼인, 신분 등을 규정하였다면, 田令은 戶口 및 관인에게 지급되는 토지와 이에 대한 규제 등을 규정한 것이다. 그 내용을 보면 토지의 면적단위 段과 町, 口分田의 지급, 田租, 位田 · 職分田 · 功田 등의 지급 기준 및 절차, 토지 경작에 따른 수익의 분할 등을 규정하였다. 이에 대하여 賦役令은 田租 이외의 調 · 庸 · 雜徭 등의 課役, 그리고 雇役 · 仕丁 등의 부과 기준과 징발절차 등을 규정하였다.

우선 일본 養老令의 田令 · 賦役令은 편목의 배열에서 唐令과 큰 차이가 난다. 唐令에서는 戶令 다음에 學令 · 選擧令 · 封爵令 등 관인의 선발에 대한 규정이 배치되어 있는 반면, 양로령에서는 호령에 이어서 전령 · 부역령이 위치한다.[1] 다음으로 唐令의 田은 논과 밭을 모두 포함하지만, 養老令의 田은 논(水田, 畓)만을 의미한다. 이는 중국의 경우에는 황하 유역의 밭농사지역과 장강 유역의 논농사지역이 모두 전조 수취의 대상이었지만, 일본의 경우는 九州와 本州의 대부분이 논농사가 가능한 지역이었기 때문이다.

또 唐令에서는 성인 남성 丁男에게만 80町이 59세까지 지급되었으나, 養老令에서는 6세 이상의 모든 사람에게 죽을 때까지 구분전이 지급되었으며 6세 이상 남자의 경우 2段, 심지어 노비에게도 지급하였다. 또한 당령에는 永業田에 대한

1_ 이근우, 「영의해 호령 역주」, 『인문사회과학연구』 12-2, 2011. pp.170~171.

규정이 있지만, 양로령에는 없다. 田租는 당이 粟 2石인 데 대하여 일본에서는 段別로 稻 2束 2把였다.

좀 더 구체적으로 살펴보면, 당의 田租는 지방에서 거두어 중앙으로 납부하였고 특별한 경우에만 州에서 사용할 수 있었다. 그러나 일본의 경우는 지방의 행정단위인 國에 납부하고 그중 일부만 舂米라는 이름으로 중앙에 납부되어 관인의 식료로 제공되었다. 또한 당에서는 田租도 課役에 포함되어 丁男에게 부과되었고 부과기준이나 징수절차도 賦役令에 규정되어 있다. 그러나 일본에서는 田租는 課役에 포함되지 않았으며 토지면적에 따라 부과되었고 그 부담도 아주 적었다(4.4%). 또한 당의 균전제가 보유토지의 상한 또는 목표치를 설정한 것이라면 반전에서는 실제로 지급하는 토지의 면적을 정한 것이다.

또한 당의 官人永業田과 일본의 位田은 유사한 성격을 가지고 있지만, 전자는 세습되는 데 비하여 후자의 위전은 5위 이상의 관위를 가진 본인에게만 지급되었다. 또 전자는 미개간지가 지급되었지만 후자는 이미 논으로 사용되는 토지를 지급하였다.

이와 같은 구분전이나 위전의 지급방식은 두 사회의 차이를 반영하는 것이라고 할 수 있다. 중국의 경우는 秦代부터 이미 丁男 한 사람이 하나의 戶를 구성하도록 하는 등 戶의 분화가 진전되고 있었다. 그러나 일본에서 6세 이상의 모든 남녀에게 구분전을 지급하고 지급된 토지에 대해서 전조를 부과한 것은, 가족 전체의 공동 노동에 대하여 세금을 부과한 것이며 이는 일본 사회가 여전히 확대가족 공동체를 기반으로 하고 있는 사회임을 보여준다.

位田의 경우도 일본 사회가 5위 이상의 관인이 귀족 신분이었으며, 이들은 蔭位를 통하여 귀족 신분을 재생산할 수 있었기 때문에, 당의 경우처럼 관인영업전을 통해서 관인층의 지위를 안정시킬 필요가 없었다.

• 당과 일본의 口分田과 田租 비교.

항 목	당	일 본	비 고
명칭	均田制	班田制	
지급대상	丁男	6세 이상의 모든 남녀	공동체 경영
지급토지	구분전+영업전	구분전	영업전이 없음
토지의 성격	논과 밭	논	논만을 대상으로 함
지급면적	80畝+20畝	2段(여성은 2/3)	지급면적이 적음
환산면적	4.17ha+1.04ha	24a(여성은 16a)	
租	丁男 粟 2石(丁租)	1段 2束 2把(田租)	租의 부담이 적음
환산량	120ℓ		

賦役令에서도 일본사회의 특질이 드러난다. 당의 경우는 留役과 관련된 규정을 기준으로 보면 田租와 調가 같은 비중이었다. 그러나 일본의 경우는 調 및 調雜物, 調副物의 비중이 田租보다 훨씬 컸다. 또한 당의 調가 絹과 綿으로 통일되어 있었지만 鐵・鍬(가래)・鹽을 비롯하여 전복・가다랑어 등의 해산물, 염료, 기름 등 다양한 현물을 調雜物이라는 이름으로 징수하였다. 또한 調副物이라는 이름으로 종이나 칠 등도 징수하였다. 이처럼 調의 현물납이 광범위하게 이루어졌다. 이는 율령 제정 이전에 지방의 천황에 대한 복속의례였던 贄의 전통을 계승한 것으로 생각된다. 한편 仕丁이라는 이름의 身役도 일본의 독특한 제도이다.

調・庸・調副物은 직접 京으로 운송해야 했는데, 이를 운반하는 사람을 脚夫라고 하였다. 脚夫는 자신의 부담으로 물품의 운반을 감당하였기 때문에 이것이 백성들에게 큰 부담이 되었다. 이처럼 일본의 경우는 다양한 현물을 확보하여 이를 직접 京으로 운반하는 身役의 부담이 큰 것이 특징이었다.

• 당과 일본의 각종 課役 비교

항 목	唐	日本	비 고
歲役	20일[2]	10일[3]	唐의 1/2
庸	1일 絹3尺,布3.75尺	布2丈6尺	
調	絹2丈, 綿3兩	絹1丈	
調雜物	-	소금, 해산물 등	일본의 독자적 제도
調副物	-	漆・紙 등	일본의 독자적 제도
雜徭	日數 제한 없음[4]	60일	
地稅	畝 당 粟2升	上上戶2石, 下下戶2斗	일본의 義倉
戶稅	不課戶[5]	-	
仕丁	-	50戶당 2丁	일본의 독자적 제도
軍役	丁男 3인 중 1인[6]	同戶 3丁 중 1丁[7]	

2_ 20일 이외에 留役 15日이 넘으면 調, 다시 15일이 넘으면 租를 면제하였다.

3_ 30일이 넘으면 租와 調를 면제하였다. 歲役 1일에 대한 布는 2尺 6寸이었다. 다만 租는 人身에 대한 것이 아니라 구분선에 부과되는 것이므로 실제로는 庸를 면제하는 것으로 보는 견해도 있다. 그러나 歲役 대신 庸을 바친 것으로 본다면, 歲役에 복무한 사람에게 다시 庸이 부과될 수 없으므로 調와 더불어 租도 면제되는 것으로 이해해야 할 것이다.

4_ 雜徭의 정해진 날짜는 없으나, 40日을 넘으면 役, 70日이 넘으면 租, 100日이 넘으면 租調役을 모두 면제하였다.

5_ 不課戶를 九等으로 나누어 上上戶는 1000文, 下下戶는 400文을 거두었다.

6_ 衛士로 1개월간 國都에서 근무, 防人으로 3년간 변방에서 근무하였다.

7_ 병사로 상번하는 자는 京으로 가는 경우는 1년, 防人으로 가는 경우는 3년을 근무하였다.

서문

令義解 序文

정3위 수우대신守右大臣 겸 행좌근위대장行左近衛大將 신 청원진인하야淸原眞人夏野 등이 칙을 받들어 편찬함.

신 하야夏野 등이 듣건대, 봄은 만물을 살리고 가을은 만물을 죽이듯이 형명刑名[1]은 천지天地와 더불어 함께 생겼고, 음은 움츠리게 하고 양은 펴게 하듯이, 법령은 풍상風霜과 더불어 함께 쓴다고 합니다. 죄를 범하면 반드시 처벌하니, 촛불은 나방을 불태울 위험성이 있는 것과 같고, 어기면 빠트리지 않으니, 거미줄이 벌레의 화를 마련하는 것과 같습니다. 과거에 복희伏羲가 나라를 다스려 베개를 바르게 하고 잠자는 것을 곧게 한[寢繩] 이래로 엄하지 않은 명령을 따르기 쉬웠습니다만,[2] 요순堯舜이 죄수가 입는 옷[畫服]을 정한 이래로, 부끄러워하는 마음을 고치기 어려워졌으며,[3] 주가 융성할 때 세 가지 법전을 정하니 그 흐름이 더욱

1_ 刑律 혹은 형벌의 이름이라는 뜻이다.

2_ 『准南子』와 『通玄眞經』에 枕方寢繩이라는 내용이 보인다. 寢繩은 몸을 펴고 잔다는 뜻과 잠자리를 밧줄로 엮어 만들었다는 뜻으로 해석되는데 枕方과 아울러 생각하면 베개를 바르게 하고 몸을 펴고 잔다는 뜻으로 짐작된다. 사회와 자연의 질서가 잡히자 사람들이 편하게 잘 수 있었다는 뜻으로 보인다.

3_ 堯·舜에 이르러 죄에 따라 다른 옷을 입혀 일반 사람과 함께 지내도록 하였으므로, 죄수들이 부끄러운 마음을 가지기는 했지만 잘못을 바로잡기는 어려웠다는 뜻이다. 『논어』에서 "정치로써 이끌고 형벌로 다스리면, 백성들이 면하려고 하고 부끄러워함이 없고, 덕으로 이끌고 예로 다스리면 부끄러워하고

커졌습니다. 한이 구장九章을 정하자 그 갈래가 더욱 나누어져서, 법령이 비록 수레를 채우고 집에 가득 찼지만, 저자의 간사함을 이길 수 없었으며, 솥에 글을 새기고 종에 글을 써넣었지만, 도적이 온 산에 가득한 폐해는 이미 심하였습니다. 풍속이 쇠퇴한 때에 이르러서는 위로는 즐거움과 노함에 맡기고, 아래는 좋아함과 미워함에 따르게 되었습니다. 아침에 만들고 저녁에 없애니, 법률 조항은 도필리를 수고롭게 하고, 부자는 가볍고 가난한 사람은 무거우니 법이 부유한 집으로 돌아가게 되었습니다. 굽은 법을 엄격히 부과하니 칼과 창이 가래의 예리함보다 못하고, 빌린 것을 가볍게 적용하니 군주와 아버지가 따뜻하게 키우는 것을 부끄러워할 지경이었습니다. 그러므로 명령이 내려도 행해지지 않으니 법이 없는 것과 다르지 않고, 명령하는 것이 분명하지 않으니 이는 형벌을 즐기는 것이었습니다.

엎드려 생각건대 황제폐하께서는 도道가 다섯 번 사양한 문제文帝보다 높고, 한 번 목욕할 때 세 번이나 감던 머리를 잡고 나온 주공周公보다 더 부지런하셔서, 금과옥조를 본받아 법을 드리우고, 여러 가지 법령을 반포하셨습니다. 제나라의 형벌 속의 대나무를 베어내듯이, 가을 씀바귀처럼 번거로운 진의 율을 없애듯이 가혹한 형벌을 줄이시니, 공장孔章이 북두칠성과 견우성 사이의 교외를 찾으니 다시 억울한 죄의 기운이 나타나지 않았고, 치우가 황제黃帝[4]의 쇠고랑을 푼 땅에서는 오직 풍향수의 숲을 볼 수 있는 것과 같습니다. 법령의 제정을 직접 생각하시니 규정은 간략하고 뜻은 넓습니다. 그러나 종래 학자들의 법령에 대한 해석은 그 근거가 한 가지에 의거하지 않았습니다. 혹은 오로지 집안이

또한 바로잡힌다."고 한 것과 통한다.

4_ 원문은 黃神이다. 黃帝가 蚩尤를 붙잡아 쇠고랑과 족쇄를 채웠는데, 치우가 그것을 풀어서 버린 곳에서 나무가 자랐다고 전한다. 그 나무가 楓香樹라고 한다.

나 스승의 입장을 지키고 혹은 고집스럽게 편견에 구애됩니다. 한 구멍 속으로부터 말미암으려고 하지 않고, 다투어 두 문으로부터 나가고자 합니다. 그래서 마침내 같은 사안을 재판해도 삶과 죽음이 절반씩인 지경에 이르고, 연속된 사안을 판단하는 데 풀려나고 갇히는 것의 결과가 다릅니다. 이를 바로잡고자 하는 뜻이 마음 속으로 절실하셔서, 이에 신들로 하여금 여러 계통의 잡다한 견해를 모아 한 가지 정해진 기준을 들도록 하셨습니다. 신이 삼가 참의參議 종3위 행형부경行刑部卿 신농수信濃守 신 남연조신홍정南淵朝臣弘貞, 참의 종4위하 수우대변守右大辨 겸 행하야수行下野守 신 등원조신상사藤原朝臣常嗣, 정4위하 행좌경대부行左京大夫 겸 문장박사文章博士 신 관원조신청공菅原朝臣淸公, 종4위하 행감해유장관行勘解由長官 신 등원조신웅민藤原朝臣雄敏, 종4위하 행형부대보行刑部大輔 겸 이예수伊豫守 신 등원조신위藤原朝臣衛, 정5위상 행대판사行大判事 신 흥원숙네민구興原宿禰敏久, 정5위하 행아파수行阿波守 신 선도숙녜진정善道宿禰眞貞, 대재소이大宰少貳 종5위하 신 소야조신황小野朝臣篁, 종6위하 행좌소사行左少史 겸 명법박사明法博士 감해유판관勘解由判官 신 찬기공영직讚岐公永直, 종8위상 수판사소속守判事少屬 신 천고수승성川枯首勝成, 명법득업생明法得業生 대초위하大初位下 신 한부송장漢部松長 등과 함께 급작스럽게 밝은 명령에 응하여, 나누어 따지고 의론을 모았으며, 낡은 집과 오래된 벽 속의 기록을 남김없이 찾고, 우씨宇氏[5] 집안의 문을 높이도록 한 법은 다 찾았습니다. 좋은 것은 쫓아서 사람 때문에 그 말을 버리지 않았으며, 어두운 것은 줄여서 그 명성 때문에 내용을 취하지 않았습니다. 하나를 더하고 하나를 줄이는 것을 모두 법조法曹의 오래된 의견에 의거하였으며, 써넣고 삭제한 것이 신들의 새로운 견해가

5_ 한대 于定國 부자가 판결하는 데 원한을 사는 일이 없었으며, 집의 문이 무너졌을 때 판결을 잘한 음덕으로 자손이 홍할 것이니 문을 조금 높게 짓도록 하였다는 내용이 『漢書』에 전한다.

아닙니다. 또한 다섯 자루 검처럼 이름을 짓기 어렵고 두 벽옥[璧]처럼 닮기 쉬운 것이 있으면, 반드시 천황의 밝음에 아뢰어 오래도록 의심스럽고 막힌 것을 바로잡았습니다. 둥지처럼 집을 짓고 살던 옛날에는 웅장[大壯]하게 궁궐[棟宇]을 만들었고, 그물은 신비롭게도 전렵과 어로를 비추었습니다. 이제 성스러운 해를 이루었으니, 멀지 않은 곳에서 취하였습니다. 신들은 멀리는 고요皐陶와 순임금[虞]에게 부끄럽고 가깝게는 순욱荀勗과 가충賈充에게 부끄럽습니다. 졸렬함으로 인하여 여러 해가 지났고 억지로 비로소 마쳤습니다. 10권으로 나누고 영의해令義解라고 이름하였습니다. 무릇 그 편목과 조항은 다음과 같습니다. 얕고 깊은 물길이 모두 신령스러운 바다를 으뜸으로 삼고, 크고 작은 공적인 행사가 모두 천부天府로 돌아가는 법입니다. 삼가 서문을 지었습니다.

제1 관위령 직원령 후궁직원령 동궁직원령 가령직원령
제2 신기령 승니령 호령
제3 전령 부역령 학령
제4 선서령 계사령 고과령 녹령
제5 궁위령 군방령
제6 의제령 의복령 영선령
제7 공식령
제8 창고령 구목령 의질령
제9 가녕령 상장령 관시령 포망령
제10 옥령 잡령

천장天長 10년 2월 15일

명법득업생明法得業生 대초위하大初位下 신 한부송장漢部松長

종8위상 수판사소속守判事少屬 신 천고수승성川枯首勝成
종6위하 행좌소사行左少史 겸 명법박사明法博士 감해유판관勘解由判官 신 찬기공영직讚岐公永直
대재소이大宰少貳 종5위하 신 소야조신황小野朝臣篁
정5위하 행아파수行阿波守 신 선도숙네진정善道宿禰眞貞
정5위상 행대판사行大判事 신 흥원숙네민구興原宿禰敏久
종4위하 행형부대보行刑部大輔 겸 이예수伊豫守 신 등원조신위藤原朝臣衛
종4위하 행감해유장관行勘解由長官 신 등원조신웅민藤原朝臣雄敏
정4위하 행좌경대부行左京大夫 겸 문장박사文章博士 신 관원조신청공菅原朝臣淸公
참의 종4위하 수우대변守右大辨 겸 행하야수行下野守 신 등원조신상사藤原朝臣常嗣
참의參議 종3위 행형부경行刑部卿 신농수信濃守 신 남연조신홍정南淵朝臣弘貞
정3위 수우대신守右大臣 겸 행좌근위대장行左近衛大將 신 청원진인하야淸原眞人夏野

令義解序

正三位守右大臣兼行左近衛大將臣淸原眞人夏野等奉 勅撰

臣夏野等聞, 春生秋煞, 刑名與天地俱興, 陰慘陽舒, 法令共風霜並用. 犯之必傷, 蠟炷有爛蛾之危, 觸之不漏, 蛛絲設黏虫之禍. 昔寢繩以往, 不嚴之教易從, 畫服而來, 有恥之心難格, 隆周三典, 漸增其流, 大漢九章, 愈分其派. 雖復盈車溢閣, 牛市之姦不勝, 鑄鼎銘鐘, 滿山之弊已深. 降及澆季, 煩濫益彰, 上任喜怒, 下用愛憎. 朝成夕毁, 章條費刀筆之辭, 富輕貧重, 憲法歸賄貨之家. 嚴科所枉, 劍戟謝其銛利, 輕比所假, 君父慙其溫育. 故令出不行, 不如無法, 教之不明, 是爲樂刑. 伏惟皇帝陛下, 道高五讓, 勤劇三握, 類金玉而垂法, 布甲乙而施令. 芟春竹於齊刑, 銷秋荼於秦律, 孔章望斗之郊, 無復□牢之氣, 黃神脫梏之地, 唯看香楓之林. 猶慮法令製作, 文約旨廣. 先儒訓註, 案據非

一. 或專守家素, 或固狗偏見. 不肯由一孔之中, 爭欲出二門之表. 遂至同德之獄生死相半, 連案之斷出入異科. 念此辨正, 深切神襟, 爰使臣等集數家之雜說, 擧一法之定準. 臣謹與參議從三位行刑部卿信濃守臣南淵朝臣弘貞, 參議從四位下守右大辨兼行下野守臣藤原朝臣常嗣, 正四位下行左京大夫兼文章博士臣菅原朝臣淸公, 從四位下行勘解由長官臣藤原朝臣雄敏, 從四位下行刑部大輔兼伊豫守臣藤原朝臣衛, 正五位上行大判事臣興原宿禰敏久, 正五位下 行阿波守臣善道宿禰眞貞, 大宰少貳從五位下臣小野朝臣篁, 從六位下行左少史兼明法博士勘解由判官臣讚岐公永直, 從八位上守判事少屬臣川枯首勝成, 明法得業生大初位下臣漢部松長等, 輒應明詔, 辨論執議, 陳家古壁之文, 探而無遺, 于氏高門之法, 訪而必盡. 其善者從之, 不以人棄言, 其迂者略諸, 不以名取實. 一加一減, 悉依法曹之舊云, 乃筆乃削, 非是臣等之新情. 猶有五鈒難名, 兩璧易似必稟皇明, 長質疑滯. 有巢在昔, 大壯成其棟宇, 網罟猶秘, 重離照其佃漁. 今乃成之聖日, 取諸不遠. 臣等遠愧皐虞, 近慙荀賈. 牽拙歷稔, 僶俛甫畢. 分爲一十卷. 名曰令義解. 凡其篇目條類, 具列于左也. 深淺水道, 共宗於靈海, 小大公行, 同歸於天府. 謹序.

令義解 卷第

關市令 第廿七

捕亡令 第廿八

令義解 卷第十

獄 令 第廿九

雜 令 第卅

天長 十年 二月 十五日

明法得業生大初位下臣漢部松長

從八位上 守判事少屬臣川枯首勝成

從六位下行左少史兼明法博士勘解由判官臣讃岐公永直

大宰少貳 從五位下臣小野朝臣篁

正五位下行阿波守臣善道宿禰眞貞

正五位上行大判事臣興原宿禰敏久

從四位下行刑部大輔兼伊豫守臣藤原朝臣衛

從四位下行勘解由長官臣藤原朝臣雄敏

正四位下行左京大夫兼文章博士臣菅原朝臣清公

參議從四位下守右大辨兼行下野守臣藤原朝臣常嗣

參議從三位行刑部卿信濃守臣南淵朝臣弘貞

正三位守右大臣兼行左近衛大將臣清原眞人夏野

영의해 권제1
令義解 卷第一

An Annotated Translation of "Ryonogige"

官位令 第一

관위령[1] 제1

(생각건대, 대신大臣[2] 이하 서리書吏 이상을 관官[3]이라고 하고, 1품一品 이하 초위初位[4] 이상을 위位[5]라고 한다. 무릇 위位에는 귀천貴賤이 있고, 관官에는 고하高下가 있다. 위계[階]가 귀하면 관직[職]이 높고, 위가 천하면 맡는 일[任]이 낮다. 관과 위는 서로 해당되는 것이 있고, 각각 등급等級이 있으므로, 관위라고 한 것이다.[6] 영令은 생각건대 교령敎令이다. 법제法制로써 가르쳐서, 서로 어기거나 벗어나지 못하도록 한다. 그러므로 영이라고 하는 것이다. 제일第一은, 생각건대 제는 순서[次第]이고, 일一은 수의 시작이다. 여러 편의 처음에 있으므로 제일이라고 한 것이다.) 무릇 19조이다.[7]

1_ 관위령은 관인의 위계에 대한 규정이다. 그러나 실제로 위계 자체에 대한 내용은 율령에서 전혀 규정되어 있지 않다. 『續日本紀』의 大寶 元年 3월 甲午條의 "始依新令, 改制官名位號. 親王明冠四品, 諸王淨冠十四階, 合十八階. 諸臣正冠六階, 直冠八階, 勤冠四階, 務冠四階, 追冠四階, 進冠四階, 合卅階. 外位始直冠正五位上階, 終進冠少初位下階, 合廿階. 勳位始正冠正三位, 終追冠從八位下階."라는 기사가 관위의 내용을 간명하게 요약하고 있다.

2_ 律令官制에서 중요한 정치적 결정을 관장하는 太政官의 장관을 말한다. 太政大臣·左大臣·右大臣과 후에 令外官으로 설치된 內大臣을 일컫는 말이다. 그 연원은 大和政權 당시의 大臣制로 거슬러 올라간다. 최초로 대신에 임명된 인물은 武內宿禰로 나타나지만, 실존인물일 가능성은 희박하다. 다만 그 후에씨족으로 자처한 葛城氏, 平群氏, 巨勢氏, 蘇我氏 등이 大臣이 되었다. 원래 이들 씨족은 天皇家와 버금가는 大和 지역의 유력한 호족들이었으므로, 大臣이라는 지위는 국정에 참여하는 씨족을 대표하는 자리라고 할 수 있다.

大臣은 大王의 治世마다 직접 대왕이 임명하는 형식을 취하였으며, 反正에서 安康의 시대에 해당하는 5세기 중기에는 葛城圓, 雄略의 5세기 후기에는 平群眞鳥, 6세기 전기의 繼體 때는 巨勢男人, 6세기 후기에서 7세기 초기의 敏達에서 推古까지는 蘇我馬子가 각각 대신에 임명되었다. 蘇我馬子 이후에는 蘇我氏가 政權을 장악하면서 大臣은 馬子의 아들인 蘇我蝦夷가 뒤를 이었다. 645년에 乙巳의 變으로 蘇我氏가 실각하게 되자, 孝德은 大臣을 없애고 左大臣과 右大臣을 두어 權力集中을 방지하였다.

3_ 官職을 말한다. 太政大臣 이하 書吏에 이르는 官職을 총칭한다.

4_ 從八位下 아래의 가장 낮은 관위를 총칭하는 말이다. 初位에는 大初位上, 大初位下, 少初位上, 少初位下의 4등급이 있다. 大初位은 一部 官司의 令史, 太宰府의 判事大令史, 家司 중 一品家의 少書吏, 二品家의 大書吏, 職事一位家의 少書吏, 掃部寮의 少属 등이 이에 해당한다. 少初位는 主鷹司의 令史, 下国의 目, 家司 중 三品家의 書吏, 四品家의 書吏, 職事二位家의 大書吏, 職事二位家의 少書吏, 職事三位家의 書吏 등이 이에 해당한다.

5_ 官位를 말한다. 일본 고대에는 원래 冠의 재질과 색깔로 관인을 구분짓는 冠位制가 있었는데, 당 율령의 영향으로 冠位制를 대신하는 官位制가 채택되었다.

6_ 官 즉 官職과 位 즉 位階에는 각각 등급이 있어서, 원칙적으로는 관인이 맡아야 할 관직의 등급과 관인이 가지고 있는 위계의 등급이 일치해야 한다. 이를 官位相當制(표 1 참조)라고 한다. 따라서 제1편인 官位令에서는 위계와 관직의 대응관계에 대해서 규정하고 있다.

7_ 官位令의 조항이 어떻게 나누어서 19조가 되는지는 논란이 많다. 舊廣橋伯爵家本『令義解』에「延喜講書記」가 인용되어 있는데 그 내용은 1위 이하 初位 이상 각 18조이고, 1품 이하 4품 이상이 1조라고 하였다. 이에 대해서 薗田守良의『新釋令義解』에서는 앞의 설을 의심하면서 1품, 2품, 3품, 4품을 각 1조로 하고 1위, 2위, 3위, 정4위, 종4위, 정5위, 종5위, 정6위, 종6위, 정7위, 종7위, 정8위, 종8위, 대초위, 소초위를 각 1조로 하여 19조로 보았다. 또 近藤芳樹는『標註令義解校本』에서 1품·2품이 각1조, 3품·4품이 1조, 정종1위 1조, 정종2위 1조, 3위 이하는 正從이 각 1조를 이루는 것으로 보았다. 稻葉通邦도『講令備考』에서 近藤의 견해에 따르고 있다. 이에 따르면 관위령은 1조-一品, 2조-二品, 3조-三品·四品, 4조-一位, 5조-二位, 6조-正三位, 7조-從三位, 8조-正四位, 9조-從四位, 10조-正五位, 11조-從五位, 12조-正六位, 13조-從六位, 14조-正七位, 15조-從七位, 16조-正八位, 17조-從八位, 18조-大初位, 19조-少初位가 된다. 瀧川政次郎도 이에 찬동하면서 1위·2위와는 달리 3위에서는 正從에 따라 給季祿條에서 지급하는 물품의 수량, 家令職員令에서 지급하는 家政 官人의 수가 다른 점을 지적하면서, 3위에서는 正從으로 분리될 필요성이 있었다고 보았다.(律令研究會編,『譯註日本律令』9, 東京堂出版, 1991. pp.33~38)

1. 친왕親王[8]

▌1품一品[9](생각건대, 품品은 위位다. 친왕의 위를 품이라고 한 것은, 제왕諸王과 다르기 때문이다.[10] 「공식령公式令」[11]에서 이르기를, "서위[敍]해야 할 경우에는 친왕은 4품, 제왕은 5위, 제신은 초위初位 이상"이라고 하였는데 바로 이것이다.)

태정대신太政大臣[12]

▌2품二品

좌우대신左右大臣[13]

▌3품三品

▌4품四品

대납언大納言[14] **대재수**大宰帥[15]

8_ 天皇의 兄弟와 아들을 親王이라고 하고, 親王의 아들부터는 王이라고 한다.

9_ 親王으로서 一品의 위계를 가진 경우에 太政大臣이 될 수 있다는 뜻이다. 太政大臣은 율령관제에서 최고의 官府인 太政官의 장관이다.

10_ 親王은 관위가 一品부터 四品까지로 되어 있다. 이에 대해서 왕이나 신하의 관위는 正一位부터 少初位下까지로 모두 位라고 칭한다.

11_ 令의 編目의 하나로, 공문서와 법령의 양식 및 시행세칙을 규정한 법령으로 89개의 조항으로 이루어져 있다. 공문서로는 천황의 명령을 하달하는 詔書式과 勅旨式을 비롯하여 태정관이 발의 결정한 사항에 대하여 천황에게 재가를 구할 때 쓰는 서식인 論奏式, 여러 관사가 올린 사안에 대하여 천황에게 재가를 구하는 서식인 奏事式 등이 상세히 규정되어 있어서, 律令制 내부의 권력 관계를 파악하는 데 중요한 자료를 제공한다.

12_ 八省을 총괄하며 議政의 역할을 맡은 조직을 太政官이라고 하며, 그 장관이 太政大臣이다.

13_ 太政大臣과 더불어 太政官을 총괄하는 역할을 맡는다. 太政大臣이 임명되지 않은 경우에는 左右大臣이 太政官의 장관이 된다.

14_ 太政官에 속한 官職의 하나로 左右大臣 및 內大臣 다음 가는 직책이다. 大臣

팔성경八省卿[16]

▌제왕諸王[17]　　　　　　　**제신**諸臣

2. 정1위正一位

3. 종1위從一位

이 太政官의 長官이라면 大納言은 차관에 해당한다. 3품 혹은 정3위에 해당하는 관직으로, 대신의 업무를 보좌하고 朝議에 참가하여 정책을 의논하고 결정된 것을 시행하는 역할을 맡는다. 정원은 원래 4인이었으나, 705년에 中納言을 두면서 2인으로 줄어들었다. 그러나 平安時代에는 權大納言 3인을 두었고 이후 점차 늘어나게 되어 8인까지 임명되는 경우도 있었다. 後鳥羽天皇 때 정원을 6인으로 정하였으며, 이후 權大納言만 두고 大納言은 두지 않은 경우가 많았다. 중세에 들어서도 고위직인 大納言에 임명된 武家는 거의 없었으며, 대부분 公家 출신들만 임명되었다. 江戶時代에도 원칙적으로 公家만 취임할 수 있는 관직이었으나, 예외적으로 武家 중에서 德川家 일족이 임명되는 경우가 있었다.

15_ 九州地域(당시에는 西海道라고 불렀다)의 9國 2島를 관할하고 외교·국방을 담당하는 大宰府의 장관을 말한다. 三品과 四品 및 從三位에 해당하는 관직이다. 大納言이 되기 위한 경력직이기도 하여 大伴旅人과 같은 경우는 大宰帥를 거쳐 大納言이 되는 경우가 많았다. 그러나 弘仁 연간 이후에는 參議나 中納言의 관직을 가진 관인이 겸임하게 되면서, 현지에 부임하지 않고 대재수에게 지급되는 季祿이나 職分田과 같은 특권만을 누리는 이른바 遙任의 사례가 늘어나게 된다.

16_ 太政官 아래에 있는 행정부처를 八省이라고 하고, 그 장관을 卿이라고 하였다. 八省은 中務省·式部省·治部省·民部省·兵部省·刑部省·大藏省·宮內省이다.

17_ 이하 諸王과 諸臣이 모두 30계의 관위에 임명되는 것처럼 기록되어 있으나, 「公式令」에서는 "凡應叙, 親王, 四品, 諸王, 五位, 諸臣, 初位以上"으로 되어 있어, 諸王은 5위 이상에만 서위되었음을 알 수 있다. 이는 大寶令에서 諸王이 淨冠 14계, 諸臣이 正冠 이하 30계로 되어 있었던 것이 冠에 대한 규정이 삭제되면서 일어난 문제이다. 즉 원래는 諸王과 諸臣의 지위는 관위뿐만 아니라 쓰는 冠에 따라서 구별되는 것이었다.

태정대신太政大臣

4. 정2위正二位

5. 종2위從二位

좌우대신左右大臣

6. 정3위正三位

대납언大納言 **훈1등**勳一等[18](생각건대, 이 조항에서 '훈1등'을 든 것은, 정3위에 상당相當한다는 것을 나타내기 위한 것이다. 아래에서도 모두 이에 준한다. 「공식령」에 의하면, 문무文武의 직사職事[19]와 산관散官이 조참朝參[20]에서 줄지어 설 때, 각각 위차位次에 의거하여 순서로 삼는다. 그러므로 훈1등 이하가 모두 해당 색깔[當色]의 관복을 입고 문관文官의 열에 선다는 것을 알 수 있다. 예를 들어, 훈1등이 줄지어 설 때, 정3위 다음 종3위 앞에 서는 종류이다. 그러나 「의복령衣服令」[21]을 살펴보면, 훈위의 복색服色[22]이 나타나 있지 않다. 그러므로 훈1등 이하로서 문위文位[23]를 갖지 않은 자는 모두 황포黃袍[24]를 입는다는 것을 알 수 있다.)

18_ 勳位 一等이라는 뜻으로, 勳位는 국가에 공훈을 세운 자에게 내린 위계이다. 勳位에는 1등에서 12등까지 있다. 이 조항을 통해서 훈1등은 조참행렬에서 職事正三位나 散正三位보다는 아래, 從三位보다는 앞에 서야 함을 알 수 있다.

19_ 職事官 즉 실제로 관직에서 근무하고 있는 관인을 말한다. 이에 대해서 위계는 가지고 있으나 관직은 없는 경우를 散官 혹은 散事라고 한다.

20_ 관인들이 아침에 朝廷에 나아가는 것을 말한다.

21_ 「養老令」의 편목 중 하나로, 禮服·朝服·制服 등 朝廷에 근무하는 자에 대한 衣服을 規定한 법령이다.

22_ 관복의 색깔을 말한다. 관인의 신분을 입는 옷의 색깔로 구분한 것이다.

23_ 內位를 뜻한다. 지방호족에게 수여되는 外位, 공로를 세운 자에게 수여되는 勳位와 구별되는 일본 율령관위제의 핵심을 이루는 官位를 말한다. 正一位부터 少初位下에 이르는 30단계로 설정되어 있다.

7. 종3위從三位

대재수大宰帥

훈2등勳二等

8. 정4위正四位

황태자부皇太子傅[25]

중무경中務卿[26]

여기까지는 상계上階이다.[27]

칠성경七省卿[28]

훈3등勳三等

9. 종4위從四位

탄정윤彈正尹[29]

좌우대변左右大辨[30]

24_ 無位인 자가 입는 황색 옷을 말한다. 『延喜式』에서는 "凡勳位朝參者, 服文位服列當位次第. 若無文位著黃袍."라고 명문화되어 있다. 이에 대하여 瀧川政次郎은 이러한 「令義解」의 해석이 무리라고 하고, 勳一等을 文位의 一位에서 2위를 내려서 三位에 위치시켰으므로, 勳等의 服色을 文位의 복색보다 2위를 내려서 勳一等의 복색을 五位에 준하여 淺緋 즉 옅은 붉은색으로 보고, 勳一等으로서 文位를 갖지 않은 자는 淺緋를 입도록 하는 것이 옳다고 하였다(『譯註日本律令9』 令義解譯註篇1, 343쪽). 그러나 원래의 法意로 본다면, 文位의 소지 여부와 관계없이 勳一等을 正三位에 상당하는 것으로 간주하고 있으므로, 복색 역시 正三位에 따르는 것이 옳은 것으로 보인다. 다만 현실적으로 文官이 우대되고 武官이 천시되었으므로 주로 무관들이 전공을 세워 수여받은 훈등 역시 인정하지 않은 분위기 속에서 『令義解』의 해석이 나왔고 그러한 경향이 점차 강해져서 『延喜式』의 규정으로 이어진 것으로 볼 수 있다.

25_ 皇太子를 道德으로 輔導하는 스승을 말하며, 東宮傅라고도 한다. 「東宮職員令」 참조.

26_ 八省의 하나인 中務省의 장관을 말한다. 中은 禁中 즉 天皇 및 後宮을 뜻하여, 天皇의 國事行爲 및 신변잡무 그리고 後宮에 관련된 일 등을 총괄하는 관사로, 다 省보다 한 단계 높은 위치에 있다. 中宮職, 大舍人寮, 圖書寮, 內匠寮, 內藏寮, 縫殿寮, 陰陽寮를 관할한다.

27_ 正四位부터 다시 上·下로 나누어진다. 正一位부터 從三位까지는 상하의 구별이 없다. 正四位上이라는 위계에 해당하는 관직이 皇太子傅와 中務卿이다.

28_ 中務省을 제외한 나머지 省의 장관을 말한다.

29_ 官人들의 非違를 糾彈·彈劾하는 독립 관사인 彈正臺의 장관을 말한다.

여기까지는 상계이다.

신기백神祇伯 중궁대부中宮大夫
춘궁대부春宮大夫 훈4등勳四等

10. 정5위正五位

좌우중변左右中辨 대재대이大宰大貳
중무대보中務大輔 좌우경대부左右京大夫
대선대부大膳大夫 섭진대부攝津大夫
위문독衛門督 좌우위사독左右衛士督

여기까지는 상계이다.

좌우소변左右少辨 칠성대보七省大輔
탄정필彈正弼 대판사大判事
훈5등勳五等

11. 종5위從五位

중무소보中務少輔 좌우대사인두左右大舍人頭
대학두大學頭 목공두木工頭
아악두雅樂頭 현번두玄蕃頭
주계두主計頭 주세두主稅頭
도서두圖書頭 좌우병위독左右兵衛督

30_ 太政官에 속해 있는 관인으로 左大辨・右大辨을 말한다. 종4위상의 관직이며, 좌대변을 필두로 하는 左辨官은 中務 式部 治部 民部省을 총괄하고, 右大辨을 필두로 하는 右辨官은 兵部 刑部 大藏 宮內省을 총괄한다. 변관은 태정관 내부의 議政官(大臣, 大納言, 中納言, 參議)과 八省・諸國을 연결하는 사무관료로서 실무를 담당하는 요직이다. 원래는 태정관조직과는 별개의 독립된 기관이었던 것으로 생각되는데, 浄御原令 단계에 이르러 太政官과 辨官의 두 관사를 통합한 형태로 太政官制가 성립된 것으로 보인다.

좌우마두左右馬頭
좌우병고두左右兵庫頭
대국수大國守[31]

여기까지는 상계上階이다.

신기대부神祇大副
시종侍從
소납언少納言
대재소이大宰少貳
칠성소보七省少輔
대감물大監物
중궁량中宮亮
춘궁량春宮亮
좌우경량左右京亮
대선량大膳亮
섭진량攝津亮
위문좌衛門佐
좌우위사좌左右衛士佐
황태자학사皇太子學士
내장두內藏頭
봉전두縫殿頭
대취두大炊頭
산위두散位頭
음양두陰陽頭
주전두主殿頭
전약두典藥頭
상국수上國守
1품가령一品家令
직사1위가령職事一位家令
훈6등勳六等

12. 정6위正六位

신기소부神祇少副
대내기大內記
탄정대충彈正大忠
좌우변대사左右辨大史
정친정正親正
내선봉선內膳奉膳
조주정造酒正
병마정兵馬正
단야정鍛冶正
조병정造兵正
화공정畫工正
전주정典鑄正

31_ 大國의 장관을 말한다. 대국 등 國의 등급은 「職員令」 70조 참조.

소부정掃部正

동서시정東西市正

고취정鼓吹正

제릉정諸陵正

수옥정囚獄正

내약정內藥正

관노정官奴正

원지정園池正

장속정贓贖正

2품가령二品家令

여기까지는 상계이다.

대재대감大宰大監

탄정소충彈正少忠

좌우대사인조左右大舍人助

목공조木工助

현번조玄蕃助

주세조主稅助

좌우병위좌左右兵衛佐

좌우병고조左右兵庫助

토공정土工正

채녀정采女正

칠부정漆部正

직부정織部正

내례정內禮正

대학박사大學博士

중국수中國守

팔성대승八省大丞

중판사中判事

대학조大學助

아악조雅樂助

주계조主計助

도서조圖書助

좌우마조左右馬助

내병고정內兵庫正

장의정葬儀正

주선정主船正

봉부정縫部正

준인정隼人正

내약시의內藥侍醫

대국개大國介

훈7등勳七等

13. 종6위從六位

신기대우神祇大祐

팔성소승八省少丞

중궁대진中宮大進

대재소감大宰少監

중물감中監物

춘궁대진春宮大進

내장조內藏助

대취조大炊助

음양조陰陽助

전약조典藥助

주유정主油正

거도정筥陶正

사인정舍人正

주장정主藏正

1품가부一品家扶

직사1위가부職事一位家扶

여기까지는 상계이다.

봉전조縫殿助

산위조散位助

주전조主殿助

주수정主水正

내소부정內掃部正

내염정內染正

주선정主膳正

상국개上國介

3품가령三品家令

직사2위가령職事二位家令

신기소우神祇少祐

대재대판사大宰大判事

춘궁소진春宮少進

대선대진大膳大進

위문대위衛門大尉

대장대주약大藏大主鑰

주전수主殿首

주장수主漿首

주병수主兵首

하국수下國守

소판사少判事

중궁소진中宮少進

좌우경대진左右京大進

섭진대진攝津大進

좌우위사대위左右衛士大尉

주응정主鷹正

주서수主書首

주공수主工首

주마수主馬首

훈8등勳八等

14. 정7위正七位

중내기中內記

대재대공大宰大工

좌우변소사左右辨少史

대외기大外記

대재소판사大宰少判事

대재대전大宰大典

팔성대록八省大錄

좌우경소진左右京少進

섭진소진攝津少進

좌우위사소위左右衛士少尉

방인정防人正

4품가령四品家令

탄정대소彈正大疏

대선소진大膳少進

위문소위衛門少尉

내장대주약內藏大主鑰

2품가부二品家扶

여기까지는 상계이다.

대재주신大宰主神

좌우대사인대윤左右大舍人大允

목공대윤木工大允

현번대윤玄蕃大允

주세대윤主稅大允

좌우병위대위左右兵衛大尉

좌우병고대윤左右兵庫大允

대주령大主鈴

조교助教

음양박사陰陽博士

주장主醬

대국대연大國大掾

탄정순찰彈正巡察

대학대윤大學大允

아악대윤雅樂大允

주계대윤主計大允

도서대윤圖書大允

좌우마대윤左右馬大允

소감물少監物

판사대속判事大属

의박사醫博士

천문박사天文博士

주과병主菓餅

훈9등勳九等

15. 종7위從七位

소외기少外記

대학소윤大學少允

아악소윤雅樂少允

주계소윤主計少允

도서소윤圖書少允

좌우대사인소윤左右大舍人少允

목공소윤木工少允

현번소윤玄蕃少允

주세소윤主稅少允

좌우병위소위左右兵衛少尉

좌우마소윤左右馬少允

내장윤內藏允

대취윤大炊允

음양윤陰陽允

전약윤典藥允

음양사陰陽師

서박사書博士

주금박사呪禁博士

상국연上國掾

1품문학一品文學

직사1위가대종職事一位家大從

좌우병고소윤左右兵庫少允

봉전윤縫殿允

산위윤散位允

주전윤主殿允

음박사音博士

역박사曆博士

산박사算博士

대국소연大國少掾

1품가대종一品家大從

3품가부三品家扶

직사정3위가령職事正三位家令

여기까지는 상계이다.

정친우正親佑

조주우造酒佑

단야우鍛冶佑

화공우畫工佑

소부우掃部佑

동서시우東西市佑

고취우鼓吹佑

제릉우諸陵佑

수옥우囚獄佑

대재박사大宰博士

대장소주약大藏少主鑰

누극박사漏尅博士

1품가소종一品家少從

2품문학二品文學

내선전선內膳典膳

병마우兵馬佑

조병우造兵佑

전주우典鑄佑

내약우內藥佑

관노우官奴佑

원지우園池佑

장속우贓贖佑

대해부大解部

대전약大典鑰

의사醫師

침박사針博士

2품가종二品家從

4품가부四品家扶

직사1위가소종職事一位家少從

직사종3위가령職事從三位家令

훈10등勳十等

16. 정8위正八位

소내기少內記

대재소전大宰少典

팔성소록八省少錄

탄정소소彈正少疏

내병고우內兵庫佑

토공우土工佑

장의우葬儀佑

채녀우采女佑

주선우主船佑

칠부우漆部佑

봉부우縫部佑

직부우織部佑

준인우隼人佑

내례우內禮佑

소주령少主鈴

내장소주약內藏少主鑰

주금사呪禁師

침사針師

약원사藥園師

전리典履

전혁典革

대재음양사大宰陰陽師

대재의사大宰醫師

대재소공大宰少工

대재산사大宰算師

중국연中國掾

방인우防人佑

대재주선大宰主船

대재주주大宰主廚

여기까지는 상계이다.

신기대사神祇大史

중궁대속中宮大属

춘궁대속春宮大属

좌우경대속左右京大属

대선대속大膳大属

섭진대속攝津大属

치부대해부治部大解部

형부중해부刑部中解部

위문대지衛門大志

좌우위사대지左右衛士大志

판사소속判事少属

주수우主水佑

주유우主油佑
거도우筥陶佑
사인우舍人佑
주장우主藏佑
위문의사衛門醫師
3품가종三品家從
직사2위가종職事二位家從
내소부우內掃部佑
내염우內染佑
주선우主膳佑
안마박사按摩博士
좌우위사의사左右衛士醫師
3품4품문학三品四品文學
훈11등勳十一等

17. 종8위從八位

신기소사神祇少史
춘궁소속春宮少属
대선소속大膳少属
위문소지衛門少志
좌우대사인대속左右大舍人大属
목공대속木工大属
현번대속玄蕃大属
주세대속主税大属
좌우병위대지左右兵衛大志
좌우병고대속左右兵庫大属
안마사按摩師
좌우병위의사左右兵衛醫師
4품가종四品家從
중궁소속中宮少属
좌우경소속左右京少属
섭진소속攝津少属
좌우위사소지左右衛士少志
대학대속大學大属
아악대속雅樂大属
주계대속主計大属
도서대속圖書大属
좌우마대속左右馬大属
소전약少典鑰
아악제사雅樂諸師
마의馬醫
대국대목大國大目

여기까지는 상계이다.

형부소해부刑部少解部
좌우대사인소속左右大舍人少属
목공소속木工少属
치부소해부治部少解部
대학소속大學少属
아악소속雅樂少属

현번소속玄蕃少属
주계소속主計少属
주세소속主稅少属
도서소속圖書少属
좌우병위소지左右兵衛少志
좌우마소속左右馬少属
좌우병고소속左右兵庫少属
내장대속內蔵大属
봉전대속縫殿大属
대취대속大炊大属
산위대속散位大属
음양대속陰陽大属
주전대속主殿大属
전약대속典藥大属
주계산사主計算師
주세산사主稅算師
대국소목大國少目
상국목上國目
1품가대서리一品家大書吏
직사1위가대서리職事一位家大書吏
훈12등勳十二等

18. 대초위大初位

내장소속內蔵少属
봉전소속縫殿少属
대취소속大炊少属
산위소속散位少属
음양소속陰陽少属
주전소속主殿少属
전약소속典藥少属
정친대령사正親大令史
내선령사內膳令史
조주령사造酒令史
병마대령사兵馬大令史
단야대령사鍛冶大令史
조병대령사造兵大令史
화공령사畫工令史
전주대령사典鑄大令史
소부령사掃部令史
내약령사內藥令史
동서시령사東西市令史
관노령사官奴令史
고취대령사鼓吹大令史
원지령사園池令史
제릉령사諸陵令史
장속대령사贓贖大令史
수옥대령사囚獄大令史
화사畫師
대재판사대령사大宰判事大令史

1품가소서리一品家少書吏

2품가대서리二品家大書吏

직사1위가소서리職事一位家少書吏

여기까지는 상계이다.

정친소령사正親少令史

병마소령사兵馬少令史

단야소령사鍛冶少令史

조병소령사造兵少令史

전주소령사典鑄少令史

고취소령사鼓吹少令史

장속소령사贓贖少令史

수옥소령사囚獄少令史

내병고령사內兵庫令史

토공령사土工令史

장의령사葬儀令史

채녀령사采女令史

주선령사主船令史

칠부령사漆部令史

봉부령사縫部令史

직부령사織部令史

준인령사隼人令史

내례령사內禮令史

도문사挑文師

대재판사소령사大宰判事少令史

방인령사防人令史

중국목中國目

2품가소서리二品家少書吏

19. 소초위少初位

주수령사主水令史

주유령사主油令史

내소부령사內掃部令史

거도령사筥陶令史

내염령사內染令史

사인령사舍人令史

주선령사主膳令史

주장령사主藏令史

염사染師

하국목下國目

3품4품가서리三品四品家書吏

직사2위가서리職事二位家書吏(생각건대, 「가령직원령家令職員令」을 살펴보면, 직사職事 2위에는 대소서리大少書吏가 있다. 그런데 이 영에서 대소의 구별을 하지 않고, 모두 같은 위계에 두었다. 이는 곧 가리家吏의 품질品秩이 낮고 미미하므로 그래서 다시 번거롭게 차등을 두어 내리지 않은 것이다.)

여기까지는 상계이다.

주응령사主鷹令史

주서령사主書令史

주공령사主工令史

주마령사主馬令史

주전령사主殿令史

주장령사主漿令史

주병령사主兵令史

직사3위가서리職事三位家書吏

官位令第一

원문

(謂, 大臣以下, 書吏以上曰官, 一品以下, 初位以上曰位. 凡位有貴賤, 官有高下. 階貴則職高, 位賤則任下. 官位相當, 各有等級, 故曰官位也. 令, 謂, 教令也. 教以法制, 令其不相違越. 故曰令也. 第一, 謂, 第者, 次第也, 一者,[32] 數之始也. 既居諸篇之首, 故曰第一也.) 凢壹拾玖條

親王

一品(謂, 品位也. 親王稱品者, 別於諸王. 公式令云, 應叙者, 親王四品, 諸王五位, 諸臣初位以上, 是也.)

太政大臣

二品

左右大臣

三品

四品

大納言　　大宰帥

八省卿

諸王　諸臣

正一位

從一位

太政大臣

正二位

從二位

左右大臣

32_ 紅本에는 者가 曰로 되어 있다.

正三位

大納言　勳一等(謂, 此條擧勳一等者. 以顯相當正三位故也. 下皆准之.[33] 依公式令. 文武職事散官. 朝參行立. 各依位次爲序. 故知一等以下. 皆著當色之服. 立文官之列. 假如. 一等行列者. 立正三位之下. 從三位之上[之][34]類也. 然案衣服令. 勳位服色. 其制不顯. 卽知一等以下. 不帶文位者. 皆著黃袍也.[35])

從三位

大宰帥　　勳二等

正四位

皇太子傅　　中務卿

以前上階

七省卿　　勳三等

從四位

彈正尹　　左右大辨

以前上階

神祇伯　　中宮大夫

春宮大夫　　勳四等

正五位

左右中辨　　大宰大貳

中務大輔　　左右京大夫

大膳大夫　　攝津大夫

衛門督　　左右衛士督

以前上階

左右少辨　　七省大輔

33_ 廣本에는 之가 此로 되어 있다.

34_ 廣本에 의거하여 之를 보완하였다.

35_ 廣本에는 也가 없다.

彈正弼	大判事
勳五等	

從五位

中務少輔	左右大舍人頭
大學頭	木工頭
雅樂頭	玄蕃頭
主計頭	主稅頭
圖書頭	左右兵衛督
左右馬頭	左右兵庫頭
大國守	

以前上階

神祇大副	侍從
少納言	太宰少貳
七省少輔	大監物
中宮亮	春宮亮
左右京亮	大膳亮
攝津亮	衛門佐
左右衛士佐	皇太子學士
內藏頭	縫殿頭
大炊頭	散位頭
陰陽頭	主殿頭
典藥頭	上國守
一品家令	職事一位家令
勳六等	

正六位

神祇少副	大內記

彈正大忠	左右辨大史
正親正	內膳奉膳
造酒正	兵馬正
鍛冶正	造兵正
畫工正	典鑄正
掃部正	內藥正
東西市正	官奴正
鼓吹正	園池正
諸陵正	贓贖正
囚獄正	二品家令

以前上階

大宰大監	八省大丞
彈正少忠	中判事
左右大舍人助	大學助
木工助	雅樂助
玄蕃助	主計助
主稅助	圖書助
左右兵衛佐	左右馬助
左右兵庫助	內兵庫正
土工正	葬[36]儀正
采女正	主船正
柒部正	縫部正
織部正	隼人正
內禮正	內藥侍醫

36_ 職員令에는 喪으로 되어 있다.

大學博士	大國介
中國守	勳七等

從六位

神祇大祐	大宰少監
八省少丞	中監物
中宮大進	春宮大進
內藏助	縫殿助
大炊助	散位助
陰陽助	主殿助
典藥助	主水正
主油正	內掃部正
筥陶正	內染正
舍人正	主膳正
主藏正	上國介
一品家扶	三品家令
職事一位家扶	職事二位[37]家令

以前上階

神祇少祐	少判事
大宰大判事	中宮少進
春宮少進	左右京大進
大膳大進	攝津大進
衛門大尉	左右衛士大尉
大藏大主鑰	主鷹正
主殿首	主書首

37_ 位가 廣本에는 品, 홍본에는 品位 2 글자로 되어 있다.

主漿首　主工首
主兵首　主馬首
下國守　勳八等

正七位

中內記　大外記
大宰大工　大宰少判事
左右辨少史　大宰大典
八省大錄　彈正大疏
左右京少進　大膳少進
攝津少進　衛門少尉
左右衛士少尉　內藏大主鑰
防人正　二品家扶
四品家令

以前上階

大宰主神　彈正巡察
左右大舍人大允　大學大允
木工大允　雅樂大允
玄蕃大允　主計大允
主稅大允　圖書大允
左右兵衛大尉　左右馬大允
左右兵庫大允　少監物
大主鈴　判事大属
助教　醫博士
陰陽博士　天文博士
主醬　主菓餠
大國大掾　勳九等

從七位

少外記	左右大舍人少允
大學少允	木工少允
雅樂少允	玄蕃少允
主計少允	主稅少允
圖書少允	左右兵衛少尉
左右馬少允	左右兵庫少允
內藏允	縫殿允
大炊允	散位允
陰陽允	主殿允
典藥允	音博士
陰陽師	曆博士
書博士	竿博士
咒禁博士	大國少掾
上國掾	一品家大從
一品文學	三品家扶
職事一位家大從	職事正三位家令

以前上階

正親佑	內膳典膳
造酒佑	兵馬佑
鍛冶佑	造兵佑
畫工佑	典鑄佑
掃部佑	內藥佑
東西市佑	官奴佑
鼓吹佑	園池佑
諸陵佑	贓贖佑

囚獄佑	大解部
大宰博士	大典鑰
大藏少主鑰	醫師
漏尅博士	針博士
一品家少從	二品家從
二品文學	四品家扶
職事一位家少從	職事從三位家令
勳十等	

正八位

少內記	大宰少典
八省少錄	彈正少疏
內兵庫佑	土工佑
葬儀佑	采女佑
主船佑	漆部佑
縫部佑	織部佑
隼人佑	內禮佑
少主鈴	內藏少主鑰
咒禁師	針師
藥園師	典履
典革	大宰陰陽師
大宰醫師	大宰少工
大宰笇師	中國掾
防人佑	大宰主船
大宰主厨	

以前上階

神祇大史	中宮大属

春宮大属	左右京大属
大膳大属	攝津大属
治部大解部	刑部中解部
衛門大志	左右衛士大志
判事少属	主水佑
主油佑	內掃部佑
筥陶佑	內染佑
舍人佑	主膳佑
主藏佑	按摩博士
衛門醫師	左右衛士醫師
三品家從	三品四品文學
職事二位家從	勳十一等

從八位

神祇少史	中宮少属
春宮少属	左右京少属
大膳少属	攝津少属
衛門少志	左右衛士少志
左右大舍人大属	大學大属
木工大属	雅樂大属
玄蕃大属	主計大属
主稅大属	圖書大属
左右兵衛大志	左右馬大属
左右兵庫大属	少典鑰
按摩師	雅樂諸師
左右兵衛醫師	馬醫[師]
四品家從	大國大目

以前上階

刑部少解部　治部少解部
左右大舍人少属　學少属
木工少属　雅樂少属
玄蕃少属　主計少属
主稅少属　圖書少属
左右兵衛少志　左右馬少属
左右兵庫少属　內藏大属
縫殿大属　大炊大属
散位大属　陰陽大属
主殿大属　典藥大属
主計筭師　主稅筭師
大國少目　上國目
一品家大書吏　職事一位家大書吏
勳十二等

大初位

內藏少属　縫殿少属
大炊少属　散位少属
陰陽少属　主殿少属
典藥少属　正親大令史
內膳令史　造酒令史
兵馬大令史　鍛冶大令史
造兵大令史　畫工令史
典鑄大令史　掃部令史
內藥令史　東西市令史
官奴令史　鼓吹大令史

園池令史　　諸陵令史
贓贖大令史　囚獄大令史
畫師　　　　大宰判事大令史
一品家少書吏　二品家大書吏
職事一位家少書吏

以前上階

正親少令史　兵馬少令史
鍛冶少令史　造兵少令史
典鑄少令史　鼓吹少令史
贓贖少令史　囚獄少令史
內兵庫令史　土工令史
葬儀令史　　采女令史
主船令史　　漆部令史
縫部令史　　織部令史
隼人令史　　內礼令史
挑文師　　　大宰判事少令史
防人令史　　中國目
二品家少書吏

少初位

主水令史　　主油令史
內掃部令史　筥陶令史
內染令史　　舍人令史
主膳令史　　主藏令史
染師　　　　下國目
三品四品家書吏職　事二位家書吏(謂, 案家令職員令. 職事二位有大少書吏. 而於此令, 不別大少. 共居同階. 此卽家吏品秩卑微. 是以不更煩差降也.)

以前上階

主鷹令史	主殿令史
主書令史	主漿令史
主工令史	主兵令史
主馬令史	職事三位家書吏

職員令 第二

직원령 제2

(생각건대, 직職은 관직[職司]이고, 원員은 관원의 수[員數]이다. 관官·성省·요寮·사司 등에는 각각 관원의 수가 있다. 자세히 말하면, 관사[司] 별로 장관長官 이하 잡임雜任[1] 이상이다.) 무릇 80조이다.

1. 신기관神祇官

백伯 **1인**. **신기**神祇**의 제사**祭祀, **축부**祝部[2](생각건대, 제주祭主가 되어 찬사讚辭[3]하는 자이다. 축祝이 될 자는 국사國司가 신호神戶 중에서 가려서 정하고, 곧 태정관太政官에 보고한다. 만약 신호에 속한 사람이 없으면, 두루 서인庶人을 취한다.) **신호**神戶**의 명적**名籍(생각건대, 축부祝部의 명장名帳과 신호神戶의 호적戶

1_ 잡다한 직종에 종사하는 職員을 말한다. 官掌·省掌·史生·舍人·帳內·資人·兵衛·使部·伴部 등이 대표적이다. 모두 여러 명이 배치되어 교대로 근무한다. 이러한 관직에 근무하는 관인을 分番官 혹은 番上官이라고 한다. 式部省이 判補하며 근무평정을 통해서 위계를 받을 수 있다. 「選敍令」 3·14·15조, 「考課令」 56~58조 참조. 그러나 정해진 官位相當制가 없으므로 「官位令」에 실려 있지 않으며, 정식 관인이라고 보기 어렵다. 그래서 官人에 대한 '史'로 불리기도 하였다.

2_ 일본 고대의 하급 神官(神職)을 일컫는다. '하후리'라고 읽으며 죄나 더럽혀진 것을 푼다는 뜻이라고 한다. 令에서는 지방장관인 國司가 神戶가 불리는 특수집단으로부터 簡定하도록 정하고 있다. 만약 神戶가 없거나 적당한 인물이 없을 경우는 일반 公戶로부터 채용할 수 있었으며, 모두 太政官에 보고하도록 되어 있다. 祝部는 큰 신사의 경우는 神主와 禰宜 아래에 여러 명이 있었으나, 神戶가 없는 작은 신사에서는 公戶로부터 간정된 한 명이 제사를 관장하는 경우도 있었다.

3_ 祭神을 위하여 올리는 칭송하는 말이다.

籍이다.[4] 「호령戶令」을 살펴보면, 잡호雜戶[5]의 호적은 다시 한 통을 필사하여 각각 해당 소속 관사에 보내는데, 곧 신호의 호적 또한 이에 따라야 한다.), **대상**大嘗(생각건대, 새 곡식을 맛보는 것으로 신기神祇에게 제사지내는 것이다. 아침에는 여러 신이 맛보도록 제사지내고, 저녁에는 새 곡식을 천황[至尊]에게 바치는 것이다.), **진혼**鎭魂(생각건대, 진鎭은 편안히 하는 것이다. 사람의 양기는 혼魂이라고 하는데, 혼은 떠돌아 다닌다. 생각건대 흩어져 떠돌아다니는 혼을 불러, 몸의 한 가운데 편안히 있도록 하므로 진혼이라고 한 것이다.), **어무**御巫,[6] **복조**卜兆(생각건대, 여자이면 무巫라고 한다. 복卜은 거북 껍질[龜]을 불로 지지는 것이다.[7] 조兆는 불로 지진 거북껍질에 종횡으로 난 문양이다. 무릇 거북을 불로 지져서 길흉을 점치는 것은 복부卜部가 관장하는 일이며 장관長官이 스스로 행하는 일이 아니다. 그런데 여기에서 언급한 것은, 신기관 내의 여러 일이 모두 장관으로부터 말미암는다는 사실을 드러내고자 한 것이다. 그래서 아울러서 이를 관장하는 일[職掌] 안에 기록하였다. 이하 여러 관사[司] 역시 이 예에 따랐다.), **관**官**의 일을 총괄하여 결정한다**(생각건대, 복조 이상은 모두 이미 대사大事이다. 이 때문에 공신供神[8]하는 사람은 별도로 기록하였다. 그 외 여러 일은 모두 드러낼 수 없기 때문에 총괄한다고 하여 그것을 아우르는 것이다. 묻기를, "총판總判과 규판糺判은 어떻게 다릅니까?"라고 하니, 답하기를, "고과考課 및 다른 관사로의 문서 이송과

4_ 祝部神戶名籍을 이와 같이 해석한 것이다. 즉 축부의 경우는 이들을 기록한 대장을 名帳이라고 하고, 神戶의 경우는 戶籍으로 파악되기 때문에, 名籍을 名帳과 戶籍으로 분리해서 생각하였다.

5_ 일반 公戶와 달리 특수한 역할을 수행하는 집단을 가리킨다. 법적으로 천민은 아니지만 실질적으로 部民과 함께 良賤의 사이에 위치하는 계층이다. 圖書寮의 紙戶, 造兵司의 雜工戶, 大藏省의 百濟戶와 狛戶, 典藥寮의 藥戶와 乳戶, 造酒司의 酒戶 등이 있다.

6_ 여자 무당 중에서 朝廷에 있는 경우에 御巫라고 한다. 그 밖에 倭國巫 등의 용어도 보인다.

7_ 원래는 거북의 배껍질을 지지는 것이다.

8_ 신을 섬기는 일을 말한다.

같은 모든 일을 판관判官을 기다리지 않고, 장관長官이 홀로 행할 수 있다. 때문에 총판이라고 한다. 판관은 오직 관官 내의 평상적인 업무만을 관할하기 때문에 규판이라고 한다."고 하였다.). 다른 (관사의) 장관이 일을 처리하는 것도 이에 준한다. **대부**大副 **1인**. 관장하는 일이 백伯과 같다. 다른 (관사의) 차관次官의 경우에 관장하는 일[職掌]을 일일이 기록하지 않은 경우도, 관장하는 일이 장관長官과 같다(생각건대, 이하 제사諸司에 대해서는 일일이 기록하지 않은 것이 많으므로 이러한 범례[例]를 세운 것이다. 본문에서 "일일이 기록하지 않았다[不注]"고 하였는데, 이는 아마도 일일이 기록한 경우는 장관과 관장하는 일이 다르다는 의미일 것이다. 이는 별도의 업무[別掌]가 있으면 기록하고, 별도의 업무가 없으면 기록하지 않았음을 보여준다. 그러므로 아래 조항[條]에서는, "판문을 필사한다[抄寫判文]."고 하였는데, 어찌 주전主典이 관장하는 일이 판문을 필사하는 것뿐이겠는가! 나머지는 모두 이 조례條例에 준하기 때문에, 특별히 별도의 업무만을 기록한 것이다. 다른 관사의 차관이 관장하는 일을 기록할 때도, 역시 모두 이에 따랐다.). **소부**少副 **1인**. 관장하는 일이 대부와 같다. **대우**大祐 **1인**. 관官[9] 내를 규판糺判[10]하고, 문안文案을 살펴 서명하고[審署](생각건대, 심서審署란 주전主典이 만든 문안을 살피고 서명하는 것이다. 문안은 시행하는 것을 문文이라 하고, 갖추어 두는 것을 안案이라 한다.), 계실稽失[11]을 조사하고(생각건대, 구勾는 조사하는 것이다. 계稽는 계류稽留[12]하는 것이다. 실失은 실착失錯이다. 율律에 의하면, 공사公事 및 문서에 모두 계류와 실착失錯의 죄가 있다. 즉 계류와 실착이라는 것은 행사行事와 문서에 모두 해당하는 것이다.), 숙직宿直을 관할하는 일을 관장한다. 다른 (관사의) 판관判官도 이에 따른다. **소우**少祐 **1인**. 관장하는 일이 대우와 같다. **대사**大史 **1인**. 일을 받아

9_ 신기관을 말한다.

10_ 관사 내의 非違를 규찰하고, 사안의 결정에 관여한다는 뜻이다.

11_ 사무를 처리하는 데 지체하거나 일을 하지 않고 빠트린 것을 말한다.

12_ 업무를 지체하는 것이다.

서 상초上抄하고(생각건대, 상上은 싣는다는 뜻이고, 초抄는 기록하는 것이다. 생각건대, 판관 이상의 처분處分을 받아서 기록해 두는 것이다.), 문인을 감서勘署하고(생각건대, 문안을 살펴 만들고 서명하는 것이다.), 계실을 검출檢出하고(생각건대, 율에 따르면 같은 관사司에서 공좌公坐[13]를 범하면, 주전主典 이상은 차등적으로 연좌되기 때문에 판관 이상의 계실은 주전이 모두 검출할 수 있음을 알 수 있다.), 공문公文을 독신讀申[14]하는 일을 관장한다. 다른 (관사의) 주전도 이에 준한다. 소사少史 1인. 관장하는 일이 대사와 같다. 신부神部 30인. 복부卜部 20인.(생각건대, 「고과령考課令」을 살펴보면, 점占·후候[15]·의醫·복卜은 효험이 많은 것을 방술方術의 최最[16]로 하였다. 그런데 이 영에서 장상長上[17]·번상番上[18]으로 구별하여 나누지 않았다. 즉 복부卜部가 20인이며, 장상도 그 안에 일부 들어 있음을 알 수 있다. 그 인원수는 식式의 처분에 따른다.) 사부使部 30인. 직정直丁 2인.

2. 태정관太政官(생각건대, 태정관 안에는 모두 3국局이 있는데, 소납언少納言·좌변관左辨官·우변관右辨官이 그것이다. 대납언大納言 이상이 아울러 통섭通攝한다.)

태정대신太政大臣 1인. 이 사람은 한 사람에게는 사범師範이 되고 사해四海에는 모범[儀形]이 되며(생각건대, 사師는 사람을 가르치되 도道로써 하는 것을 일컬으며, 범範은 법法이다. 의儀는 선善이고, 형形도 또한 법法이다. 사해四海는 구이九夷·팔적八狄·칠융七戎·육만六蠻이다.), 나라를 경영하고 도를 논하며 음양을 고르게 다스린다[燮理](생각건대, 섭燮은 화和이고 이理는 다스린다는

13_ 공적인 업무처리로 발생한 범죄에 연좌되는 것이다.
14_ 공문의 내용을 읽어서 알리는 것이다.
15_ 기상에 대해 점치는 것이다.
16_ 업무에 대한 고과평정에 긍정적인 평가를 말한다.
17_ 정식 관인으로 근무하는 것이다.
18_ 비정규 관인으로 교대로 근무하는 것이다.

것이다. 생각건대, 태정대신은 왕을 돕고 도道를 논함으로써, 나랏일을 바르게 세우고[經緯] 음양을 조화롭게 다스린다[和理]. 그래서 이 관직은 덕이 있는 자를 뽑으며 관장하는 일이 나누어져 있는 직책이 아니다. 주어진 직무가 없기 때문에 맡는다[掌]고 하지 않은 것이다. 관직을 두긴 했지만 덕德 있는 자를 기다리는데, 마땅한 사람이 없으면 곧 비워둔다.). 마땅한 사람이 없으면 곧 비워둔다.

좌대신左大臣 1인. 여러 사무를 통솔하여 다스리고(생각건대, 임시의 대사大事이다. 「공식령公式令」의 논주식論奏式에서 언급되어 있는 일은, 변관을 거치지 않고 바로 대신에게 보고한다. 고선考選・임관任官과 같은 종류이다.) 강목綱目을 드러내 보이고[擧持](생각건대, 그 대강大綱은 밝히고 강목을 반드시 드러내는 것이다. 제사諸司・제국諸國의 일은 변관辨官을 거치며, 변관이 받아서 대신大臣에게 보고한다. 대신은 지위가 높고 임무가 막중하여 세세한 일을 관장할 수 없다. 그러므로 다만 그 대강大綱을 들고 그 총목을 드러내는 것이다.) 여러 사무를 총판總判하는 것을 관장한다(생각건대, 관내의 일반적인 작은 일이다. 그러므로 당령唐令에서는 성省 내의 업무를 총판한다고 하였다.). 탄정彈正의 규찰[糾]이 부당할 때는 아울러 이를 규탄[彈]할 수 있다. 우대신右大臣 1인. 관장하는 일이 좌대신과 같다. 대납언大納言(생각건대, 납언은 왕자王者의 목과 혀와 같은 자리이다. 생각건대, 아래의 말을 위로 바치고, 위의 말을 아래로 알리는 것이다.) 4인. 여러 사무의 의론에 참여하고[參議](생각건대, 우대신 이상과 더불어서 함께 천하의 여러 사무의 의론에 참여한다. 만약 우대신 이상이 모두 없으면 곧 대납언이 전행專行할 수 있다. 그 중 겸탄兼彈하는 일은 비록 좌・우대신이라고 하더라도 오히려 관장하는 일이 될 수 없으므로, 관장하는 일의 마지막에 따로 세워서 주를 달았다. 곧 대납언은 비록 대신 이상이 모두 없다고 하더라도 탄정의 규찰을 탄핵[兼彈]할 수 없다.) 부주敷奏(생각건대, 부는 편다[陳]는 뜻이고 주는 바친다[進]는 뜻이다.) 선지宣旨, 시종侍從, 헌체獻替를 관장한다(생각건대, 군주가 옳다고 말하더라도 그렇지 않은 것이 있으면 신하는 그렇지 않은 것을 바꾸어 옳은 것으로 만들어야 하고, 군주가 잘못된 것이라고 말하더라도 옳은 것이 있으면 신하는 그 옳은 것을 바쳐서 잘못된 것을 바꾸어야 한다.). **소납언**少納言 **3인**. 작은 일들을 아뢰거나 선포하고(생각건대, 「공식령公式令」에서 이르는 바인 영鈴·인印의 청진請進 및 의복의 사여와 같은 작은 일들이 이것이다.) 영鈴[19]·인印[20]·전부傳符[21]의 신청, 비역함령飛驛函鈴[22]의 진부進付 및 관인官印의 관리를 관장한다(생각건대, 오직 답인踏印[23]을 감시할 수 있다. 그 인印은 율에 따라서 장관長官이 관할한다.). 소납언은 시종侍從의 인원수 안에 포함된다. **대외기**大外記 **2인**. 주奏·조詔를 살피고(생각건대, 조서詔書를 감정勘正[24]하고 또한 주문奏文을 감조勘造[25]한다.) 공문公文을 읽어서 보고하고(생각건대, 상일행사上日行事와 같은 종류이다. 소납언에게 읽어서 보고한다.[26]) 문안文案을 살펴서 서명하고 계실稽失을 검출하는 것을 관장한다. **소외기**少外記 **2인**. 관장하는 일이 대외기와 같다. **사생**史生 **10인**. 공문公文을 정서하여 베껴 쓰고, 다니면서 문안文案에 서명을 받는다(생각건대, 관인이 있는 곳을 다니면서 문안에 서명을 받는다.). 다른 사생도 이에 준한다. **좌**

19_ 驛馬를 이용할 때 필요한 驛鈴을 말한다. 驛馬는 驛路에 30리 간격으로 설치된 驛에 비치된 말을 말한다. 지방의 긴요한 사안을 중앙으로 보고하거나 중앙의 명령을 전달하는 사신이 사용하였다.

20_ 천황의 內印을 말한다.

21_ 傳馬를 이용할 때 필요한 증명서이다. 傳馬는 驛路와는 별도로 주로 國衙와 郡衙 사이를 연결하는 도로인 傳路에 비치된 말이다. 이는 郡司들이 관리하였다.

22_ 飛驛을 위한 函과 鈴을 말한다. 鈴印 이하의 출납은 중무성의 主鈴이 담당하였다. 飛驛은 긴급사태가 발생했을 때 이를 알리는 사신이 驛路를 하루에 10驛 이상을 이동하는 것을 말한다.

23_ 인장을 날인하는 것이다.

24_ 조서의 내용을 검토하여 올바른지를 살피는 것이다.

25_ 천황에게 올리는 上奏文을 검토하고 작성하는 것이다.

26_ 원문은 讀申으로 되어 있다. 문서의 내용을 읽어서 전하는 것이다. 문서행정이 도입되었지만, 전통적으로 구두로 명령을 전달하던 관행이 남아 있어서, 문서를 읽어서 전하였다. 천황의 명령 또한 그 내용을 읽어서 소리로 전달하는 관행이 있었다.

대변左大辨 **1인**. 중무中務・식부式部・치부治部・민부民部를 관할한다(생각건대, 그 나머지 관할하에 있지 아니한 제사諸司는 또한 각각 일에 따라서 좌우로 나누어 소속시킨다. 묻기를, "변관은 8성省을 관할하고 아울러서 8성은 요사寮司를 관할하는데, 구별이 있는지 없는지 모르겠습니다."라고 하니 답하기를, "변관辨官이 성省을 관할하는 것은 일로 인해서 관할하고 속하도록 한 것이지 항상 감림監臨하지는 않는다. 그러므로 율에서 규정하기를, '태정관이 국國・군郡을 관할한다 하더라도 태정관과 관련이 없으면 항상 감림監臨할 수 없다.'고 하였다. 내외의 모든 관사가 이에 준한다. 그 중 성省은 요寮와 사司를 항상 감림監臨한다. 그러므로 율에서 규정하기를, '통괄하는 바 속관'이라고 하였다."라고 하였다. 생각건대, 성省이 요寮를 관할하는 것이나 국國이 군郡을 관할하는 것과 같은 경우이다.) 여러 사무를 접수해서 처리하고受付(생각건대, 영令에 의하면 "일을 접수하는 것은, 1일에 접수했으면 2일에는 처리를 마쳐야 한다."고 한 내용이 이것이다.), 관 내를 규판糾判하고 문안에 서명하고 계실稽失을 바로잡으며(생각건대, 관 내의 계실을 바로잡는 것이다. 속해 있는 관사의 계실도 또한 마찬가지이다.), 여러 관사의 숙직宿直을 관장한다(생각건대, 소속 관사의 숙직이다. 해당 관사의 숙직은 오로지 신기대우神祇大祐의 예에 의한다. 영令에 의하면 "경관京官은 문을 열기 전에 출근하고 문이 닫힌 후에 퇴근한다. 숙위관宿衛官은 이 범위에 들지 않는다."고 하였다. 곧 숙위관은 제사諸司 숙직의 범위에 들지 않음을 밝힌 것이다.). 제국諸國의 조집朝集[27]을 관장한다. 만약 우변관右辨官이 없으면 아울러서 행한다. **우대변**右大辨 **1인**. 병부兵部・형부刑部・대장大藏・궁내宮內를 관할한다. 나머지는 좌대변의 직무와 동일하다. **좌중변**左中辨 **1인**. 관장하는 일이 좌대변과 같다. **우중변**右中辨 **1인**. 관장하는 일이 우대변과 같다. **좌소변**左少辨 **1인**. 관장하는 일이 좌중변과 같다. **우소변**左少辨 **1인**. 관장하는 일이 우대변과 같다. **좌대사**左大史 **2인**. **우대사**右大史 2

27_ 지방 행정단위인 國에서 朝廷으로 보내는 사신 중 朝集使가 있다. 조정에 모이는 사신이라는 뜻이다.

인. 좌소사左少史 2인. 우소사右少史 2인. 좌사생左史生 10인. 우사생右史生 10인. 좌관장左官掌 2인. 소인訴人을 통과시키고 인도하며, 사부使部를 검교하며, 관부官府를 지키며, 해당 관청에 일이 있을 때 포설鋪設[28]하는 일을 맡는다. 우관장右官掌 2인. 관장하는 일이 좌관장과 같다. 좌사부左使部 80인. 우사부右使部 80인. 좌직정左直丁 4인. 우직정右直丁 4인. 순찰사巡察使. 제국諸國을 순찰하는 일을 관장한다. 항상 두지는 않는다. 순찰을 해야 한다면 임시로 내외의 관인 중 청렴하고 바른 것이 분명한 자를 취하여 충원한다(생각건대, 군사郡司・군의郡毅 등은 이 범위에 속하지 않는다.) 순찰에 대한 사무의 조항 및 사인使人의 수는 때에 따라서 헤아려 정한다.

3. 중무성中務省 직職 1곳, 요寮 6곳, 사司 3곳을 관장한다.

경卿 1인. 시종侍從, 헌체獻替,[29] 예의禮儀로 도와서 이끄는[贊相] 일(생각건대, 찬贊은 돕는 것이고, 상相은 이끈다는 뜻이다. 예禮는 예절禮節이고, 의儀는 위의威儀이다. 인군人君을 예의로 이끌어 돕는 것을 말한다.), 조칙의 문안을 살펴서 서명하고, 명을 받아서 다시 아뢰는[覆奏] 일(생각건대, 「공식령」 조서식詔書式에 의하면, "천황이 일日이라고 쓴 문서는 중무성에 두고 안案으로 삼으며, 별도로 1통을 베껴서 도장을 찍고 서명한다."고 하였다. 또한 칙지식勅旨式에 의거하면, "칙을 받은 사람이 중무성에 보내 알리면, 중무성에서 복주하고, 마치면 식에 의거해서 서명한다."고 하였는데, 이것이다.), 천황의 뜻을 알리는 일(생각건대, 시종의 선명宣命이다. 「군방령」을 살펴보면, "정토征討해야 할 일이 있으면, 출발일에 시종을 사신으로 보내어[侍從充使], 칙을 알리고 위로한다."고 하였는데, 이것이다.), 노문勞問하는 일(생각건대, 노勞는 교외까지 마중 나가서 위로함이다. 「군방령」에 의거하면, "개선하는 날에, 아뢰고 시종을 교외로 보내서 위로한다."고 하였는데 이것이다. 문問은 찾아가서 안부를 묻는 것이다. 「공식령」에 의

28_ 관청에 행사가 있을 때 자리를 깔거나 의자나 기물을 설치하는 일을 말한다.
29_ 군주를 보좌하여 선을 권하고 악을 막는 것을 말한다.

거하면, "5위 이상의 자가 퇴직하고 본인이 기내畿內에 있으면, 내사인內舍人으로 하여금 1번씩 돌아보고[一巡問], 그 안부를 보고한다."고 하였는데 이것이다.), 상표上表를 받아서 올리는 일(생각건대, 무릇 상표는 태정관을 거치지 않고, 바로 중무성으로 보낸다. 성은 이를 받아 천황에게 나아가 아뢴다.), 국사國史 편찬을 감수監修하는 일(생각건대, 도서료圖書寮에서 편찬하는 바를 이 성省이 다시 관리 감독한다. 「잡령」을 살펴보면, "길조, 천재, 지이 등이 있어, 음양료陰陽寮가 보고를 마치면, 계절별로 중무성에 밀봉하여 보내고[封送], 국사國史에 넣는다."고 하였는데, 이것이다.), 여왕(생각건대, 2세世 이하 4세 이상이다. 5세인 자는 자연히 명부命婦와 궁인宮人의 예例에 들어간다. 즉 품계를 가지고 있는 내친왕[有品內親王]은 또한 이 성에 소속되는데, 그 고과考課를 관장하기 때문이다. 그러므로 만약 품계가 없다면, 당연히 사관仕官[30]이 아니므로, 이치로 봐서 소속되지 않는다.), 내외명부內外命婦(생각건대, 부인婦人이 5위 이상의 관위官位를 가진 것을 내명부라 하고, 5위 이상 관인의 처妻를 외명부라고 한다.), 궁인宮人(생각건대, 「후궁직원령」에 의거하면, 내시 이하 12여사女司가 이것이다. 씨녀氏女, 어무御巫, 봉녀縫女, 유모乳母, 동궁궁인東宮宮人, 빈嬪 이상의 여수女豎, 가녀歌女 등의 명장名帳, 고선考選, 위기位記[31] 또한 모두 총괄하여 담당한다.) 등의 명장名帳, 고서考敍, 위기位記와 제국諸國의 호적戶籍, 조조장租調帳(생각건대, 「창고령」을 살펴보면, "조租와 용庸 등의 물건[物] 중 경京에 보내기에 합당한 것은, 모두 실제 보내는 물건의 수와 종류[色目]에 의거하여, 각각 장부 한 통을 만들라."고 하였는데, 이 장부는 곧 민부성에 보낸다. 그런데 이 영令에서 또한 조조장租調帳이라고 하였다. 이는 곧 조租와 조調의 장부이나, 각각 1통을 만들어서 또한 이 성省에 바쳐야 한다. 호적 이하 여러 장부는 이 성에서 맡아서 조사하는 바가 아니다. 단지 어람御覽에 대비하는 데 그칠 따름이다.), 승니僧尼의 명적名籍을 담당한다. 대보大

30_ 조정에 出仕한 관인. 고대 일본의 경우는 여성들도 남성과 마찬가지로 자신의 관위를 가지고 있었다.

31_ 敍位할 때 그 내용을 기록하여 본인에게 주는 문서를 말한다.

輔 1인. 관장하는 일이 경과 같다. 다만 규간規諫할 뿐이고, 헌체獻替하지는 않는다.(생각건대, 은恩으로써 임금을 바르게 하는 것을 규規라 하고, 의義로써 임금을 바로잡는 것을 간諫이라고 한다. 헌체獻替하는 소임은 크지만, 규간規諫하는 소임은 작은 것이다. 일에는 이미 대소가 있으니, 그러므로 제도를 세우는 것이 같지 않다. 만약 경이 없으면, 또한 헌체할 수 있다.) **소보**少輔 **1인**. 관장하는 일이 대보와 같다. **대승**大丞 **1인**. 궁인의 고과(생각건대, 궁인의 고과를 확인하는 것이다. 즉 식부와 병부의 승丞이 고문考問한다는 것과 같다.)를 담당한다. 나머지는 신기관(神祇官)의 대우(大祐)에 준한다. **소승**少丞 **1인**. 관장하는 일이 대승과 같다. **대록**大錄 **1인**. **소록**少錄 **3인**. **사생**史生 **20인**. **시종**侍從 **8인**. 항상 모시고, 규간하며, 떨어진 것을 줍고 모자라는 것을 보충하는 일[拾遺補闕][32](생각건대, 잊어버린 것을 주워서 거두고, 빠뜨린 것을 보충해서 더하는 것이다. 곧 작은 소임이다. 대보大輔가 규간하는 것과 같다.)을 담당한다. **내사인**內舍人 **90인**. 칼을 차고 숙위宿衛하는 일, 여러 가지 잡다한 일로 천황을 받들어 모시는 일, 행차할 때 전후로 나누어 시위侍衛하는 일을 담당한다. **대내기**大內記 **2인**. 조칙을 작성하고, 어소御所[33]의 기록을 총괄하는 일을 담당한다. **중내기**中內記 **2인**. 관장하는 일이 대내기와 같다. **소내기**少內記 **2인**. 관장하는 일이 중내기와 같다. **대감물**大監物 **2인**. 물건의 출납出納을 감찰하고, 관약管鑰[34]의 청진請進을 담당한다(생각건대, 관약管鑰은 약鑰과 같다[35]. 건모鍵牡[36]와 관管은 같지 않다. 이것은 곧 창고의 관약이다. 제문諸門의 관

32_ 拾遺補過. 임금을 보좌하여 그 결점을 바로잡는 것이다.

33_ 천황의 거처를 뜻한다. 궁중과 같다.

34_ 令義解에 의하면 鍵은 門牡이고, 管은 牡 즉 자물쇠를 넣은 부분, 자물통을 말하고, 鎰은 管鍵을 여는 장치라고 하였다.

35_ 이 부분에 대한 義解는 管鑰은 열쇠만을 뜻하는 것으로 보고 있다. 자물쇠와 열쇠를 통칭하는 것으로 보는 「宮衛令」 부분의 義解와 차이가 난다.

36_ 鍵牡는 門牡, 鍵이라고도 하며, 자물쇠를 뜻한다. 이 부분은 엄밀하게는 자물쇠와 더불어 자물통 즉 管이 되는 그 管과 管鑰에서 쓰인 管이 다르다는 뜻으로 보인다.

약은 위사闈司에서 담당한다. 「궁위령」과 「위금률」을 살펴보면, "위부가 각각 관약을 청진한다"고 하였으므로, 또한 위사에서 관장하는 것이다. 무릇 이 성은 녹錄 이상이 같은 사司를 이루고, 내기・감물・주령・전약은 각각 하나의 사司를 이룬다. 곧 3등 이상친三等以上親에 대한 상피제를 적용하지 않는다. 시종과 내사인 또한 상피하지 않는다.). **중감물**中監物 **2인**. 관장하는 일이 대감물과 같다. **소감물**少監物 **4인**. 관장하는 일이 중감물과 같다. **사생**史生 **4인**. **대주령**大主鈴 **2인**. 영인鈴印과 전부傳符, 비역함飛驛函, 비역령飛驛鈴의 출납을 담당한다. **소주령**少主鈴 **2인**. 관장하는 일이 주령과 같다. **대전약**大典鑰 **2인**. 관약의 출납을 담당한다. **소전약**少典鑰 **2인**. 관장하는 일이 대전약과 같다. **성장**省掌 **2인**. 공사公私의 문제에 관해 아뢰는 사람을 통전通傳시키고, 사부使部를 검교撿挍하며, 성부省府의 당직과 관청 내의 자리를 까는 일[聽事鋪設]을 담당한다. 다른 관청의 성장省掌도 여기에 준한다. **사부**使部 **70인**. **직정**直丁 **10인**.

4. 중궁직中宮職(생각건대, 황후궁이다. 태황태후, 황태후궁 또한 자연히 중궁이다.)

대부大夫 **1인**. 계啓[37]를 올리고 영令[38]을 내리는 일(생각건대, 납納은 위로 계를 올리는 것이고, 토吐는 아래로 영을 내려보내는 것이다.)을 담당한다. **양**亮 **1인**. **대진**大進 **1인**. **소진**少進 **2인**. **대속**大屬 **1인**. **소속**少屬 **2인**. **사인**舍人 **400인**.(생각건대, 당번을 나누어 숙직하는 등의 일은 오로지 대사인大舍人에 준한다.) **사부**使部 **30인**. **직정**直丁 **3인**.

5. 좌대사인료左大舍人寮 우대사인료右大舍人寮도 여기에 준한다.

37_ 啓는 천황에 대한 奏와 마찬가지로 中宮에게 아뢰는 것이다.

38_ 令은 천황의 명령을 알리는 것 즉 宣에 해당하며 중궁의 명령을 아래로 전달하여 실행토록 하는 것이다.

두頭 1인. 좌대사인의 명장名帳, 분번分番, 숙직宿直(생각건대, 대사인[39]은 천자를 받들어 모시는[供奉] 관인이다. 그러므로 장관이 그 숙직을 정한다. 관인의 숙직은 신기관의 예에 따른다. 묻기를, 내사인[40]도 또한 공봉하는 관인입니다. 성省의 경卿이 그 숙직을 정합니까. 답하기를, 내사인은 장상長上하는 관리이다. 그러므로 상례常例에 따라 판관이 그 숙직을 맡는다.), 휴가[41]와 사신[假使], 용의容儀[42]를 관장한다. 조助 1인. 대윤大允 1인. 소윤少允 1인. 대속大属 1인. 소속少属 1인. 대사인大舍人 800인. 사부使部 20인. 직정直丁 2인.

6. 도서료圖書寮

두頭 1인. 경적經籍, 도서圖書(생각건대, 5경經·6적籍,[43] 하도락서河圖洛書와 같은 종류이다. 그 제사백가諸史百家 역시 아울러 관장한다.), 국사國史를 편집하여 찬술하는 일(생각건대, 나라에 관한 일을 추려 모아서 사서를 편찬한다.), 내전內典,[44] 불상, 궁내의 예불(생각건대, 궁중에서 거행하는 여러 가지 불사佛事이다. 정월의 금광명회金光明會와 임시로 반야般若[45]를 전독轉讀[46]하는 종류이다. 경京 바깥의 경우는 현번玄蕃이 관장한다.), 교사校寫, 장황裝潢(생각건대, 잘라

39_ 6위에서 8위 사이의 下級 官人들의 嫡子들 중에 관직을 갖지 않은 자들을 뽑아, 그 역량에 따라 상중하로 구분하여, 상등은 大舍人, 중등은 兵衛, 하등은 使部로 임용하였다. 대사인은 궁중에서 宿衛·雜使·供奉에 종사하는 비정규관인(分番官)이다.

40_ 중무성에 속한 정식관인이다. 4·5위 관인의 자제 중에서 선발하며, 帶刀宿衛·供奉雜使·駕行護衛 등 천황가까이에서 호위와 잡사를 담당하는 정식관인(長上官)이다. 대사인과 비교하면 내사인은 귀족의 자제라고 할 수 있으며, 권력층에 속한 집단이므로 천황의 호위를 전담케 하였다.

41_ 관인의 휴가 요청[請暇]을 판단하여 휴가를 주는 일을 말한다.

42_ 몸가짐과 행동거지 즉 大舍人의 외모나 복장을 뜻한다.

43_ 六經을 말한다. 詩, 書, 禮, 樂, 易, 春秋이다. 樂 대신 周禮를 넣기도 한다.

44_ 불경을 뜻한다.

45_ 『摩訶般若波羅蜜經』, 『大般若經』 등 般若 계열의 경전이다.

46_ 불경의 처음과 끝을 읽음으로써 불경 전체를 읽은 것으로 간주하는 것이다.

서 꾸미는 것을 장裝이라 하고, 염색하는 것을 황潢이라 한다. 사서寫書 이하 여러 수手는 모두 득고인得考人[47]이다.), 공정功程, 지필묵紙筆墨을 지급하는 일을 관장한다. **조**助 1인. **대윤**大允 1인. **소윤**少允 1인. **대속**大屬 1인. **소속**少屬 1인. **사서수**寫書手 20인. 서사書史를 교사校寫하는 일을 관장한다. **장황수**裝潢手 4인. 경적經籍을 장황裝潢하는 일을 관장한다. **조지수**造紙手 4인. 잡다한 종이를 만드는 일을 관장한다. **조필수**造筆手 10인. 붓대롱[管]을 만드는 일을 관장한다. **조묵수**造墨手 4인. 먹을 만드는 일을 관장한다. **사부**使部 20인. **직정**直丁 2인. **지호**紙戶.

7. 내장료內藏寮

두頭 1인. 금金, 은銀, 주옥珠玉(생각건대, 저절로 나는 것은 주珠이고, 만든 것은 옥玉이다.), 보기寶器(생각건대, 금준옥잔金樽玉盞과 같은 종류이다.), 금릉錦綾, 잡채雜綵, 전욕氈褥(생각건대, 짐승털을 꼬아서 요를 만든 것이다.), 여러 번蕃이 조공하여 바친 진기하고 아름다운(생각건대, 특이한 물품이다. 그 금金·은銀 이하 잡물은 모두 대장성大藏省에서 별도로 나누어서 보내는 바이다.) 물건, 1년간 바쳐야 하는 천황의 의복[御服], 별칙으로 요구한 물품에 관한 일을 관장한다. **조**助 1인. **윤**允 1인. **대속**大屬 1인. **소속**少屬 1인. **대주일**大主鎰 2인. 출납을 주로 맡아서 관장한다. 나머지 주일主鎰은 이에 준한다. **소주일**少主鎰 2인. 관장하는 일이 대주일大主鎰과 같다. **장부**藏部 40인. **가장**價長 2인. 물가를 조사하고 시장[市]에서 교역하는 일을 담당한다(생각건대, 가치를 평가해서 시장에서 사들이는 인을 말한다.). 나머지 가장價長도 이에 준한다. **전리**典履 2인. 신발과 안장의 도구를 꿰매고 만드는 일(생각건대, 이것은 천황에게 바치기 위한 것이다.), 그리고 백제수부百濟手部를 검교撿校하는 일을 관장한다. **백제수부**百濟手部 10인. 여러 가지 꿰매어

47_ 근무한 일수와 업적을 평가하여 考를 얻을 수 있는 신분, 즉 관인이라는 뜻이다.

만드는 일을 관장한다. **사부**使部 **20인. 직정**直丁 **2인. 백제호**百濟戶.

8. 봉전료縫殿寮

두頭 **1인.** 여왕 및 내외명부內外命婦・궁인宮人의 명장名帳, 고과考課(생각건대, 내시內侍 이하 12사司의 고과考課이다. 즉 해당 관사[本司]는 출근한 일수과 행한 일[上日行事]을 기록하고, 이 요寮에 보내어 고과考課를 정하여 중무성中務省에 아뢴다. 내시사內侍司는 남관男官이 없기 때문이다. 봉녀縫女・채녀采女 등의 고考는 해당 관사에서 헤아려 정하여, 곧 중무中務에 보내며, 이 요寮를 거치지 아니한다.), 그리고 의복을 재봉하는 것(생각건대, 이는 천황의 의복에 준하는 것으로, 모두 상으로 하사하는 물품이 된다. 그 봉사縫司 역시 같다.), 찬조纂組[48](생각건대, 모두 수綬와 같은 종류이다.)의 일을 관장한다. **조**助 **1인. 윤**允 **1인. 대속**大属 **1인. 소속**少属 **1인. 사부**使部 **20인. 직정**直丁 **2인.**

9. 음양료陰陽寮

두頭 **1인.** 천문天文, 역수曆數, 풍운風雲의 기색氣色생각건대, 천문이라는 것은 일日, 월月, 5성星,[49] 28수宿이다. 역수라는 것은 해와 달의 횟수를 헤아려서 달력을 만들고 시時를 정하는 것이다. 기색이라는 것은 바람과 구름의 기색이다. 생각건대, 오색구름의 빛깔로 그 길흉을 보고, 12바람의 기운을 살펴서 그 괴이하고 상서로운 것을 안다. 천문박사天文博士가 관장하는 일에서 오직 기색이라 하고 풍운이라고 말하지 않는 것은, 기색이라고 하면 곧 풍운에 대한 것임을 가히 알 수 있기 때문이다. 이상한 것이 있으면 밀봉하여 천황에게 아뢰는 일을 관장한다. **조**助 **1인. 윤**允 **1인. 대속**大属 **1인. 소속**少属 **1인. 음양사**陰陽師 **6인.** 점대로 점치는

48_ 실을 꼬아 만든 띠이다. 綬는 印綬의 예와 같이, 印章에 매다는 끈이라는 뜻으로도 쓰인다.

49_ 대표적인 행성은 火・水・木・金・土星이다.

일[50]과 땅을 살피는 일[51]을 관장한다(생각건대, 점占이라는 것은 수數를 살펴서 미래를 아는 것을 말한다. 서筮라는 것은 점대[蓍]로 점치는 것이다. 상相이라는 것은 보는 것[視]이다.). **음양박사**陰陽博士 **1인**. 음양생陰陽生 등을 가르치는 일을 관장한다. **음양생**陰陽生 **10인**. 음양陰陽을 배우는 일을 맡는다. **역박사**曆博士 **1인**. 달력을 만드는 일을 관장하고, 역생曆生 등을 가르친다. **역생**曆生 **10인**. 역曆을 배우는 일을 맡는다. **천문박사**天文博士 **1인**. 천문 기색을 살펴서 이상한 것이 있으면 밀봉하고 천문생 등을 가르치는 것을 관장한다. **천문생**天文生 **10인**. 천문 기색을 살피는 일을 배우는 일을 맡는다. **누극박사**漏剋博士 **20인**. 수신정守辰丁을 이끄는 일과 물시계의 눈금을 헤아리는 일을 관장한다. **수신정**守辰丁 **20인**. 물시계의 높이를 헤아려서 때가 되면 종과 북을 두드려 치는 일을 맡는다. **사부**使部 **20인**. **직정**直丁 **2인**.

10. 화공사畫工司

정正 **1인**. 그림 그리는 일[繪事](생각건대, 무늬를 그리는 것인데, 즉 대상을 그리고 뒤에 흰 빛으로 마무리하는 것[繪事後素]이 이것이다.), 채색(생각건대, 그림에 사용하는 여러 색이다. 즉 붉고 푸른 종류가 그것인데, 붉고 푸른 등의 잡색은 대장성大藏省 및 내장료內藏寮에 있다. 그 용도에 따라서 임시로 받아쓴다. 평상시에 이 관사에 비축해 두지 않는다.), 관사의 사무를 책임자로서 처리하는 일을 관장한다. 나머지 정正이 일을 처리하는 것도 이에 준한다.(생각건대, 신기관神祇官에서 이미 조례條例를 세웠으며 나머지 여러 사司에서 두루 적용된다. 그런데 또 이 문장이 있는 것은 거듭 중복하여 언급한 것으로, 특별한 뜻은 없다.) **우**佑 **1인**. **영사**令史 **1인**. **화사**畫師 **4인**. **화부**畫部 **60인**. **사부**使部 **16인**. **직정**直丁 **1인**.

50_ 원문은 占筮이다.
51_ 相地 즉 땅의 관상을 본다는 뜻으로, 현재의 풍수지리에 가까운 것이다.

11. 내약사內藥司

정正 **1인.** 약향藥香을 올리고, 천황의 약[御藥]을 조제하는[和合] 일을 관장한다. **우**佑 **1인. 영사**令史 **1인. 시의**侍醫 **4인.** 진단하고 살피며[診候](생각건대, 진은 조사하는 것[驗]이며, 후는 살피는 것[望]이다. 혈맥을 조사하여 확인해 보고, 안색을 바라보아 살피는 것이다. 이 진험診驗이라는 것은 「의질령醫疾令」에서 말하는 진후와 그 뜻이 조금 다르다.[52]), 의약醫藥으로 받드는 일을 관장한다. **약생**藥生(생각건대, 이 생生은 즉 고考를 얻을 수 있는 신분인데, 스스로 몸소 받드는 일을 하기 때문이다.) **10인.** 여러 가지 약을 찧고, 체로 치는 일을 관장한다. **사부**使部 **10인. 직정**直丁 **1인.**

12. 내례사內禮司

정正 **1인.** 궁내宮內의 예의禮儀(생각건대 문적門籍[53] 안의 예의이며, 그 바깥의 것은 식부式部와 탄정彈正이 관장한다.), 잘못되고 어긋나는 일[非違]를 금하고 살피는 일(생각건대, 만약 대신大臣이나 탄정彈正이 잘못되고 어긋난 일을 하면 내례內禮에서 직접 금할 수 없으니, 곧 범한 것을 기록하여 중무성中務省에 보고한다. 중무성은 다시 대신大臣이 잘못되고 어긋난 일을 한 것을 탄정彈正에 문서로[移] 알린다. 탄정의 비위는 대신에게 보고하고, 각각 그 상황에 따라서 번갈아 서로 살펴서 바로잡는 것[糾正]이다.)을 관장한다. **우**佑 **1인. 영사**令史 **1인. 주례**主禮 **6인.** 비위非違를 분별하고 조사하는 일을 관장한다.(생각건대, 주례主禮는 조사한 비위를 녹취錄取하고 곧 본사[중무성]로 하여금 알게 해서 바로잡게[知正] 하는 것인데, 바로 질책하고 금할 수는 없다.) **사부**使部 **6인. 직정**直丁 **1인.**

52_ 「의질령」에서는 醫針生으로서 『脈決』이라는 교재를 읽은 경우, 의침생들끼리 서로 診候토록 한다고 하였는데, 여기서 진후는 주로 診脈한다는 의미로 쓰였기 때문에 조금 차이가 있다고 한 것이다.

53_ 宮闕이나 兵營처럼 함부로 드나들지 못하는 문에 붙여놓은 드나들기를 허락한 표시이다. 여기서는 궁궐을 뜻한다.

13. **식부성**式部省 요寮 2곳을 맡아 관리한다.

경卿 **1인. 내외의 문관**文官 **명장**名帳(생각건대 임수부任授簿[54] 외에, 또한 명장이 있다. 잡색雜色도 역시 명장이 있어야 한다.), **고과**考課(생각건대, 고考라는 것은 살펴서 비교하는 것[考校]이고, 과課는 여러 관사司에 대하여 관장하는 일로 부여된 여러 가지 일을 말하는 것이다. 이른바 1년의 공과功過를 살펴서 비교한다는 것은, 반드시 먼저 맡은 직무를 잘 수행하였는지 그렇지 않은지를 확인하기 때문에 고과考課라고 한다. 「고과령考課令」에서 말하는 과課는 과시課試라는 뜻이다. 이 조條에는 또한 공인貢人을 책시策試한다는 내용이 있는데, 이 때문에 다시 과시課試라는 표현을 쓸 수 없었던 것이다.), **선서**選敍(생각건대, 선選이란 관리를 선발하는 것이고, 서敍는 위位를 수여하는 것이다.), **예의**禮儀(생각건대, 조정朝廷의 예의이다.), **판위**版位(생각건대, 조하朝賀 및 제사祭祀에서 군신群臣과 백관百官의 열위列位를 정하는 판版이다.), **위기**位記, **훈적**勳績**을 비교하여 정하며**(생각건대, 훈적勳績은 모두 공功이다. 문공文功·무공武功을 구분하지 않는다.), **공**功**을 논하여 봉상**封賞**하는 일**(생각건대, 공로를 논하여 어떤 자는 봉封하고, 어떤 자는 상을 주는 것이다.), **조집**朝集(생각건대, 제국諸國의 조집사朝集使가 고선考選 및 군사郡司를 보임하는 일에 의거하여 이 성에 모인다.), **학교**學校(생각건대, 대학大學이다.), **공인**貢人**을 책시**策試**하는 일**(생각건대, 수재秀才·명경明經을 책시策試하는 종류이다.), **녹사**祿賜(생각건대, 위록位祿, 계록季祿 및 임시로 지급해 주는 것이다.), **가**假**와 사**使(생각건대, 가假는 육가六假[55]를 제외한 모두가 이것이다. 해당 관사가 판단하여 처리하고, 식부式部에 보고하는 것이다. 사使는 순찰巡察·복수사覆囚使[56]와 같은 종류가 바로 이것이다.), **가령**家令**을 보임**補任**하는**

54_ 관인의 任官과 授位에 대한 사실을 기록한 장부이다. 「公式令」 84조 任授官位條에서는 任官簿에는 貫屬과 年紀 즉 연령을 기록하지 않는다고 하였으므로, 임관부와 수위부는 별도로 있었던 것으로 생각된다.

55_ 6일 일하고 하루씩 쉬는 휴가를 말한다. 한 달에 6일의 휴가라는 해석도 있으나, 中務와 宮內 등의 관사가 5일의 휴가를 받는 데 대하여 일반 관사가 6일이라고 하는 것은 부자연스럽다.

일(생각건대, 먼저 평가하여 추천해서[銓擬] 관官에 보고한다. 그런 후에 이에 보임補任하는 것이다), 공신가功臣家의 전傳과 논[田](생각건대, 공이 있는 집안이 그 가전家傳을 바치면, 식부성이 다시 찬수撰修한다.)의 일을 관장한다. **대보**大輔 **1인**. **소보**少輔 **1인**. **대승**大丞 **2인**. 고과考課를 감문勘問하는 일을 관장한다. 나머지는 중무대승中務大丞과 같다. **소승**少丞 **2인**. 관장하는 일이 대승과 같다. **대록**大錄 **1인**. **소록**少錄 **3인**. **사생**史生 **20인**. **성장**省掌 **2인**. **사부**使部 **80인**. **직정**直丁 **5인**.

14. 대학료大學僚

두頭 **1인**. 학생을 시험해서 선발하는 일[試學生]과 공자를 제사 지내는 일[釋奠]을(생각건대, 「학령學令」에 의하면 대학大學과 국학國學이 해마다 봄과 가을의 두 번째 달에 공자의 제사를 지내는데, 그것이다. 음박사音博士에게는 학생이 없다. 「학령」에 규정하기를, 학생은 먼저 경문을 읽고, 통달하여 익숙해진[通熟] 연후에 뜻을 배운다[講義]고 하였다. 지금 이 문항에 의거하여 명경생明經生은 반드시 먼저 음박사에게 나아가 오경五經의 음을 읽은 연후에 뜻을 배운다. 따라서 별도의 학생을 두지 않은 것이다. 단 서생書生은 공시법貢試法에 조항이 있으므로, 이 영令에 기재하지 않고 생략하였다.) 관장한다. **조**助 **1인**. **대윤**大允 **1인**. **소윤**少允 **1인**. **대속**大属 **1인**. **소속**少属 **1인**. **박사**博士 **1인**. 경업經業을 가르치고[敎授] 학생에게 시험을 부과하는 일을 관장한다. **조교**助敎 **2인**. 관장하는 일이 박사와 같다. **학생**學生 **400인**. 경업을 나누어 배우는 일을 맡는다. **음박사**音博士 **2인**. 음을 가르치는 일을 관장한다. **서박사**書博士 **2인**. 글쓰는 법을 가르치는 일을 관장한다. **산박사**算博士 **2인**. 셈법 가르치는 일을 관장한다. **산생**算生 **30인**. 셈하기 배우는 일을 맡는다. **사부**使部 **20인**. **직정**直丁 **2인**.

56_ 가뭄이 들면 전국에 억울한 죄인이 없는지를 조사하는 것을 錄囚라고 하는데, 覆囚使도 같은 역할을 맡은 사신으로 보낸다.

15. 산위료散位僚

두頭 1인. 산위散位(생각건대, 문무의 산위散位 모두를 총괄하여 관장한다.), 명장名帳, 조집朝集의 일(생각건대, 모든 국國의 조집사朝集使는 모두 이 요僚에서 그 출근 일수[上日]를 판단한다.)을 관장한다. 조助 1인. 윤允 1인. 대속大属 1인. 소속少属 1인. 사생史生 6인. 사부使部 20인. 직정直丁 2인.

16. 치부성治部省 요僚 2곳과 사司 2곳을 관장한다.

경卿 1인. 본성本姓(생각건대, 성姓이라고 하는 것과 같다. 그 성씨姓氏라는 것은 사람의 근본이 되므로 본성이라고 한 것이다.), 계사繼嗣(생각건대, 5위五位 이상의 적자嫡子이다. 「계사령繼嗣令」에서 "5위 이상의 적자를 정하고 치부治部에 첩牒하여 알린다"고 한 것이 이것이다.), 혼인婚姻(생각건대, 5위 이상의 적처嫡妻이다. 계사를 중시하기 때문에 겸하여 그 생모[生服]을 담당한다.), 상서祥瑞, 상장喪葬, 증부贈賻(생각건대, 관위는 증贈한다고 하고, 재화는 부賻한다고 한다. 무릇 관위를 추증하는 것은, 중무성이 위기位記를 작성하면 이 성省이 받아서 죽은 사람의 집안에 보낸다. 재화를 부하는 것은 죽은 사람의 본사本司가 태정관太政官에 아뢰면, 태정관이 이 성에 내리고, 성이 다시 헤아려 내리면, 대장성大藏省에서 하급下給한다.), 국기(國忌)(생각건대, 선황先皇이 붕어崩御한 날이다.), 휘諱(생각건대, 꺼려 피하는 것이다. 황조皇祖 이하의 이름을 말할 때 꺼려서 피한다.) 및 여러 번국의 조빙朝聘(생각건대, 국군國君[57]이 오는 것을 조朝라 하고, 경대부卿大夫를 보내는 것을 빙聘이라 한다.)의 일을 관장한다. 대보大輔 1인. 소보少補 1인. 대승大丞 1인. 소승少丞 2인. 대록大錄 1인. 소록少錄 3인. 사생史生 10인. 대해부大解部 4인. 보제譜第의 쟁송을 국문하는 일을 관장한다(생각건대, 보제의 쟁송을 물어 궁구하고, 그 족성族姓의 차례를 정한다. 이 해부解部는 별개의 관사로 삼으므로, 치부성의 관원[員]에 들지 않는다.). 소해부少解部 6인. 관장

57_ 그 나라의 군주를 말한다.

하는 일이 대해부大解部와 같다. **성장**省掌 **2인. 사부**使部 **60인. 직정**直丁 **4인.**

17. 아악료雅樂寮

두頭 **1인.** 문무文武의 아곡雅曲, 정무正儛(생각건대, 창과 방패가 없는 것을 문文이라 하고, 창과 방패가 있는 것을 무武라고 한다.), 잡악雜樂2, 남녀 악인樂人과 음성인音聲人의 명장名帳(생각건대, 악인과 음성인은 남녀가 서로 섞여 있어서 이미 일색一色이 아니다. 때문에 남녀를 먼저 말함으로써 그것을 뒤의 규정에 미치도록 하였다[58].), 곡과曲課를 시험하는 일(생각건대, 음音·성聲·곡曲·도度는 각각 대소大少가 있다. 그 습득한 내용[程限]을 부과하여[課], 숙련도를 시험하는 것이다.) 일을 관장한다. **조**助 **1인. 대윤**大允 **1인. 소윤**少允 **1인. 대속**大属 **1인. 소속**少属 **1인. 가사**歌師 **4인.** 2인[59]은 가인歌人이 가녀歌女를 가르치는 일을 관장한다. 「師」 2인은 임시로 성음聲音이 있어 공봉供奉하는 일을 감당할 수 있는 자를 뽑아서 그것을 가르치는 일을 관장한다. **가인**歌人 **30인. 가녀**歌女 **100인. 무사**儛師 **4인.** 잡무雜儛를 가르치는 일을 관장한다. **무생**儛生 **100인.** 잡무雜舞을 익히는 일을 맡는다. **적사**笛師 **2인.** □[60] **적생**笛生 **6인.** 잡적雜笛을 익히는 일을 맡는다. **적공**笛工 **8인.**(생각건대, 이 간악間樂을 바치고,[61] 적笛을 부는 자이다. 당국唐國 이하 여러 악자樂者 중에서 적笛을 부는 사람은 각각 그 악생樂生 중에 있다.) **당악사**唐樂師 **12인.** 악생樂生을 가르치는 일을 관장한다. 고려·백제·신라 악사樂師는 이에 준한다. **악생**樂生 **60인.** 악樂을 익히는 일을 맡는다. 나머지 악생은 이에 준한다. **고려악사**高麗樂師 **4인. 악생**樂生 **20인. 백제악사**百濟樂師 **4**

58_ 남녀라는 구분이 악인과 음성인에 미치고 있음을 말한 것이다. 즉 남자 악인 명장, 남자 음성인 명장, 여자 악인 명장과 여장 음성인 명장을 말한다.

59_ 『영집해』에는 2인으로 되어 있다.

60_ '雜笛을 가르치는 일을 관장한다[掌教雜笛].'일 것이다.

61_ 원문은 '供此間樂'인데 의미가 분명하지 않다.

인. 악생樂生 20인. 신라악사新羅樂師 4인. 악생樂生 20인. 기악伎樂.(생각건대, 오악吳樂이다. 그 요고腰鼓 역시 오악吳樂의 악기이다.) 사師 1인. 기악생을 가르치는 일을 관장한다. 그 기악생은 악호樂戶로서 삼는다. 요고생腰鼓生은 이에 준한다. 요고사腰鼓師 2인. 요고생腰鼓生을 가르치는 일을 관장한다. 사부使部 20인. 직정直丁 2인. 악호樂戶.

18. 현번료玄蕃寮

두頭 1인. 불사佛寺, 승니僧尼의 명적明籍(생각건대, 재경在京 및 제국諸國의 불사佛寺와 승니의 명적이다.), 공재供齋, 번객蕃客의 알현과 작별 인사[辭見], 연향讌饗, 송영送迎(생각건대, 무릇 여러 번蕃[62]의 입조자入朝者는 입성入城하는 것부터 사별辭別에 이르기까지 연향·송영 등을 모두 다 주재한다. 송영은 오직 경내京內에서 하고, 기외畿外로 나오지 않는다.) 및 재경이적在京夷狄,[63] 관사館舍(생각건대, 홍려관鴻臚館을 말한다.)를 살피고 관리하는 일을 관장한다. 조助 1인. 대윤大允 1인. 소윤少允 1인. 대속大属 1인. 소속少属 1인. 사생使生 4인. 사부使部 20인. 직정直丁 2인.

19. 제릉사諸陵司

정正 1인. 능의 영靈을 제사지내고(생각건대, 12월 하전荷前[64]의 폐백[幣]을 바치는 일이 이것이다.), 상장흉례喪葬凶禮, 제릉諸陵 및 능호陵戶의 명적名籍에 관한 일을 관장한다. 우佑 1인. 영사令史 1인. 토부土部 10인. 흉례凶禮(생각건대, 흉례란 마지막을 보내는 예이다. 즉 토사숙네土師宿禰로서 나이와 위位가 높은 자를 대련大連으로 삼고, 그 다음은 소련少連으로 삼는다. 아울러 보라색

62_ 이때 蕃은 주로 신라와 발해를 지칭한다.

63_ 도성에 머무르고 있는 일본국 내부의 이민족을 말한다. 동북지역의 蝦夷와 九卅 남쪽의 隼人이다.

64_ 山陵 등에 바치기 위하여 따로 준비해 둔 곡물의 만물을 뜻한다(노사키 또는 하츠오라고 한다).

옷과 도검刀劍을 착용한다. 대대로 흉의凶儀를 관장하는데, 그 내용이 많으므로 여기에는 싣지 않는다.)를 돕는[贊相] 일을 관장한다. 원외員外는 임시로 뽑아서 충당한다.(생각건대, 이는 장관長官이 관장하는 일이다. 그런데 여기에 기록한 것은 편의에 따라서 언급한 것이고, 별례別例는 없다.) 사부使部 10인. 직정直丁 1인.

20. 상의사喪儀司

정正 1인. 흉사凶事의 의식儀式 및 상장喪葬의 기물[具]을 담당한다. 우佑 1인. 영사令史 1인. 사부使部 6인. 직정直丁 1인.

21. 민부성民部省 요 2곳을 관리한다.

경卿 1인. 제국諸國의 호구戶口 명적名籍(생각건대, 「호령戶令」에 의하면, 경호京戶 및 관노비의 명적名籍 역시 같이 관장한다.), 부역賦役, 효의孝義(생각건대, 「부역령賦役令」에 의하면 효자의부孝子義夫와 동적자同籍者는 모두 과역을 면제한다고 한 것이 이것이다.), 우복優復(생각건대, 우優는 우대해서 상賞을 주는 것이다. 같은 영令에서 정성精誠이 통하면, 별도로 우대해서 상賞을 더하니, 이것이다. 복復[65]은 면제하여 없애는 것[復除]이다. 같은 영令에서 외번外蕃에 몰락하여 되돌아온 경우 고향으로 옮겨 복復을 주니 이것이다.), 견면蠲免[66](생각건대, 같은 영令에서 마땅히 부과된 역을 면제해야 할 경우에는, 모두 견부蠲符가 오기를 기다려서 그 후에 면제한다고 하였으니, 이것이다.), 가인家人, 노비奴婢(생각건대, 이미 평민이 아니다. 그러므로 따로 드러낸 것이다. 그 도교道橋 이하, 수택藪澤 이상은 오직 지도地圖에 의거해서 그 형태와 경계[形界]를 알고, 조사하여 확정[撿勘]하

65_ 賦役을 모두 면제하는 것이다. 課役과 雜徭를 모두 면제하는 경우와 課役만을 면하는 경우가 있다. 예를 들어 狹鄕에서 寬鄕으로 본거지를 옮기는 경우는 그 거리에 따라 1년 내지 3년간 부역을 면제한다(「부역령」 15조 참조).

66_ 하급 관인에 대한 課役의 면제를 말한다.

는 데 이르면 관여하지 않는다.), 교도橋道, 진제津濟, 거지渠池, 산천山川, 수택藪澤, 제국諸國의 논을 관장한다. **대보**大輔 **1인. 소보**少輔 **1인. 대승**大丞 **1인. 소승**少丞 **2인. 대록**大錄 **1인. 소록**少錄 **3인. 사생**史生 **10인. 성장**省掌 **2인. 사부**使部 **60인. 직정**直丁 **4인.**

22. 주계료主計寮

두頭 **1인.** 조調 및 잡물雜物을 헤아려서 받고(생각건대, 조調를 제외한 이외에 용庸과 제국諸國의 공물을 바치는 것[貢獻物] 등이 이것이다.), 나라의 쓰임[國用]을 헤아리고, 용도[用度]를 헤아리는 일을 관장한다. **조**助 **1인. 대윤**大允 **1인. 소윤**少允 **1인. 대속**大属 **1인. 소속**少属 **1인. 산사**算師 **2인.** 조용調庸 및 용도用度를 살펴 헤아리는 일을 관장한다. **사생**史生 **6인. 사부**使部 **20인. 직정**直丁 **2인.**

23. 주세료主稅寮

두頭 **1인.** 창름倉廩(생각건대, 곡물을 저장하는 것을 창倉이라 하고, 쌀을 저장하는 것을 늠廩이라 한다.)의 출납, 제국諸國의 전조田租(생각건대, 좌우경左右京의 전조田租 역시 이에 준한다.), 도정한 쌀[舂米](생각건대, 제국諸國의 도정한 쌀의 양을 관장한다. 다만, 대취료大炊寮에 들이는 날에 주계료主計寮에서 헤아려서 받는다.), 연애碾磑(생각건대, 물방아[水碓]이다. 미米를 만드는 것을 연碾이라 하고, 면麵을 만드는 것을 애磑라 한다.)를 관장한다. **조**助 **1인. 대윤**大允 **1인. 소윤**少允 **1인. 대속**大属 **1인. 소속**少属 **1인. 산사**算師 **2인.** 조세租稅를 살펴 계산하는 일을 관장한다. **사생**史生 **4인. 사부**使部 **20인. 직정**直丁 **2인.**

24. 병부성兵部省 사司 5곳을 관장한다.

경卿 **1인.** 내외 무관武官의 명장名帳, 고과考課, 선서選敍, 위기位記, 병사兵士 이상의 명장名帳(생각건대, 교위校尉 이하이다. 즉, 주장主帳 역시 같다. 그 대의[大毅]·소의[少毅]는 외무관外武官으로 삼는다.), 조집朝集, 녹사祿賜, 가사假使, 병사를 뽑아서 보내는 일(생각건대, 위사衛士와 방인防人을 뽑아 보내는 일과 정토하는 일이다. 「군방령軍防令」에 의거하면, 병사 20인 이상을 차출할 때는 모두 계칙契勅을 기다려야 한다. 곧 이 성이 차출해야 할 국國과 병사 수를 살펴 기록하여 관官에 아뢴다. 관官은 곧 천황에게 보고하면, 계칙契勅을 내린다. 다만, 위사·방인을 뽑는 일은 살펴 바로 국國에 명령을 내리고, 다시 관官에 아뢰지 않는다.), 병기兵器, 의장儀仗(생각건대, 정벌하는 데 쓰는 것을 병기兵器라 하고, 예용禮容에 사용하는 것을 의장儀仗이라 한다.), 성황城隍, 봉화烽火의 일을 관장한다. **대보**大輔 **1인. 소보**少輔 **1인. 대승**大丞 **1인.** 관장하는 것은 식부대승에 준한다. **소승**少丞 **2인.** 관장하는 것이 대승과 같다. **대록**大錄 **1인. 소록**少錄 **3인. 사생**史生 **10인. 성장**省掌 **2인. 사부**使部 **60인. 직정**直丁 **4인.**

25. 병마사兵馬司

정正 **1인.** 목장과 병마兵馬(생각건대, 목마牧馬를 군단軍團에 붙여서 기르게 하는 것이다.), 우역郵驛(생각건대, 우郵 역시 역驛이다. 경계에 설치된 문서를 전달할 때 이용하는 시설이다.), 공사公私의 말과 소(생각건대, 공公이라는 것은 전마傳馬와 공해公廨의 말과 소이다. 사私라는 것은 무릇 관에서 기르지 않고 민간에 있는 것이 모두 이것이다. 출정 나가는 큰 일에는 공사公私 모두 공급하여 차출하여 보내도록 한다. 이런 까닭에 겸해서 관장한다.)의 일을 관장한다. **우**佑 **1인. 대령사**大令史 **1인. 소령사**少令史 **1인. 사부**使部 **6인. 직정**直丁 **1인.**

26. 조병사造兵司

정正 **1인.** 여러 가지 병기兵器의 제작과 공호工戶의 호구명적의 일을 관장한다. **우**佑 **1인. 대령사**大令史 **1인. 소령사**少令史 **1인. 잡공부**雜工部 **20인.** (생각건대, 이는 잡공호雜工戶에서 취하여 충당한다. 단야사鍛冶司의 단부鍛部, 토공사土工司의 이부泥部 등과 같은 부류이다. 모두 단호와 이부 내에서 취하여 충당한다. 다만 호내戶內에 사람이 없으면, 다른 씨족에서 두루 취한다.) **사부**使部 12인. **직정**直丁 1인. **잡공호**雜工戶.

27. 고취사鼓吹司

정正 1인. 북치고 피리 부는 것을 훈련시켜 익히게 하는 일(생각건대, 고취호鼓吹戶의 사람을 가르쳐서 익히게 하는 것이다.)을 관장한다. **우**佑 1인. **대령사**大令史 1인. **소령사**少令史 1인. **취부**吹部 30인. **사부**使部 10인. **직정**直丁 1인. **고취호**鼓吹戶.

28. 주선사主船司

정正 1인. 공사公私의 주즙舟檝[67] 그리고 주구舟具[68]의 일을 관장한다. **우**佑 1인. **영사**令史 1인. **사부**使部 6인. **직정**直丁 1인. **선호**船戶.

29. 주응사主鷹司

정正 1인. 매와 개[鷹犬]를 훈련시켜 길들이는 일을 관장한다. **영사**令史 1인. **사부**使部 6인. **직정**直丁 1인. **응호**鷹戶.

30. 형부성刑部省 사司 2곳을 관장한다.

경卿 1인. 국옥鞫獄[69]하고, 형벌[刑名][70]을 정하고(생각건대, 해부解部가 추국한 바를 거듭 살피고, 판사判事 이상과 함께 결단하여 정하는 것이다. 「옥령獄令」에 의하면, 경내京內에 있는 제사諸司에서 일이 발생했을 경우, 도徒 이상의 죄를 범했으면 형부성으로 보낸다. 위부衛部가 죄인을 적발하여 잡았다면, 경에 본직이

67_ 배와 노를 말한다.

68_ 돛이나 닻과 같은 배에 필요한 도구들을 말한다.

69_ 소송과 관련된 사실을 심리하는 것이다. 그 실무는 解部가 담당한다.

70_ 율령격식의 조문 속에서 죄목을 찾고 그 형벌을 정하는 것을 말한다.

있거나 소속된 자가 아니더라도, 모두 형부성으로 보낸다고 하였다. 또한 이르기를, 형부성이 유流 이상의 벌을 결정했을 경우, 모두 문안에 연사連寫해서 태정관에 보고한다고 하였다. 그렇다면, 사死 이하 태笞 이상을 모두 추단推斷할 수 있는 셈이다.), 의옥[疑讞][71](생각건대, 언讞은 청請이고, 정正이다. 같은 영令에 의거하면, 국國에 의옥이 있어 결단하지 못한 것은, 형부성에서 결단해 주기를 청한다고 하였으니 이것이다.)을 판가름하여 결단하는 일, 양천良賤[72]의 명적(생각건대, 양인을 두고 천인이라고 참소하거나[良訴賤], 천인이 양인임을 호소할 때[賤訴良], 판단할 수 있는 서류簿書가 명적이다.), 수금囚禁[73]과 채부債負[74](생각건대, 재물을 거두어들이는 것을 채債라고 이른다. 빌리고 갚지 않는 것을 부負라고 이른다. 곧 육장六贓의 부류와 여러 가지 관官 몰수에 해당하는 것은, 이 성에서 모두 관장한다.)의 일을 관장한다. **대보**大輔 **1인**. **소보**少輔 **1인**. **대승**大丞 **2인**. **소승**少丞 **2인**. **대록**大錄 **1인**. **소록**少錄 **2인**. **사생**史生 **10인**. **대판사**大判事 **2인**. 추국한 문서를 거듭 살피고, 죄명과 형벌[刑名]을 판단하여 정하며, 여러 가지 쟁송爭訟을 판결하는 일을 담당한다. **중판사**中判事 **4인**. 대판사와 담당하는 일이 같다. **소판사**少判事 **4인**. 중판사와 담당하는 일이 같다. **대속**大屬 **2인**. 판문判文을 간추려 베끼는 일을 담당한다(생각건대, 다만 초사抄寫만을 별도로 기록한다. 그 나머지 처리가 늦어진 것이나 아예 빠진 것 등을 검출檢出하는 일은, 오로지 신기사神祇史에 준한다.). **소속**少屬 **2인**. 대속과 담당하는 일이 같다. **대해부**大解部 **10인**. 쟁송爭訟을 심문하는 일을 담당한다. **중해부**中解部 **20인**. 관장하는 일이 대해부와 같다. **소해부**少解部 **30인**. 관장하는 일이 중해부와 같다. **성장**省掌 **2인**. **사부**使部 **80인**. **직정**直丁 **6인**.

71_ 의문점이 많아서 지방에서 판단하지 못하고 중앙으로 보고해온 사안을 말한다.

72_ 양민의 상속 관계의 소송은 치부성이 담당하고, 양천의 구별에 대한 소송은 형부성 소관이다. 소송의 판단기준이 되는 호적은 중무성과 민부성이 가지고 있다.

73_ 죄수를 가두는 일로 실무는 형부성의 被官인 囚獄司의 소관이다.

74_ 被官인 贓贖司의 소관이다.

31. 장속사贓贖司

정正 **1인. 부렴**簿斂(생각건대, 부簿는 소疏이고, 염斂은 수收이다. 생각건대 죄인의 재물에 대하여 장부에 기록하고 거두어들여[疏收] 관에서 몰수함을 말한 것이다.), **배몰**配沒(생각건대, 관에서 몰수한 물품을 받아서 다시 제사諸司로 분배하는 것이다. 가령, 병기는 병고兵庫에 예속시키고, 문서는 도서圖書에 예속시키고, 재물은 대장大藏에 예속시키고, 죄인의 아버지와 아들은 관노사官奴司에 예속시키는 부류이다.), **장속**贓贖(생각건대, 비리非理로 재물을 취한 것을 장贓이라 이르는데, 배장倍贓 또한 같은 것이다. 돈을 내서 벌을 면하는 것[出金當罪]을 속贖이라 이르는데, 관에 넣은 것이나 개인에게 지불하는 것이 모두 같다[入公入私 並同也]. 제국諸國의 속물贖物은 곧 당사當司로 들어오는데, 옥사獄舍 등의 수리에 충당된다.), **분실된**[闌遺] **잡물**雜物(생각건대, 「포망령捕亡令」에 의거하면, 유실물을 얻었을 때, 주인이 확인하지 않으면 관에서 몰수하는 것이 이것이다.[75]) **등의 일을 담당한다.**[76] **우**佑 **1인. 대령사**大令史 **1인. 소령사**少令史 **1인. 사부**使部 **10인. 직정**直丁 **1인.**

32. 수옥사囚獄司

정正 **1인. 죄인을 가두고**(생각건대, 위부가 체포한[糺捉] 죄인 및 여러 관사가 보내온 도형 이상이다. 모두 이 관사에서 죄에 따라 구금된다.) **노역을 시키고 공정**功程 **및 유배 및 형의 집행을 관장한다. 우**佑 **1인. 대령사**大令史 **1인. 소령사**少令史 **1인. 물부**物部 **40인**(생각건대, 이는 반부伴部[77]의 종류이다. 그러

75_ 「捕亡令」 15조 참조, 분실된 잡물은 모두 가까운 관사에 보낸다. 시장에서 주운 것은 市司에, 위부가 순행하다가 주운 것은 本衛로 보낸다. 주운 물건은 모두 문 바깥에 걸어두고 주인이 찾으러 오기를 기다린다.

76_ 贓・贖・분실된 雜物을 부렴한다고 읽어야 하는 것으로 보는 설도 있다.

77_ 645년 이전에 특정 직능으로 朝廷에 봉사하던 伴으로 불리는 집단을 통솔 관리하는 자를 말한다. 후에 部 제도가 성립되자 部의 관리자로 간주되었다. 즉 이들은 일반적인 公民이 아니라 원래부터 특정한 직능을 가지고 있었던 집단

므로 식부式部가 보임한다. 위문부衛門府의 문부門部도 또한 같다.). 죄인을 관리하고 처벌하는 일을 관장한다. **물부정**物部丁 **20인**(생각건대, 제국諸國의 사정仕丁[78]으로서 무기를 들고 옥을 지키는 자이다. 곧 민부성民部省으로부터 충원한다.).

33. **대장성**大藏省 사司 5곳을 관장한다.

경卿 **1인**. 출납出納(생각건대, 감물監物과 더불어 함께 출납한다.), 제국의 조調와 돈, 금과 은, 구슬과 옥, 동과 철, 뼈·뿔·이빨, 깃털, 칠기, 장막, 저울추와 저울대[權衡](생각건대, 권權은 늘어뜨리는 쇠 추이고, 형衡은 가로대다. 가볍고 무거운 정도를 알 수 있는 것이다.), 도량度量(생각건대, 길이를 재는 것은 도度이고, 부피를 재는 것은 양量이다.), 매매賣買의 가격[估價](생각건대, 물건의 가치는 때에 따라 바뀐다. 관에서 매매하는 것은 그 표준가[中價]에 의거한다. 다만 매매할 때가 되면 정한 가격[估價法]을 확인하는 것이지, 항상 시市에 머물며 물건 값을 기록하는 것은 아니다.), 주변국[諸方]에서 바친 물건의 일을 관장한다. **대보**大輔 **1인**. **소보**少補 **1인**. **대승**大丞 **1인**. **소승**少丞 **2인**. **대록**大錄 **1인**. **소록**少錄 **2인**. **사생**史生 **6인**. **대주약**大主鑰 **2인**. **소주약**少主鑰 **2인**. **장부**藏部 **60인**. **가장**價長 **4인**. **전리**全履 **2인**. 신발[靴履]과 말안장에 딸린 여러 기구[鞍具]를 만들고(생각건대, 이는 상으로 하사하는 물품[賞賜]이다. 천자에게 바치는 물품[供御]과 관련이 없다. 백제수부百濟手部와 박부狛部는 생각건대 모두 고과考課를 받을 수 있는 자이다.), 백제수부를 검교撿挍하는 일을 관장한다. **백제수부**百濟手部 **10인**. 여러 가지 꿰매고 만드는 일을 관장한다. **전혁**典革 **1인**. 여러 가지 가죽을 물들이고 만드는 일과 박부狛部를 검교撿挍하는 일을 관장한다. **박부**狛部 **6인**. 여러 가지 가죽을 물들이고 만드는

이다.

78_ 성년 남자에게 부과되는 力役으로 50호에 2명이 할당되었으며 3년씩 여러 관사에 소속되어 각종 잡역에 종사하였다.

일을 관장한다. **성장**省掌 2인. **사부**使部 60인. **직정**直丁 4인. **구사정**駈使丁 6인. **백제호**百濟戶. **박호**狛戶.

34. 전주사典鑄司

정正 1인. 금·은·동·철을 주조하고, 칠하여 꾸미는 것[塗餝], 유리瑠璃(생각건대, 불로 만든 보석이다.), 옥 만드는 일과 공호工戶의 호구명적戶口名籍의 일을 관장한다. **우**佑 1인. **대령사**大令史 1인. **소령사**少令史 1인. **잡공부**雜工部 10인. **사부**使部 10인. **직정**直丁 1인. **잡공호**雜工戶.

35. 소부사掃部司

정正 1인. 천薦[79]·석席[80]·상牀·책簀[81]·점苫[82]과, 펼치고 배치하는 일[鋪設], 물 뿌리고 비로 쓰는 일[洒掃], 향포와 골풀[蒲藺], 갈대 주렴[葦簾] 등의 일을 관장한다. **우**佑 1인. **영사**令史 1인. **소부**掃部 10인. **사부**使部 6인. **직정**直丁 1인. **구사정**駈使丁 20인.

36. 칠부사漆部司

정正 1인. 여러 가지 바르고 칠하는 일을 관장한다. **우**佑 1인. **영사**令史 1인. **칠부**漆部 20인. **사부**使部 6인. **직정**直丁 1인.

37. 봉부사縫部司

정正 1인. 의복을 재봉하는 일을 관장한다(생각건대, 이는 위사衛士 등의 의복이다.). **우**佑 1인. **영사**令史 1인. **봉부**縫部 4인. **사부**使部 6인. **직정**直丁 1인.

79_ 멍석 종류이다. 席보다 거친 것이다.

80_ 薦과 같다. 자리를 뜻한다.

81_ 대나무나 나무를 엮어서 만든 자리를 말한다. 상이나 침대 위에 깐다. 현재는 대발도 뜻한다.

82_ 莎草나 茅 등을 이용해서 만든 거적을 말한다.

봉녀부縫女部(생각건대, 예전의 영[83]을 살펴보니, 봉녀부縫女部는 사부使部 위에 있었으나, 새로운 영에서는 직정直丁 아래에 있다. 무릇 새로운 영의 체계는 여러 여사들이 모두 남자의 아래에 있기 때문에 직정 아래에 두었다. 그 고과考課는 예전의 영에 따르고 다시 고치지 않았다.).

38. 직부사織部司

정正 **1인.** 비단[錦[84]·綾[85]·羅[86]·紬[87]]을 짜고 여러 가지 염색하는 일을 관장한다. **우**佑 **1인.** **영사**令史 **1인.** **도문사**挑文師 **4인.** 비단[錦·綾·羅] 등의 무늬를 만드는 것을 관장한다. **도문생**挑文生(생각건대, 능금문綾錦文을 만드는 자를 이름하여 도문생挑文生이라 하는데, 고考를 얻을 수 있다. 스스로 도직挑織을 하기 때문이다.) **8인.** **사부**使部 **6인.** **직정**直丁 **1인.** **염호**染戶.

39. 궁내성宮內省 직職 1곳, 요寮 4곳, 사司 13곳을 관장한다.

경卿 **1인.** 출납出納(생각건대, 관할하는 여러 관사의 출납出納이다.), **제국**諸國의 조調, 잡물雜物, 도정한 쌀[舂米], **관전**官田(생각건대, 공어도전供御稻田[88]으로 기내畿內에 나누어 두는 것을 이름하여, 관전官田이라고 한다.) 및 천황에게 드리는 식산食産을 주선奏宣하고(생각건대, 주奏는 관전官田·과수원[園]·못[池]에서 그 해 재배하고 거두어들이는[佃種] 종류·명목과 아울러 수확한 양 및 빙

83_ 大寶令이다.

84_ 2색 이상의 색실을 사용해서 모양을 넣은 비단천을 말하며 金과 같이 고가였기 때문에 錦이라고 부른 것으로 보는 견해가 있다.

85_ 經絲가 緯絲의 위를 2-3 차례 지난 다음 緯絲의 아래로 가도록 직조한 비단천을 말한다. 무늬가 비스듬하게 생기고 구김이 덜 가는 장점이 있다.

86_ 經絲를 얽은 사이로 緯絲를 통과시켜 직조하는 얇고 속이 비치는 비단천을 말한다.

87_ 실을 뽑을 수 없는 고치로 眞綿을 만들어서 실을 자은 다음 平織으로 짠 비단천을 말한다.

88_ 천황에게 바치는 벼를 생산하는 田이다.

실氷室 내 얼음의 많고 적음을 모두 보고하는 것이다. 선宣이란, 만약 칙어勅語가 있으면, 다시 칙지를 전하여 알리는 것이다.), 여러 지방의 특산 음식[口味](생각건대, 조調와 잡물雜物을 제외하고, 여러 지방이 별도로 바친 진미珍味가 바로 이것이다.)의 일을 관장한다. **대보**大輔 **1인. 소보**少輔 **1인. 대승**大丞 **1인. 소승**少丞 **2인. 대록**大錄 **1인. 소록**少錄 **2인. 사생**史生 **10인. 성장**省掌 **2인. 사부**使部 **60인. 직정**直丁 **4인.**

40. 대선직大膳職

대부大夫 **1인.** 제국諸國의 조調・잡물雜物 및 여러 맛있는 음식膳羞을 만들고, 젓갈과 절인 채소[醢菹](생각건대 갖추어진 음식을 선膳이라 하고, 익힌 음식을 수羞라 한다. 육장肉醬을 해醢라 하고, 초절이 한 채소를 저菹라 한다.), 콩된장[醬豉], 쌀된장末醬[89], 안주와 과자, 각종 떡, 식료食料, 선부膳部를 거느리고, 그 업무에 이바지하는 일을 관장한다. **양**亮 **1인. 대진**大進 **1인. 소진**少進 **1인. 대속**大属 **1인. 소속**少属 **1인. 주장**主醬 **2인.** 여러 콩된장[醬豉], 쌀된장末醬 등을 만드는 일을 담당한다. **주과병**主菓餠 **2인.** 과자, 여러 가지 떡을 만드는 일을 담당한다. **선부**膳部 **160인.** 여러 음식을 만드는 일을 담당한다. **사부**使部 **30인. 직정**直丁 **2인. 구사정**駈使丁 **80인. 잡공호**雜供戶(생각건대, 가마우지[鵜]를 기르고, 강에서 그물을 끌어올리는 등의 종류이다.).

41. 목공료木工寮

두頭 **1인.** 목작木作을 짓고 얽으며, 재목을 벌채하는(생각건대, 수목樹木을 베는 것이다. 공장工匠에게 지급할 수 있는 것을 재材라고 한다.) 일을 관장한다. **조**助 **1인. 대윤**大允 **1인. 소윤**少允 **2인. 대속**大属 **1인. 소속**少属 **1인. 공부**工部 **20인.**(생각건대, 잡색雜色 백정白丁에 제한하지 않고, 기술[工]을 아는 자를

89_ 보통 된장은 콩으로 만들지만, 쌀된장은 콩 이외에도 쌀이나 보리 등을 배합해서 만든다. 현재 일본의 미소도 쌀이 들어간 경우가 많다.

뽑아 충당한다. 즉 고考를 얻을 수 있는 색色이다.) **사부**使部 **20인. 직정**直丁 **2인. 구사정**駈使丁(생각건대, 무릇 제사諸司의 구사정은 모두 정해진 수가 있다. 특히 목공료木工寮에서 인원수[員數]를 정하지 않은 것은, 제사諸司에 나누어 준 다음, 그 나머지 모두[多少]를 이 요寮에 배정하기 때문에 정원定員이 없는 것이다.).

42. 대취료大炊寮

두頭 **1인.** 제국諸國의 도정한 쌀, 잡곡雜穀의 분급分給(생각건대, 무릇 여러 잡곡雜穀은, 모두 대취료大炊寮에서 수령收領하여, 다시 제사諸司에 나누어 지급하는 것이다. 예를 들면, 조[粟]는 주수主水에 충당하고, 콩[大豆]은 대선大膳에 충당하는 종류이다.), 제사諸司의 식료食料에 관한 일을 관장한다. **조**助 **1인. 윤**允 **1인. 대속**大屬 **1인. 소속**少屬 **1인. 대취부**大炊部 **60인. 사부**使部 **20인. 직정**直丁 **2인. 구사정**駈使丁 **30인.**

43. 주전료主殿寮

두頭 **1인.** 천자에게 바치는 가마와 수레[輿輦](생각건대, 높이 들고 가는 것을 여輿라고 하고, 끌고 가는 것을 연輦이라고 한다.), 가리개와 삿갓[蓋笠], 산과 부채[繖扇](생각건대, 산繖은 쓰고 선扇은 부채질하는 것이다.), 휘장[帷帳], 목욕[湯沐], 궁전과 뜰의 쇄소洒掃, 그리고 등촉燈燭(생각건대, 유화油火를 등燈이라 하고, 납화蠟火를 촉燭이라 한다.), 송시松柴와 탄료炭燎(생각건대, 시柴는 땔나무[薪柴]이고, 요燎는 대궐을 밝히는 횃불[庭燎]이다.) 등의 일을 관장한다. **조**助 **1인. 윤**允 **1인. 대속**大屬 **1인. 소속**少屬 **1인. 전부**殿部 **40인. 사부**使部 **20인. 직정**直丁 **2인. 구사정**駈使丁 **80인.**

44. 전약료典藥寮

두頭 **1인.** 여러 약물, 질병을 치료하는 일(생각건대, 「의질령醫疾令」에 의거하면 5위 이상으로 병든 자는 모두 아뢰라. 의사를 보내어 치료한다고 한 것이 이것이다.), 그리고 약원藥園의 일을 관장한다. **조**助 **1인**. **윤**允 **1인**. **대속**大屬 **1인**. **소속**少屬 **1인**. **의사**醫師 **10인**. 여러 질병을 고치고 진찰하는 일을 관장한다. **의박사**醫博士 **1인**. 여러 약방藥方과 맥경脉經을 의생醫生 등에게 가르쳐주는 일을 관장한다. **의생**醫生 **40인**. 여러 의료를 배우는 일을 맡는다. **침사**針師 **5인**. 여러 창병瘡病을 고치는 일과 보사補寫(생각건대, 허한 자는 보충해주고, 꽉 찬 자는 빼준다.)를 관장한다. **침박사**針博士 **1인**. 침생針生 등을 가르치는 일을 관장한다. **침생**針生 **20인**. 침을 배우는 일을 맡는다. **안마사**案摩師 **2인**. 여러 다치고 부러진 것[傷折]을 고치는 일을 관장한다. **안마박사**案摩博士 **1인**. 안마생案摩生 등을 가르치는 일을 관장한다. **안마생**案摩生 **10인**. 안마를 해서 다치고 부러짐을 고치는 것을 배우는 일을 맡는다. **주금사**咒禁師 **2인**. 주술을 관장한다. **주금박사**咒禁博士 **1인**. 주금생咒禁生을 가르치는 일을 관장한다. **주금생**咒禁生 **6인**. 주금咒禁을 배우는 일을 맡는다. **약원사**藥園師 **2인**. 약성색목藥性色目을 알고(생각건대, 차고 따뜻한 것을 성性이라 하고, 형상은 색色이라 하며, 명칭은 목目이라 한다.) 약원藥園의 여러 풀을 심어서 캐는 일, 그리고 약원생藥園生을 가르치는 일을 관장한다. **약원생**藥園生 **6인**. 여러 약을 판별하는 법을 배우는 일을 맡는다. **사부**使部 **20인**. **직정**直丁 **2인**. **약호**藥戶. **유호**乳戶.

45. 정친사正親司

정正 **1인**. 황친皇親의 명적名籍(생각건대, 2세二世 이하, 4세四世 이상의 명적이다. 「호령戶令」을 살펴보니, 황친은 세금을 부과하지 않는다.[90] 그러므로 경직京職에서 맡게 한다. 또한 황친의 호적이 있어야 한다.)의 일을 관장한다. **우**佑 **1인**. **대령사**大令史 **1인**. **소령사**少令史 **1인**. **사부**使部 **10인**. **직정**直丁 **1인**.

90_「호령」에는 그런 규정이 없다.

46. 내선사內膳司

봉선奉膳 **2인**. 어선御膳을 총괄하고, 바친 음식을 모두 맛보는(생각건대, 어소御所에 있으면서 맛을 본다. 천황에게 바치는 음식[玉食珊飡]은 천황에게 올리고자 하면, 선관膳官이 영조營造하는데, 청결함과 규정을 모두 잘 지켜야 한다. 그러고도 오범誤犯이 있을까 염려하여, 조림照臨한 가운데서 먼저 맛본다.) 일을 관장한다. **전선**典膳 **6인**. 어선御膳을 만들어 바치고, 여러 가지 맛과 차고 따뜻한 것이 조화롭도록 관장한다(생각건대, 매우 찬 것은 에殪라 하고, 지나치게 뜨거운 것은 난爛이라 한다. 음식물을 잘 조절해서 중화中和를 잃지 않도록 해야 한다. 「고과령考課令」에 의거하면, 대선직大膳職도 또한 어선御膳을 관장해야 한다.). **영사**令史 **1인**. **선부**膳部 **40인**. 어식을 만드는 것을 관장한다. **사부**使部 **10인**. **직정**直丁 **1인**. **구사정**駈使丁 **20인**.

47. 조주사造酒司

정正 **1인**. 술을 빚는 일, 단 술[醴](생각건대, 예醴는 첨주甛酒[91]이다.), 식초[酢]를 관장한다. **우**佑 **1인**. **영사**令史 **1인**. **주부**酒部 **60인**. 술잔을 돌리고 따르는 일을 담당한다. **사부**使部 **12인**. **직정**直丁 **1인**. **주호**酒戶.

48. 단야사鍛冶司

정正 **1인**. 동철銅鐵로 된 잡기雜器 등을 만들고, 단호鍛戶의 호구명적戶口名籍의 일을 관장한다. **우**佑 **1인**. **대령사**大令史 **1인**. **소령사**少令史 **1인**. **단부**鍛部 **20인**. **사부**使部 **16인**. **직정**直丁 **1인**. **단호**鍛戶.

49. 관노사官奴司

정正 **1인**. 관호노비官戶奴婢의 명적(생각건대, 「호령」에 의거하면, 관호노비는

91_ 감주・단술을 말한다.

매년 본사本司가 색별色別로 각각 적籍 2통을 만든다고 하였는데, 바로 이것이다.) 과 구분전口分田 등의 일을 관장한다. 우佑 1인. 영사令史 1인. 사부使部 10인. 직정直丁 1인.

50. 원지사園池司

정正 1인. 여러 원지苑池(생각건대, 무릇 원지에서 생산된 것 중 천황께 올릴 만한 것이 있으면, 그 땅을 모두 맡고, 함부로 침탈하지 못하게 한다.), 소채蔬菜와 수과樹菓를 심고 재배하는[種殖](생각건대, 초草 중에서 먹을 수 있는 것은 모두 소채로 삼는다. 수과는 과일[菓子]과 같다. 종식種殖이라는 두 글자는 소채와 수과에 모두 걸리는 것이다.) 등의 일을 담당한다. 우佑 1인. 영사令史 1인. 사부使部 6인. 직정直丁 1인. 원호園戶.

51. 토공사土工司

정正 1인. 토작土作과 와니瓦埿(생각건대, 와니는 기와[瓦]와 같다. 진흙으로 와를 만든다. 그래서 이어서 말한 것이다.)의 일을 영위하고, 아울러 석회石灰를 굽는 등의 일을 관장한다. 우佑 1인. 영사令史 1인. 이부泥部 20인. 사부使部 10인. 직정直丁 1인. 이호泥戶.

52. 채녀사采女司

정正 1인. 채녀 등을 검교하는 등의 일을 관장한다. 우佑 1인. 영사令史 1인. 채부采部 6인. 사부使部 10인. 직정直丁 1인.

53. 주수사主水司

정正 1인. 물을 뜨는 일[樽水], 전죽饘粥(생각건대, 진한 죽[稠糜]을 전饘이라 하고, 묽은 죽[稀糜]을 죽粥이라고 한다.), 그리고 빙실氷室의 일을 관장한다. 우佑 1인. 영사令史 1인. 수부水部 40인. 사부使部 10인. 직정直丁 1인. 구사정駈

使丁 20인. 수호水戶.

54. 주유사主油司

정正 1인. 제국諸國이 조調로 바친 고유膏油(생각건대, 고기 기름[肉脂]은 고膏라 하고, 그 밖의 것은 유油라 한다.)의 일을 관장한다. 우佑 1인. 영사令史 1인. 사부使部 6인. 직정直丁 1인.

55. 내소부사內掃部司

정正 1인. 천황께 바치는 자리[牀][92]와 협첩狹疊(생각건대, 협첩狹疊은 첩疊이라고 하는 것과 같다.), 석席·천薦·책簀·염簾·점苫, 이를 깔고 설치하는[鋪設] 일, 그리고 포蒲·인藺·위葦[93] 등을 관장한다. 우佑 1인. 영사令史 1인. 소부掃部 30인. 사부使部 10인. 직정直丁 1인. 구사정駈使丁 40인.

56. 거도사筥陶司

정正 1인. 거筥[94]·도陶와 같은 기명器皿(생각건대, 그릇[器]을 총칭해서 명皿이라 한다. 목기木器와 토기土器 또한 모두 담당한다.)을 관장한다. 우佑 1인. 영사令史 1인. 사부使部 6인. 직정直丁 1인. 거호筥戶.

57. 내염사內染司(생각건대, 이 사司에 구사정이 없는 것은, 관노비에서 충당하기 때문이다.)

정正 1인. 천황에게 바치는 여러 가지 염직물[染物]의 종류를 관장한다. 우佑 1인. 영사令史 1인. 염사染師 2인. 사부使部 6인. 직정直丁 1인.

92_ 床과 같다.
93_ 각각 부들·골풀·갈대를 말한다.
94_ 대나무나 나무로 만든 광주리 등의 용기를 말한다.

58. 탄정대彈正臺

윤尹 **1인**. 풍속의 숙청肅淸(생각건대, 숙肅은 삼가는 것[敬]이고, 풍風은 자연의 본래 기운[氣]이며, 속俗은 익혀 배운 것[習]이다. 자연[土地水泉]에는 기가 느리고 빠름이 있고 소리가 높고 낮음이 있는데 이것을 풍風이라 한다. 사람이 그 땅에 사는 데 있어 배워 익혀서 성性을 이룬 것을 속俗이라 한다. 가령, 신농국信濃國의 속俗은 남편이 죽으면 아내가 따라 죽어야 하는데, 만약 이러한 경우가 있으면, 예교禮敎로써 바로잡는다. 이것이 풍속을 삼가 맑게 하는 것이다.), 궁성 내외의 비위非違을 탄주彈奏하는 일을 관장한다(생각건대, 내內는 좌경과 우경[左右兩京]이고, 외外는 5기 7도五畿七道이다. 「공식령公式令」에 의하면, "만약 관인이 정사를 해치는 일을 고발하거나, 억울한 일[抑屈]이 있으면, 탄정이 받아 판단하여 보고, 이치에 합당한 것은 천황에게 아뢰어 보고한다. 이치에 합당하지 않은 것은 바로잡는다彈."라고 한 것과 같은 부류이다. 이것이 탄주彈奏이다.[95]). **필**弼 **1인**. **대충**大忠 **1인**. 궁성 내외를 순찰하고, 비위非違를 규탄糺彈하는 일(생각건대, 내內는 궁성 이내이고, 외外는 좌경과 우경[左右兩京]이다. 즉, 윤尹이 관장하는 내외內外와는 원근遠近이 원래 다르다. 그 순찰탄정巡察彈正[96]이 순찰·규탄하는 것은 모두 또한 충忠과 같다.), 나머지는 신기관[神祇]의 대우大祐와 동일하다. **소충**少忠 **2인**. 대충大忠과 같은 일을 관장한다. **대소**大疏 **1인**. **소소**少疏 **1인**. **순찰탄정**巡察彈正 **10인**. 내외를 순찰하고 비위를 규탄하는 일을 관장한다. **사생**史生 **6인**. **사부**使部 **30인**. **직정**直丁 **2인**.

59. 위문부衛門府 사司 1곳을 관장한다.

독督 **1인**. 여러 문의 금위禁衛, 출입出入, 예의禮儀, 때에 따라 순검(생각건대, 때에 따른다는 것은 정해진 시각이 있음과 같다. 「궁위령」에 의하면, "오위부

95_ 「공식령」 8조 奏彈式條에서는 관인의 범죄 중 사안이 중대한 것을 奏彈한다고 하였다.

96_ 아래 규정에 보이는 관직으로서의 규찰탄정을 말한다.

의 관장官長은 모두 때에 따라 소부所部를 살피고 조사하여, 법대로 시행하지 않는 것을 살펴서 바로잡는다."라고 한 것이 이것이다.), **준인**隼人,[97] **문적**門籍,[98] **문방**門牓**의 일을 관장한다**(생각건대, 인명을 기재한 것이 적籍이고, 물품의 수를 기재한 것이 방牓이다.). **좌**佐 **1인. 대위**大尉 **2인. 소위**少尉 **2인. 대지**大志 **2인. 소지**少志 **2인. 의사**醫師 **1인. 문부**門部 **200인. 물부**物部 **30인**(생각건대, 이들을 내물부內物部라고 한다. 죄인의 형벌을 집행[決]하기 위해 특별히 이 부에 두었다. 벌을 집행할 때는 마땅히 모두 칼을 차야 한다.). **사부**使部 **30인. 직정**直丁 **4인. 위사**衛士.

60. 준인사隼人司

정正 **1인. 준인을 검교하는 일**(생각건대, 준인은 상번上番 하번下番으로 나뉘는데 일 년이 기한이다. 그 하번下番이 집에 있을 때 과역課役을 부과하고 병사를 가려 뽑는 것이[簡點] 모두 일반인[凡人]과 같다.), **명장**名帳, **가무를 가르치고, 대나무 삿갓**[笠]**을 만드는 일을 관장한다. 우**佑 **1인. 영사**令史 **1인. 사부**使部 **10인. 직정**直丁 **1인. 준인**隼人.

61. 좌위사부左衛士府 우위사부도 이에 준한다.

독督 **1인. 궁궐**[宮掖]**을 금위하고**(생각건대, 액掖은 정문 옆의 작은 문이다.), **대장**隊仗[99]**을 검교하고, 때에 따라 순검**巡撿**하는 일, 위사의 명장**名帳**과 차과**差科(생각건대, 병고兵庫와 대장大藏을 구별하여 배정하는[差配] 부류이다.), **대비**大備,[100] **진설**陳設(생각건대, 의례[儀禮]에 크게 갖추고, 병장을 늘어놓는 것

97_ 九州 남부지역의 원주민들을 말한다. 고대 일본에서 이민족으로 간주되었으며, 궁궐의 호위를 맡았다.

98_ 궁문을 통과하는 데 필요한 인원의 명부를 말한다.

99_ 衛士의 복장과 무기를 의미하는 것으로 보인다.

100_ 큰 의식 때 사용되는 儀仗과 그 의식에 참가하는 陣容을 의미하는 것으로 보인다.

이다.), 수레와 가마의 출입 때에 앞에서 말을 모는 일[前駈](생각건대, 인도하는[導引] 일이다.), 후전後殿(생각건대, 뒤에 있는 것을 전殿이라 한다.)의 일을 관장한다. **좌**佐 **1인. 대위**大尉 **2인. 소위**少尉 **2인. 대지**大志 **2인. 소지**少志 **2인. 의사**醫師 **2인. 사부**使部 **60인. 직정**直丁 **3인. 위사**衛士.

62. 좌병위부左兵衛府 우병위부도 이에 준한다.

독督 **1인.** 병위兵衛를 검교하고(생각건대, 순번을 매번 검교한다. 이 부에서 문방門牓을 언급하지 않는 것은 문장을 생략했기 때문이고, 따로 구별이 있는 것은 아니다.), 합문閤門에 분배하고, 때에 따라 순검하고, 수레와 가마의 출입 때 앞뒤에서 나누어 호위하는 일과, 좌병위의 명적, 문적을 관장한다. **좌**佐 **1인. 대위**大尉 **1인. 소위**少尉 **1인. 대지**大志 **1인. 소지**少志 **1인. 의사**醫師 **1인. 번장**番長 **4인.**(생각건대, 내용에 의하면, 번장은 병위 400인에 포함되지 않는다.) **병위**兵衛 **400인. 사부**使部 **30인. 직정**直丁 **2인.**

63. 좌마료左馬寮 우마료右馬寮도 이에 준한다.

두頭 **1인.** 좌한[左閑][101]의 말을 길들이고[調習] 기르는 일[養飼], 천황에게 바치는 승마 도구[乘具](생각건대, 이것은 곧 내장료內藏寮에서 보내온 것이다. 대장大藏에 있는 상으로 내리는 물품[料]도 또한 마찬가지로 보내온다.), 곡식과 풀을 배합하는 일, 사부飼部의 호구 명적을 관장한다. **조**助 **1인. 대윤**大允 **1인. 소윤**少允 **1인. 대속**大属 **1인. 소속**少属 **1인. 마의**馬醫 **2인. 마부**馬部 **60인. 사부**使部 **20인. 직정**直丁 **2인. 사정**飼丁.

64. 좌병고左兵庫 우병고右兵庫도 이에 준한다.

두頭 **1인.** 좌병고左兵庫의 의장儀仗과 병기兵器를 안치하여 알맞은 자리에

101_ 왼쪽 마굿간을 말한다. 馬寮가 좌우 2개로 나누어져 있고, 그중 좌마료에 속한 마굿간을 가리킨다.

두는 일(생각건대, 「군방령軍防令」에 의하면 무릇 군기軍器는 창고에 있는데, 모두 붕각棚閣[102]을 만들어 안치한다. 색별로 장소를 달리한다고 한 것이 바로 이것이다.), 출납出納, 폭량曝凉[103] 및 명을 받으면 다시 아뢰는 일[104]을 관장한다. 조助 1인. 대윤大允 1인. 소윤少允 1인. 대속大属 1인. 소속少属 1인. 사부使部 20인. 직정直丁 2인.

65. 내병고內兵庫

정正 1인. 관장하는 것이 병고두兵庫頭에 준한다. 우佑 1인. 영사令史 1인. 사부使部 10인. 직정直丁 1인.

66. 좌경직左京職 우경직右京職도 이에 준한다. 사司 1곳을 관장한다.

대부大夫 1인. 좌경左京의 호구명적, 백성을 기르는 일[字養](생각건대, 자字 역시 기른다는 뜻이다.), 관할구역을 규찰하는 일, 공거貢擧, 효의孝義, 전택田宅, 잡요雜徭, 양천良賤, 소송訴訟(생각건대, 무릇 소송이라는 것은 모두 아래로부터 시작되기 때문에 먼저 경京과 국國으로부터 말미암아서 후에 관과 성에 이르는 것이다.), 시전市廛, 도량度量, 창름倉廩, 조조租調, 병사兵士, 기장器仗(생각건대, 전령前令[105]을 살펴보니, 병사兵士는 있으나 기장器仗은 없다. 지금 이 영令에서 병사와 기장을 함께 언급하였으니, 곧 관장하는 것이 병사의 기장이 아니고, 따로 관기장官器仗이 있음을 알 수 있다. 제국諸國과도 더불어 같다.), 도교道橋, 과소過所,[106] 유실된[闌遺] 잡물, 승니僧尼 명적을 관장한다. 양亮 1인. 대진大進 1인. 소진少進 2인. 대속大属 1인. 소속少属 2인. 방령坊令 12인.

102_ 선반이나 시렁을 말한다.

103_ 햇빛과 바람을 쐬어 주는 것이다.

104_ 천황의 칙명을 내리면 兵庫頭가 다시 확인하기 위하여 천황에게 아뢰는 일이다. 원문은 覆奏이다.

105_ 大寶令을 말한다.

106_ 지방을 여행하는 데 필요한 통행증을 말한다.

사부使部 **30인. 직정**直丁 **2인.**

67. **동시사**東市司 서시사西市司도 이에 준한다.

정正 **1인.** 재화의 교역, 기물器物의 진위眞僞, 도량의 경중輕重, 매매 가격[估價], 비위非違를 살피고 금지하는 일을 관장한다. **우**佑 **1인. 영사**令史 **1인. 가장**價長 **5인. 물부**物部 **20인. 사부**使部 **10인. 직정**直丁 **1인.**

68. **섭진직**攝津職 진국津國을 겸대兼帶한다.[107]

대부大夫 **1인.** 사사祠社(생각건대, 사祠는 여러 신神을 제사지내는 것이다. 사社라고 한 것은 여러 신사를 검교한다는 뜻이다. 무릇 사사祠社라고 칭하는 경우는 모두 이 예에 준한다.), 호구戶口, 부장簿帳, 백성을 기르는 일, 농상農桑을 나누어 권하고 시키는 일, 관할 구역을 규찰하는 일, 공거貢擧, 효의孝義, 전택田宅, 양천良賤, 소송訴訟, 시전市廛, 도량의 경중輕重, 창름倉廩, 조조租調, 잡요雜徭, 병사兵士, 기장器仗, 도교道橋, 진제津濟, 과소過所, 오르내리는 공사公使, 우역郵驛, 전마傳馬, 분실된[闌遺] 잡물, 주구舟具를 검교하는 일 및 절[寺], 승니僧尼의 명적名籍을 관장한다. **양**亮 **1인. 대진**大進 **1인. 소진**少進 **2인. 대속**大屬 **1인. 소속**少屬 **2인. 사생**史生 **3인. 사부**使部 **30인. 직정**直丁 **2인.**

69. **대재부**大宰府 축전국筑前國을 겸대한다.

주신主神 **1인.** 여러 제사祭祠에 관한 일을 관장한다. **수**帥 **1인.** 사사祠社, 호구戶口, 부장簿帳, 백성을 기르는 일, 농상農桑을 권장하는 일, 관할 구역을 규찰하는 일, 공거貢擧, 효의孝義, 전택田宅, 양천良賤, 소송訴訟, 조조租調, 창름倉廩, 요역徭役, 병사兵士, 기장器仗, 고취鼓吹, 우역郵驛, 전마

107_ 津國의 國府를 겸한다는 뜻이다.

傳馬, 봉후烽候, 성목城牧,[108] 과소過所, 공사公私의 말과 소, 분실된 잡물雜物 및 절, 승니僧尼의 명적名籍, 번객蕃客, 귀화歸化(생각건대, 먼 곳의 사람이 덕을 흠모하여 내귀內歸한다는 것이다.), 향연을 관장한다. **대이**大貳 **1인**. 관장하는 일이 수師와 같다. **소이**少貳 **2인**. 관장하는 일이 대이大貳와 같다. **대감**大監 **2인**. 부府 내를 규판糺判한다. 문안文案을 상세히 살펴 서명하고, 계실稽失[109]을 담당하며, 비위非違를 살피는 일을 관장한다(생각건대, 소부所部의 비위非違를 순찰하는 것이다. 그 제국諸國 판관判官이 비위非違를 살피는 것 또한 이 뜻과 같다.). **소감**少監 **2인**. 관장하는 일이 대감과 같다. **대전**大典 **2인**. 명을 받아 초안을 올리는 것, 문안文案을 살펴 서명하는 일, 계실을 검출撿出하는 일, 공문을 읽는 일을 관장한다. **소전**少典 **2인**. 관장하는 일이 대전과 같다. **대판사**大判事 **1인**. 죄에 관한 문서를 살피고[案覆](생각건대, 관국管國이 보고한 범죄에 관한 문서를 살피고 검토하는 것이다.), 형명刑名을 판정하고, 여러 쟁송을 판단하는 일을 관장한다. **소판사**少判事 **1인**. 관장하는 일이 대판사와 같다. **대령사**大令史 **1인**. 판문判文을 베끼는 일을 관장한다. **소령사**少令史 **1인**. 관장하는 일이 대령사와 같다. **대공**大工 **1인**. 성과 해자[城隍], 주즙舟檝, 융기戎器, 여러 가지를 짓고 만드는 일을 관장한다. **소공**少工 **2인**. 관장하는 일이 대공과 같다. **박사**博士 **1인**. 경업經業을 가르치고(생각건대, 관국管國의 학생을 가르치는 것이다. 그 의사는 교수敎授한다고 하지 않는 것은 문장에서 생략한 것이다.), 학생을 과시課試하는 일을 관장한다. **음양사**陰陽師 **1인**. 점서占筮하고 땅을 보는 일을 관장한다. **의사**醫師 **2인**. 진찰하고 병을 치료하는 일을 관장한다. **산사**算師 **1인**. 물품 수를 살펴 헤아리는 일을 담당한다. **방인정**防人正 **1인**. 방인防人의 명장名帳, 융구戎具, 교열敎閱 및 식료를 위한 논[田]을 관장한다. **우**佑 **1인**. 관장하는 일이 정正과 같다. **영사**令史 **1인**. **주선**主船 **1인**. 주즙舟檝을

108_ 관할구역 내의 城과 牧場을 말한다.

109_ 행정적인 지체와 문서 상의 실수와 같이 관인들의 과실을 말한다.

수리하는 일을 관장한다(생각건대, 대공大工이 관장하는 일에서 말한 주즙舟檝은 곧 새로 만든 것이다. 이 사司에서 오직 수리만을 담당한다.). **주주**主厨 **1인.** 식초, 젓갈, 절임(생각건대, 혜醯는 초醋이다. 제齏는 무릇 장으로 버무려 저리는 것이다. 즉 장과 초 마늘 생강의 종류를 조화롭게 하는 것이 이것이다.), 간장, 콩된장, 말린 고기(생각건대, 여러 가지 건어乾魚이다.) 등의 일을 관장한다. **사생**史生 **20인.**

70. 대국大國[110]

수守 **1인.** 사사祠社, 호구戶口, 부장簿帳, 백성을 기르는 일, 농상農桑을 권장하는 일, 소부所部를 규찰하는 일, 공거貢擧, 효의孝義, 전택田宅, 양천良賤, 소송訴訟, 조조租調, 창름倉廩, 요역徭役, 병사兵士, 기장器仗, 고취鼓吹, 우역郵驛, 전마傳馬, 봉후烽候, 성목城牧, 과소過所, 공사公私의 말과 소, 분실된 여러 가지 물품 및 절, 승니僧尼 명적名籍의 일을 관장한다. 나머지 수守는 이에 준한다. 육오陸奥・출우出羽・월후越後 등의 국國은 아울러 향급饗給(생각건대, 음식을 대접하고 아울러 녹을 주는 것이다.). 정토征討, 척후斥候(생각건대, 척斥은 축逐이다. 이른바 평상시와 다른 바를 살펴서 알아내는 것이다.)를 담당한다. 일기壹岐・대마對馬・일향日向・살마薩摩・대우大隅 등의 국國은 모두 진한鎭捍(생각건대, 한捍은 위衛이다. 진압하고 땅을 지키는 것을 말한다.), 방수防守 및 번객蕃客과 귀화歸化를 담당한다. 삼관국三關國[111]은 또한 관잔關剗(생각건대, 율에 의하면, 관關은 검판撿判하는 곳이고 잔剗은 참책塹柵이 있는 곳이라고 하였는데, 이것이다.) 및 관계關契[112]의 일을 담

110_ 지방의 최상위 행정단위인 國을 大・上・中・下의 네 등급으로 나누었는데, 그중에 가장 상위의 국을 말한다(부록 참조).

111_ 伊勢・美濃・越前國을 말한다. 각각 畿內에서 東國 지역으로 빠져나가는 관문인 鈴鹿・不破・愛發關이 있으며, 천황의 죽음 등 비상시에 연락을 차단하는 역할을 하였다.

112_ 병력의 동원과 그 병력이 관을 통과할 때 사용하는 통행증을 말한다. 국의 등

당한다. **개**介 **1인**. 관장하는 일이 수와 같다. 나머지 개介는 이에 준한다. **대연**大掾 **1인**. 국國 내를 규판糺判하고, 문안文案을 상세히 살펴 서명하며, 지체와 실수[稽失]를 조사하고, 비위非違를 살피는 일을 관장한다. 나머지 연掾은 이에 준한다. **소연**少掾 **1인**. 관장하는 일이 대연과 같다. **대목**大目 **1인**. 명을 받아 초안을 올리고, 문안文案을 만들어서 서명하며, 지체와 실수를 검출撿出하고, 공문을 읽어 아뢰는 일을 관장한다. 나머지 목目은 이에 준한다. **소목**少目 **1인**. 관장하는 일이 대목과 같다. **사생**史生 **3인**.

71. 상국上國

수守 **1인**. **개**介 **1인**. **연**掾 **1인**. **목**目 **1인**. **사생**史生 **3인**.

72. 중국中國

수守 **1인**. **연**掾 **1인**. **목**目 **1인**. **사생**史生 **3인**.

73. 하국下國

수守 **1인**. **목**目 **1인**. **사생**史生 **3인**.

74. 대군大郡

대령大領 **1인**. 관할구역[所部]을 어루만져 기르고[撫養], 군의 사무[郡事]를 검찰檢察하는 일을 관장한다. 나머지 군郡의 영領도 이에 준한다. **소령**少領 **1인**. 관장하는 일이 대령과 같다. **주정**主政 **3인**. 군내郡內를 규판糺判하고, 문안文案을 살피고 서명하며, 지체나 실수를 바로잡고, 비위非違를 살피는 일을 관장한다. 나머지 군의 주정도 이에 준한다. **주장**主帳 **3**

급을 나누는 기준은 분명하지 않다(부록 참조).

인. 명을 받아서 문서의 초안을 올리고, 문안을 만들고 서명하며, 지체나 실수를 검출檢出하고, 공문公文을 읽어서 아뢰는 일을 관장한다. 나머지 군의 주장도 이에 준한다.

75. 상군上郡

대령大領 **1인. 소령**少領 **1인. 주정**主政 **2인. 주장**主帳 **2인.**

76. 중군中郡

대령大領 **1인. 소령**少領 **1인. 주정**主政 **1인. 주장**主帳 **1인.**

77. 하군下郡

대령大領 **1인. 소령**少領 **1인. 주장**主帳 **1인.**

78. 소군少郡

영領 **1인. 주장**主帳 **1인.**

79. 군단軍團

대의大毅 **1인.** 병사兵士를 검교檢校하고, 무기[戎具]를 넉넉히 갖추고(생각건대, 병사의 무기를 넉넉히 갖추는 것이다.), 궁술과 마술[弓馬]을 훈련시켜 익히게 하고, 병사들의 대오[陳列]를 자세히 점고하는[簡閱] 일(생각건대, 군행軍行할 때 병사들의 대오를 검열檢閱하는 것이다.)을 관장한다. **소의**少毅 **1인.** 관장하는 일이 대의와 같다. **주장**主帳 **1인. 교위**校尉 **5인. 여수**旅帥 **10인. 대정**隊正 **20인.**

80. 무릇 국國**의 박사**博士**와 의사**醫師**는 국마다 각 1인. 그 학생**學生**은 대국 50인, 상국 40인, 중국 30인, 하국 20인. 의생**醫生**은 각각 5분의 4를 감한다.**

(謂, 職者, 職司也. 員者, 員數也. 官省寮司等, 各有員數也. 細而言之, 則司別長官以下, 雜任以上也.) 凢捌拾條

神祇官

伯一人. 掌神祇祭祀. 祝部(謂, 爲祭主賛辭者也. 其祝者, 國司於神戶中簡定. 卽申太政官. 若无戶人者, 通取庶人也.) 神戶名籍(謂, 祝部名帳, 神戶戶籍也. 案戶令, 雜戶戶籍更寫一通, 各送本司. 卽神戶籍亦須准此也.). 大甞(謂, 甞新穀, 以祭神祇也. 朝諸神之相甞祭, 夕者供新穀於至尊也.). 鎭魂(謂, 鎭安也. 人陽氣曰魂, 魂運也. 言招離遊之運魂, 鎭身體之中府. 故曰鎭魂.). 御巫. 卜兆(謂, 在女曰巫也. 卜者, 灼龜也. 兆者, 灼龜縱橫之文也. 凢灼龜占吉凶者, 是卜部之執業, 非長官自行之事. 然而於此稱之, 欲顯官內諸事皆由長官. 故兼附以注於職掌之中. 其以下諸司亦准此例.). 惣判官事(謂, 卜兆以上. 皆旣大事. 是故別注供神之人. 自外諸事不可具顯. 故稱惣而兼之. 問. 惣判, 糺判, 其別如何. 答, 考課及他司移送諸事, 不待判官. 而長官得獨行. 故曰惣判. 判官者, 唯知官內尋常之事. 故曰糺判.). 餘長官判事准此. 大副一人. 掌同伯. 餘次官不注職掌者, 掌同長官(謂, 以下諸司, 多不注者. 故立此例. 文云不注, 恐似注者不同長官. 此有別掌者注. 无別掌者不注. 故下條云抄寫判文. 其主典之職掌, 豈唯抄寫判文. 餘皆准此條例. 故特注其別掌. 餘次官注職掌者, 亦皆准此.). 少副一人. 掌同大副. 大祐一人. 掌糺判官內, 審署文案(謂, 審署者, 審察主典勘造文案而署之也. 文案者, 施行曰文, 繕置曰案也.), 勾稽失(謂, 勾勘也. 稽稽留也. 失失錯也. 依律, 公事及文書, 並有稽留失錯之罪. 卽知. 稽留失錯者, 行事文書皆兼之也.), 知宿直. 餘判官准此. 少祐一人. 掌同大祐. 大史一人. 掌受事上抄[113](謂, 上者. 載也, 抄者. 錄也. 言受判官以上處分而載錄也.), 勘署[114]文案(謂, 勘造文案而署之也.). 撿出稽失(謂, 依律, 同司犯公坐者, 主典

113_『令集解』에는 抄가 鈔로 되어 있다.
114_『令義解』에서 署는 署와 통용되고 있다.

以上, 節級連坐. 故知判官以上稽失, 主典皆得撿出.), 讀申公文. 餘主典准此. 少史一人. 掌同大史. 神部卅人. 卜部廿人(謂, 案考課令, 占候醫卜, 效驗多者, 爲方術[之]最. 而於此令, 長上番上, 色制不分. 卽知卜部廿人, 長上約在其中. 其員數者. 依式處分.). 使部卅人. 直丁二人.

太政官(謂, 太政官內, 惣有三局, 少納言, 左辨官, 右辨官, 是也. 大納言以上, 卽兼通攝也.)

太政大臣一人

右師範一人, 儀[115]形四海(謂, 師者, 教人以道者之稱也, 範者, 法也. 儀者, 善也, 形[者],[116] 亦法也. 四海者, 九夷八狄七戎六蠻也.). 經邦論道. 燮理陰陽(謂, 燮者, 和也, 理者, 治也. 言太政大臣, 佐王論道, 以經緯國事, 和理陰陽. 則是有德之選, 非分掌之職. 爲无其分職故, 不稱掌. 設官待德, 故无其人則闕也.). 无其人則闕.

左大臣一人. 掌統理衆務(謂, 臨時大事也. 假令, 公式令論奏式所言之事, 不由辨官, 直申大臣. 考選任官之類也.). 舉持綱目(謂, 陳其大綱. 綱[117]目必舉也. 其諸司諸國之事, 由辨官者. 辨官受取, 申於大臣. 大臣位高任重, 不可細碎. 故唯舉其大綱, 持其惣目也). 惣判庶事(謂, 官內尋常小事也. 故唐令云, 惣判省事也.). 彈正糺不當者, 兼得彈之. 右大臣一人. 掌同左大臣. 大納言(謂, 納言, 王者喉舌之官也. 言納下言於上, 宣上言於下也.)四人. 掌參議庶事(謂, 與右大臣以上, 共參議天下之庶事. 若右大臣以上並无者, 卽大納言得專行. 其兼彈者. 雖是左右大臣, 尙不得爲職掌. 故職掌之末, 別起而注. 卽大納言雖大臣以上並无, 不得[復]兼彈之.), 敷奏(謂, 敷陳也, 奏進也.), 宣旨, 侍從, 獻替(謂, 君所謂可而有否焉. 臣替其否, 以成其可, 君所謂否而有可焉. 臣獻其可. 以替其否也.). 少納言三人. 掌奏宣小事(謂, 公式令所謂請進鈴印, 及賜衣服. 如此少事之類, 是也.). 請進鈴印傳符, 進

115_『政事要略』에는 形이 刑으로 되어 있다.

116_『令集解』에는 形 아래 者가 있다.

117_『令集解』에는 綱이 總으로 되어 있다.

付飛驛函鈴, 兼監官印(謂, 唯得監視踏印. 其印者, 依律, 長官執掌也.). 其少納言, 在侍從員內. **大外記二人**. 掌勘詔奏(謂, 勘正詔書, 及勘造奏文也.), 及讀申公文(謂, 上日行事之類, 讀申於少納言也.), 勘署文案, 撿出稽失. **少外記二人**. 掌同大外記. **史生十人**. 掌繕寫公文, 行署文案(謂, 行官人所, 取文案署也.). 餘史生准此. **左大辨一人**. 掌管中務式部治部民部(謂. 其餘不被管諸司. 亦各隨事分隸左右也. 問, 弁官管八省. 并八省管寮司. 未知有別以否. 答. 弁官管省者. 因事管隷, 不常監臨. 故律云. 太政官雖管國郡. 文案若無關涉. 不得常爲監臨. 內外百司准此. 其省者. 於寮司常爲監臨. 故律云. 所統属官. 謂, 省管寮, 國管郡之類也.). 受付庶事(謂. 依令. 受事一日受. 二日付了, 是也.). 糺判官內. 署文案. 勾稽失(謂. 勾官內稽失也. 其被管稽失亦同也.). 知諸司宿直(謂. 被管諸司宿直也. 當司宿直者. 自依神祇大祐例也. 依令. 京官開門前上. 閇門後下. 宿衛官不在此例. 即明宿衛官者, 不入諸司宿直之例也.). 諸國朝集. 若右辨官不在. 則併行之. 右大辨一人. 掌管兵部刑部大藏宮內. 餘同左大辨. 左中辨一人. 掌同左大辨. 右中辨一人. 掌同右大辨. 左少辨一人. 掌同左中辨. 右少辨一人. 掌同右中辨. 左大史二人. 右大史二人. 左少史二人. 右少史二人. 左史生十人. 右史生十人. 左官掌二人. 掌通傳訴人. 撿挍使部. 守當官府. 聽事鋪設. 右官掌二人. 掌同左官掌. 左使部八十人. 右使部八十人. 左直丁四人. 右直丁四人. 巡察使. 掌巡察諸國. 不常置. 應須巡察. 權於內外官. 取淸正灼然者充(謂. 郡司軍毅等. 不在此限也.). 巡察事條及使人數. 臨時量定.

中務省管職一. 寮六. 司三.

卿一人. 掌侍從. 獻替. 賛相礼儀(謂. 賛助也. 相導也. 礼礼節也. 儀威儀也. 言助導人君之礼儀也.). 審署詔勅文案. 受事覆奏(謂. 依公式令詔書式. 御畫日者留中務省爲案. 別寫一通印署. 又依勅旨式. 受勅人. 宣送中務省. 中務覆奏. 訖依式取署, 是也.). 宣旨(謂. 侍從之宣命也. 案軍防令. 有所征討. 發日侍從充使. 宣勅慰勞, 是也.). 勞問(謂. 勞者, 郊勞也. 依軍防令. 凱旋之日. 奏遣使郊勞, 是也. 問者, 存問也. 依公式令. 五位以上致仕. 身在畿內. 令內舍人巡問. 奏聞安不, 是也.). 受納上表(謂. 凡上表者. 不由太政官. 直向中務省. 省受取, 奏進至尊也.). 監修國史(謂. 圖書寮所修. 此省更押監也. 案雜令. 有徵祥災異. 陰陽寮奏訖者, 季別封送中務省. 入國史, 是也.). 及女王(謂. 二世以下, 四世以上. 其五世者. 自入命婦宮人[之]例. 卽有品內親王. 亦隸於此省. 爲掌考課故. 若无品者, 自非仕官. 理然不隸.) 內外命婦(謂. 婦人帶五位以上. 曰內命婦也. 五位以上妻. 曰外命婦也.) 宮人(謂. 案後宮職員令內侍以下, 十二女司是. 其氏女. 御巫. 縫女. 乳母. 東宮宮人. 嬪以上女竪. 歌女等名帳. 考選. 位記. 亦皆惣掌也.)等名帳. 考叙. 位記諸國戶籍. 租調帳(謂. 案倉庫令. 調庸等物應送京者. 皆依見送物數色目. 各造薄一通. 此薄卽納於民部省. 而於此令. 亦云租調帳. 卽是租調等帳. 各造一通. 更須納此省. 其戶籍以下諸簿者. 非此省之所執撿. 唯止擬御覽而已.). 僧尼名籍事. 大輔一人. 掌同卿. 唯規諫. 不獻替(謂. 以恩正君曰規. 以義匡主曰諫. 其所獻替者大. 而所規諫者少. 事旣有大少. 故立制不同. 若無卿者. 亦得獻替也.). 少輔一人. 掌同大輔. 大丞一人. 掌宮人考課(謂. 勘問宮人考課. 卽與式兵部丞考問. 義同也.). 餘准神祇大祐. 少丞二人. 掌同大丞. 大錄一人. 少錄三人. 史生廿人. 侍從八人. 掌常侍. 規諫. 拾遺補闕(謂. 拾掇遺忘. 補益闕失. 卽是少事. 與大輔規諫同也.). 內舍人九十人. 掌帶刀宿衛. 供奉雜使. 若駕行分衛前後. 大內記二人. 掌造詔勅. 凡御所記錄事. 中內記二人. 掌同大內記. 少內記二人. 掌同中內記. 大監物二人. 掌監察出納. 請進管鑰(謂. 管鎰猶鎰. 與鍵牡爲管不同. 是卽庫藏管鑰.[118] 其諸門管鑰者. 闈司掌之也. 案宮衛令及衛禁律. 衛府各請進管鑰. 卽亦闈司掌也. 凡此省. 錄以上爲同司. 內記. 監物. 主鈴. 典鑰各爲一司. 卽三等以上親. 不可相避. 其侍從內舍人. 亦不相避之.). 中監物四人. 掌同大監物. 少監物四人. 掌同中監物. 史生四人. 大主鈴二人. 掌出納鈴印傳符. 飛驛函鈴[事].[119] 少主鈴二人. 掌同大主鈴. 大典鑰二人. 掌出納管

118_ 『令集解』에는 鎰로 되어 있다.

119_ 京本과 『令集解』에 鈴 아래 事가 있다.

鑰. 少典鑰二人. 掌同大典鑰. 省掌二人. 掌通傳訴人. 撿挍使部. 守當省府. 聽事鋪設. 餘省掌准此. 使部七十人. 直丁十人.

中宮(謂. 皇后宮. 其太皇太后. 皇太后宮. 亦自中宮也.)職

大夫一人. 掌吐納啓令(謂. 納啓於上. 吐令於下也.). 亮一人. 大進一人. 少進二人. 大属一人. 少属二人. 舍人四百人(謂. 分番宿直等事. 一准大舍人.). 使部卅人. 直丁三人.

左大舍人寮右大舍人寮准此.

頭一人. 掌左大舍人名帳. 分番. 宿直(謂. 大舍人是供奉之人. 故長官定其宿直. 官人宿直者. 自依神祇官之例. 問. 內舍人亦供奉之官. 省卿定其宿直乎. 答. 內舍人是長上之官. 故依常例. 判官知其宿直也.). 假使. 容儀事. 助一人. 大允一人. 少允一人. 大属一人. 少属一人. 大舍人八百人. 使部廿人. 直丁二人.

圖書寮

頭一人. 掌經籍. 圖書(謂. 五經六籍河圖洛書之類. 其諸史百家亦兼掌也.). 修撰國史(謂. 捃摭國事, 修緝史書也.). 內典. 佛像. 宮內礼佛(謂. 宮中諸作佛事也. 正月金光明會. 及臨時轉讀般若等之類. 其京外者玄蕃掌.). 挍寫. 装潢(謂. 截治[120]曰裝. 染色曰潢. 卽寫書以下諸手者. 皆得考人也.). 功程. 給紙筆墨事. 助一人. 大允一人. 少允一人. 大属一人. 少属一人. 寫書手廿人. 掌校寫書史. 装潢手四人. 掌裝潢經籍. 造紙手四人. 掌造雜紙. 造筆手十人. 掌造管. 造墨手四人. 掌造墨. 使部廿人. 直丁二人. 紙戶.

內藏寮

頭一人. 掌金銀. 珠玉(謂. 自生爲珠. 作爲玉也.). 寶器(謂. 金樽玉盞之類也.). 錦綾. 雜綵. 氈褥(謂. 撚毛爲褥席者也.). 諸蕃貢獻奇瑋(謂. 非常之物. 其金

120_ 원래 沿으로 되어 있는 사본도 있으나 『令集解』 등에는 治로 되어 있다.

銀以下雜物. 皆自大藏省. 割別而所送者也.)之物. 年料供進御服. 及別勅用物事. 助一人. 允一人. 大属一人. 少属一人. 大主鎰二人. 掌主當出納. 餘主鎰準此. 少主鎰二人. 掌同大主鎰. 藏部卌人. 價長二人. 掌平物價市易(謂. 猶言者評價直而市買也.). 餘價長准此. 典履二人. 掌縫作靴履鞍具(謂. 此爲供御也.). 及撿校百濟手部. 百濟手部十人. 掌雜縫作事. 使部廿人. 直丁二人. 百濟戶.

縫殿寮

頭一人. 掌女王及內外命婦宮人名帳. 考課(謂. 內侍以下十二司之考課. 卽本司錄上日行事. 送於此寮. 寮定考第申中務省. 以內侍司無男官故也. 其縫女采女等考者. 本司校定. 直送中務. 不由此寮也.). 及裁縫衣服(謂. 此擬御服. 并爲賞賜. 其縫司亦同也.). 纂組事. 助一人. 允一人. 大属一人. 少属一人. 使部廿人. 直丁二人.

陰陽寮

頭一人. 掌天文. 曆數. 風雲氣色(謂. 天文者. 日月五星廿八宿也. 曆數者. 計日月之度數. 而造曆授時也. 氣色者. 風雲之氣色也. 言以五雲之色. 視其吉凶. 候十二風氣. 知其妖祥. 其天文博士職掌. 唯言氣色. 不言風雲者. 擧氣色. 則有風雲可知故.). 有異密封奏聞事. 助一人. 允一人. 大属一人. 少属一人. 陰陽師六人. 掌占筮相地(謂. 占者極數知來曰占也. 筮者蓍曰筮也. 相者視也.). 陰陽博士一人. 掌敎陰陽生等. 陰陽生十人. 掌習陰陽. 曆博士一人. 掌造曆. 及敎曆生等. 曆生十人. 掌習曆. 天文博士一人. 掌候天文氣也. 有異密封. 及敎天文生等. 天文生十人. 掌習候天文氣色. 漏剋博士二人. 掌率守辰丁. 伺漏剋之節. 守辰丁廿人. 掌伺漏剋之節. 以時擊鐘鼓. 使部廿人. 直丁二人.

畫工司

正一人. 掌繪事(謂. 畫文. 卽繪事後素是也.). 彩色(謂. 用畫之雜色. 卽朱黛等之類. 其朱黛等雜色. 在大藏省及內藏寮. 隨其用度. 臨時受用. 常不在此司貯之也.). 判

司事. 餘正判事準此(謂. 於神祇官. 旣立條例. 自餘諸司所貫之. 而更有此文者. 贅詞重疊. 非有殊意.). 佑一人. 令史一人. 畫師四人. 畫部六十人. 使部十六人. 直丁一人.

內藥司

正一人. 掌供奉藥香. 和合御藥事. 佑一人. 令史一人. 侍醫四人. 掌供奉診候(謂. 診驗也. 候望也. 言診驗血脉. 候望顔色也. 此診驗者. 與醫疾令所謂診候. 其意少異也.). 醫藥[事]. 藥生(謂. 此生卽得考之人. 以自親供事故也.)十人. 掌擣篩諸藥. 使部十人. 直丁一人.

內礼司

正一人. 掌宮內礼儀(謂. 門籍以內礼儀. 其外者式部. 彈正掌也.). 禁察非違(謂. 若大臣彈正有非違者. 內礼不得直禁. 卽錄所犯. 申中務省. 省更大臣之非違者. 移彈正. 彈正之非違者. 申大臣. 各隨其狀. 遞相糺正也.)[事]. 佑一人. 令史一人. 主禮六人. 掌分察非違(謂. 主禮錄取所察之非違. 卽令本司知正之. 不得輙呵禁.). 使部六人. 直丁一人.

式部省管寮二. 卿一人. 掌內外文官名帳(謂. 任授簿外. 更有名帳. 其雜色亦可有名帳也.). 考課(謂. 考者, 考挍也. 課者, 諸司職掌所課之庶事也. 言考挍一年功過者. 必先據所職之修不. 故曰考課. 其考課令所謂課者. 爲課試之義. 此條更有策試貢人之文. 故不得重爲課試之義也.). 選叙(謂. 選者. 選官也. 叙者. 叙位也.). 禮儀(謂. 朝廷之禮儀也.). 版位(謂. 朝賀及祭禮. 定群臣并百官列位之版也.). 位記. 挍定勳績(謂. 勳績皆功也. 不限文功武功也.). 論功封賞(謂. 論其功勞. 或封或賞也.). 朝集(謂. 諸國朝集使依考選及補任郡司之事. 集於此省也.). 學校(謂, 大學也.). 策試貢人(謂. 策試秀才明經之類也.). 祿賜(謂. 位祿. 季祿. 及臨時給賜也.). 假使(謂. 假者, 除六假外皆是也. 本司判訖. 卽申式部也. 使者如巡察覆囚使之類, 是也.). 補任家令(謂. 先銓擬申官. 然後乃補任也.). 功臣家傳田(謂. 有功之家. 進其家傳. 省更撰修.)事. 大輔一人. 少輔一人. 大丞二人. 掌勘問考課. 餘同中務大丞. 少丞二人. 掌同大丞. 大錄一人. 少錄三人. 史生廿人. 省掌二人. 使部八十人. 直丁五人.

大學寮

頭一人. 掌簡試學生. 及釋奠(謂. 依學令. 大學國學. 每年春秋二仲之月. 釋奠先聖孔宣父是. 其音博士. 无生者. 學令云. 學生先讀經文通熟. 然後講義. 今依此文. 明經生. 必先就音博士. 讀五經音. 然後講義. 故別不置生. 但書生者. 既立貢試法. 而不載此令者. 文略也.)事. 助一人. 大允一人. 少允一人. 大屬一人. 少屬一人. 博士一人. 掌教授經業. 課試學生. 助教二人. 掌同博士. 學生四百人. 掌分受經業. 音博士二人. 掌教音. 書博士二人. 掌教書. 算博士二人. 掌教筭術. 算生卅人. 掌習筭術. 使部廿人. 直丁二人.

散位寮

頭一人. 掌散位(謂. 文武散位皆惣掌之也.)名帳. 朝集(謂. 諸國朝集使. 皆於此寮, 判其上日也.)事. 助一人. 允一人. 大屬一人. 少屬一人. 史生六人. 使部廿人. 直丁二人.

治部省管寮二. 司二.

卿一人. 掌本姓(謂. 猶言姓. 其姓氏者爲人根本故. 連言也.). 繼嗣(謂. 五位以上嫡子也. 繼嗣令. 定五位以上嫡子者. 陳牒治部, 是也.). 婚姻(謂. 五位以上嫡妻也. 爲重繼嗣故. 兼知其生服也.). 祥瑞. 喪葬. 贈賻(謂. 官位曰贈. 財貨曰賻. 九贈位者. 中務作位記. 此省受取付死人家也. 賻貨者. 死人本司. 申太政官. 官下此省. 省更下勘申. 自大藏省下給也.). 國忌(謂. 先皇崩日也.). 諱(謂. 諱避也. 言皇祖以下名号. 諱而避之也.). 及諸蕃朝聘(謂. 國君自來曰朝. 使卿大夫曰聘.)事. 大輔一人. 少輔一人. 大丞一人. 少丞二人. 大錄一人. 少錄二人. 史生十人. 大解部四人. 掌鞠問譜第爭訟(謂. 窮問譜第之爭訟. 定其族姓之次序. 其解部. 是爲別司. 不在同員也.). 少解部六人. 掌同大解部. 省掌二人. 使部六十人. 直丁四人.

雅樂寮

頭一人. 掌文武雅曲正儛(謂. 无干戈者曰文. 有干戈者曰武.). 雜樂(謂. 雅曲正

舞以外雜樂也.). 男女樂人音聲人名帳(謂. 樂人. 音聲人. 男女相雜. 旣非一色. 故先稱男女以被之.), 試練曲課(謂. 音聲曲度. 各有大小. 課其程限, 試其成功也.)事. 助一人. 大允一人. 少允一人. 大屬一人. 少屬一人. 歌師四人. 二人. 掌敎歌人歌女.「師」二人. 掌臨時取有聲音堪供奉者敎之. 歌人卅人. 歌女一百人. 儛師四人. 掌敎雜儛. 儛生百人. 掌習雜儛. 笛師二人. [掌敎雜笛][121]笛生六人. 掌習雜笛. 笛工八人(謂. 供此間樂而吹笛者. 其唐國以下諸樂者. 吹笛之人. 各在其樂生中也.). 唐樂師十二人. 掌敎樂生. 高麗百濟新羅樂師准此. 樂生六十人. 掌習樂. 餘樂生准此. 高麗樂師四人. 樂生廿人. 百濟樂師四人. 樂生廿人. 新羅樂師四人. 樂生廿人. 伎樂(謂. 呉樂. 其腰鼓亦爲呉樂之器也.)師一人. 掌敎伎樂生. 其生以樂戶爲之. 腰皷生准此. 腰皷師二人. 掌敎腰皷生. 使部廿人. 直丁二人. 樂戶.

玄蕃寮

頭一人. 掌佛寺. 僧尼名籍(謂. 在京并諸國佛寺, 及僧尼名籍也.). 供齋. 蕃客辭見讌饗送迎(謂. 凢諸蕃入朝者. 始自入城. 終于辭別. 讌饗送迎等. 皆惣主知. 其送迎者. 唯於京內. 不出畿外也.). 及在京夷狄. 監當舘舍(謂. 鴻臚館也.)事. 助一人. 大允一人. 少允一人. 大屬一人. 少屬一人. 史生四人. 使部廿人. 直丁二人.

諸陵司

正一人. 掌祭陵靈(謂. 十二月奉荷前幣是也.). 喪葬. 凶禮. 諸陵及陵戶名籍事. 佑一人. 令史一人. 土部十人. 掌贊相凶禮(謂, 凶禮者. 送終之禮. 卽土師宿禰年位高進者, 爲大連. 其次爲小連. 並紫衣刀劒. 世執凶儀, 其文多. 故不載也). 員外臨時取充(謂. 此長官之職掌. 而於此注者. 隨便起事. 无別例.). 使部十人. 直丁一人.

121_ 新訂增補國史大系 令義解 40쪽 頭註.

喪儀司

正一人. 掌凶事儀式及喪葬之具. 佑一人. 令史一人. 使部六人. 直丁一人.

民部省管寮二.

卿一人. 掌諸國戶口名籍(謂. 依戶令. 京戶及官奴婢名籍亦同掌也.). 賦役. 孝義(謂. 依賦役令. 孝子義夫同籍. 悉免課役, 是也.). 優復(謂. 優優賞也. 同令, 有精誠通感者. 別加優賞, 是也. 復復除也. 同令. 沒落外蕃得還. 及遷條給復, 是也.). 蠲免(謂. 同令, 應免課役者. 皆待蠲符至. 然後注免, 是也.). 家人. 奴婢(謂. 旣非平民. 故別顯. 其道橋以下藪澤以上. 唯據地圖知其形界. 至於撿勘. 不更關涉.). 橋道. 津濟. 渠池. 山川. 藪澤. 諸國田事. 大輔一人. 少輔一人. 大丞一人. 少丞二人. 大錄一人. 少錄三人. 史生十人. 省掌二人. 使部六十人. 直丁四人.

主計寮

頭一人. 掌計納調及雜物(謂. 除調以外. 庸及諸國貢獻物等, 是也.). 支度國用. 勘勾用度. 助一人. 大允一人. 少允一人. 大属一人. 少属一人. 算師二人. 掌勘計調庸及用度. 史生六人. 使部廿人. 直丁二人.

主稅寮

頭一人. 掌倉廩(謂. 穀藏曰倉. 米藏曰廩也.). 出納. 諸國田租(謂. 左右京田租亦准此.). 舂米(謂. 知諸國舂米之數. 但納大炊寮之日. 主計寮計納也.). 碾磑(謂. 水碓也. 作米曰碾. 作麵曰磑.)事. 助一人. 大允一人. 少允一人. 大属一人. 少属一人. 筭師二人. 掌勘計租稅. 史生四人. 使部廿人. 直丁二人.

兵部省管司五.

卿一人. 掌內外武官名帳. 考課. 選敘. 位記. 兵士以上名帳(謂. 校尉以下也. 卽主帳亦同. 其大少兩毅爲外武官.). 朝集. 祿賜. 假使. 差發兵士(謂. 差遣衛士防人及征討也. 依軍防令. 差兵廿人以上. 皆須契勅. 卽此者(省)勘錄應發之國并人數申官. 官卽奏聞下契勅. 但差衛士防人者. 省直下符於國. 更不申官也.). 兵器. 儀仗

(謂. 用之征伐曰兵器. 用之禮容曰儀仗也.). 城隍. 烽火事. 大輔一人. 少輔一人. 大丞 人. 掌准式部大丞. 少丞二人. 掌同大丞. 大錄一人. 少錄三人. 史生十人. 省掌二人. 使部六十人. 直丁四人.

兵馬司

正一人. 掌牧及兵馬(謂. 取牧馬付軍團令養者也.). 郵驛(謂. 郵亦驛也. 境上行書舍也.). 公私馬牛(謂. 公者. 傳馬及公廨馬牛也. 私者. 凢非官畜而在民間皆是. 其征行大事. 公私共給. 爲其差發. 是故兼知.)事. 佑一人. 大令史一人. 少令史一人. 使部六人. 直丁一人.

造兵司

正一人. 掌造雜兵器. 及工戶戶口名籍事. 佑一人. 大令史一人. 少令史一人. 雜工部廿人(謂. 此取雜工戶而充之. 其鍛冶司鍛部. 土工司泥部等. 如此之類者. 皆自鍛戶泥戶內而取充. 但戶內无人者. 通取佗氏.), 使部十二人. 直丁一人. 雜工戶

鼓吹司

正一人. 掌調習(謂. 教習鼓吹戶人也.)鼓吹事. 佑一人. 大令史一人. 少令史一人. 吹部卅人. 使部十人. 直丁一人. 鼓吹戶.

主船司

正一人. 掌公私舟揖及舟具事. 佑一人. 令史一人. 使部六人. 直丁一人. 船戶.

主鷹司

正一人. 掌調習鷹犬事. 令史一人. 使部六人. 直丁一人. 鷹戶.

刑部省管司二.

卿一人. 掌鞠獄. 定刑名(謂. 覆審解部所鞫. 與判事以上. 共斷定也. 依獄令. 在京諸司事發者. 犯徒以上. 送刑中省(刑部省). 其衛府糺捉罪人. 非貫屬京者. 皆送刑部省. 又云. 刑部省. 斷流以上者. 皆連寫案. 申太政官. 然則死以下笞以上. 皆合推斷也.). 決疑讞(謂. 讞請也. 正也. 依同令. 國有國疑獄不決者. 讞刑部省是也.). 良賤名籍

(謂. 良訴賤. 賤訴良. 判斷簿書. 是爲名籍也.). 囚禁. 債負(謂. 徵財曰債也. 受貸不償曰負也. 即六贓之類. 及諸合没官者. 此省皆掌.)事. 大輔一人. 少輔一人. 大丞二人. 少丞二人. 大錄一人. 少錄二人. 史生十人. 大判事二人. 掌案覆鞫狀. 斷定刑名. 判諸爭訟. 中判事四人. 掌同大判事. 少判事四人. 掌同中判事. 大属二人. 掌抄寫判文(謂. 唯爲抄寫別注. 其餘撿出稽失等者. 一准神祇史.). 少属二人. 掌同大属. 大解部十人. 掌問窮爭訟. 中解部廿人. 掌同大解部. 少解部卅人. 掌同中解部. 省掌二人. 使部八十人. 直丁六人.

贓贖司

正一人. 掌簿斂(謂. 簿疏也. 斂收也. 言疏收於逆人資財而没官也.). 配没(謂. 領取没官之物. 更分配於諸司. 假令. 兵器者配兵庫. 文書者配圖書. 財物者配大藏. 逆人父子者配官奴司之類也.). 贓贖(謂. 非理取財曰贓. 倍贓亦同也. 出金當罪曰贖. 入公入私並同也. 其諸國贖物. 即入當司, 以充修理獄舍等也.). 闌遺雜物(謂. 依捕亡令. 得闌遺物. 无主識認. 没官是也.)事. 佑一人. 大令史一人. 少令史一人. 使部十人. 直丁一人.

囚獄司

正一人. 掌禁囚罪人(謂. 衛府糺捉罪人. 及諸司送徒以上者. 皆此司任罪禁囚.). 徒役. 功程及配決事. 佑一人. 大令史一人. 少令史一人. 物部卌人(謂. 此伴部之色. 故式部補任. 其衛門府門部亦同也.). 掌主當罪人. 決罰事. 物部丁廿人(謂. 諸國仕丁. 帶仗守獄者. 即自民部省所充也.).

大藏省管司五.

卿一人. 掌出納(謂. 與監物共出納也.). 諸國調及錢. 金銀. 珠玉. 銅·鐵. 骨角齒. 羽毛. 漆. 帳幕. 權衡(謂. 權懸錘也. 衡横木也. 所以知輕重者也.). 度量. 賣買估價(謂. 貨物價直. 隨時輕重. 官家賣買. 據其中估. 但當賣買時. 知估價法. 非是常在市而案記也.). 諸方貢獻雜物事. 大輔一人. 少輔一人. 大丞一人. 少丞二人. 大錄一人. 少錄二人. 史生六人. 大主鑰二人. 少主

鑰二人. 藏部六十人. 價長四人. 典履二人. 掌縫作靴履鞍具(謂. 此爲賞賜. 不關供御. 百濟手部狛部. 謂. 並是得考者也.). 撿校百濟手部. 百濟手部十人. 掌雜縫作事. 典革一人. 掌雜革染作. 撿校狛部. 狛部六人. 掌雜革染作. 省掌二人. 使部六十人. 直丁四人. 駈使丁六人. 百濟戶. 狛戶.

典鑄司

正一人. 掌造鑄金銀銅鐵. 塗飾. 瑠璃(謂. 火齊珠也.). 玉作. 及工戶戶口名籍事. 佑一人. 大令史一人. 少令史一人. 雜工部十人. 使部十人. 直丁一人. 雜工戶.

掃部司

正一人. 掌薦席床簀苫. 及鋪設. 洒掃. 蒲藺葦簾等事. 佑一人. 令史一人. 掃部十人. 使部六人. 直丁一人. 駈使丁廿人.

漆部司

正一人. 掌雜塗漆事. 佑一人. 令史一人. 漆部廿人. 使部六人. 直丁一人.

縫部司

正一人. 掌裁縫衣服(謂. 此爲衛士等衣服也.)事. 佑一人. 令史一人. 縫部四人. 使部六人. 直丁一人. 縫女部(謂. 撿前令. 縫女部土在使部上. 而新令在直丁下者. 凡新令之體. 雜女皆在男下. 所以在直丁下. 其考者依舊更无改張.).

織部司

正一人. 掌織錦綾紬羅. 及雜染事. 佑一人. 令史一人. 挑文師四人. 掌挑錦綾羅等文. 挑文生(謂. 取綾錦文者. 名爲挑文生. 即得考色. 以自挑織故也.)八人. 使部六人. 直丁一人. 染戶

宮內省 管職一. 寮四. 司十三.

卿一人. 掌出納(謂. 被管諸司之出納也.). 諸國調. 雜物. 舂米. 官田(謂. 供御稻田. 分置畿內者. 名爲官田也.). 及奏宣御食產(謂. 奏者官田園池當年所佃種色目.

并收穫多少. 及氷室氷之厚薄. 皆申奏之也. 宣者若有勅語者. 更傳宣告也.). 諸方口味(謂. 除調雜物外. 諸方別獻珍味是也.)事. 大輔一人. 少輔一人. 大丞一人. 少丞二人. 大錄一人. 少錄二人. 史生十人. 省掌二人. 使部六十人. 直丁四人.

大膳職

大夫一人. 掌諸國調. 雜物及造庶膳羞. 醢葅(謂. 具食曰膳. 熟食曰羞. 內(肉)醬曰醢. 醋菜曰葅也.). 醬豉. 未醬. 肴菓. 雜餠. 食料. 率膳部以供其事. 亮一人. 大進一人. 少進一人. 大属一人. 少属一人. 主醬二人. 掌造雜醬豉. 未醬等. 主菓餠二人. 掌菓子. 造雜餠等. 膳部一百六十人. 掌造庶食. 使部卅人. 直丁二人. 駈使丁八十人. 雜供戶(謂. 鵜飼. 江人. 網引等之類.).

木工寮

頭一人. 掌營構木作. 及採材(謂. 斬伐樹木. 可以施於工匠者. 爲材也.)事. 助一人. 大允一人. 少允二人. 大属一人. 少属一人. 工部廿人(謂. 不限雜色白丁. 取知工者充. 卽得考之色.). 使部廿人. 直丁二人. 駈使丁(謂. 凡諸司駈使丁. 皆有定數. 特於此寮. 不制員數者. 分配諸司. 其餘多少. 皆配此寮故. 无定員也.).

大炊寮

頭一人. 掌諸國舂米. 雜穀. 分給(謂. 凡諸雜數(雜穀)者. 皆於此寮收領. 更分充諸司. 假令. 粟充主水. 大豆充大膳之類也.). 諸司食料事. 助一人. 允一人. 大属一人. 少属一人. 大炊部六十人. 使部廿人. 直丁二人. 駈使丁卅人.

主殿寮

頭一人. 掌供御輿輦(謂. 擧行曰輿. 輓行曰輦也.). 蓋笠. 繖扇(謂. 繖繖蓋. 扇團扇也.). 帷帳. 湯沐. 洒掃殿庭. 及燈燭(謂. 油火爲灯. 蝋火爲燭也.). 松柴. 炭燎(謂. 柴薪柴. 燎庭燎.)等事. 助一人. 允一人. 大属一人. 少属一人. 殿部卌人. 使部廿人. 直丁二人. 駈使丁八十人.

典藥寮

頭一人. 掌諸藥物. 療疾病(謂. 依醫疾令. 五位以上疾患者. 並奏聞. 遣醫師爲療是也.). 及藥園事. 助一人. 允一人. 大属一人. 少属一人. 醫師十人. 掌療諸疾病. 及診候. 醫博士一人. 掌諸藥方脉經. 教授醫生等. 醫生卌人. 掌學諸醫療. 針師五人. 掌療諸瘡病. 及補寫(謂. 虛者補之. 實者寫之.). 針博士一人. 掌教針生等. 針生廿人. 掌學針. 案摩師二人. 掌療諸傷折. 案摩博士一人. 掌教案摩生等. 案摩生十人. 掌學案摩療傷折. 呪禁師二人. 掌呪禁. 呪禁博士一人. 掌教呪禁生. 呪禁生六人. 掌學呪禁. 藥園師二人. 掌知藥性色目(謂. 寒溫爲性. 形狀爲色. 名稱爲目.). 種採藥薗諸草. 及教藥園生. 藥園生六人. 掌學識諸藥. 使部廿人. 直丁二人. 藥戶. 乳戶.

正親司

正一人. 掌皇親名籍(謂. 二世以下四世以上名籍. 案戶令. 皇親爲不課. 故知. 於京職亦可有皇親戶籍也.)事. 佑一人. 大令史一人. 少令史一人. 使部十人. 直丁一人.

內膳司

奉膳二人. 掌總知御膳. 進食先甞(謂. 在御所而甞之. 凡玉食琱飡. 欲登天供. 膳官営造. 清戒俱至. 然猶慮其誤犯. 故在照臨而先甞.)事. 典膳六人. 掌造供御膳. 調和庶味寒溫之節(謂. 寒甚者□. 熱過者爛. 令其調適不失中和. 其依考課令. 大膳職亦須知御膳也.). 令史一人. 膳部卌人. 掌造御食. 使部十人. 直丁一人. 駈使丁廿人.

造酒司

正一人. 掌釀酒(謂. 醴甜酒.). 醴. 酢事. 佑一人. 令史一人. 酒部六十人. 掌供行觴. 使部十二人. 直丁一人. 酒戶.

鍛冶司

正一人. 掌造作銅鐵雜器之属. 及鍛戶戶口名籍事. 佑一人. 大令史一

人. 少令史一人. 鍛部廿人. 使部十六人. 直丁一人. 鍛戶.

官奴司

正一人. 掌官戶奴婢名籍(謂. 依戶令. 官戶奴婢. 每年本司色別. 各造籍二通是也.). 及口分田事. 佑一人. 令史一人. 使部十人. 直丁一人.

園池司

正一人. 掌諸苑池(謂. 凡苑池之所育. 有可以供御者. 皆司其地. 令不浪侵也.). 種殖蔬菜樹菓(謂. 草可食者. 皆爲蔬菜. 樹菓猶菓子. 其種殖二字. 兼属蔬菜樹菓也.)等事. 佑一人. 令史一人. 使部六人. 直丁一人. 園戶.

土工司

正一人. 掌營土作瓦埿(謂. 瓦埿猶瓦也. 以埿爲瓦. 故連言.). 并燒石灰等事. 佑一人. 令史一人. 泥部廿人. 使部十人. 直丁一人. 泥戶.

采女司

正一人. 掌撿校采女等事. 佑一人. 令史一人. 采部六人. 使部十二人. 直丁一人.

主水司

正一人. 掌樽水. 饘粥(謂. 稠糜曰饘. 稀糜曰粥.). 及氷室事. 佑一人. 令史一人. 水部卌人. 使部十人. 直丁一人. 駈使丁廿人. 水戶.

主油司

正一人. 掌諸國調膏油(謂. 肉脂爲膏. 自餘爲油.)事. 佑一人. 令史一人. 使部六人. 直丁一人.

內掃部司

正一人. 掌供御床狭疊(謂. 狭疊猶云疊.)席薦簀簾苫. 鋪設及蒲藺葦等事. 佑一人. 令史一人. 掃部卅人. 使部十人. 直丁一人. 駈使丁卌人.

筥陶司

正一人. 掌筥陶器皿(謂. 器惣名爲四(皿). 其木土器亦皆掌.)事. 佑一人. 令史一人. 使部六人. 直丁一人. 筥戶.

內染司(謂, 此司無駈使丁者. 以官奴婢充.)

正一人. 掌供御雜染之属. 佑一人. 令史一人. 染師二人. 使部六人. 直丁一人.

彈正臺

尹一人. 掌肅淸風俗(謂. 肅者敬也. 風者氣也. 俗者習也. 土地水泉. 氣有緩急. 聲有高下. 謂之風焉. 人居此地. 習以成性. 謂之俗焉. 假令. 信濃國俗. 夫死者卽以婦爲殉. 若有此類者. 正之以禮敎. 是以爲肅淸風俗.). 彈奏內外非違(謂. 內者左右兩京. 外者五畿七道也. 依公式令. 告言官人害政及有抑屈者. 彈正爰推(受推). 當理者奏聞. 不當理者彈. 如此之類. 是爲彈奏也.)事. 弼一人. 大忠一人. 掌巡察內外. 糾彈非違(謂. 內者宮城以內. 外者左右兩京. 卽與尹軄掌所謂內外者. 遠近旣異. 其巡察彈正之巡察糺彈. 一亦同忠之.). 餘同神祇大祐. 少忠二人. 掌同大忠. 大疏一人. 少疏一人. 巡察彈正十人. 掌巡察內外. 糾彈非違. 史生六人. 使部卅人. 直丁二人.

衛門府 管司一.

督一人. 掌諸門禁衛. 出入. 禮儀. 以時巡撿(謂. 以時猶有時. 依宮衛令. 五衛府官長. 皆以時按撿所部. 糺察不如法, 是也). 及隼人. 門藉. 門牓(謂. 載人名爲籍. 載物數爲牓.)模也.)事. 佐一人. 大尉二人. 少尉二人. 大志二人. 少志二人. 醫師一人. 門部二百人. 物部卅人(謂. 此名爲內物部. 爲決罪人. 特置此府. 當決罰時. 皆帶刀劒.). 使部卅人. 直丁四人. 衛士.

隼人司

正一人. 掌撿校隼人(謂. 隼人者. 分番上下. 一年爲限. 其下番在家者. 差科課役. 及簡點兵士. 一如凡人.). 及名帳. 敎習歌舞. 造作竹笠事. 佑一人. 令史一人. 使部十人. 直丁一人. 隼人.

左衛士府 右衛士府准此.

督一人. 掌禁衛宮掖(謂. 掖者正門傍之小門也.). 撿校隊仗. 以時巡撿. 衛士名帳及差科(謂. 差配兵庫大藏之類也). 大備. 陳設(謂. 大備禮儀. 陳設兵仗也.).

車駕出入前駈(謂. 導引也.)後殿事. 佐一人. 大尉二人. 少尉二人. 大志二人. 少志二人. 醫師二人. 使部六十人. 直丁三人. 衛士.

左兵衛府右兵衛府准此.

督一人. 掌撿挍兵衛(謂. 每番撿挍. 此府不稱門牓者. 是卽略文. 更无別例.). 分配閤門. 以時巡撿. 車駕出入分衛前後. 及左兵衛名帳. 門籍事. 佐一人. 大尉一人. 少尉一人. 大志一人. 少志一人. 醫師一人. 番長四人(謂. 依文番長者. 在兵衛四百人之外.). 兵衛四百人. 使部卅 人. 直丁二人.

左馬寮右馬寮准此.

頭一人. 掌左閑馬調習養飼. 供御乘具(謂. 是卽自內藏寮所送者. 其在大藏賞賜之料. 亦同送焉.). 配給穀草. 及飼部戶口名籍事. 助一人. 大允一人. 少允一人. 大属一人. 少属一人. 馬醫二人. 馬部六十人. 使部廿人. 直丁二人. 飼丁.

左兵庫右兵庫准此.

頭一人. 掌左兵庫儀仗兵器. 安置得所(謂. 依軍防令. 凡軍器在庫. 皆造棚閣安置. 色別異所是也.). 出納. 曝凉. 及受事覆奏事. 助一人. 大允一人. 少允一人. 大属一人. 少属一人. 使部廿人. 直丁二人.

內兵庫

正一人. 掌準兵庫頭. 佑一人. 令史一人. 使部十人. 直丁一人.

左京職右京職准此. 管司一.

大夫一人. 掌左京戶口. 名籍. 字養百姓(謂. 字亦養也.). 糾察所部. 貢擧. 孝義. 田宅. 雜徭. 良賤. 訴訟. 市廛. 度量. 倉廩. 租調. 兵士. 器仗(謂. 凡訴訟者. 皆自下始. 故先由京國. 而後至官省也.). 道橋. 過所. 闌遺雜物. 僧尼名籍事. 亮一人. 大進一人. 少進二人. 大属一人. 少属二人. 坊令十二人. 使部卅人. 直丁二人.

東市司西市司准此.

正一人. 掌財貨交易. 器物眞僞. 度量輕重. 賣買估價. 禁察非違事. 佑

一人. 令史一人. 價長五人. 物部廿人. 使部十人. 直丁一人.

攝津職帶津國.

大夫一人. 掌祠社(謂. 祠者, 祭百神也. 社者, 撿校諸社也. 凡稱祠社者. 皆准此例.). 戶口. 薄帳. 字養百姓. 勸課農桑. 糾察所部. 貢擧. 孝義. 田宅. 良賤. 訴訟. 市廛. 度量輕重. 倉廩. 租調. 雜徭. 兵士. 器仗. 道橋. 津濟. 過所. 上下公使. 郵驛. 傳馬. 闌遺雜物. 撿校舟具. 及寺. 僧尼名籍事. 亮一人. 大進一人. 少進二人. 大屬一人. 少屬二人. 史生三人. 使部卅人. 直丁二人.

大宰府帶筑前國.

主神一人. 掌諸祭祠事. 帥一人. 掌祠社. 戶口. 薄帳. 字養百姓. 勸課農桑. 糾察所部. 貢擧. 孝義. 田宅. 良賤. 訴訟. 租調. 倉廩. 徭役. 兵士. 器仗. 鼓吹. 郵驛. 傳馬. 烽候. 城牧. 過所. 公私馬牛. 闌遺雜物. 及寺. 僧尼名籍. 蕃客. 歸化(謂. 遠方之人. 欽化內歸也.). 饗讌事. 大貳一人. 掌同帥. 少貳二人. 掌同大貳. 大監二人. 掌判府內. 審署文案. 勾稽失. 察非違(謂. 巡察所部非違. 其諸國判官察非違. 亦同此義也.). 少監二人. 掌同大監. 大典二人. 掌受事上抄. 勘署文案. 撿出稽失. 讀申公文. 少典二人. 掌同大典. 大判事一人. 掌案覆犯狀. 斷定刑名. 判諸爭訟. 少判事一人. 掌同大判事. 大令史一人. 掌抄寫判文. 少令史一人. 掌同大令史. 大工一人. 掌城隍. 舟揖. 戎器. 諸營作事. 少工二人. 掌同大工. 博士一人. 掌教授經業(謂. 教授管國學生. 其醫師不稱教授者. 文略也.). 課試學生. 陰陽師一人. 掌占筮相地. 醫師二人. 掌診候療病. 算師一人. 掌勘計物數. 防人正一人. 掌防人名帳. 戎具. 敎閱. 及食料田事. 佑一人. 掌同正. 令史一人. 主船一人. 掌修理舟揖(謂. 大工職掌云舟檝. 此卽所新造者. 故此司唯掌修理也.). 主厨一人. 掌醯. 醢. 葅(謂. 醯者酢也. 葅者凡醬所和切也. 卽令調和醬醋蒜韲之類是也.)葅. 醬豉. 鮭(謂. 雜乾魚也.)等事. 史生廿人.

大國

守一人. 掌祠社. 戶口. 簿帳. 字養百姓. 勸課農桑. 糾察所部. 貢擧. 孝義. 田宅. 良賤. 訴訟. 租調. 倉廩. 徭役. 兵士. 器仗. 鼓吹. 郵驛. 傳馬. 烽候. 城牧. 過所. 公私馬牛. 闌遺雜物. 及寺. 僧尼名籍事. 餘守准此. 其陸奧出羽越後等國. 兼知饗給(謂. 饗食并給祿也). 征討. 斥候(謂. 斥逐也. 言候逐於非常也.). 壹岐對馬日向薩摩大隅等國. 惣知鎭捍(謂. 捍衛也. 言鎭衛寇賊也.). 防守. 及蕃客歸化. 三關國. 又掌關剗(謂. 依律. 關者撿判之處. 剗者塹柵之所是.)及關契事. 介一人. 掌同守. 餘介准此. 大掾一人. 掌糾判國內. 審署文案. 勾稽失. 察非違. 餘據准此. 少掾一人. 掌同大掾. 大目一人. 掌受事上抄. 勘署文案. 撿出稽失. 讀申公文. 餘目准此. 少目一人. 掌同大目. 史生三人.

上國

守一人. 介一人. 掾一人. 目一人. 史生三人.

中國

守一人. 掾一人. 目一人. 史生三人.

下國

守一人. 目一人. 史生三人.

大郡

大領一人. 掌撫養所部. 撿察郡事. 餘領准此. 少領一人. 掌同大領. 主政三人. 掌糾判郡內. 審署文案. 勾稽失. 察非違. 餘主政准此. 主帳三人. 掌受事上抄. 勘署文案. 撿出稽失. 讀申公文. 餘主帳准此.

上郡

大領一人. 少領一人. 主政二人. 主帳二人.

中郡

大領一人. 少領一人. 主政一人. 主帳一人.

下郡

大領一人. 少領一人. 主帳一人.

小郡

領一人. 主帳一人.

軍團

大毅一人 . 掌撿挍兵士. 充備戎具(謂. 充備兵士之戎具也.). 調習弓馬. 簡閱陳列(謂. 撿閱軍行之陳列也.)事. 少毅二人. 掌同大毅. 主帳一人. 校尉五人. 旅帥十人. 隊正廿人.

凢國博士醫師. 國別各一人. 其學生. 大國五十人. 上國卌人. 中國卅人. 下國廿人. 醫生各減五分之四.

後宮職員令 第三

후궁직원령 제3

(생각건대, 비妃 부인夫人 빈嬪은 특정 직무가 없으나 직원령을 둔 것은 아래 12사司가 있기 때문이다. 그 많은 것을 들어서 직원職員이라고 한 것이다.) 무릇 18조이다.

1. 비妃 2원員.

비妃는 4품四品 이상이다.

2. 부인夫人 3원.

부인夫人은 3위 이상이다.

3. 빈嬪 4원.

빈嬪은 5위 이상이다.

▌ **궁인**宮人(생각건대, 부인婦人이 관에 나아간 자를 총칭하는 용어이다.) **직원**職員

4. 내시사內侍司

상시尙侍 **2인**. 항상 받들어 모시는 일[常侍], **주청**奏請(생각건대, 아뢰어 그 대답[報]을 청하는 일이다. 무릇 이는 여사女司이므로 남자 관인이 간섭하지 않는다. 만약 꼭 간섭해야 하면 마땅히 칙지식勅旨式에 의거해야 한다.), **선전**宣傳,[1]

여유女孺를 검교하는 일(생각건대, 아래 조에 여러 씨氏는 씨별로 여자를 바치는데, 비록 해당 씨족이 아니더라도 스스로 나아가 섬기고자 하는 자는 들어준다고 한 것이 이것이다.) 아울러 내외명부內外命婦의 조참朝參, 금내禁內의 예식禮式(생각건대, 후궁예식後宮禮式이다. 이 사司 이하에 여사女史가 없는 것은, 모두 여유女孺로서 임무를 감당할 수 있는 자를 뽑아 일을 맡기기 때문이다.)과 같은 일을 관장한다. **전시**典侍 **4인**. 관장하는 일은 상시와 같으나 오직 주청과 선전은 할 수 없다. 만약 상시가 없을 때는 주청과 선전을 할 수 있다. **장시**掌侍 **4인**. 관장하는 일이 전시와 같으나 오직 주청과 선전은 할 수 없다. **여유**女孺 **100인**.

5. 장사藏司

상장尙藏 **1인**. 신새神璽, 관계關契, 황후 등 후궁에게 바치는[供御] 의복, 두건[巾], 빗[櫛](생각건대, 건巾은 두건이고, 즐櫛은 빗[梳櫛]이다.) 복완服翫,[2] 진귀한 보물珍寶, 비단[綵帛], 상 내리는 일을 관장한다. **전장**典藏 **2인**. 관장하는 일이 상장과 같다. **장장**掌藏 **4인**. 출납, 비단[綵帛], 상 내리는 일을 관장한다. **여유**女孺 **10인**.

6. 서사書司

상서尙書 **1인**. 불경[內典]과 경적經籍을 공봉供奉하는 일, 종이, 먹, 붓, 책상[几案](생각건대, 안案 역시 궤几에 속한다.), 사죽絲竹[3]의 일을 관장한다. **전서**典書 **2인**. 관장하는 일이 상서와 같다. **여유**女孺 **6인**.

1_ 천황의 명을 알려 전하는 것이다.

2_ 의복과 몸에 지니고 다니는 물건으로 가락지나 노리개 따위를 말한다.

3_ 실로 만든 악기와 대나무로 만든 악기라는 뜻이며, 현악기와 관악기를 가리키기도 한다.

7. **약사**藥司

상약尙藥 **1인**. 의약醫藥을 공봉하는 일을 관장한다. **전약**典藥 **2인**. 관장하는 일이 상약과 같다. **여유**女孺 **4인**.

8. **병사**兵司

상병尙兵 **1인**. 병기를 공봉하는 일을 관장한다. **전병**典兵 **2인**. 관장하는 일이 상병과 같다. **여유**女孺 **6인**.

9. **위사**闈司

상위尙闈 **1인**. 궁합宮閤의 열쇠[管鑰](생각건대, 궁성 이내 모든 문의 열쇠이다. 즉 경성문의 열쇠[鑰] 역시 같다.), 출납(생각건대, 모든 문의 열쇠를 출납한다. 합문閤門을 통해 출입하는 잡물雜物은 문사門司가 조사한다.)의 일을 관장한다. **전위**典闈 **4인**. 관장하는 일이 상위와 같다. **여유**女孺 **10인**.

10. **전사**殿司

상전尙殿 **1인**. 수레와 산繖,[4] 기름[膏], 목욕물[沐], 등유, 화촉, 신탄薪炭의 일을 봉공하는 일을 관장한다. **전전**典殿 **2인**. 관장하는 일이 상전과 같다. **여유**女孺 **6인**.

11. **소사**掃司

상소尙掃 **1인**. 상牀과 자리[席], 청소[灑掃], 포설鋪設의 일을 봉공하는 일을 관장한다. **전소**典掃 **2인**. 관장하는 일이 상소와 같다. **여유**女孺 **10인**.

4_ 일산과 우산을 말한다.

12. 수사水司

상수尙水 **1인**. 장수漿水(생각건내, 보리죽酢汁을 상이라고 한다),[5] 여러 가지 죽을 올리는 일을 관장한다. **전수**典水 **2인**. 관장하는 일이 상수와 같다. **채녀**采女 **6인**.

13. 선사膳司

상선尙膳 **1인**. 올리는 음식[御膳]을 관장하고, 음식을 올리기 전에 먼저 맛보는 일, 음식과 찬[膳羞], 술과 단술[酒醴], 여러 떡, 채소, 과일을 총괄하는 일을 관장한다. **전선**典膳 **2인**. 관장하는 일이 상선과 같다. **장선**掌膳 **4인**. 관장하는 일이 전선과 같다. **채녀**采女 **60인**.

14. 주사酒司

상주尙酒 **1인**. 술을 빚는 일[釀酒]을 관장한다. **전주**典酒 **2인**. 관장하는 일이 상주와 같다.

15. 봉사縫司

상봉尙縫 **1인**. 의복을 재봉하고, 찬조纂組[6]하는 일을 관장한다. 겸하여 여자의 노동[女功] 및 조참을 담당한다. **전봉**典縫 **2인**. 관장하는 일이 상봉과 같다. **장봉**掌縫 **4인**. 명부命婦의 참현參見과 조회 때 인도하는 일을 관장한다.

앞의 여러 관사의 장掌 이상은 모두 직사職事로 간주하고, 그 밖의 관직은

5_ 義解에서는 酢 즉 보리죽을 뜻하는 한자를 사용하였으나, 원래는 조로 빚은 발효음료로 周禮에서는 六飮 또는 四飮의 하나로 꼽고 있다. 후대에는 紹興酒를 빚을 때 찹쌀을 鏡湖의 물에 담궈 두면 생기는 즙을 지칭하였다.

6_ 실을 꼬아 만드는 끈을 말한다.

산사散事**로 간주한다. 각각 보름**[半月]**마다 목욕휴가**[沐假][7] **3일을 준다. 그 고서**考叙**의 법식은 하나같이 장상**長上**의 예에 준한다**(생각건대, 고考는 고과의 연한이고, 서叙는 선발하여 관직을 제수하는 위계[階級]이다 이미 장상의 예에 준한다고 하였으니, 공적인 근무를 게을리하지 않고, 맡은 바의 임무를 빠뜨리지 않는 것을 평가기준[最]으로 하는 것도 마찬가지로 적용된다는 사실을 명확하게 한 것이다.). **동궁의 궁인**宮人 **및 빈**嬪 **이상의 여수**女豎**는 이에 준한다.**(생각건대, 궁인과 여수의 원수員數를 정하지 않았으므로, 식의 처분[式處分]에 의거한다. 그 궁인의 고과는 춘궁대부가 관장하고, 여수는 궁내성이 관장한다. 빈 이상의 가사家事는 궁내성에 예속되어 있기 때문이다.).

16. 무릇 내친왕, 여왕 및 내명부가 조참에 줄지어 서는[行立] **차례는 각각 본위**本位**를 따른다. 그 외명부**(생각건대, 그 훈위의 처는 이러한 신분에 해당되지 않는다. 무릇 영의 규정에서 5위 이상이라고 하였을 때, 훈위는 포함되지 않는다.)**는 지아비 지위의 차례에 준한다. 만약 제왕**諸王 **이상이 신하의 집안**[家]**에 장가들어서 처로 삼은 경우는 이 예에 있지 않다**(생각건대, 외명부의 범위에 포함되지 않는 것이다. 그 내·외명부는 반드시 각각 섞이지 않고 분별되어야 한다.).[8]

7_ 머리를 감고 몸을 씻기 위한 휴가이다. 여자 관인은 한 달에 6일인 데 대하여, 남자 관인은 한 달에 5일이다.

8_ 이 규정의 法意는 분명하지 않다. 우선 비록 諸王 및 親王의 妻가 人臣 출신인 경우에는 內命婦가 아니라는 뜻으로 이해할 수 있다. 그런데 기술된 순서가 外命婦에 관한 규정 다음에 있으므로, 外命婦의 예를 따르지 않는다는 뜻으로도 읽을 수 있다. 그렇다면 諸王 이상의 人臣의 妻는 양쪽에 다 속하지 않는 셈이 된다. 따라서 『令集解』에 인용된 '古記'라는 기록에서는 朝參할 수 없는 것으로 해석하였다. 그러나 諸王들도 관직과 관위를 가지고 있으므로, 일반적인 人臣과 같은 성격을 가지고 있으므로, 그 처가 일반적인 관인의 처와 마찬가지로 외명부의 신분으로 조참에 참석할 수 있거나, 親王·諸王이 皇族이므로 天皇의 妻들과 마찬가지로 內命婦를 구성하는 것으로 보아야 할 것이다.

17. 무릇 친왕 및 자녀[子]는 모두 유모를 준다(생각건대, 만약 내친왕이 제왕에게 시집가서 자식을 낳은 경우는, 주는 범위에 있지 않다.). 친왕은 3인, 자녀는 2인이다. 양육하는 자녀의 나이가 13세 이상이면 비록 유모가 죽더라도 다시 세워 교체하지 않는다. 그 고서考叙는 모두 궁인에 준하고, 그 외의 여수는 고서의 범위에 있지 않다.

18. 무릇 제씨諸氏[9]는 씨별로 여자를 바치는데 모두 나이 30세 이하 13세 이상을 한도로 한다.[10] 비록 해당씨족[氏名]이 아니더라도 스스로 관직에 나아가고자 하는 자는 허락한다(생각건대, 씨별로 1명을 바치는 외에 별도로 출사하고자 하는 것이다.).[11] 그 채녀采女를 바치는 것은 군의 소령少領 이상의 자매 및 딸 중 용모가 단정한 자로 하며, 모두 중무성에 보고하여, 천황에게 아뢴다.

9_ 「古記」에서는 都城과 畿內라고 하였다. 都城과 畿內의 忌寸 이상의 씨족으로 보는 설이 있다.

10_ 諸氏에서 바친 여자를 氏女라고 한다.

11_ 義解에서는 采女를 바치도록 정해진 씨족에서 바치는 1명 이외에 추가로 출사하고자 하는 경우에 허락한다고 해석하였으나, 氏名이라는 표현으로 미루어 대상씨족이 아닌 경우로 볼 수도 있다.

(謂. 妃夫人嬪. 此无所掌. 而處職員者. 下有十二司. 擧其多者, 言之職員.) 凡壹拾捌條

妃二員

右四品以上

夫人三員

右三位以上

嬪四員

右五位以上

宮人(謂. 婦人仕官者之惣号也.) 職員

內侍司

尙侍二人. 掌供奉常侍. 奏請(謂. 奏而請其報. 凡此爲女司. 不涉男官. 若須涉者. 自依勅旨式也). 宣傳. 撿挍女孺(謂. 下條諸氏氏別貢女. 雖非氏名. 欲自進仕者聽, 是也.). 兼知內外命婦朝參. 及禁內禮式(謂. 後宮禮式. 此司以下. 無女史者. 皆取女孺堪任者. 爲之也.)之事. 典侍四人. 掌同尙侍. 唯不得奏請宣傳. 若无尙侍者. 得奏請宣傳. 掌侍四人. 掌同典侍. 唯不得奏請宣傳. 女孺一百人.

藏司

尙藏一人. 掌神璽. 關契. 供御衣服. 巾櫛(謂. 巾頭巾也. 櫛梳櫛也.). 服翫及珍寶. 綵帛. 賞賜之事. 典藏二人. 掌同尙藏. 掌藏四人. 掌出納. 綵帛. 賞賜之事. 女孺十人.

書司

尙書一人. 掌供奉內典. 經籍及紙墨筆. 几案(謂. 案亦几屬也.). 絲竹之事. 典書二人. 掌同尙書. 女孺六人.

藥司

尙藥 ·人. 掌供奉醫藥之事. 典藥二人. 掌同尙藥. 女孺四人.

兵司

尙兵一人. 掌供奉兵器之事. 典兵二人. 掌同尙兵. 女孺六人.

闈司

尙闈一人. 掌宮閤管鑰(謂. 宮城以內諸門管鎰. 卽京城門鎰亦同也.). 及出納(謂. 出納諸門管鎰. 其內閤門出入雜物者. 門司勘撿也.)之事. 典闈四人. 掌同尙闈. 女孺十人.

殿司

尙殿一人. 掌供奉輿繖. 膏. 沐. 燈油. 火燭. 薪炭之事. 典殿二人. 掌同尙殿. 女孺六人.

掃司

尙掃一人. 掌供奉牀席. 灑掃. 鋪設之事. 典掃二人. 掌同尙掃. 女孺十人.

水司

尙水一人. 掌進漿水(謂. 酢汁爲漿也.). 雜粥之事. 典水二人. 掌同尙水. 采女六人.

膳司

尙膳一人. 掌知御膳. 進食先嘗. 總攝膳差. 酒醴. 諸餠蔬菓之事. 典膳二人. 掌同尙膳. 掌膳四人. 掌同典膳. 采女六十人.

酒司

尙酒一人. 掌醸酒之事. 典酒二人. 掌同尙酒.

縫司

尙縫一人. 掌裁縫衣服. 纂組之事. 兼知女功及朝參. 典縫二人. 掌同尙縫. 掌縫四人. 掌命婦參見. 朝會引導之事.

右諸司掌以上. 皆爲職事. 自餘爲散事. 各每半月給沐假三日. 其

考叙法式. 一准長上之例(謂. 考者. 考課之年限. 叙者, 選叙之階級. 既稱准長上之例. 明可與公勤不怠. 職掌无闕之最.). 東宮々人及嬪以上女竪准此(謂. 宮人女竪. 不制員數者. 依式處分. 其宮人考課者. 春宮大夫掌之. 女竪者宮內省掌之. 嬪以上家事. 隸宮內省故也.).

凢內親王. 女王及內命婦朝參行立次第者. 各從本位. 其外命婦(謂. 其勳位妻者. 不預此色. 凢令內. 稱五位以上者. 勳位者非也.). 准夫位次. 若諸王以上娶臣家爲妻者. 不在此例(謂. 不在出外命婦之例. 其內外命婦. 各須不雜而分別之.).

凢親王及子者. 皆給乳母(謂. 若內親王嫁諸王. 所生子者. 不在給限也.). 親王三人. 子二人. 所養子年十三以上. 雖乳母身死. 不得更立替. 其考叙者. 並准宮人. 自外女竪. 不在考叙之限.

凢諸氏氏別貢女. 皆限年卅以下. 十三以上. 雖非氏名. 欲自進仕者聽(謂. 氏別貢一人之外. 別欲進仕也.). 其貢采女者. 郡少領以上姉妹及女. 形容端正者. 皆申中務省奏聞.

東宮職員令 第四

동궁직원령 제4

(생각건대, 태자가 있는 곳이다.) 무릇 10조이다.[1]

1. **부**傅 **1인**. 도덕道德으로써 동궁東宮(고과는 춘궁대부春宮大夫가 근무하는 날수와 행한 일을 기록하여, 식부式部에 보내면, 식부가 교정校正한다. 학사學士도 또한 이에 준한다.)을 보도輔導하는 일을 관장한다.

2. **학사**學士 **2인**. 경전을 모아서 봉설奉說하는 일을 관장한다.

3. **춘궁방**春宮坊. 감監 3곳, 서署 6곳을 관장한다.

대부大夫 **1인**. 계啓·영令을 토납吐納하는 일, 궁인宮人의 명장名帳, 고서考叙(생각건대, 방坊 내의 여러 사司 및 궁인의 고과 서임이다. 궁인의 고서는 방사坊司가 교정하고, 다시 중무성中務省에 보낸다.), 숙직하는 일을 관장한다. **양**亮 **1인**. **대진**大進 **1인**. **소진**少進 **2인**. **대속**大屬 **1인**. **소속**少屬 **2인**. **사부**使部 **30인**. **직정**直丁 **3인**.

4. **사인감**舍人監

정正 **1인**. 사인舍人의 명장名帳, 예의禮儀, 분번分番의 일을 관장한다. **우**佑 **1인**. **영사**令史 **1인**. **사인**舍人 **600인**. **사부**使部 **10인**. **직정**直丁 **1인**.

1_ 「동궁직원령」 전체는 10조라고 하였으나, 실제로는 12조로 나누었다. 東宮傅와 學士를 한 조로 보아 11조로 나눈 경우도 있다.

5. **주선감**主膳監

정正 **1인.** 음식을 만들어 내고, 먼저 맛보는 일, 여러 가지 음료 및 음식의 일을 관장한다. **우**佑 **1인. 영사**令史 **1인. 선부**膳部 **60인. 사부**使部 **6인. 직정**直丁 **1인. 구사정**駈使丁 **20인.**

6. **주장감**主藏監

정正 **1인.** 금옥金玉, 보기寶器, 금릉錦綾, 여러 가지 비단[綵], 의복을 재봉裁縫하는 일, 노리개[翫好] 등속의 일을 관장한다. **우**佑 **1인. 영사**令史 **1인. 장부**藏部 **20인. 사부**使部 **6인. 직정**職丁 **1인. 구사정**駈使丁 **2인.**

7. **주전서**主殿署

수首 **1인.** 탕목湯沐, 등촉燈燭, 청소[洒掃], 포설鋪設의 일을 관장한다. **영사**令史 **1인. 전소부**殿掃部 **20인. 사부**使部 **6인. 직정**職丁 **1인. 구사정**駈使丁 **6인.**

8. **주서서**主書署

수首 **1인.** 서적, 약, 붓, 벼루 등을 공진供進하는 일을 관장한다. **영사**令史 **1인. 사부**使部 **6인. 직정**直丁 **1인.**

9. **주장서**主漿署

수首 **1인.** 된 죽[饘], 묽은 죽[粥], 장수漿水[2] 및 과일[菓子] 등을 관장한다 **영사**令史 **1인. 수부**水部 **10인. 사부**使部 **6인. 직정**直丁 **1인. 구사정**駈使丁 **6인.**

10. **주공서**主工署

수首 **1인.** 나무와 흙의 구작搆作[3] 및 동銅・철鐵로 여러 가지 물건을 만드

2_ 좁쌀로 지은 밥으로 발효시켜 만든 음료이다.

3_ 나무와 흙을 이용하여 물건을 만들거나 그릇을 빚는 일을 말한다.

는 일을 관장한다. 영사令史 1인. 공부工部 6인. 사부使部 6인. 직정直丁 1인. 구사정駈使丁 60인.

11. 주병서主兵署

수首 1인. 병기, 의장 등을 관장한다. 영사令史 1인. 사부使部 6인. 직정直丁 1인.

12. 주마서主馬署

수首 1인. 승마乘馬, 안구鞍具 등을 공진하는 일을 관장한다. 영사令史 1인. 마부馬部 10인. 사부使部 10인. 직정直丁 1인.

(謂. 太子之所居也.) 凢壹拾條

傅一人. 掌以道德輔導東宮(考者. 春宮大夫. 錄上日行事. 送於式部. 式部校定. 學士亦准此.).

學士二人. 掌執經奉說.

春宮坊管監三. 署六.

大夫一人. 掌吐納啓令. 宮人名帳. 考叙(謂. 坊內諸司. 及宮人考叙. 其宮人考叙者. 坊司挍定. 更送中務省也.). 宿直事. 亮一人. 大進一人. 少進二人. 大属一人. 少属二人. 使部卅人. 直丁三人.

舍人監

正一人. 掌舍人名帳. 禮儀. 分番事. 佑一人. 令史一人. 舍人六百人. 使部十人. 直丁一人.

主膳監

正一人. 掌進食先嘗. 及諸飮膳事. 佑一人. 令史一人. 膳部六十人. 使部六人. 直丁一人. 駈使丁廿人.

主藏監

正一人. 掌金玉. 寶器. 錦綾. 雜綵. 裁縫衣服. 翫好之属. 佑一人. 令史一人. 藏部廿人. 使部六人. 直丁一人. 駈使丁二人.

主殿署

首一人. 掌湯沐. 燈燭. 洒掃. 鋪設事. 令史一人. 殿掃部廿人. 使部六人. 直丁一人. 駈使丁十人.

主書署

首一人. 掌供進書藥筆硏之属. 令史一人. 使部六人. 直丁一人.

主漿署

首一人. 掌饘粥. 漿水及菓子之属. 令史一人. 水部十人. 使部六人. 直丁一人. 駈使丁六人.

主工署

首一人. 掌木土構搆作及銅鐵雜作事. 令史一人. 工部六人. 使部六人. 直丁一人. 駈使丁六十人.

主兵署

首一人. 掌兵器. 儀仗之属. 令史一人. 使部六人. 直丁一人.

主馬署

首一人. 掌供進乘馬. 鞍具之属. 令史一人. 馬部十人. 使部十人. 直丁一人.

家令職員令 第五

가령직원령 제5

무릇 8조이다.

1. **친왕**親王 내친왕은 이에 준한다. 단 문학文學은 이 예에 들지 않는다.[1] **1품 문학**文學 **1인**. 경經으로 강의하는 일을 맡는다. 나머지 문학은 이에 준한다. **가령**家令 **1인**. 가家의 업무를 총괄해서 담당하는 일을 맡는다. 나머지 가령은 이에 준한다. **부**扶 **1인**. 관장하는 일이 가령과 같다. **대종**大從 **1인**. 가家의 업무를 검교撿挍하는 일을 맡는다. **소종**少從 **1인**. 관장하는 일이 대종과 같다. **대서리**大書吏 **1인**. 문안을 살펴서 서명하는 일을 맡는다. 나머지 서리書吏는 이에 준한다. **소서리**少書吏 **1인**. 관장하는 일이 대서리와 같다.

2. 2품

문학 1인. 가령 1인. 부 1인. 종 1인. 대서리 1인. 소서리 1인.

3. 3품

문학 1인. 가령 1인. 부 1인. 종 1인. 서리 1인.

1_ 文學을 제외한 家令 이하 少書吏만을 둔다는 뜻이다.

4. 4품

문학 1인. 가령 1인. 부 1인. 종 1인. 서리 1인.

5. **직사**職事 **1위** 여자도 또한 이에 준한다.

가령 1인. 가家의 업무를 담당하는 일을 맡는다. **부 1인. 대종 1인. 소종 1인. 대서리 1인. 소서리 1인.**

6. 2위

가령 1인. 종 1인. 대서리 1인. 소서리 1인.

7. 정3위

가령 1인. 서리 2인.

8. 종3위

가령 1인. 서리 1인.

親王內親王准此. 但文學不在此例. 一品

文學一人. 掌執經講授. 餘文學准此. 家令一人. 掌惣知家事. 餘家令準此. 扶一人. 掌同家令. 餘扶准此. 大從一人. 掌撿挍家事. 餘從准此. 少從一人. 掌同大從. 大書吏一人. 掌勘署文案. 餘書吏准此. 少書吏一人. 掌同大書吏.

二品

文學一人. 家令一人. 扶一人. 從一人. 大書吏一人. 少書吏一人.

三品

文學一人. 家令一人. 扶一人. 從一人. 書吏一人.

四品

文學一人. 家令一人. 扶一人. 從一人. 書吏一人.

職事一位. 女亦准此.

家令一人. 掌知家事. 扶一人. 大從一人. 少從一人. 大書吏一人. 少書吏一人.

二位

家令一人. 從一人. 大書吏一人. 少書吏一人.

正三位

家令一人. 書吏二人.

從三位

家令一人. 書吏一人.

영의해 권제2

令義解 卷第二

An Annotated Translation of "Ryonogige"

神祇令 第六

신기령[1] 제6

(생각건대, 천신天神을 신神이라 하고, 지신地神을 기祇라 한다.) 무릇 20조이다.

1. **무릇, 천신지기**天神地祇[2]**는 신기관**神祇官**에서 모두 상전**常典[3]**에 의거하여 이를 제사지낸다**(생각건대, 천신天神은 이세伊勢,[4] 산성압山城鴨,[5] 주길住吉,[6] 출운국조出雲國造 재신齋神[7] 등의 부류가 이것이다. 지신地神은 대신大神,[8] 대왜大倭,[9] 갈목압葛木鴨,[10] 출운대여신出雲大汝神[11] 등의 부류가 이것이다. 상전常典은 이 영令에 실려 있는 제사에 관한 조항이 이것이다.).

2. **중춘**仲春. **기년제**祈年祭[12](생각건대, 기祈는 빈다[禱]는 뜻이다. 한 해 동안 재

1_ 天神과 地祇에 대한 신앙을 바탕으로 한 國家祭祀의 大綱을 규정한 편목이다.
2_ 天神은 하늘에 내려와 鎭坐한 신을 가리킨다. 昊天上帝를 비롯하여 日月星辰・司中・司命・風師・雨師 등이다. 地祇는 땅에서 나타난 신을 가리킨다. 后土・社稷・五祀・五嶽 등을 말한다.
3_ 神祇令에 규정된 항례를 가리킨다.
4_ 天照大神을 제사지내는 伊勢神官을 말한다.
5_ 山城國(현재의 京都市)의 賀茂御祖神社와 賀茂別雷神社를 말한다.
6_ 攝津國(현재의 大阪府)의 住吉坐神社를 말한다.
7_ 出雲國(현재의 島根縣出雲市)의 熊野坐神社를 말한다.
8_ 大和國(현재의 奈良縣)의 大神大物主神社를 말한다.
9_ 大和國의 大和坐大國魂神社를 말한다.
10_ 大和國의 葛木御歲神社로 생각된다.
11_ 出雲國의 杵築神社를 말한다.
12_ 신기관에서 그 해의 농사가 풍년이 들기를 기원하면서 두로 천신지기에 祈請

앙[歲災]이 들지 않게 하고, 시령時令을 순조롭게 하고자 하여, 곧 신기관神祇官에서 제사를 지낸다. 그러므로 기년祇年이라 한다.)

3. **계춘**季春. **진화제**鎭花祭(생각건대, 대신제大神祭와 협정제狹井祭이다. 봄에 꽃이 떨어져 흩어질 때, 역신疫神이 돌아다니고 유행병이 돈다. 이를 누르고 막기 위하여 반드시 이 제사를 지낸다. 그러므로 진화鎭花라 한다.)

4. **맹하**孟夏. **신의제**神衣祭(생각건대, 이세대신궁제伊勢神宮祭이다. 이 신은 복부服部 등이 재계하여 정결히 한 다음, 삼하적인參河赤引의 신조사神調絲로 신의神衣를 짓는다. 또 마적련麻績連 등은 마를 자아서 부화의敷和衣를 지었다. 이를 모두 신명神明에 바치기 때문에 신의神衣라 한다.). **삼지제**三枝祭(생각건대, 솔천사제率川社祭이다. 삼지화三枝花로 술동이를 장식하고 제사지낸다. 그러므로 삼지三枝라 한다.). **대기제**大忌祭(생각건대, 광뢰제廣瀨祭와 용전제龍田祭이다. 산골짜기의 물이 단물로 변하여[變成], 모종을 적셔서 그 전부를 여물게 하고자 한다. 그러므로 이 제사를 지내는 것이다.). **풍신제**風神祭(생각건대, 역시 광뢰제廣瀨祭와 용전제龍田祭이다. 어지러운 바람이 불지 않고, 곡식을 심어 익게 하고자 하여 이 제사를 지내는 것이다. 무릇 이 네 가지 제사를 읽을 때는 먼저 신의神衣를 읽고, 그 다음은 삼지三枝, 그 다음은 대기大忌, 그 다음은 풍신風神인데, 곧 공식령公式令 연서의連署義와 같다.[13] 이하 제사는 역시 이 예에 준한다.).

5. **계하**季夏. **월차제**月次祭[14](생각건대, 신기관神祇官에서 제사지낸다. 기년제祇年祭와 같다. 즉 서인의 집에서 모시는 신의 제사와 같다.). **도향제**道饗祭(생각건

하는 제사를 말한다. 年은 곡물이 여무는 것을 말한다.

13_ 孟夏에 지내는 제사의 순서를 밝힌 것이다.

14_ 月次는 每月이라는 뜻이다. 기년제와 마찬가지로 백관이 신기관에 모이고 中臣氏가 축사를 올리고 忌部가 폐백을 나누어준다.

대, 복부卜部 등이 경성京城 네 모퉁이의 길 위에서 제사지낸다. 생각건대 도깨비[鬼魅]가 밖에서 오는 경우 감히 경사京師에 들어오지 못하게 하고자 하여 미리 길에서 맞이하여 음식을 바쳐 막는 것이다[饗遏].). **진화제**鎭火祭(생각건대, 궁성 네 방향 외각에서 복부卜部 등이 불을 피워 제사지낸다. 화재를 대비하기 위함이다. 그러므로 진화鎭火라고 한다.).

6. **맹추**孟秋. **대기제**大忌祭. **풍신제**風神祭

7. **계추**季秋. **신의제**神衣祭(생각건대, 맹하孟夏의 제사와 같다.). **신상제**神嘗祭[15] (생각건대, 신의제神衣祭의 날 곧 제사지낸다.).

8. **중동**仲冬. **상묘**上卯[16] **상상제**相嘗祭[17](생각건대, 대왜大倭, 주길住吉, 대신大神, 혈사穴師, 은지恩智, 의부意富, 갈목葛木의 압鴨, 기이국紀伊國의 일전신日前神 등의 부류가 이것이다. 신주神主는 각 관의 폐백幣帛을 받아서 제사지낸다.). **인일**寅日 **진혼제**鎭魂祭. **하묘**下卯 **대상제**大嘗祭(생각건대, 만약 삼묘三卯가 있으면 중묘中卯를 제사지내는 날로 삼는다. 다시 하묘下卯를 기다리지 않는다.).
[『정관강서사기貞觀講書私記』에서 말하기를, "묻기를, '의義에서 말하기를, 아침의 상상제相嘗祭라고 하였는데 그렇다면 상하묘일上下卯日의 상상相嘗과 구별이 없습

15_ 伊勢神宮에서 햇곡식을 신에 바쳐 풍년을 감사하는 제사로 조정에서 폐백을 바친다. 『延喜式』 등에 의하면, 9월 11일에 천황이 大極殿에서 폐백사를 불러 폐백을 내려 신궁으로 파견한다. 신궁의 제의는 14일에 신의제를 지낸 다음, 외궁에서는 15일부터 내궁에서는 16일부터 각각 이틀 동안 행한다. 양자 모두 첫 번째 날에는 신관이 햇곡식과 폐백 神酒를 바치고, 둘째 날에는 폐백사의 폐백을 올리는 의식을 행한다. 이때 祝詞를 읽는다. 嘗은 원래 고대중국에서는 햇곡식을 조상에 바치는 가을의 제사를 일컫는 말이었다.

16_ 11월의 첫 번째 卯日을 말한다.

17_ 특정한 신사가 11월 상묘일에 조정에서 보낸 폐백을 받아 행하는 新嘗祭를 말한다.

니까?'라고 하였다. '답하기를, 상묘上卯는 해당 관사에서 행하는 바이다. 하묘下卯는 새로운 곡식을 지존至尊에게 바치기 위하여 지내는 제사이다.'라고 하였다. 또 말하기를, '상묘上卯에는 먼저 조용하전調庸荷前과 당년의 새로운 곡식으로 제신諸神에게 제사지내는 것이다. 하묘下卯에는 새로운 곡식을 맛보고자 하므로, 그 전에 또한 제신諸神에게 제사지내는 것이다. 단, 상묘上卯 상상제相嘗祭는 제신諸神은 의해義解에서는 단지 '용庸'만 헤아렸는데, 전체적인 것은 식문式文에 자세하다. 『연희강서사기延喜講書私記』에서 말하기를, 조용하전調庸荷前을 가지고 온 것을 먼저 신령에게 제사지내는데, 상상제相嘗祭라 부른다. 나중에 산릉山陵에 바치는데, 하전荷前이라 부른다. 제국諸國의 잡물雜物은 임의로 국용國用에 충당하기 때문이다.]

9. 계동季冬**.** 월차제月次祭. 진화제鎭火祭. 도향제道饗祭.

앞의 여러 제사에서 신에게 바치는 조도調度[18] **및 예의**禮儀,[19] **재일**齋日**은 모두 별식**別式**에 의거한다. 그 기년**祈年 **월차제**月次祭**에는 백관**白官**은 신기관**神祇官**에 모이고, 중신**中臣[20]**은 축사**祝詞**를 아뢰고**(생각건대, 선宣은 포布이다. 축祝은 찬사贊辭이다. 신에게 아뢰는 축사祝詞로서 백관에게 알려서 듣게 한다. 그러므로 축사를 선포한다고 한다.), **기부**忌部**는 폐백**幣帛**을 나눈다**(반班은 반頒과 같다. 그 중신中臣·기부忌部는 해당 관사 및 여러 관사에서 취하여 쓰는 것이다.).

10. 무릇 천황이 즉위하면, 천신天神**과 지신**地神**께 모두 제사지낸다**(생각건대, 즉위한 후 중동仲冬에 곧 제사지낸다. 아래 조문의 이른바 대상大嘗이라는 것은, 대마다 한 차례[每世一年][21] 국사國司가 일을 담당하는데, 바로 이것이다.). **산재**散齋 **1개월**(생각건대, 중동인 달의 초하루[朔]부터 그믐[晦]까지이다.). **치재**致

18_ 제사의 陳設에 필요한 물품을 말한다.

19_ 제사를 행하는 방법과 순서를 말한다.

20_ 신기관 및 각 관사의 中臣氏를 뜻하는 것으로 보는 설(令義解, 穴記)과 신기관의 神部인 中臣氏만을 가리키는 것으로 보는 설(朱說)이 있다.

21_ 천황이 새로 즉위하면 한 차례를 지낸다는 뜻이다.

齋 3일(생각건대, 축丑부터 묘卯까지의 기간이다. 진일辰日 이후에 바로 산재를 행하기 때문에, 아래 조문에서 이르기를 치재 전후로 산재를 아울러 행한다고 했다.). **대폐大幣[22]는 3개월 내에 수리修理[23]를 마치게 한다**(생각건대, 대폐는 신에게 바칠 폐물幣物이다. 각각 색목色目이 있는데, 금수통金水桶과 금선주金線柱는 이세신궁伊勢神宮에 바치고, 순과楯戈는 주길신住吉神에 바치는 부류가 이것이다. 석 달 이내[三月之內]라고 하는 것은 다만 달에 의거해서 말한 것이고, 날로 계산한 것은 아니다. 즉 9월부터 시작해서 11월에 끝난다. 수리修理는 새로 만드는 것[新造]을 말한다.).

11. 무릇 산재 기간 내에는, 제사諸司가 일을 처리하는 것은 평소와 같지만, 조상弔喪하고 문병問病할 수 없으며(생각건대, 중친重親이 죽었거나 병에 걸렸으면, 제祭에 참여하지 않아도 된다.) **고기를 먹을 수 없다. 또한 사형을 판결하지 않고, 죄인에 대한 벌을 집행하지 않으며, 음악을 연주하지 않으며**(생각건대, 사絲, 죽竹, 가歌, 무儛의 부류를 행하지 않는 것이다.), **더러운 일에는 참여하지 않는다**(생각건대, 예오穢惡는 부정한 물건, 귀신이 싫어하는 바이다.). **치재 때에는 오직 제사와 관련된 일만 할 수 있고, 나머지는 모두 끊는다. 치재 전후에 산재를 아울러 행한다.**

12. 무릇 한 달 동안 지내는 재[一月齋]를 대사大祀(생각건대, 앞의 조문[上條]에서 이르기를 산재가 한 달이라고 했으므로, 곧 이 조문에서 재라고 칭한 것은 모두 산재이다. 다만 1일재一日齋에서는 다시 산재가 없다. 치재는 모두 산재의 기한 안에 있다.)**라 하고, 사흘 동안 지내는 재[三日齋]를 중사中祀라 하며, 하루 동안 지내는 재[一日齋]를 소사小祀라 한다.**

22_ 천황의 즉위에 즈음하여 여러 신에게 바치는 폐백이다.
23_ 새로이 만든다는 뜻이다.

13. 무릇 천황이 즉위하는 날(생각건대, 천황의 즉위를 천조天祚라고 한다. 조祚는 위位 또는 복福이다.)**에는 중신**中臣**이 천신**天神**의 수사**壽詞(생각건대, 신대神代의 고사古事로서 만수萬壽의 보사寶詞로 삼는다.)**를 아뢰고, 기부**忌部**는 천황의 국새**[神璽]**인 거울**[鏡]**과 칼**[劒](생각건대, 새璽는 신信이다. 신명神明의 뜻을 드러내는 신물信物이라고 하는 것과 같다. 그러므로 곧 거울과 칼을 새라고 칭한다.)**을 올린다.**[24]

14. 무릇 대상大嘗**은, 대마다**[每世] **한 차례 국사가 일을 담당하고, 그 이외에는 해마다 담당관사**所司**가 일을 담당한다**(생각건대, 담당관사라는 것은 경京에 있는 제사諸司가 제사祭事에 참여하는 것이 이것이다.)**.**

15. 무릇 제사祭祀 **때에는 담당관사가 미리 관**官**에 보고한다**(생각건대, 담당관사는 신기관神祇官이다. 미리 관에 보고한다는 것은, 즉 1일재 또한 반드시 미리 보고해야만 한다는 것이다.)**. 관은 산재의 날 동틀 무렵 제사**諸司**에 널리 알린다.**

16. 무릇 제사祭祀**에 바치는 폐백**幣帛**, 음식**飮食 **그리고 과실**菓實 **등의 부류는 담당관사의 장관이 친히 검교하고, 반드시 아주 잘 살펴서, 더럽고 잡다한 것이 없게 한다.**

24_『大寶令』에도 거의 동일한 규정이 있었던 것으로 생각되며, 『日本書紀』 持統 4년(690) 정월 무인삭에 "物部麻呂朝臣이 큰 방패를 세우고, 神祇伯 中臣大嶋朝臣이 天神의 壽詞를 읽었다. 마치자 忌部宿禰色夫知가 神璽인 칼과 거울을 皇后에 바쳤다. 황후가 천황위에 올랐다. 공경백료가 줄지어서 서서 모두 절하고 손뼉을 쳤다"는 내용이 보인다. 그러므로 「신기령」의 이 규정은 飛鳥淨御原令까지 거슬러 올라갈 가능성이 있다(鎌田元一, 「律令制と文書行政」, 『律令國家史の硏究』, 塙書房, 2008, p.191).

17. 무릇 상사常祀 이외에 제사諸社로 가서 폐백을 바쳐야 한다면, 모두 5위 이상의 점을 칠 수 있는 자[卜食](생각건대, 무릇 복이라는 것은, 반드시 먼저 거북의 껍질에 먹으로 쓴 연후에 불에 태우는 것이다.[25] 조짐에 따라 먹이 지워지므로 이를 복식이라 한다.)를 취해서 충원한다. 다만 이세신궁은 상사 또한 이렇게 한다.

18. 무릇 6월과 12월의 그믐날에 행해지는 대불大祓(생각건대, 불은 상서롭지 못한 것을 풀어서 없애는 것[解除]이다.) 때에는, 중신中臣이 어불마御祓麻[26]를 올린다. 동서문부東西文部(생각건대, 동한문직東漢文直과 서한문수西漢文首이다.)가 불도祓刀를 올리고 불사祓詞(생각건대, 문부文部가 한음漢音[27]으로 읽는 것이다)를 읽기를 마치면, 백관 남녀가 불소祓所에 모이고 중신이 불사祓詞를 널리 알리며, 복부卜部가 부정을 풀어서 없애는 일을 행한다.

19. 무릇 제국諸國이 대불을 행해야 하는 경우는, 군郡마다 칼[刀] 1구口, 가죽[皮] 1장張, 가래鍬 1구口, 그리고 잡물 등을 부담한다. 호별戶別로 마麻 1자락[條]을 내고, 그 국조國造는 말[馬] 1필을 부담한다.

20. 무릇 신호神戶의 조調와 용庸 그리고 전조田租는 모두 신궁神宮을 짓고, 신에게 바칠 조도調度에 충당한다. 그 세稅는 오로지 의창義倉(생각건대, 조組와 세稅는 모두 전부田賦이다. 다만, 새로이 바친 것[新輸]은 조라고 하고, 저장해 둔 것[經貯]은 세라고 한다. 오로지 의창에 준한다는 것은, 대출[出擧]하지 않는다는 것이다.)에 준하고, 모두 국사國司가 검교撿挍하여 담당관사로 신송申送한다.

25_ 정확하게는 달군 쇠꼬챙이 같은 것으로 지지는 것이다.
26_ 祓齋 때 사용하는 삼베를 말한다.
27_ 7C 이후 일본에 전해진 隋・唐代의 한자 음가를 말한다.

(謂. 天神曰神. 地神曰祇.) 凢貳拾條

凢天神地祇者. 神祇官皆依常典祭之(謂. 天神者. 伊勢. 山城鴨. 住吉. 出雲國造齋神等類是也. 地祇者. 大神. 大倭. 葛木鴨. 出雲大汝神等類是也. 常典者, 此令所載, 祭祀事條是也.).

仲春祈年祭(謂. 祈猶禱也. 欲令灾不作. 時令順度. 卽於神祇官祭之. 故曰祈年.)

季春鎭花祭(謂. 大神狹井二祭也. 在春花飛散之時. 疫神分散而行癘. 爲其鎭遏. 必有此祭. 故曰鎭花.)

孟夏神衣祭(謂. 伊勢神宮祭也. 此神服部等. 齋戒潔淸. 以參河赤引神調絲. 織作神衣, 又麻續連等. 績麻以織敷和依. 以供神明. 故曰神衣.) 三枝祭(謂. 率川社祭也. 以三枝花. 飾酒罇祭. 故曰三枝也.) 大忌祭(謂. 廣瀨龍田二祭也. 欲令山谷水変成甘水. 浸潤苗稼. 得其全稔. 故有此祭之.) 風神祭(謂. 亦廣瀨竜田二祭也. 欲令沴風不吹. 稼穡滋登. 故有此祭. 凢讀此四祭者. 先讀神衣. 其次三枝. 其次大忌. 其次風神. 卽與云公式令連署義同. 以下諸祭, 亦准此例也.)

季夏月次祭(謂. 於神祇官祭. 與祈年祭同. 卽如庶人宅神祭也.) 道饗祭(謂. 卜部等於京城四隅道上而祭之. 言欲令鬼魅自外來者, 不敢入京師. 故預迎於路而饗遏也.)

鎭火祭(謂. 在宮城四方外角. 卜部等鑽火而祭. 爲防火灾. 故曰鎭火.)

孟秋大忌祭 風神祭

季秋神衣祭(謂. 與孟夏祭同.) 神嘗祭(謂. 神衣祭日. 便卽祭之.)

仲冬上卯相嘗祭(謂. 大倭・住吉・大神・穴師・恩智・意富・葛木鴨・紀伊國日前神等類是也. 神主各受官幣帛而祭.) 寅日鎭魂祭 下卯大嘗祭(謂. 若有三卯者. 以中卯爲祭日. 不更待下卯也.)

貞觀講書私記云. 問. 義云. 朝相嘗祭者. 然則上下卯日相嘗. 並

无別哉. 答. 上卯所司所行也. 下卯爲以新穀供至尊所祭也. 又云. 上卯先祭調庸荷前及當年新穀於諸神. 下卯欲嘗新穀. 以其前. 又祭諸神. 但上卯相嘗祭諸神義解只計庸. 大略具式文也. 延喜同私記云. 調庸荷前先祭神祇. 号相嘗祭. 後奉 山陵. 号荷前也. 諸國雜物爲任宛國用也.

季冬月次祭道饗祭鎭火祭

前件諸祭供神調度及禮儀. 齋日. 皆依別式. 其祈年月次祭者. 百官集神祇官. 中臣宣祝詞(謂. 宣者布也. 祝者贊辭也. 言以告神祝詞. 宣聞百官. 故曰宣祝詞也.). 忌部班幣帛(謂. 班猶頒. 其中臣・忌部者. 當司及諸司中取用之.).

凡天皇卽位. 惣祭天神地祇(謂. 卽位之後仲冬乃祭. 下條所謂大嘗者. 每世一年. 國司行事. 是也.). 散齋一月(謂. 仲冬之月. 自朔至晦.). 致齋三日(謂. 自丑至卯. 其辰日以後. 卽爲散齋. 故下條云. 致齋前後. 兼爲散齋也.). 其大幣者. 三月之內. 令修理訖(謂. 大幣者供神幣物. 各有色目. 金水桶. 金線柱. 奉伊勢神宮. 楯戈. 奉住吉神之類是也. 三月之內者. 唯據月言. 不以日計. 卽始自九月終十一月也. 修理者此言新造也.).

凡散齋之內. 諸司理事如舊. 不得弔喪. 問病(謂. 有重親喪病者. 不在預祭之限也.). 食宍. 亦不判刑殺. 不決罰罪人. 不作音樂(謂. 不作絲竹歌儛之類也.). 不預穢惡之事(謂. 穢惡者. 不淨之物. 鬼神所惡也.). 致齋. 唯祭祀事得行. 自餘悉斷. 其致齋前後. 兼爲散齋.

凡一月齋爲大祀(謂. 上條云. 散齋一月. 卽此條稱齋者. 皆散齋也. 唯於一日齋. 更无散齋. 其致齋者. 皆在散齋限內也.). 三日齋爲中祀. 一日齋爲小祀.

凡踐祚之日(謂. 天皇卽位. 謂之踐祚. 祚位也. 福也.). 中臣奏天神之壽詞(謂. 以神代之古事. 爲萬壽之寶詞也.). 忌部上神璽之鏡劒(謂. 璽信也. 猶云神明之徵信. 此卽以鏡劍稱璽.).

凡大甞者. 每世一年. 國司行事. 以外每年所司行事(謂. 所司者. 在京諸司預祭事者 [是]也.).

凡祭祀. 所司預申官(謂. 所司者. 神祇官也. 預申官者. 卽一日齋. 亦須預申之.). 官散齋日平旦. 頒告諸司.

凡供祭祀幣帛. 飮食及菓實之屬. 所司長官. 親自撿挍. 必令精細. 勿使穢雜.

凡常祀之外. 須向諸社供幣帛者. 皆取五位以上卜食(謂. 凡卜者. 必先墨書龜. 然後灼之. 兆順食墨. 是爲卜食.)者充. 唯伊勢神宮. 常祀亦同.

凡六月十二月晦日大祓(謂. 祓者. 解除不祥也.)者. 中臣上御祓麻. 東西文部(謂. 東漢文直. 西漢文首也.). 上祓刀. 讀祓詞(謂. 文部漢音所讀者也.). 訖. 百官男女. 聚集集祓所. 中臣宣祓詞. 卜部爲解除.

凡諸國須大祓者. 每郡出刀一口. 皮一張. 鍬一口. 及雜物等. 戶別麻一條. 其國造出馬一疋.

凡神戶調庸及田祖者. 並充造神宮. 及供神調度. 其稅者. 一准義倉(謂. 租稅者. 並是田賦. 唯新輸曰租. 經貯曰稅也. 一准義倉者. 不出擧也.). 國司撿挍. 申送所司.

僧尼令 第七

승니령 제7

무릇 27조이다.

1. 무릇 승니가 위로 하늘의 상[玄象]을 보고, 재앙과 상서로움[災祥]을 거짓으로 말하여, 그 말이 국가에 미치고 백성을 미혹시키는 일(생각건대, 천문天文을 현상玄象이라 한다. 진실이 아닌 것을 가假라고 한다. 하늘이 때를 거스르는 것을 재災라고 하고, 길흉을 먼저 보이는 것을 상祥이라 한다. 과오過誤를 요언妖言이라 한다. 말이 국가에 미친다는 것은 감히 존호를 가리킬 수 없기 때문에 국가國家라는 말을 빌려 말한 것이다. 거짓된 말을 하는 것은 천황의 권한을 침해하는 것이다. 백성을 미혹시킨다는 것은 거짓된 말로써 한 사람 이상을 미혹시키는 것이다. 그 현상을 본다고 한 것으로부터 백성을 미혹시키는 데 이르기까지는 모두 하나의 일이며 두 가지를 모두 갖추면 곧 죄가 된다. 만약 위로 현상을 보고 말한 바가 진실된 것과, 현상을 보지 않고 다른 재상災祥을 말한 것은 모두 비록 현상을 말하였으나 사람을 미혹시키지 않은 것이므로 모두 아래 조항條에 의거한다.), **또 병서兵書를 읽는 일**(생각건대, 비록 업業을 이루어지 않았더라도 또한 이에 해당한다. 만약 그것을 모아두고 읽지 않은 것과, 다른 금서를 모으는 것 역시 아래 조항條에 의거한다.), **살인과 간음 도둑질**(생각건대, 만약 가인家人이나 노비奴婢를 죽이거나 간음한 것과 간음과 도둑질이 미수로 그친 것은 모두 아래 조항에 의거한다.) **또 허위로 성도聖道를 얻었다고 칭하는 일**(생각건대, 사과四果[1]의 성인

---

1. 四果는 부파 불교에서 이르는 깨달음의 네 단계. 수다원과, 사다함과, 아나함과, 아라한과의 단계가 있다.

의 도이다.)**은 모두 법률에 의거하여 관사에 넘겨 죄를 부과한다**(생각건대, 죄의 경중을 막론하고 모두 먼저 환속還俗시킨다. 왜냐하면 「도승격道僧格」에 따르면, 허위로 성도를 얻었다고 칭하는 등의 죄를 범해서 송사가 성립된[獄成] 자는 비록 사면을 만나도 환속시키는 까닭에 반드시 먼저 환속시킨다. 승니의 환속은 속인俗人의 제명除名과 유사한데, 율律에 의거하여 제명될 일을 범하면 죄가 비록 가벼워도 예例에 따라 제명된다. 죄가 만약 무거울 때는 당속법當贖法에 의거한다. 이에 준하여 생각건대, 승니가 허위로 성도를 얻었다고 칭하는 등은 죄가 비록 가볍더라도 환속시키고 다시 본죄本罪[2]를 거론하지 않는다. 죄가 만약 무거울 때는 고첩告牒으로써 해당하는 법에 의거한다.).

2. 무릇 승니가 길흉을 복상卜相**하거나**(생각건대, 거북의 배 껍질을 태우는 것을 복卜이라 하고, 땅을 보는 것을 상相이라 한다. 점서占筮 또한 이와 같다.)**, 또 소도**小道(생각건대, 염부厭符[3]의 부류이다.)**나 무술**巫術[4](생각건대, 무당의 방술이다. 이미 이는 음란하여 종류가 많아 일일이 다 말할 수 없다. 이는 모두 비록 일을 끝내지 않았더라도 이치에 따라 이미 시작되어 행한 것은 모두 환속에 처한다.)**로, 병을 고치려고 한 자는 모두 환속시킨다. 불법**佛法**에 의하여 주문**[呪]**으로 질병을 구하는 것은 금지하는 범위에 있지 않다.**

3. 무릇 승니 스스로 환속한 자는 삼강三綱**이 그 관속**貫属[5]**을 기록한다**(생각건대, 환속還俗이란 것은 먼저 이미 환속한 자를 말한다. 지금 비로소 환속을 바라

2_ 本罪는 이 조항에 규정된 죄목을 말한다. 승려가 聖道하였다고 詐稱하는 경우이더라도 그 죄상이 가벼운 때는 환속시킬 뿐이고, 다시 법률에 따라서 관사에 붙여서 과죄하는 조항은 적용하지 않는다는 뜻이다.

3_ 惡鬼나 災厄을 쫓기 위한 符籍을 뜻한다. 주문이나 푸닥거리를 포함한다고 보는 설도 있다(穴記).

4_ 굿을 하는 등 신을 부르거나 병을 치료하는 주술적인 행위를 말한다.

5_ 출가 이전의 本貫 즉 戶籍에 기재된 本籍을 말한다. 이전의 본관 및 本姓도 포함하는 것으로 보는 설도 있다(古記).

는 것은 아니다. 그래서 아래 조항에서 이르기를, 사주師主와 삼강三綱이 감추어 알리지 않는 경우라고 한 것이다. 삼강은 상좌上座,[6] 사주寺主,[7] 도유나維那[8]이다.). **경京은 승강僧綱[9]을 거치고, 그 나머지는 국사國司를 거쳐서 모두 성省[10]에 알려 제부除附[11]한다. 만약 삼강과 사주가**(생각건대, 의지사依止師[12]가 이것이다. 흰 옷을 입은[白衣] 때로부터 받들어 섬긴[服事] 경우이다. 출가 이후에 수업受業한 경우도 역시 이와 같다.) **감추어 알리지 않은 것이 30일 이상이면 50일 동안 고사苦使[13]하고, 60일 이상이면 100일 동안 고사苦使한다.**

4. 무릇 승니가 삼보三寶의 물건을 관인官人에게 주거나(생각건대, 삼보三寶는 불佛·법法·승僧이다. 향유餉遺라는 것은 청탁하는 뜻[囑請]이 없이 그냥 보내주는 것이다. 만약 개인적인 물품을 보내어 망령되이 서로 청탁한 것도 또한 같다. 관인은 내외 백관 주전主典 이상이다. 만일 보통 사람에게 준 것과 스스로 사용한 것은 반드시 동거비유同居卑幼가 재물을 사용한 법에 준한다.[14] 그 삼보의 물건은 한 곳에 섞여 있어서 나누어져 있지 않으므로 절도죄[盜罪]를 부과하지 않는 것이

6_ 三綱의 직책 중 하나로 절의 최고 책임자이다. 유덕하고 법랍이 높은 승려가 맡는 것이 일반적이었다.

7_ 三綱의 직책 중 하나로 절의 사무를 관장하는 역할을 맡았다.

8_ 三綱의 직책 중 하나로 衆僧의 雜事를 감독 지휘하였다. 현재는 道維那는 절에서 齋의 의식을 지휘하는 소임. 또는 그 소임을 맡아 하는 사람을 뜻한다.

9_ 승려를 통제하는 최고기관으로 僧正·僧都·律師로 구성된다. 다만 관할범위는 경내로 한정되어 있었다. 승강은 중국에서 발달하였으며, 僧正·僧都와 같은 직명은 南朝의 梁·陳에서 보인다.

10_ 治部省을 말한다.

11_ 승니의 名籍에서 빼고 民部省 소관의 戶籍에 編附한다는 뜻이다.

12_ 僧侶가 되려고 하는 사람이 教授·監督을 위해 모신 스승을 말한다.

13_ 승려에게 부과되는 형벌로 경전의 書寫 등 부처에 대한 공덕을 쌓는 노역이 부과되었다. 이 조항과 같이 苦使 며칠과 같이 규정된 경우와 俗法의 杖10대를 苦使 10일로 환산하여 笞杖 대신 부과되는 경우가 있었다. 苦使 100일에 해당하는 죄를 3차례 지으면 外配에 처해지게 된다.

14_ 『당률소의』「戶婚律」 13조 卑幼私輒用財條 참조.

다. 만약 승려의 물건을 나누어 두었는데 훔친 자는 무릇 도법盜法에 의거한다. 재물을 함께하는 제자가 훔친 경우는 동거비유의 율律에 따른다.), **혹은 붕당을 만들고 무리를 어지럽히는 거나**(생각건대, 예를 들어 어떤 간사한 중이 사주寺主를 배척하고자 붕당을 만들고 모의하여 몰래 해치고 서로 무너뜨려 사람이 보고 듣는 것을 어지럽히는 부류이다.), **또 삼강三綱을 욕하거나 욕보이고 장숙長宿을 능멸하거나 속이면**(생각건대, 매는 악언惡言이고, 욕은 치욕恥辱이다. 능은 업신여겨 쉽게 여기는 것이고, 돌突은 갑자기 속이는 것이다. 장숙은 장로숙덕長老宿德이다. 그 욕하고 욕보이는 것은 죄가 중하고, 능멸하는 일은 죄가 가볍다. 장숙은 이미 존귀하고 삼강은 조금 낮으므로 삼강을 능멸하는 것은 고사苦使하게 하지 않음이 분명하다.), **100일 동안 고사苦使한다. 만일 모여서 일을 논의하여 사상辭狀이 정직하며 이치로써 아뢰어 간한 것은 이 예에 있지 않다.**

5. 무릇 승니가 사원에 있지 않고 별도로 도량[道場][15]을 세우고 무리를 모아 교화하거나(생각건대, 도량을 세워 교화한 경우는 모두 환속시킨다. 만약 비록 도량은 세웠지만 교화하지 않은 자는 위령죄違令罪만을 부과하고, 도량은 헐어서 없앤다[毁去].), **아울러 죄복罪福을 망령되이 말하는 경우**(생각건대, 사원에서 망령된 말을 하는 것이다) **및 장숙長宿을 구타한 경우**(위의 조항에 따르면 장숙과 삼강은 존비尊卑가 이미 다르다. 지금 이 조항은 오직 장숙[尊]만 거론하고 있기 때문에 삼강[卑]을 구타한 자는 환속시키지 않는다. 구타로 인한 상처[毆傷]의 경중에 따라 격율조格律條에 의거하여 논한다. 다만 매욕한 죄보다 가벼울 수 없다. 무릇 승려가 서로 싸운 경우는 또한 아래 조항[下條]에 따른다.)**는 모두 환속시킨다. 국군國郡의 관사가 알면서도 금지하지 않은 경우는 율에 의거하**

15_ 道場이란 寺院 이외의 수도하는 장소를 말한다. 율령에서는 승니 통제를 위하여 승려의 사원 定住를 원칙으로 하고 있으며, 이미 『日本書紀』 天武紀 8년조에서 "무릇 여러 승니는 항상 절 안에 머무르면서 삼보를 지켜야 한다"고 하였다.

여 처벌[科罪]**한다.**(생각건대, 금지하지 않은 것이란 위의 3가지 일을 범하고 이미 지나간 후에 알고서도 규찰하지 않은 것이다. 만약 일을 범하기 시작한 것을 알면서도 금지하지 않은 경우에는 율에 의거하여 같은 죄로써 벌한다. 율에 의거하여 벌한다는 것은 위령죄違令罪를 부과하는 것이다. 다만 장숙을 구타하여 도徒 이상의 죄에 이른 것을 알고도 규찰하지 않은 경우는, 관할구역[所部]에서 범법이 있음을 알면서도 탄핵[擧劾]하지 않은 죄로 처벌한다.[16]) **걸식하는 자가 있으면 삼강**三綱**이 연서**連署**해서 국군사**國郡司**를 보고한다. 정진하여 수행하는지를 조사하여 알게 되면**(생각건대, 정진精進은 꾸준한 것이다. 정성스럽고 열심히 도를 구하여 나아가고 물러서지 않음을 말한다. 연練은 도야하여 연마하는 것[陶練]이다. 정情과 성性을 갈고 닦아 이로써 해탈을 구하는 것을 말한다.) **판단하여 허락한다. 경내**京內**는 곧 현번료**[玄蕃]**에 보고하여 알린다. 아울러 반드시 오시**午時 **이전에 바리때를 들고 걸식을 한다. 이때 다시 다른 물건**[餘物]**을 구걸하지 못한다**(생각건대, 의복의 부류이다.).

6. 무릇 승려는 근친近親(생각건대, 삼등친三等親 이내의 사람을 근친이라 칭한다. 모두 이에 준한다.)**이나 향리**(본관을 말한다.)**에서 신앙심**[信心]**있는 동자**童子[17]**를 취해**(생각건대, 성인이 아닌 자를 말한다.) **공시**供侍**하는 것을 허락한다. 17세가 되면 각각 본색**本色**에 돌려보낸다. 여승**[尼]**의 경우는 부녀로서 진정으로 원하는 사람을 취한다.**(생각건대, 나이의 많고 적음을 제한하지 않고 단지 근친이나 향리 중에서 취한다.)

7. 무릇 승니가 술을 마시고, 고기를 먹으며, 오신五辛**을 먹으면**[18](생각건대,

16_ 『당률소의』「鬪訟律」 60조 監臨所部有犯法不擧劾條 참조.

17_ 원래 童子는 범어로 究摩羅 鳩摩羅迦라고 하여 沙彌에 이르는 수행과정에 있는 자를 지칭하지만, 여기서는 단순히 승려에게 시중드는 從者를 말하는 것으로 생각된다. 『續日本紀』 天平 8년조에 의하면 학문승 玄昉에게 扶翼童子 8인을 지급하였다는 내용이 보이는데, 이 부익동자와 같은 것으로 생각된다.

술을 마신다는 것은 취하여 어지러워진 데 이르지 않은 것이다. 식육食肉은 넓게 살아 있는 고기를 다 포함한다. 오신은 첫째가 마늘[大蒜], 둘째가 달래[慈葱], 셋째가 파[角蔥],[19] 넷째가 부추[蘭蔥], 다섯째가 회향[興蕖][20]이다) **30일 동안 강제노동**[苦使]**에 처한다. 만약 질병의 약으로 써야 하는 경우는 삼강이 그 일수의 제한을 둔다. 만약 술을 마시고 취하여 난동을 부리거나 사람들과 때리고 싸우면**[21] **각각 환속시킨다**(생각건대, 만약 본죄가 도徒 이상의 경우 및 승니가 서로 싸우면 모두 아래 조에 따른다.).

8. 무릇 승니가 일이 있어서 의론해야 할 경우에, 담당관사[所司][22]**를 거치지 않고 바로 표계**表啓[23]**를 올리거나**(생각건대, 일이 있다는 것은 사가寺家의 일이다. 담당관사는 치부성의 현번료이다. 그 이외에 국國은 국사國司를 경유해야 한다.), **아울러 관가를 소란하게 하고, 망령되이 서로 청탁**[囑請](생각건대,

18_ 飮酒를 금하는 것은 이미 戒本이나 『梵網經』 第2輕戒에 나타나지만 食肉에 대해서는 戒本에는 보이지 않는다. 이후 『梵網經』과 『涅槃經』에 이르면 육식을 금하는 조항이 나타난다.

19_ 革蔥이라고 되어 있는 경우도 있다. 파의 껍질이 가죽처럼 질기다고 하여 革蔥이라고 한다는 설이 있다.

20_ 미나리과에 속하는 回香을 가리킨다. 일본어 훈으로 くれのおも라고 하였는데 이는 吳の母 즉 回香이다. 한편 무릇으로 보는 설도 있다. 무릇은 백합과의 여러해살이풀. 파, 마늘과 비슷한데 봄에 비늘줄기에서 마늘잎 모양의 잎이 두세 개가 난다. 초가을에 잎 사이에서 30cm 정도의 꽃줄기가 나와서 엷은 자주색 꽃이 總狀 꽃차례로 많이 피고 열매는 蒴果를 맺는다. 어린 잎과 비늘줄기는 식용한다. 밭과 들에 저절로 나는데, [illegible] 동북부의 온대에서 아열대까지 널리 분포한다.

21_ 승려가 속인들과 싸운 경우만을 말한다. 승니끼리 싸운 경우는 「僧尼令」 15조 僧尼有犯條에 의거한다고 본다(令義解 · 古記 · 穴記).

22_ 머무는 절의 三綱 및 중앙의 僧綱 · 玄蕃寮 · 治部省, 지방의 國司를 뜻하는 것으로 보인다.

23_ 윗사람이나 상급 기관에 올리는 문서를 말한다. 담당관사가 治部省까지를 뜻한다면 그 상급 기관인 太政官이나 東宮 등을 의미하는 것으로 볼 수 있다(古記).

주사主司가 허許·불허不許를 막론하고 단지 청탁에 그치는 것이 곧 이것이다)**하는 경우는 50일 동안 고사苦使에 처한다. 다시 범하면[再犯] 100일 동안 고사에 처한다**(생각건대, 이미 저지른 일을 다시 범하는 것은 율에서 갱범更犯과 그 뜻이 같다. 만약 먼저 표계를 올리고 뒤에 망령되이 청탁하는 것 또한 이것이다. 재범이라는 문장은 두 가지 일의 아래에 이어져 있기 때문이다. 세 번 범하면 다시 새롭게 50일을 고사苦使하고, 4번을 범하면 100일을 고사한다.[24] 죄를 세 번 범하면 도류徒流에 처한다는 율과 그 뜻이 같다. 만약 두 가지 죄 이상을 함께 저지른 것은 또한 율에 준한다. 그 전후로 네 번을 저지른 경우에 한번에 함께 처벌하는 데 200일을 넘지 못한다. 왜냐하면 장법杖法에 준하기 때문이다.). **만약 관사와 승강僧綱이 불공평하게 결정하여, 이치에 어긋나거나 막힌 것이 있어서 논의를 펴야 하는 경우는 이 예에 들지 않는다.**

9. 무릇 승니가 노래하고 악기를 연주하거나[音樂] 도박과 놀이[博戱]를 한 경우는(생각건대, 쌍륙雙六[25]·저포樗蒲의 부류이다) **100일 동안 고사에 처한다. 바둑이나 거문고는 이 제한에 들지 않는다.**

10. 무릇 승니가 목란木蘭[26], 푸른색[靑碧], 검정색[皁], 황색 및 괴색壞色(생

24_ 처음 범하면 50일을 苦使하고 다시 범하면 앞의 50일과 합해 100일을 苦使한다. 세 번 범하면 다시 추가로 50일 苦使하여, 네 번 범하더라도 苦使하는 날수가 200일을 넘지 못하는 것이다.

25_ 두 개의 주사위를 던져 나오는 수에 따라서, 정해진 모양의 판 위에서 말을 움직이는 놀이를 말한다. 握槊, 長行局, 波羅塞, 雙六(雙陸) 등이 있는데, 판의 모양이나 정해진 규칙이 다를 뿐이고 2개의 주사위를 사용하는 것은 모두 같다. 특히 雙六이라고 하는 것은, 두 개의 주사위가 모두 6이 나오면 가장 유리한 놀이이기 때문에 붙은 이름이다.

26_ 목란은 현재는 목련을 가리키는 말로 사용되고 있으며, 『史記正義』에서는 껍질이 맵지만 향기로워서 먹을 수 있는 나무라고 하였다. 다만 이 조항에서는 승려들이 입는 옷을 물들이는 데 사용한 염료 식물로 생각된다. 의해에서는 黃橡이라고 하였는데, 이는 상수리나무의 열매로 황금색으로 염색한 것이다.

각건대, 목란은 황상黃橡이다. 청벽의 벽碧도 또한 푸른색이다. 괴색은 평상시의 색깔을 잃어버리고 어지럽혀진 것이니 바래고 열어져서 온전하지 않은 것이다.) 등의 옷을 입는 것은 허락한다. 나머지 색 및 각종 비단[綾羅錦綺]은 모두 착용할 수 없다. 어기는 자는 각각 10일의 고사에 처한다. 멋대로 속의俗衣를 입는 자는(생각건대, 의관을 함께 착용하는 것이다. 가령 함께 착용하지 않고 하나를 범하면 또한 반드시 불법佛法에 따라 논한다.) 100일의 고사에 처한다.

11. 무릇 절의 승방僧房에 부녀婦女를 머무르게 하거나, 이방尼房에 남부男夫(생각건대, 남녀는 나이의 다소를 제한하지 않는다. 단 임시로 짐작斟酌한다.)를 머무르게 해서 하룻밤 이상을 숙박하면, 그 말미암은 사람[所由人][27](생각건대, 머무르게 한 승니僧尼와 머무르게 된 남녀는 수종률首從律[28]에 의한다. 단, 승니는 비록 종범이라고 해도, 역시 고사苦使를 부과하며 감죄減罪는 하지 않는다.)은 10일 고사苦使한다. 5일 이상이면 30일 고사한다. 10일 이상이면 100일 고사한다. 삼강三綱이 알고도 허락하면 해당하는 자의 죄와 같다.

12. 무릇 비구[僧]는 이사尼寺에 마음대로 들어갈 수 없다. 비구니[尼]도 승사僧寺에 들어갈 수 없다. 그 사주師主를 찾아뵙거나, 죽을 병이 든 사람을 간병하고 문안하거나[看問](생각건대, 비록 사주師主가 아니더라도 모두 간문을 허락하는 것이다.), 재계齋戒(생각건대 재회齋會이다.), 공덕功德(생각건대, 수선修善이다.), 청학聽學(생각건대, 학문學問이다.)하는 경우가 있으면, 허락한다.

13. 무릇 승니僧尼가 선행禪行(생각건대, 선정禪靜이다.)을 수도修道하는데, 뜻이 적정寂靜[29]을 즐기고, 세속과 섞이지 않고자 하여, 산거山居[30]를 구하여

27_ 어떤 일이 생기도록 원인을 제공한 사람을 말한다.
28_ 주범과 종범에 관한 율이다. 「名例律」 42조 共犯罪造意爲首條 참조.
29_ 번뇌에서 벗어나고 苦患을 끊음. 곧 '열반의 이치'를 이르는 말.

복이服餌[31]하려고 하는 경우에는(생각건대, 벽곡辟穀[32]하는 약을 먹고, 조용히 살며[靜居], 마음을 온화하게 하는 것[行氣]이다. 비록 복이服餌하지 않는다 해도 역시 산거山居를 허락한다.), 삼강三綱이 연서連署한다. 도성에 있는 경우는 승강僧綱이 현번료[玄蕃]를 거치고, 경외京外에 있으면 삼강이 국군國郡을 거친다. 사실을 조사해서 기록하여 관官에 보고하면 판하判下[33]한다. 거처하는 산을 관할하는 국군(생각건대, 만약 거처하는 산이 금령金嶺[34]이면 길야군吉野郡에 판하하는 부류이다.)은 항상 산에 있음을 확인한다. 별도로 다른 곳으로 갈 수 없다.

14. 무릇 승강僧綱 율사律師 이상을 말한다 을 임명하는 것은 반드시 덕행德行이 있고, 능히 무리[徒衆]를 복종시킬 수 있으며, 승려와 속인[道俗]이 흠앙欽仰하고, 법무法務를 강유綱維[35]할 수 있는 자(생각건대 승강은 승정僧正・승도僧都・율사律師이다. 덕행은 안팎에서 칭하는 것이다. 마음이 있어 덕德을 행하고, 일을 베풀어 행하는 것이다. 강유綱維란 펼치는 것을 강綱이라 하고, 유지하는 것을 유維라고 한다. 생각건대, 법무를 펴고 유지하여 기울거나 느슨해지지 않도록 하는 것이다.)를 쓰고, 받드는 무리[徒衆]가 모두 연서連署해서 관官에 이첩한다. 만약 아당阿黨・붕선朋扇해서(생각건대, 아당은 아첨하는 무리들이다. 붕선은 붕당이 서로 부추기는 것이다.) 함부로 덕이 없는 자를 추천하는 경우는 100일 동안 고사한다. 한번 임명된 이후 쉽게 바꿀 수 없다. 만약 과벌過罰이 있는 자 및 늙고 병들어서 담당할 수 없는 자(생각건대 과벌은 10일 고

30_ 수행을 위해서 절을 떠나 산에 들어가 사는 것을 말한다.
31_ 丹藥과 같은 약을 먹고 신선이 되는 수행을 하는 것이다.
32_ 火食을 피하고 生食만 하는 일을 말한다.
33_ 太政官이 판단하여 허락하는 公文을 내린다는 뜻이다.
34_ 金峰山을 가리킨다. 日本 奈良縣의 吉野山에서 山上ヶ岳까지의 連峰을 총칭하는 용어이며 이 산에 위치한 金峰山寺는 일본 修驗道의 중심도량이다.
35_ 寺內를 다스리고, 佛事를 유지하는 것을 말한다.

사 이상이다. 승강이 만약 이 죄를 범하면 오직 해임하고 다시 고사하지 않는다. 늙고 병들어 담당할 수 없다는 것은 늙거나 병이 들어서 그 일을 담당할 수 없는 것이다.)**는 즉 상법**上法[36]**에 의거하여 선발하여 교체하도록 한다.**

15. 무릇 승니가 고사苦使**를 범하는 일이 있으면, 공덕**功德**을**(생각건대, 경전을 서사書寫하고, 불상을 장엄莊嚴하는 부류이다.) **수영**修營**하고, 불전**佛殿[37]**을**(생각건대, 탑묘塔廟를 붉거나 희게 칠하는 부류이다.) **수선**[料理]**하고, 아울러 청소**[灑掃](생각건대, 쇄灑는 물을 흩뿌리는 것이니, 즉 당우堂宇를 물청소하는 것이다. 나무를 베고 도정하고 김매는 역은 도인道人이 직접 할 수 있는 것이 아니므로 그 제한을 세우고 함부러 집행[浪執]하지 않도록 한 것이다.) **등으로 부린다. 공정**功程[38]**이 있어야 한다. 만약 삼강**三綱**이 잘 안다고 해서**[顔面] **부리지 않으면, 즉 부리지 않은 일수에 따라서 벌로 고사한다**(생각건대, 안면은 얼굴을 보고 부드럽게 대하는 것이다. 이른바 고사를 범한 승려가 요구한 바가 없는데, 삼강이 스스로 아첨해서[阿容] 부리지 않으면, 곧 부리지 않은 일수의 다소多少에 따라서 부리지 않은 측을 벌로 고사한다. 만약 비록 10일을 넘기지 않았더라도 오직 부리지 않은 바에 따라서 고사하도록 한다. 그 고사하지 않은 승려는 배사陪使할 수 없다.[39] 왜냐하면 하문下文에 이르기를, 마음대로 허락한 사람과 망령되이 청을 한 사람[妄請人]이 같은 죄라고 했기 때문이다. 즉 분명히 망령되이 청한 것이 아니면, 죄를 따질 수 없다.)**. 사고**事故**가 있어서 반드시 허락해야 하는 경우라면, 모두 그 사정을 반드시 살피고 사실을 알고 난 후에 청한 바에 따른다**(생각건대, 사고란 신병身病 및 부모상과 같은 부류이다. 이미 사실을 알고

36_ 본 조항의 앞 부분의 규정을 말한다.

37_ 「古記」에서는 塔과 金堂·法堂을 말하며 食堂이나 步廊 등은 이에 해당하지 않는다고 하였다.

38_ 부과하는 업무의 양을 정해 두어야 한다는 말이다. 예를 들어 佛經을 書寫하는 경우에는 하루에 5장을 筆寫하도록 하였다.

39_ 苦使하지 않은 죄를 물어 고사시킬 수 없다는 뜻이다.

청한 바에 따른다고 하였으므로, 즉 추역追役[40]할 수 없음을 알 수 있다. 율律[41]에 의하면, 청탁[請求]하는 바가 있어 이미 시행하면, 각각 장杖 100이다. 그러므로 망령되이 청탁한 사람은 본죄本罪[42] 이외에 다시 100일 고사를 더한다. 마음대로 허락한 삼강三綱은 두 가지 죄를 처벌하는 법[二罪法]에 따라 본죄本罪와 시행한 자에 대한 장 100대 중에서, 더 중한 것에 따라서 처벌한다.[43]). **만약 허락해 줄 뜻이 있어서 사실이 없는데 마음대로 허락하면**(생각건대 고사를 범한 승려가 허락할 수 있는 사실이 없는데, 뇌물을 몰래 주어 청탁하는 일이 거듭되자 삼강이 이를 수용하고 뜻에 맞춰 마음대로 허락하는 것이다.), **마음대로 허락한 사람과 망령되이 청탁한 사람은 더불어 죄가 같다.**

16. 무릇[44] 승니가 거짓으로 수단[方便]**을 써서 명의를 다른 사람에게 옮기면**(생각건대, 승니가 자기의 증명서[公驗]를 속인에게 주어 그가 승니가 되게 할 경우, 원래의 승니 중 어떤 자는 여전히 승니인 채로 있고 어떤 자는 돌아가서 속인이 되는데, 모두 마찬가지이다. 다만 그가 여전히 승니인 채로 있는 것을 막기

40_ 事故로 苦使하지 않은 기간에 대하여 追後에 苦使시킬 수 없다는 뜻이다.

41_ 「職制律」 45조를 말한다. "凡有所請求者, 笞五十. 主司許者, 與同罪. 已施行者, 各杖一百."이라고 하였다. 이때 請求란 公事로 官人 등에게 청탁하는 것을 말한다. 청탁하는 행위만으로도 태 50대이며, 만약 청탁을 통해서 실제 행위가 이루어졌다면 청탁한 사람과 들어준 사람을 모두 장 100대로 규정하고 있다.

42_ 청탁한 승려의 경우는 苦使하지 않은 일수만큼 다시 苦使시키는 것이 본 조항에 의거한 처벌이다. 한편 직제율에 따라서 다시 망령되이 청탁한 죄에 대한 처벌로 장 100대(100일 고사)에 처한다는 뜻이다.

43_ 이 조항에서 규정한 범죄는 부리지 않은 일수에 따라서 그 일수만큼 苦使하도록 하였다. 한편 직제율에서는 이미 청탁을 들어준 경우는 杖 100 즉 승려에게는 100일간의 苦使에 해당한다. 승강에 대해서는 이 두 가지 중에서 무거운 처벌에 따르는 것이다.

44_ 이 조항은 승려의 출가를 국가가 통제하는 이른바 官度制과 관련된 주요한 규정이다. 관도제란 俗人이 入道하여 승려가 되기 위해서는 관의 허가를 필요로 하며, 개인이 마음대로 출가하지 못하도록 하는 제도이다.

위해서 환속시킨다는 규정을 세운 것이다.) **환속시키고, 율에 의거해서 죄를 준다.**[45] **그 말미암은 사람**[所由人]**도 같은 죄를 준다**[46](생각건대, 말미암은 바의 사람이라 함은, 속인이 공험을 받아 승니가 된 사람이다. 같은 죄를 준다는 것은, 환속죄에 준하여 도徒 1년에 처하는 것이다.).

17. 무릇 승니가 사사로운 일로 인해 소송이 있을 경우 관사에 나아갈 때에는 임시로 속인의 형식으로 일에 나아가야 한다(생각건대, 속인의 형식에 의한다고 하는 것은, 곧 속세 때의 성명을 칭해야 한다는 것이다. 일에 나아간다는 것은, 관사에 직접 나아가서 일의 연유를 알려 밝히는 것이다.). **그 좌관**佐官[47](생각건대, 승강의 녹사錄事이다.) **이상 및 삼강이 중사**衆事(생각건대, 여러 승려들의 일이다.) **혹은 공덕**功德[48]**을 위해 관사에 나아가야 한다면 모두 상석**床席**을 설치해야 한다.**

18. 무릇 승니는 사사로이 원택園宅[49]**과 재물을 모으거나 흥판**興販**이나 출식**出息**을 할 수 없다**(생각건대, 축畜은 모으는 것이다. 그중 일상적으로 필요한 것

45_ 「戶婚律」 제5조에서는 "凡私入道及度之者, 杖一百, 已除貫者, 徒一年, 寺三綱知情者與同罪"라고 하였다.

46_ 「義解」와 「跡記」는 徒 1년이라고 하였으나 「古記」는 승니와 같은 죄를 주는 것이라고 하였다. 「義解」가 승니와 사사로이 승니가 된 자의 처벌이 다르다고 본 것은 후자가 원래 속인이기 때문일 것이다. 「호혼율」 제5조에서 사사로이 入道한 자는 杖 100대, 이미 戶籍에서 이름이 빠진 자는 徒 1년이라고 하였는데, 두 가지 죄를 동시에 저지른 경우에는 중한 처벌을 부과하는 원칙에 따르면 徒 1년이 되는 셈이다.

47_ 『日本書紀』 天武紀 2년 12월조에 "이날 다시 佐官 2僧을 더하여 두었다. 4佐官이 있게 된 것은 이때부터 시작되었다."라고 하였다.

48_ 「古記」에서는 탑이나 기둥을 세우는 부류라고 하였다. 즉 좌관 이상의 삼강을 맡은 승려가 사찰 건축 등 공적인 업무와 관련되어 관사에 가는 경우에는 승려들이 앉을 자리를 마련해야 한다는 뜻이다.

49_ 園은 園地, 宅은 宅地다.

및 지내는 데에 필요한 비용과 물품과 같은 것은 금지하지 않는다. 그러나 이로 인해 출식出息하거나 흥판興販할 수 없다. 흥판興販은 싸게 사서 비싸게 파는 것을 말한다. 출식出息이라는 것은 물품을 빌려주고[50] 이자를 받는 것을 말한다. 모든 승니가 이 법을 범하면 그 물품은 모두 관에서 몰수한다.).

19. 무릇 승니가 도로에서 3위 이상인 자를 만나면 숨는다(생각건대, 만약 숨을 만한 곳이 없으면 말을 멈추고[斂馬][51] 길 옆에 선다.). **5위 이상에게는 말을 멈추고 서로 읍揖하고 지나간다. 만약 걷고 있었으면 숨는다.**

20. 무릇 승니 등이 죽으면, 삼강三綱에서는 월 단위로 국사國司에게 보고하고, 국사는 매년 조집사朝集使[52]에게 부쳐 태정관[官]에 보고한다. 경京 내에서는 승강僧綱이 계절별로 현번료[玄蕃]로 보고하여 역시 그 해의 말에 태정관에 보고한다.

21. 무릇 승니가 죄를 저질러, 격格과 율律에 준해서 도徒 1년 이상에 해당하면 환속시킨다. 고첩告牒으로써 도徒 1년을 대신하는 것을 허락한다(생각건대, 격格[53]은 임시의 조칙이다. 율律은 일에는 시의時宜가 있으므로 임금이 임의

50_ 봄에 벼를 빌려주고 가을에 本稻와 利稻를 거두어 들이는 이른바 私出擧라고 부르는 고리대금업을 말하는 것이다.

51_ 『類聚三代格』 神龜 5년 3월 28일격에 의하면 外5位에 대하여 보행중인 승려가 도로에서 만났을 때 말에 내려서 가도록 규정하였다. 그러므로 4~5위의 관인을 만났을 때 말을 멈춘다고 한 것은 그냥 멈추는 것이 아니라 말을 멈추고 말에서 내리는 것으로 보아야 한다.

52_ 지방의 各國에서 중앙의 朝廷으로 公文 등을 전달할 목적으로 파견하는 사신을 말한다. 조정에 모이는 사신이라는 뜻이다.

53_ 律과 令에 대한 개정법 및 새롭게 제정한 법률을 말한다. 律과 令이 독립된 법전으로 편찬되어 있는 경우, 부분적인 개정으로 새로 법전을 편찬할 수 없기 때문에 格이라는 형태로 發令하는 것이다. 일본에는 格만을 따로 모은 『類聚三代格』이라는 문헌이 있다.

대로 결단하는데, 조칙으로 일의 정황에 헤아려 처분하는 것이 이것이다. 그 격과 율은 애초에 속인을 위해서 법을 정한 것으로 승니를 위해서 규정을 세운 것이 아니다. 그래서 '준한다.'고 한 것이다. 도 1년 이상이라고 한 것은 사죄死罪 이하를 말한다. 고첩告牒은 승니가 득도했다는 증명서[公驗]이다. 율에 의거해서 잡범雜犯[54]으로 사죄死罪인 자는 제명除名한다. 곧 승니가 사죄를 범했을 경우에는, 또한 먼저 환속시킨 후에 사죄로 처분한다는 것을 알 수 있다. 유죄流罪는 도 4년에 해당되는데, 고첩으로써 도 1년을 대신할 수 있으므로 그 나머지 3년은 아래의 규정에 의거해서 역役을 진다. 만약 가역류加逆流[55]를 범하였다면 역시 환속시켜 배류配流하되 고첩으로 대신할 수 없다. 유배지에 이르면 머물러서 노역하는 것[居作]을 면하지 못한다.). **만약 남는 죄**[餘罪][56]**가 있으면 마땅히 율에 따라 죄를 주어 처벌한다**(생각건대, 예를 들어 도徒 2년을 범했을 경우, 고첩으로 도 1년을 대신하지만, 그 나머지 1년은 율에 따라서 노역[役]을 진다. 도徒 이상을 범한 경우 환속시킨 후 여전히 남은 죄가 있으면, 아버지와 할아버지[父祖]의 음덕을 빌려 감속減贖[57]하는 것은 오로지 속인의 법에 의한다. 묻기를, "지금 이 조항에 의하면 도 이상이면 환속시키고, 장杖 이하면 고사苦使한다고 하는데 과실이나 의죄疑罪[58]라면 어떻게 죄를 주어 처벌합니까?"라고 하였다. 답하기를, "율령을 두루 살펴보니, 과실이나 의죄는 정범正犯[59]과 같지 않다. 따라서 속전[贖][60]을 거두는 것을 허락

54_ 八虐과 같은 중대한 범죄 이외의 범죄 행위를 말한다.

55_ 유배지에 가서 노역을 하는 것이다.

56_ 告牒으로 1년을 감하고 남는 형량을 말한다.

57_ 형량을 경감하거나 贖銅으로 대신 납부하는 것을 말한다.

58_ 죄과가 매우 의심스러운 죄. 이때에는 從輕하거나 末減하는 것이 상례이다.

59_ 형법에서, 자기의 의사에 따라 범죄를 실제로 저지른 사람. 단독 정범과 공동 정범으로 크게 나뉜다. 元犯, 主犯과 유사한 개념이다.

60_ 형량에 따라서 贖銅을 납부함으로써 죄를 대신하는 것을 말한다. 태 10대는 贖銅 1斤이며 단계별로 1斤씩 늘어나서 장 100대는 속동 10근이며, 도 1년은 속동 20근이며 10근씩 늘어나서 도 3년은 속동 60근, 유죄의 경우는 근류가 100근, 중류가 120근, 원류가 140근이다. 사죄 200근이다(名例律 1~5조 참조).

학다. 다만 승니인 경우에는 사사로운 재물이 없으므로 이치로 봐서 속죄하기 어렵다. 사안을 헤아려 죄를 의론하는데, 진실로 방면放免하는 것이 합당할 것이나." 라고 하였다.). **만약 장 100대 이하를 범했다면, 장 10대마다 고사 10일을 해야 한다. 만약 죄가 환속에 이르지 않는다면, 또한 환속하기에 마땅하더라도 판결이 끝나지 않았다면, 모두 연금**[散禁][61]**한다**(생각건대, 고사를 범해서 이미 판결이 끝났다면 삼강三綱에 넘기지 않고 연금한다. 만약 처벌이 다 끝나지 않았다면 절에 보내어 참대參對[62]하게 한다. 환속시키는 것이 마땅하여 판결이 끝났다면 오로지 속인의 금법禁法과 동일하다.). **만약 고사 조의 규정 외에 다시 죄를 범하였으나 환속에 이르지 않은 경우는**(생각건대, 격과 율에 준거하여 범한 바의 죄가 고사苦使에 해당하지 않고 또한 환속할 정도가 아니므로, 삼강으로 보내어 일을 헤아려서 벌을 주게 한다. 이는 내법內法의 규정이 속인의 율에서 정한 처벌과 다르기 때문이다. 위령違令과 위식違式 및 가벼운 경우를 들어 무거운 쪽을 밝힌 경우[擧輕明重][63]와 아울러 마땅히 해서는 안되는 일[不應得爲][64]을

61_ 형구를 착용토록 하지 않고 그 출입만을 제한하는 것을 말한다.

62_ 원래는 천자의 하문에 대답하는 것을 뜻하는데, 여기서는 절의 三綱이 심문하는 것에 대하여 대답하는 것을 말하는 것으로 생각된다.

63_ 『당률소의』「名例律」 50조 斷罪無正條에서는, '擧輕以明重'에 대해 '賊盜律을 살펴보면, "期親의 尊長을 謀殺한 자는 모두 참수형에 처한다."고 하여, 이미 살해한 것[已殺]과 이미 상해한 것[已傷]에 대해서는 律文이 없으나, 만약 殺傷한 경우에는, 애초에 모의한 것이 가벼운데도 오히려 死罪를 받는 것을 들어, 살해하거나 살해를 모의하여 이미 상해를 입힌 것은 무거운 것이므로 모두 斬首刑에 처한다는 것을 알 수 있다. 또「名例律」에 "大功의 尊長과 小功의 尊属을 구타하거나 고발한 경우에는 蔭庇로써 논할 수 없다."고 하였으니, 만약 期親의 尊長을 구타하거나 고발하였다면, 大功이 가볍고 期親은 무거운 것을 들어, 역시 蔭庇를 적용할 수 없다는 것을 알 수 있다. 이것이 가벼운 것을 들어 무거운 쪽을 밝히는 경우이다.'라고 하였다.

64_ '不應得爲'는 마땅히 해서는 안되는 일을 한 경우라는 뜻으로, 『당률소의』「雜律」 62조, 不應得爲條에서는 "무릇 해서는 안 되는데 한 자는 태형 40대에 처한다. 律·令에 조문은 없으나 이치상 해서는 안 되는 것을 말한다. 이치상 그 사안이 무겁다면 장형 80대에 처한다."고 하였으며, 不應得爲의 경중을 가려 처벌한다. 재판에서 관리의 재량권을 인정한 조항이다.

한 것과 같은 부류는 모두 율에서 처벌 항목이 있으니 다시 불법佛法에 의거할 수 없다.) **삼강으로 하여금 불법佛法에 의거해서 일을 헤아려 벌을 준다. 환속하였거나 벌을 받고 있는 사람은 본사의 삼강 및 중사衆事[65]에 대하여 고발하지 못한다**(생각건대, 환속한 사람은 죽을 때까지, 벌을 받고 있는 승려는 고사苦使하는 동안에는 고발[告言]할 수 없다.). **만약 대역大逆을 모의했다거나 모반謀叛하거나 요언妖言으로 중생들을 미혹되게 한**(생각건대, 요사스러운 말로써 3인 이상을 미혹되게 한 것이다. 곧 요사스러운 말을 했다고 하더라도 중생들이 미혹되지 않았다면 고발할 수 없다.) **경우는 이 범위에 들지 않는다.**

22. 무릇 사도私度[66]하거나 모명冒名[67]해서 서로 바꾸거나[相代](생각건대, 모冒는 복覆이다. 이른바 갑甲이 을乙이라는 이름을 거짓으로 사용하였는데[冒承], 관사는 깨닫지 못하고 승려가 되도록 해주었거나 혹은 거짓으로 죽은 승니의 이름을 받아서 서로 바꾸어서 승니가 된 것이다.), **아울러 이미 환속이 결정되었는데도 여전히 법복을 입고 있는 자는 율에 의거해서 과단科斷한다. 사주師主, 삼강三綱 및 같은 방의 사람으로서 실정을 알고 있었던 자도 각각 환속시킨다**(생각건대, 이는 오직 사사로이 입도入道하였으나 호적에서 없애지 않는 경우를 든 것이다. 만약 이미 호적에서 이름을 없앴을 경우에는 격률조格律條에 따른다.[68]). **비록 같은 방이 아닐지라도 실정을 알면서도 용납해서 머무르게 하여 하룻밤 이상이 지나면 모두 100일 고사한다. 즉, 승니僧尼가 실정을 알면서도 떠돌아다니는 사람**[浮逃人][69]**을 머묾게 하여 하루 이상이 지난 경우는 역시 100일 고사한다. 본죄本罪가 무거운 경우는 율에 따라서 논한다**(생각건대, 가령 실정을 알면서도 반역反逆을 꾀한 자를 용납해서 머물러 있게 한 부류

65_ 여러 승려의 일을 말한다(「穴記」).
66_ 관의 허락을 받지 않고 몰래 득도해서 僧尼가 되는 것이다.
67_ 이름을 거짓으로 꾸며대는 것이다.
68_ 「戶婚律」 5조 참조.
69_ 본적지를 벗어나서 떠돌아다니거나 도망친 자를 말한다.

이다.[70]).

23. 무릇 승니僧尼 **등이 속인에게 불경·불상을 주어서 집집마다 다니면서** [歷門] **교화를 하게 하는 경우는 100일 고사한다. 그 속인은 율에 따라서 논한다**(생각건대, 이미 승니가 속인으로 하여금 집집마다 다니면서 교화하도록 하는 경우라고 하였으므로, 곧 승니가 그러한 뜻을 내었다면 당연히 그 속인은 종감從減[71] 1등의 율에 의거하여, 장 90에 해당하는 것이 분명하다.[72]).

24. 무릇 가인家人**·노비 등이 만약 출가하였다가**(생각건대, 등이라고 하는 경우는 관호와 노비 역시 같다. 그 내교內敎에 의하면 노비는 출가를 허락하지 않는다. 그런데 여기서 출가라고 한 것은 입도入道함으로 인하여 면천하고 출가度하도록 하기 때문이다.) **이후에 환속을 범하였거나 스스로 환속하는 경우는 아울러 옛 주인**[舊主]**에게 돌려보내어 각각 본색**本色[73]**에 의거하도록 한다. 만약 사사로이 승려가 된 사람은 경업**經業[74]**이 있더라도 출가할 수 있는 범위에 들지 않는다**(생각건대, 처음에 법제를 범한 것을 따져서 그 출가를 허락하지 않는 것이다. 만약 개정改正[75]한 후에 다시 득도하기 마땅한 경우는 금하는 제한에 있지 않다.).

25. 무릇 승니가 100일 고사를 범한 것이 세 번에 이르면 다시 지방[外國][76]

70_ 「捕亡律」 18조 知情藏匿罪人條 참조.

71_ 종범인 경우에 주범보다 형량 1등을 감한다는 율의 규정에 따른다는 뜻이다.

72_ 「名例律」 42조 共犯罪條. 승려의 苦使 100일은 俗人의 杖 100대에 해당하고, 율에 따라 從犯에게 1등을 감하면 杖 90대가 된다.

73_ 본래의 신분이나 지위를 말한다.

74_ 경전에 대한 지식을 갖춘 것을 말한다.

75_ 처음의 잘못에 대하여 죄가를 치른 것을 말한다.

76_ 外國은 도성이 위치한 곳과 그 주변인 畿內에 대하여 畿外의 지역을 말한다. 지방으로 번역하였다.

의 절에 배처[配]**하고**(생각건대, 이미 발각되고 다시 범한 경우도 곧 위의 조항을 다시 범하는 것[再犯]과 뜻이 같다. 그 세 번째 100일 고사는 외배外配하므로 다시 고사하지 않는다. 만약 이전에 200일 고사를 범하여 그 역이 끝나지 않았으면 배소配所에서 역을 지도록 한다. 세 번 100일 고사는 사면을 내린 이후의 횟수를 헤아려서 적용한다. 율에서 세 번 도둑질하여 도죄를 범한 경우는 유죄에 처한다고 한 것과 뜻이 같다.[77] 지방의 절에 배처한다고 하였으므로, 만약 지방의 승니가 세 번 범하는 경우가 있으면 다시 다른 지방에 이배移配할 수 없다.) **기내**畿內**에 배정하여 들일 수 없다.**

26. 무릇 재회齋會**에 노비, 소와 말 및 병기를 보시**布施**에 충당할 수 없다**(생각건대, 만약 법을 어기고 마음대로 충당하거나 이를 받은 사람은 각각 위령죄違令罪에 해당한다. 따라서 앞의 조항에서 승니가 재물을 쌓을 수 없다고 한 법에 준하여 그 물품은 모두 몰관沒官[78]해야 한다.). **승니도 마음대로 받을 수 없다.**

27. 무릇 승니가 몸을 불사르거나[焚身][79] **몸을 버릴 수 없다**[捨身].[80] **만약 어기거나 말미암은 사람은 아울러 율에 의거해서 죄를 과한다.**[81]

77_ 「적도율」 52조 盜經斷後條에 따르면 "무릇 도둑질을 하여 처벌을 받은 후에 다시 도둑질을 하여 전후 세 번 도죄를 범하면 近流에 처하고 세 번 流罪를 범하면 絞刑에 처한다."고 하였다.

78_ 재물을 관이 접수하는 것이다.

79_ 손가락에 불을 붙이거나 온 몸을 태우는 것이다.

80_ 피부를 벗겨 거기에 불경을 쓰거나, 동물에게 보시한다고 하여 산이나 들에서 자살하는 경우를 말한다. 『法華經』 「藥王菩薩本事品」과 『金光明經』 「捨身品」에도 나타나는 종교적인 행위로, 불교계에서는 오히려 이를 장려하였다.

81_ 「詐僞律」 20조에 의하면 "질병을 사칭하여 기피하는 경우는 杖 100, 만약 고의로 자신의 몸에 손상을 입히면 徒 1년, 청을 받고 다른 사람을 손상시킨 경우는 그 죄가 같다."고 하였다. 따라서 燒身이나 捨身이 미수에 그친 경우는 徒 1년의 처벌을 받게 된다.

[「무명기無名記」에서 말하기를, "말미암은 사람[所由人]이 승니에게 죄를 짓도록 요구하였으므로 수종首從[82]으로 과죄한다. 승니의 죄는 융질癃疾 이상인 경우에 율에 의거하여 도徒를 부과한다. 그 이하는 위령죄違令罪를 과한다. 다만 사위율죄詐僞律罪를 부과하는 것은 온당하지 않은 것으로 생각되므로 궁구할 필요가 있다. 찬기讚記에서 말하기를, '묻겠습니다.' 적跡이 말하기를, '율에 의거하여 죄를 과한다고 하였는데, 그 의미는 투송鬪訟과 사위詐僞 두 율에서 그 본래의 뜻을 살펴서 과할 따름이다.'라고 하였습니다. 다만 이 범한 본래의 뜻은 이미 가벼워서 환속시킬 수 없는 것이 아니겠습니까?'라고 하였다. 답하기를, '사사로이 생각건대 본래의 뜻이 가볍다 할지라도 도徒에 이르렀으니 어찌 격률格律에 따르지 않을 수 있겠는가.'라고 하였다. 또한 기基를 살펴보니 '율에 의거하여 과단科斷한다고 한 것은 말하는 바가 투송鬪訟과 사위률詐僞律이므로, 자신의 몸을 상처내고 해친 죄를 부과해야 한다.'고 하였으나, 이러한 주장은 온당하지 않다. 왜냐하면 그러한 행위를 승려는 경전의 가르침에 따라서 행한 바이기 때문이다. 그런데 어찌 본죄를 따져서 처벌할 수 있겠는가. 그러한 즉 이 규정[文]에서 율에 의거해서 과단科斷한다고 한 것은 본죄의 가볍고 무거움을 따질 수 있는 것이 아니고 그 마음을 찾아서 처벌해야 할 것이다(또한 역시 생각할 수 있다.)."라고 하였다. 사사로이 생각건대, 경전의 가르침에 따라서 한 바를 가늠하기 어렵다. 비니모율毗尼母律[83]은 중제重制이다. 사위율문詐僞律文을 정조正條로 삼아야 할 것이다.]

82_ 首犯과 從犯 즉 正犯과 從犯의 원칙에 따라서 從犯은 正犯보다 1등 감하여 형량을 부과한다는 뜻이다.

83_ 『毗尼母經』을 가리키는 것으로 생각된다. 율부 5대 논서의 하나로 꼽히는 경전인데, 焚身과 捨身을 금하는 내용이 들어 있는 것으로 생각된다.

凢貳拾漆條

凢僧尼上觀玄象. 假說灾祥. 語及國家. 妖惑百姓(謂. 天文爲玄象也. 非眞曰假也. 天反時爲灾也. 吉凶先見爲祥也. 過誤爲妖言也. 語及國家[者]. 不敢[指]斥尊號. 故託曰國家也. 言假說之語. 關涉人主也. 妖惑百姓者. 以假說之言. 惑一人以上. 其自觀玄象. 至惑百姓. 惣是一事. 相須得罪也. 若上觀玄象. 所說有實. 及非觀玄象. 說他災祥. 并雖說玄象. 而不惑人者. 並入下條也.). 并習讀兵書(謂. 雖不成業亦是[也]. 若畜之而不習讀. 及畜餘禁書者. 亦入下條也.). 殺人奸盜(謂. 若殺及奸家人奴婢. 并奸盜未得者. 並依下條也.). 及詐稱得聖道(謂. 四果聖人之道也.). 並依法律. 付官司科罪(謂. 不論罪之輕重. 皆先還俗. 何者. 案道僧格. 犯詐稱得聖道等罪. 獄成者. 雖會赦猶還俗. 故[知]必先還俗. 其僧尼還俗. 猶俗人除名. 依律. 犯除名者. 罪雖輕. 從例除名. [罪]若重. 仍依當贖法. 准此言之. 僧尼詐稱得聖道等者. 罪雖輕猶還俗. 不可更論本罪. 罪若重者. 仍依以告牒當之法也.).

凢僧尼卜相吉凶(謂. 灼龜曰卜. 視地曰相. 占筮亦同也.). 及小道(謂. 厭符之類也.). 巫術(謂. 巫者之方術. 旣是淫耶多端. 不可具言. 是並雖不終事. 理而已始行者. 皆處還俗也.) 療病者. 皆還俗. 其依佛法. 持咒救疾. 不在禁限.

凢僧尼自還俗者. 三綱錄其貫属(謂. 還俗者. 先已還俗訖者. 非今始[欲]還俗. 故下文云. 師主三綱. 隱而不申也. 三綱者. 上座. 寺主. 都維那也.). 京經僧綱. 自餘經國司. 並申省除附. 若三綱及師主(謂. 依止師是也. 自爲白衣時服事者也. 出家以後受業亦同也.). 隱而不申. 卅日以上. 五十日苦使. 六十日以上者. 百日苦使.

凢僧尼將三寶物. 餉遺官人(謂. 三寶者. 佛法僧也. 餉遺者. 無心囑請. 直將送與. 若送私物. 妄相囑請者亦同. 官人者. 內外百官主典以上. 若遺凢人. 并自用者. 須准

同居卑幼用財之法. 其三寶物. 混在一處. 未經分割. 故不科盜罪. 若僧物分訖而盜者. 依凡盜法. 其同財弟子盜者. 亦從同居卑幼之律也.). 若合搆朋黨. 擾覧徒衆(謂. 假有一耶僧. 欲排寺主. 招引黨類. 合謀潛害. 互相撥毁. 亂人視聽之類也.). 及罵辱三綱. 陵[84]突長宿(謂. 罵者惡言也. 辱者恥辱也. 陵者慢易也. 突者猝欺也. 長宿者. 長老宿德. 其罵辱者重. 陵突者輕. 長宿旣尊. 三綱稍卑. 卽明陵突三綱者. 不合苦使之.)者. 百日苦使. 若集論事. 辭狀正直. 以理陳諫者. 不在此例.

凢僧尼非在寺院. 別立道場. 聚衆教化(謂. 道場敎化. 相須還俗. 若雖立道場. 而不敎化者. 須科違令. 毁去道場也.). 并妄說罪福(謂. 在寺院而妄說也.). 及毆擊長宿(謂. 據上條. 長宿三綱. 尊卑旣異. 今此條. 唯舉尊者. 故毆卑者. 不可還俗. 自須准毆傷輕重. 依格律條論. 但不可輕於罵辱之罪. 其凢僧相毆者. 亦依下條也.)者. 皆還俗. 國郡官司. 知而不禁止者. 依律科罪(謂. 不禁止者. 犯上三事. 已過之後. 知而不糺. 若知其始犯而不禁止者. 依律. 合與同罪也. 依律科罪者. 科違令罪. 但毆擊長宿. 以至徒以上. 而知不糺者. 科知所部有犯法. 而不舉劾之罪也.). 其有乞食者. 三綱連署. 經國郡司. 勘知精進練行(謂. 精進者. 慇懃也. 言精鋭求道. 進而不退也. 練者陶練也. 言陶練情性. 而以求解脫也.) 判許. 京内仍經玄蕃知. 並須午以前捧鉢告乞. 不得因此更乞餘物(謂. 衣服之類也.).

凢僧聽近親(謂. 三等以上. 餘稱近親. 皆准此也.)郷里(謂. 本貫也.). 取信心童子(謂. 未成人之稱也.)供侍. 至年十七. 各還本色. 其尼取婦女情願者(謂. 不限年之長幼. 但取於近親郷里.).

凢僧尼飮酒. 食宍. 服五辛者(謂. 飮酒者. 不至醉亂也. 食宍者. 廣包含生之肉也. 五辛者. 一曰大蒜. 二曰慈葱. 三曰角葱. 四曰蘭葱. 五曰興渠也.). 卅日苦使. 若爲疾病藥分所須. 三綱給其日限. 若飮酒醉亂. 及與人鬪打者. 各還俗(謂. 若本罪徒以上. 及僧尼相鬪打者. 並依下條也.).

凢僧尼有事須論. 不縁所司. 輙上表啓(謂. 有事者. 寺家事也. 所司者. 治部

84_ 淩으로 되어 있는 사본도 있다.

玄蕃. 其外國[者]. 可經國司也.). 并擾亂官家. 妄相囑請(謂. 不論主司許與不許. 唯止囑請者. 卽是也.)者. 五十日苦使. 再犯者. 百日苦使(謂. 已發再[85]犯. 與律更犯其意同. 若先上表啓. 後妄囑請者亦是. 再犯文. 爲承兩事之下故. 其第三度犯者. 更始五十日苦使. 第四度犯者. 百日苦使. 與三犯徒流之律. 其義同. 若二罪以上倶發者. 亦依律取例. 其前後四度累犯. 而一度惣斷者. 不得過二百日. 何者. 爲准杖法故也.). 若有官司及僧綱. 斷決不平. 理有屈滯. 須申論者. 不在此例.

凡僧尼作音樂. 及博戲者(謂. 雙六樗蒲之類也.). 百日苦使. 碁琴不在制限.

凡僧尼聽著木蘭. 青碧. 皀. 黃及壞色等衣(謂. 木蘭者. 黃橡也. 靑碧者. 碧亦靑色也. 壞色者. 失錯常色. 漫壞非全者也.). 餘色及綾羅錦綺. 並不得服用. 違者. 各十日苦使. 輙著俗衣者(謂. 衣冠並著也. 縱不並著. 犯其一者. 亦須依佛法論從.). 百日苦使.

凡寺僧房停婦女. 尼房停男夫(謂. 男女不限年之多少. 但須臨時斟酌之也.). 經一宿以上. 其所由人(謂. 所停僧尼. 其被停男女者. 自依首從律. 但僧尼者. 雖是爲從. 猶科苦使. 不合減罪也.). 十日苦使. 五日以上. 卅日苦使. 十日以上. 百日苦使. 三綱知而聽者. 同所由人罪.

凡僧不得輙入尼寺. 尼不得輙入僧寺. 其有觀省師主. 及死病看問(謂. 雖非師主. 皆聽看問也.). 齋戒(謂. 齋會也.). 功德(謂. 修善也.). 聽學(謂. 學問也.)者聽.

凡僧尼有禪行(謂. 禪靜也.). 修道. 意樂寂靜. 不交於俗. 欲求山居服餌者(謂. 服辟穀藥而靜居. 靜行氣也. 雖不服餌. 亦聽山居也.). 三綱連署. 在京者. 僧綱經玄蕃. 在外者. 三綱經國郡. 勘實並錄申官. 判下山居所隷國郡(謂. 假如. 山居在金嶺者. 判下吉野郡之類也.). 每知在山. 不得別向他處.

85_ 更으로 되어 있는 사본도 있다.

凡任僧綱. 謂律師以上. 必須用德行能伏徒衆. 道俗欽仰. 綱維法務者(謂. 僧綱者. 僧正僧都律師也. 德行者. 內外之稱也. 在心爲德. 施事爲行也. 綱維者. 張之曰綱. 持之曰維. 言張持法務. 令其不傾弛也.). 所擧徒衆. 皆連署牒官. 若有阿黨朋扇(謂. 阿黨者. 阿曲朋黨也. 朋扇者. 朋黨相扇也.). 浪擧無德者. 百日苦使. 一任以後. 不得輒換. 若有過罰. 及老病不任者(謂. 過罰者. 十日苦使以上也. 僧綱若犯此罪者. 唯解其任. 不更苦使也. 老病不任者. 緣老若病. 不任其事.). 卽依上法簡換.

凡僧尼有犯苦使者. 修營功德(謂. 書寫經典. 莊嚴佛像之類也.). 料理佛殿(謂. 丹堊塔廟之類也.). 及灑掃(謂. 灑散水. 卽洒掃堂宇. 其釿[86]斧舂耘之役. 非道人所可親. 故立其限制. 使不浪執也.)等使. 須有功程. 若三綱顔面不使者. 卽准所縱日罰苦使(謂. 顔面. 面柔也. 言犯苦使僧. 無所請求. 而三綱自阿容不使者. 卽准所縱日多少. 反罰苦使. 若雖不滿十日. 猶亦准所縱須苦使. 其被縱僧者. 不可陪使. 何者. 下文云. 輒許之人. 與妄請人同罪. 卽明非妄請者. 不可科罪也.). 其有事故. 須聽許者. 並須審其事情. 知實. 然後依請(謂. 事故者. 身病及父母喪之類. 旣云知實依請. 卽知不可追役也. 依律. 有所請求. 已施行者. 各杖一百. 然則妄請之人者. 本罪之外. 更合百日苦使. 其輒許三綱者. 依二罪法. 本罪與施行杖一百. 遂一重者科之也.). 如有意故無狀輒許(謂. 犯苦使之僧. 無可許之狀. 而貨賂潛行. 囑託屢進. 三綱受容. 挾情輒許者也.)者. 輒許之人. 與妄請人同罪.

凡僧尼詐爲方便. 移名他者(謂. 僧尼以己公驗. 授與俗人. 令其爲僧尼. 其本僧尼者. 或猶爲僧尼. 或還成白衣. 皆同. 但防其猶爲僧尼. 故立還俗之文.). 還俗. 依律科罪. 其所由人與同罪(謂. 所由人者. 俗人受公驗爲僧尼也. 與同罪者. 准還俗罪. 合徒一年.).

凡僧尼有私事訴訟. 來詣官司者. 權依俗形參事(謂. 依俗形者. 旣爲俗形. 卽須稱俗姓名也. 參事者. 參對官司. 申論事緖也.). 其佐官(謂. 僧綱之錄事也.)

86_ 斵으로 되어 있는 사본도 있다.

以上及三綱. 爲衆事(謂. 衆僧之事也.). 若功德. 須詣官司者. 並設床席.

凢僧尼不得私畜園宅財物. 及興販出息(謂. 畜者聚也. 其尋常所須. 及緣身資用. 如此之類. 不在禁限. 然不得仍出息興販也. 興販者. 賤買貴賣也. 出息者. 貸物生子. 凢僧尼犯此法者. 其物皆沒官也.).

凢僧尼於道路遇三位以上者隱(謂. 若無處可隱者. 斂馬側立也.). 五位以上. 斂馬相揖而過. 若歩者隱.

凢僧尼等身死. 三綱月別經國々. 司々每年附朝集使申官. 其京內. 僧綱季別經玄蕃. 亦年終申官.

凢僧尼有犯. 准格律. 合徒年以上者還俗. 許以告牒當徒一年(謂. 格者臨時詔勅也. 律云. 事有時宜. 故人主權斷. 詔勅量情處分是. 其格律者. 元爲俗人設法. 不爲僧尼立制. 是以稱准也. 徒年以上者. 死罪以下也. 告牒者. 僧尼得度公驗也. 依律. 雜犯死罪者除名. 即知僧尼犯死罪者. 亦先還俗. 然後處死. 其流罪者. 比徒四年. 以告牒當徒一年. 其餘三年. 依下文役身也. 若犯加役流者. 亦還俗而配流. 不得以告牒當. 即至配所. 不免居作也.). 若有餘罪. 自依律科斷(謂. 假有. 犯徒二年者. 以告牒當一年徒. 其餘一年者. 依律役身. 其犯徒以上. 還俗之後. 猶有餘罪. 藉父祖蔭. 應得減贖者. 一依俗人之法也. 問. 今依此條. 徒以上還俗. 杖以下苦使. 未知. 過失疑罪. 若爲科斷. 答. 歷撿律令. 過失疑罪. 不同正犯. 仍聽收贖. 但僧尼者. 私無財物. 理難可贖. 量事議罪. 誠合放免.). 如犯百杖以下. 每杖十. 令苦使十日. 若罪不至還俗. 及雖應還俗. 未判訖. 並散禁(謂. 犯苦使已斷訖. 未付三綱者散禁. 若未經斷者. 付寺參對. 其應還俗判斷已訖者. 一同俗人禁法也.). 如苦使條制外. 復犯罪. 不至還俗者(謂. 准據格律. 所犯之罪. 旣非苦使. 亦非還俗. 故付三綱. 量事令科罰. 是內法之制. 非俗律之科. 其違令違式及擧輕明重. 并不應得爲等類者. 並律有科條. 不可更依佛法也.). 令三綱依佛法量事科罰. 其還俗. 并被罰之人. 不得告本寺三綱及衆事(謂. 還俗之人至于終身. 被罰之僧. 苦使之間. 並不得告言也.). 若謀大逆. 謀叛. 及妖言惑衆(謂. 以妖言而惑三人以上. 即雖妖言. 而

不惑衆者. 不可告言也.)者. 不在此例.

凡有私度. 及冒名相代(謂. 冒覆也. 言甲冒承乙名. 而官司不覺與度. 或詐受身死僧尼名. 相代爲僧尼者也.). 并已判還俗. 仍被法服者. 依律科斷. 師主. 三綱及同房人知情者. 各還俗(謂. 此唯據私入道未除貫. 若知已除貫者. 自依格律條也.). 雖非同房. 知情容止. 經一宿以上. 皆百日苦使. 卽僧尼知情. 居止浮逃人. 經一宿以上者. 亦百日苦使. 本罪重者. 依律論(謂. 假如. 知情容停反逆之類也.).

凡僧尼等令俗人. 付其經像. 歷門敎化者. 百日苦使. 其俗人者. 依律論(謂. 旣云僧尼令俗人歷門敎化. 卽明僧尼是爲造意. 其俗人者. 自依從減一等之律. 合杖九十也.).

凡家人奴婢等. 若有出家(謂. 稱等者. 官戶奴婢亦同. 其依內敎. 奴婢者不許出家. 而此稱出家者. 緣其入道. 免賤與度故.). 後犯還俗. 及自還俗者. 並追歸舊主. 各依本色. 其私度人. 縱有經業. 不在度限(謂. 責其初犯法制. 故不聽其度. 若改正之後. 更應得度者. 不在禁限也).

凡僧尼有犯百日苦使. 經三度. 改配外國寺(謂. 已發更犯. 是卽與上條再犯義同. 其第三度百日苦使者. 爲其外配. 不更苦使也. 若前犯二百日苦使. 其役未畢者. 便於配所而役之. 其三犯百日苦使. 止數赦降之後爲坐. 與律三盜徒流義同也. 改配外國寺者. 若外國僧尼有此三犯者. 不可更移配他國也.). 仍不得配入畿內.

凡齋會不得以奴婢. 牛馬及兵器. 充布施(謂. 若違法輙充. 及受之人. 各當違令之罪. 仍准上條僧尼蓄財物法. 其物皆須沒官之.). 其僧尼不得輙受.

凡僧尼不得焚身捨身. 若違. 及所由者. 並依律科罪.

[无名記云. 所由人求僧尼罪. 爲首從科也. 僧尼罪. 癃疾以上依律科徒. 以下科違令罪. 但科詐僞律罪. 不安可求. 當讚記云. 問. 跡云. 依律科罪. 謂. 鬪訟与詐僞. 尋其本意科耳. 但此犯本意旣輕. 不可還俗. 答. 私案. 雖輕本意. 而至徒何不依格律哉. 基案. 依律科斷者.

說者鬪訟與詐僞律. 可科傷殘之罪云. 是說不安. 何者. 件僧依經敎所爲也. 而何求本罪可科. 然則此文依律科斷者. 不應爲鏡中之間. 尋心可科. (抑亦可案.) 私案. 難稱依經敎所爲也. 毗尼母律重制也. 詐僞律文可爲正條.

戶令 第八

호령 제8[1]

(생각건대, 호戶는 1가一家를 1호一戶라 한다.)

1.[2] 무릇 호는 50호戶를 1리里로 삼는다[3](생각건대, 만약 60호에 이르면, 10호는 따로 분리해서 1리를 두고, 장長 1인을 둔다. 10가十家를 채우지 못하면, 큰 촌村에 예속시키고 별치別置하지 않는다.). **각 이마다 장長**[4] **1인을 둔다.** 호구戶口를 검교檢校하고,[5] 농사와 양잠을 장려하며[課殖], 비위非違를 살펴서 금하고,[6] 부역賦役을 재촉하여 징수하는[催駈] 일을 담당한다. **만약 산과 계곡[山谷]이 험하며[阻險], 땅이 멀고 사람이 드문 곳은**(생각건대, 가령 산과 계곡이 험하지만 사람의 거주[人居]가 조밀하거나, 혹은 비록 사람의 거주는 희소하지만 지리가 평탄한 곳은 아울러 이 제한에 들지 않는다.), **편의에 따라 헤아려 둔다**(생각건대, 만약 10호를 채웠다면, 앞의 법에 따라 별도의 이里를 설치한다.

1_ 「호령」은 「양로령」의 8번째 편목으로 총 45개의 조로 구성되어 있다. 編戶·戶籍·戶의 질서·良賤의 질서·國司와 郡司의 직무 등에 대하여 규정하였다. 종족제도, 과거제도가 발달했던 당나라의 호령과 씨성제도가 발달한 일본의 호령은 그 내용적인 면에서 많은 차이가 있다.

2_ 里의 구성과 里長의 직무 등에 대하여 규정한 조항이다.

3_ 1里의 최고 호수를 50호로 규정한다는 의미이다. 중국 당나라의 경우 1里를 100호로 규정하였다.

4_ 里長을 말한다. 이장은 요역이 면제되었다. 중국 당나라의 경우 1里마다 正 1人을 두었다.

5_ 호구 조사, 호적 작성 등의 임무를 말한다.

6_ 위법행위, 정도에 어긋난 행위를 살펴서 규찰·감독하는 里 내의 치안유지의 임무를 말한다. 당의 경우 100호마다 1인의 長을 두었다.

만약 채우지 못했다면, 다섯 집으로 하여금 서로 지키게 하고 큰 촌村에 붙인다.).

2.[7] **무릇 군은 20리 이하 16리 이상을 대군**大郡[8]**으로 삼고**(생각건대, 군은 1,000호를 넘을 수 없다. 만약 50호 이상이 남는다면, 이웃 군[比郡]에 예속시킨다[隷入]. 만약 이웃 군에 예속시켰는데 지세地勢가 불편하거나, 혹은 부득이하게 나누는 것이 마땅하다면, 별도로 기록하여 태정관[官]에 보고한다. 국國의 대소大小를 정하는 것은 별식別式에 있다.), **12리 이상을 상군**上郡[9]**으로 삼고, 8리 이상을 중군**中郡[10]**으로 삼고, 4리 이상을 하군**下郡[11]**으로 삼고, 2리 이상을 소군**小郡[12]**으로 삼는다.**

3.[13] **무릇 경**京**에는 각 방**坊**마다 장**長 **1인을 두고,**[14] **4방**四坊**에는 영**令 **1인을 둔다.**[15] **호구를 검교하고 간사하고 나쁜**[姦非] **일을 독찰**督察**하며 부**賦[16]**·요**徭[17]**를 재촉하여 징수하는 일을 담당한다**(생각건대, 「직원령職員令」을 살펴보면 방령坊令이 관장하는 일[18]을 기록하지 않고 여기에 이르러 기록하였

7_ 郡의 등급과 구성에 대한 규정이다.

8_ 16~20개의 里로 구성. 郡司로는 大領 1인, 少領 1인, 主政 3인, 主帳 3인을 두었다.

9_ 12~15개의 里로 구성. 大領 1인, 少領 1인, 主政 2인, 主帳 2인을 두었다.

10_ 8~11개의 里로 구성. 大領 1인, 少領 1인, 主政 1인, 主帳 1인을 두었다.

11_ 4~7개의 里로 구성. 大領 1인, 少領 1인, 主帳 1인을 두었다.

12_ 2~3개의 里로 구성. 領 1인, 主帳 1인을 두었다.

13_ 坊長·坊令의 배치기준과 직무에 대한 규정이다.

14_ 坊長을 의미한다. 지방의 里長에 해당하며, 요역이 면제되었다. 당나라의 경우에는 京城 및 州·縣의 성 안에 坊을 설치하여 방마다 正 1인을 두었다.

15_ 坊令을 의미한다. 「직원령」에 따르면 방령은 경내에 12인을 두었다. 지방의 郡司에 해당하며, 요역이 면제되었다.

16_ 賦稅를 의미한다.

17_ 賦役을 의미한다.

18_ 직책상 담당하는 직무를 말한다.

는데, 방령이 관장하는 일이 방장坊長과 더불어 동일하기 때문에 한 곳에서 함께 기록한 것이다.[19]).

4.[20] **무릇 방령坊令은 정8위 이하**(생각건대, 내위內位와 외위外位를 모두 가리키며, 아래의 규정[下文]도 이에 준한다. 이하以下라고 칭한 것은, 무위無位 또한 포함된다는 뜻이다. 「군방령軍防令」을 살펴보면, 비록 6위六位에 이르렀다고 하더라도 함부로 교체할 수 없다.[21]) **중에서 청렴하고 강직하며 시무時務를 감당할 수 있는 자를 취하여 충원한다. 이장과 방장은 아울러 백정**白丁[22] **중에서 청정**淸正**하고 강직하고 유능한**[强幹] **자를 취하여 충원한다. 만약 해당 이**里**, 해당 방**坊**에 그러한 사람이 없다면, 이웃 이나 이웃 방에서 뽑아 쓰는 것을 허락한다.** 만약 8위 이하가 간절히 원하면[情願] 들어준다.[23]

5.[24] **무릇 호주**戶主**는 모두 가장**家長(생각건대, 적자嫡子이다. 무릇 계사繼嗣의

19_ 「직원령」 66조 左京職條에는 '坊令 12인'이라는 기록만 있을 뿐 그 직무가 기록되어 있지 않다.

20_ 坊長 里長 坊令의 임용자격에 대한 규정이다.

21_ 「군방령」 69조 烽置長二人條에 의하면 봉수를 지키는 烽長은 일반 백성 중에서 家口가 重大하여 檢校를 감당할 수 있는 자를 충원하고 만약 그런 자가 없으면 散位와 勳位를 충원할 수 있다고 하였다. 이 부분에서 「令義解」는 散位와 勳位에 대하여 外六位와 勳七等 이하라고 주석하였다. 즉 일반 백성이 임명되는 관직에 外六位가 임명될 수 있기 때문에 正八位가 임명되는 坊令의 경우 임명된 후에 六位에 올랐다고 하더라도 바로 교체할 필요가 없다고 본 것이다.

22_ 白丁이란 중국 일본의 율령제 하에서 공적인 관직과 관위가 없는 양민 남자를 의미한다. 곧, 白이란 관복의 색에 대비되는 '흰색의 옷'을 의미하며 丁이란 아래 조문에 의거하여 「양로령」 하에서는 17~60세의 조세와 국역을 부담할 수 있는 양인남자를 뜻한다.

23_ 坊令・里長・坊長에 원칙적으로 八位 이하인 자가 임명될 수 있었음을 보여준다. 그러므로 앞과 같이 「군방령」의 예를 들지 않더라도 八位라고 해서 坊令을 교체할 필요가 없는 셈이다.

도道는 본처에게서 낳은 적자[正嫡]가 뒤를 잇는 것이므로, 비록 백부伯·숙부叔가 있더라도 이는 방계의 친족[傍親]이기 때문에 적자로 호주를 삼는 것이다.)**으로 이를 삼는다. 호 내에 과구**課口[25]**가 있으면 과호**課戶[26]**로 삼고, 과구가 없으면 불과호**不課戶[27]**로 삼는다.** 불과不課는 황친皇親(생각건대, 4세왕 이상이다. 5세인 왕은 본음本蔭이 5위이므로, 비록 황친은 아니지만, 이치[理]로 보아서는 불과不課함이 마땅하다. 6세인 왕은 본음에 겨우 해당하는데[懸准], 5위의 아들에 해당하므로 또한 불과이다. 7세인 왕은 비록 음이 끊어졌다고는 하지만, 5위의 손자에 해당하므로 조調는 바치게 하고 요傜는 면제하며 출사出仕할 수 있다. 8세 이하는 음의 도움[資蔭]이 이미 끊어졌으니 부역을 부과하고 오로지 백정에 준한다.) 그리고 8위 이상, 남자 나이 16세 이하, 아울러 음자蔭子[28](생각건대, 5위 이상의 아들이다. 3위 이상의 부, 조부, 형제 또한 불과이다. 그런데 특별히 자子라고 한 것은 그 수가 많음에 근거한 것이다.), 기耆, 폐질癈疾, 독질篤疾, 처妻와 첩妾과 여女, 가인家人, 노비奴婢를 이른다.[29]

24_ 戶主의 선정, 課戶 不課戶의 구별, 불과호의 범위에 대한 규정이다.

25_ 課役의 의무를 가진 사람. 원칙적으로는 남자만이 課口가 될 수 있었다.

26_ 課役의 의무를 가진 사람이 집안 내에 한 사람이라도 있으면 課戶라고 하였다.

27_ 課役의 의무를 가진 사람이 집안 내에 한 사람이라도 없으면 不課戶라고 하였다.

28_ 高位者의 자손을 고위자의 위계에 따라 일정 이상의 위계에 서위하는 경우. 서위되는 사람을 일컫는다. 친왕의 아들은 종4위하, 諸王의 아들은 종5위하, 5세왕의 적자는 정6위상, 一位의 적자는 종5위하, 二位의 적자는 정6위상, 정3위의 적자는 정6위하, 종3위의 적자는 종6위상, 정4위상의 적자는 종6위하, 정4위하의 적자는 정7위상, 종4위상의 적자는 정7위하, 종4위하의 적자는 종7위상, 정5위상의 적자는 종7위하, 정5위하의 적자는 정8위상, 종5위상의 적자는 정8위하, 종5위하의 적자는 종8위상의 음위를 받을 수 있고, 庶子인 경우에는 1階를 내려서 받고, 孫子인 경우에는 2階를 내려서 받는다.

29_ 당나라에서는 9품 이상의 관품을 가진 자, 20세 이하, 老男·廢疾·妻妾·部曲·客女·奴婢가 불과구에 해당하였다.

6.[30] **무릇 남녀 3세**歲 **이하는 황**黃**이라 하고, 16세 이하는 소**少**라고 하고, 20세 이하는 중**中**이라 한다. 남자는 21세를 정**丁**이라 하고, 61세를 노**老**라고 하고, 66세를 기**耆**라고 한다**[31](생각건대, 무릇 역에 복무하는 도道에 있어서 늙은이와 젊은이[老壯]에게 부과함이 다르기 때문에 나이 순서에 따라 삼등법三等法을 만들었다.[32] 여자는 역역力役의 예例가 아니기 때문에 오직 남자만 들어 보였다. 만약 장적帳籍을 기록해야 한다면, 자연히 정로기법丁老耆法에 따른다.). **지아비가 없는 자는 과처**寡妻**, 과첩**寡妾**이라 한다**(생각건대, 지아비가 죽었거나 이혼을 당했을[被出][33] 경우, 나이가 많고 적음에 관계없이 모두 과寡라고 한다.).

7.[34] **무릇 한 눈이 멀었거나, 두 귀가 먹었거나, 손에 두 손가락이 없거나, 발에 세 발가락이 없거나, 손발에 엄지**[大拇指]**가 없는 경우**(생각건대, 모拇는 엄지다. 혹 손이나 발에 엄지가 없는 것이 이것이다. 만약 손과 발이 모두 없는 경우는 마땅히 폐질廢疾에 따라야 한다.), **독창**禿瘡[35]**에 걸려서 머리카락이 없는**

30_ 연령에 따른 良人의 구분기준에 관한 규정이다.

31_ 당나라의 경우에는 令이 개정될 때마다 구분하는 나이의 기준이 달라졌다. 이하, 당나라의 시기에 따른 구분을 정리하면 다음과 같다.(* 이하의 표는 박근칠, 「唐 前期 手實計帳에 대한 再檢討」, 『중국고중세사연구 2』, 1996.을 참조하여 작성)

年代	黃	少	中	丁	老
武德 6年 623	1-3	4-15	16-20	21-59	60-
神龍元年 705				22-58	59-
景雲元年 710	1-3	4-15	16-20	21-59	60-
天寶 3載 744			18-22	23-	
廣德元年 763				25-54	55-

32_ 당나라의 경우 中男 · 正丁 · 老丁까지 부역의 의무가 있었다.

33_ 칠거지악 등으로 이혼당한 경우를 말한다.

34_ 신체 장애 및 질병의 정도에 따른 구분에 관한 규정이다.

35_ 머리 백선[tinea capitis](두피의 모낭과 그 주위 피부에 피부사상균이 감염되어 발생하는 백선증을 말한다.)이 심하면 염증이 일어나 고름이 나오는 농양을 형성하면서 광범위한 탈모가 발생하는 경우가 있는데 이를 독창이라고

경우(생각건대, 머리에 부스럼이 생긴 것이다. 흰 벌레[白虫]가 있어 딱지가 생기는데, 이 딱지가 매우 가렵기 때문에 그 부분의 머리카락이 대머리처럼 빠져 생기지 않는 것이다.), **구루**久漏[36](생각건대, 몸에 구멍이 생겨 고름이 나오는데 오랫동안 그치지 않기 때문에 구루久漏라고 한다. 누漏는 혹은 누瘻라고도 쓴다.), **하중**下重[37](생각건대, 음부[陰]가 상한 것이다[頹]. 음낭[陰核]이 붓는 것은 음陰을 얻어 생긴 것이다. 그것이 커져서 됫박[升][38]과 같아지면 무거워져서 다니기 어려우니 그래서 하중下重이라 한다.), **대영종**大癭腫(생각건대, 영癭은 목이 부은 것이고,[39] 종腫은 발이 부은 것이다.[40] 그 작은 것이 또한 이 범위에 들어가는 것을 꺼려서 대大자를 붙여서 구별하였다.) **이와 같은 부류는 모두 잔질**殘疾**이라 한다. 치아**癡瘂)(생각건대, 사리판단이 어두운 것을 치痴[41]라고 하고, 말하지 못하는 것을 아瘂[42]라고 한다.), **주유**侏儒[43](생각건대, 난쟁이다.), **요척절**腰脊折(생각건

한다.

36_ 久漏의 종류로는 다양하지만 대표적인 것으로 痔漏라 불리는 것이 있다. 瘻痔라고도 하는 이것은 현대의학에서는 흔히, 치질의 한 종류로 분류된다. 치루에 걸리게 되면 항문 주위에 작은 구멍이 생겨서 고름이나 똥물이 흐르게 되는데 이러한 현상이 6~7개월 이상 이어지면 오랜 치루[久漏]라고 한다.

37_ 㿗疝, 또는 㿉疝이라고도 한다. 두 가지 모두 음부가 됫박 만하게 붓는 병을 통틀어 일컫는다. 이는 浮腫의 한 형태로 지대가 낮고 습한 곳에서 자주 생기며, 지나친 飮酒, 飮水, 過食, 勞役 등으로 인해 발병한다.

38_ '升'은 곡물을 계량하는 '됫박'을 의미한다.

39_ 頸腫은 목의 앞, 옆, 혹은 앞과 옆이 부은 경우를 말한다. 그 원인과 증상으로는 여러 가지가 있는데, 여기서는 목구멍이 붓고 아프며, 막혀 있는 느낌이 들어 답답한 등의 증상을 통틀어 일컫는 것. 즉, 喉痺의 의미로 사용된 것으로 보인다.

40_ 足腫은 근육이나 뼈가 피로하여 일어나는 척골의 외상성 질환을 말한다. 무릎 이하의 신체 부위에서 자주 나타나며, 주로 복사뼈, 발가락 등이 붓거나 경직되는 병증이다. 이 외에도 골절에 의한 족종이 나타나기도 한다.

41_ 지능, 의지, 기억 등과 같은 정신적 능력이 감퇴한 증상을 말하며 정신지체, 치매 등을 일컫는다.

42_ 벙어리를 말한다. 『동의보감』에 따르면 벙어리에는 크게 두 가지가 있는데, 첫 번째는 혀가 잘못되어 벙어리가 된 경우로 주로 中風으로 인하여 혀를 잘

대 요腰[44]와 척脊[45] 두 가지를 모두 갖출 필요는 없다. 만약 모두 끊어진 경우는 마땅히 독질篤疾에 해당할 것이다.), **한쪽 팔과 다리[支]를 못 쓰는 경우, 이와 같은 경우는 모두 폐질廢疾이라 한다**(생각건대, 고질痼疾[46]이다. 사람의 일을 할 수 없으므로 폐질이라 한다.). **악질**惡疾(생각건대, 문둥병[47]이다. 이 병은 벌레가 사람의 오장을 먹거나, 혹은 눈썹과 속눈썹이 빠지거나, 혹은 코 기둥이 무너지거

놀리지 못한 경우에 나타나는 것이고, 두 번째는 성대가 상한 경우로 과한 기침 등으로 인하여 소리를 내지 못하는 경우에 나타난다. 그 외에도 혀가 잘렸을 때, 기가 치밀어 올라 갑자기 말을 하지 못하게 되었을 때[厥氣] 등 다양한 경우가 있다.

43_ 侏儒는 고대 중국에서 '난쟁이'들을 일컬은 말이다. 이들은 작은 외모로 인하여 궁중에서 연극배우를 맡기도 하였다. 현대 의학에서는 이 병을 侏儒症, 小體症, 幼稚症으로 부르고 있으며, 그 원인으로는 골질환, 만성적 대사장애, 연골위축증, 선천성 심장질환, 만성 폐질환, 터너증후군, 올브라이트 증후군, 중증 뇌질환, 몽골인종 등 다양하다. 호르몬 이상으로 인한 병은 근래 들어 치료가 가능해졌다.

44_ 『동의보감』에 의하면 허리 통증의 원인으로는 10가지가 있는데, 이 가운데 折과 관련된 원인으로는 무거운 것을 들다가 힘에 겨워서 허리를 상했거나 접질렸거나 떨어져서 뼈가 상한 경우, 넘어졌거나 맞았거나 떨어져서 피가 고인 경우를 들 수 있다.

45_ 脊이란 등마루의 등골뼈들을 일컫는 말로 脊椎라고도 한다. 이 척추의 안에는 '脊髓'라고 하는 신경계가 위치해 있어서 척추는 척수를 보호하는 역할을 한다. 척추의 뼈는 목뼈 7개, 등뼈 12개, 허리뼈 5개, 엉덩이뼈 1개, 꼬리뼈 1개로 총 26개로 구성되며, 뼈마디를 이루는 디스크는 23개로 경추 1, 2번을 제외한 모든 뼈 사이에 존재한다. 앞서 腰折은 흔히, 허리뼈 5개와 엉덩이뼈 1개 사이에서 발생하는 것이고, 脊折은 등뼈 12개 사이에서 발생한다. 요절의 경우에는 하반신을 움직일 수 없으며, 척절에는 그 부위에 따라 상반신의 일부를 못 쓰게 된다. 頸折의 경우는 사고 발생시 즉사, 또는 전신마비가 될 수 있다.

46_ 오랫동안 낫지 않아 고치기 어려운 병을 뜻한다. 흔히들 고질병, 불치병, 지병이라고도 한다.

47_ 白癩瘡이라고 한다. 白癩라고 하는 것은 문둥병의 초기 증상으로 白은 문둥병 초기에 흰색의 비듬이 떨어지는 것을 말한다. 본래 문둥병은 大風瘡이라고 하는데, 이는 문둥병을 혈맥에 풍사가 들어서 생기는 병으로 보았기 때문에 붙여진 이름이다.

나, 혹은 목소리가 쉬어 변하거나, 혹은 뼈마디가 빠진다. 또한 옆 사람에게 전염시킬 수 있으므로 다른 사람과 더불어 상床을 함께할 수 없다. 나癩는 혹 여癘라고도 쓴다.), **전광**癲狂(생각건대, 전癲[48]은 발작할 때 땅에 쓰러져 거품을 물고 의식이 없는 것이다. 광狂[49]은 혹은 함부로 달리고자 하거나, 혹은 스스로 높고 어질다고 생각하여 성신聖神을 칭하는 것이다.), **두 쪽 팔과 다리**[支]**를 못 쓰는 경우, 두 눈이 먼 경우, 이와 같은 경우는 모두 독질**篤疾**이다.**

8.[50] 무릇 늙은 자[老]**와 잔질이 있는 자는 모두 차정**次丁[51]**으로 한다.**

9.[52] 무릇 호戶**는 모두 5가**家**가 서로 지키고,[53] 한 사람이 장**長**이 되어 서로**

48_ 간질을 의미한다. 과거에는 어른의 간질을 癲이라 하고, 어린이들의 간질을 癇이라 하였으나 현대에는 癲과 癇 모두 간질로 이야기되고 있다. 이 외에도 癲證, 癲癇, 癲疾 등 다양하게 부르기도 한다.

49_ 狂은 흔히, 바라는 바가 몹시 높고 원대하며 자기의 뜻대로 되지 않을 때 이 병이 생긴다고 하였다. 狂의 증세가 가벼울 때는 자기만 잘 났고 자기 말만 옳다고 하며 노래와 춤을 추기를 좋아한다. 심하면 옷을 벗고 달아나고 담장을 뛰어넘으며 또 지붕에 올라가기도 한다. 더욱 심하면 머리를 풀어 헤치고 큰 소리로 외치며 물과 불을 가리지 못하고 심지어는 사람을 죽이려고 한다. 『동의보감』, 神, 癲狂 조.

50_ 正丁에 대하여 절반의 요역 부담을 지는 차정에 대한 규정이다.

51_ 正丁의 요역일수는 연간 60일 이하이고, 次丁의 연간 요역일수는 30일이다. 또한, 次丁 남자는 正丁 남자에 비해 1/2에 해당하는 전답과 그에 따른 과세가 부과되었다. 단 殘疾은 요역이 면제되므로, 調만 정정의 절반을 부담하였다.

52_ 五家를 보로 삼아 서로 감시하도록 한 규정이다. 「양로령」에서는 당령의 四隣制는 채용하지 않았다. 이는 隣制가 이웃하는 家를 묶은 자연적인 구분과 연관되어 있기 때문이다.

53_ 5家의 유래는 오래되었다. 중국 주나라 시기에는 5가를 1隣으로 하고, 5린을 1里로 하도록 하였고, 北魏때에는 20가를 1里로 하여 5가를 1隣으로 하였다. 수나라 開皇令에 이르러서는 5가를 1保로 하고, 5보를 1閭로 4려를 1族으로 하여 총 100家가 1族을 이루도록 하였다. 조선시대의 경우에도 5가를 묶어 1統으로 하는 五家作統法이 존재했다.

검찰檢察함으로써 비위非違가 일어나지 않게 한다. 만약 멀리서 객客이 다녀 가거나 머물 일이 있거나, 보保 내의 사람이 나갈 일이 있으면, 모두 같은 보保에 말해서 알게 한다.

10.[54] 무릇 호에서 도주逃走한 자는 5보五保[55]에서 쫓아가 잡게 하고(생각건대, 이는 5보五保의 직무이므로 그 쫓아가서 잡는 사람은 요역을 면하는 범위에 있지 않다.), **3년三周 동안 잡히지 않으면 계장[帳][56]에서 제외한다**(생각건대, 3년 후 4년째 계장計帳에 이르러 계장에서 제외하고, 그 땅은 계장에서 제외한 해에 공전公田으로 되돌리고, 반전班田[57]의 날을 기다리지 않는다.[58]). **그 땅은 공전公**

54_ 호 또는 호구가 도주하였을 경우의 처리 규정이다. 호 전체가 도주한 경우는 3년동안 잡히지 않으면 計帳에서 제외하고 호의 구성원이 도망한 경우는 6년 동안 잡히지 않으면 계장에서 제외하도록 규정하였다. 그러나 715년부터 계장에서 제외하는 규정은 적용되지 않았다. 736년에는 본관으로 돌아가지 않는 부랑인을 있는 장소에서 公民의 籍帳에 편부하는 것을 중지하고 따로 장부에 기록하였으며, 등록된 부랑인은 과역은 부담하였으나 口分田은 지급하지 않은 것으로 생각된다.

55_ 五保라는 말은 5호로 이루어진 保라는 뜻이다. 「古記」에 의하면, "一戶之內, 縱有十家, 以戶爲限. 不計家多少也. 但一戶之內人, 至於他保有家者, 量便而割入他保耳"라고 하여, 보가 자연적인 家가 아닌 인위적인 편제인 戶에 의거하고 있으면서도, 어떤 戶에 속한 사람의 가가 다른 보에 있는 경우는 편의에 따라 정하도록 하였음을 알 수 있다.

56_ 計帳은 戶籍과 아울러 인구, 호구를 파악하기 위한 기본 臺帳으로 호내의 이름, 성별, 연령, 용모상의 특징 등이 기록되어 있다. 계장에 근거하여 과구와 불과구를 확정하였으며, 매년 작성되었다. 計帳使에 의해 작성되어 8월 30일 이전에 태정관에게 제출되었다.

57_ 나라에서 백성에게 일정한 비율로 나누어 주던 밭을 의미한다. 이 같은 반전이 행해지는 제도를 班田收受制 또는 班田制라고 한다. 반전은 호적, 계장에 근거하여 시행되는데, 정부로부터 受田의 자격을 얻은 귀족 또는 농민들에게 班給되었으며 사망한 소유자의 논은 정부 소유로 환원되었다. 이렇게 반급된 논은 과세의 대상이었으며, 수확 시에 租를 징수하였다. 반전은 중국 당나라의 均田制에서 영향을 받은 것으로 알려져 있다.

58_ 班田은 戶籍의 작성과 마찬가지로 6년에 한 번 이루어지므로, 計帳에 반영되

田[59]으로 되돌리는데, 되돌리지 않은 기간 동안은 5보五保와 3등 이내[三等以上]의 친척[60]이 똑같이 나누어 경작하여 먹고[佃食], 조세[租調]는 대신 낸다(생각건대, 만약 땅이 없는 자는 대신 조세를 내지 않는다. 그 요역의 경우 설사 땅이 있어도 대역代役이 불가한 것은 그 몸이 없기 때문이다.). 삼등 이내[三等以上]는 삼등 이내 중 같은 이里에 거주하는 자만 해당한다. 호戶 내의 한 구口가 도망가면, 같은 호戶가 대신 조세를 내는데, 6년 동안 잡히지 않으면 역시 계장에서 제하고, 땅은 위의 법에 준한다.

11.[61] 무릇 나이가 80세인 자와 독질篤疾인 자에게는 시종 한 사람을 준다(생각건대, 그 시종을 주는 것은 귀천을 구분하지 않고 모두에게 두루 준다. 만약 독질篤疾인 사람이 나이 또한 80세이면 한 사람만 주고, 거듭 주지 않는다. 그 90세와 100세 역시 이 예에 준한다.). 90세에는 2인, 100세에는 5인을 준다. 모두 먼저 자손을 충당한다(생각건대, 가령 자손子孫이 있는 자는 관위가 있는지 없는지에 한정하지 않고, 모두 먼저 그 자식을 충당하고, 연후에 손자에게 미친

는 동시에 그 토지를 收公한다는 의미이다.

59_ 公田은 私田에 대립되는 개념이지만, 輸租權과 耕作權이라는 관점에 따라서 판단이 달라질 수 있다. 이 조항에서는 口分田이 私田이고 백성들에게 반급되지 않은 상태로 官이 소유하고 있는 토지를 公田이라고 하였다. 그러나 庄園이 발생하면서 오히려 구분전이 公田이고 庄園이 私田으로 구분된다. 한편 수조권이라는 관점에서 보면 口分田은 관에서 租를 거두므로 공전이고 功田・賜田・寺田 등은 개인이 수조권을 행사하므로 私田이라고 할 수 있다, 또 경작권을 주십으로 볼 때도, 구분전의 경우도 1년간 경작권을 賃租할 수 있었고 이를 매매한다고 하였으므로 근대적인 관점에서 보면 구분전은 私田이라고 할 수 있다.

60_ 「儀制令」 25조 五等親條에 따르면 父母・養父母・夫・子가 一等에 해당하고 祖父母・嫡母・繼母・伯叔父姑・兄弟姉妹・夫之父母・妻妾・姪・孫・子婦를 二等으로 한다. 曾祖父母・백부 숙부의 처・남편의 조카・종부형제자매(從父兄弟姉妹)・어미가 같으나 재혼하여 다른 아버지에게서 낳은 형제자매[異父兄弟姉妹]・남편의 조부모・남편의 백부 숙부 고모・조카의 처・같이 살고 있는 繼父・남편의 前妻와 妾의 자식을 三等으로 한다.

61_ 고령자와 독질자에게 侍丁을 지급하는 규정이다.

다. 손孫이라 칭하는 것은 율에 의거하여 증손과 현손도 같다.). **만약 자손子孫이 없을 때는 근친近親을 취함을 허락하고, 근친이 없을 때는 밖에서 백정白丁을 취한다. 만약 동거하는 중남中男**[62]**을 취하고자 하면 모두 허락한다. 군령郡領 이하의 관인**(생각건대, 주정主政 이상이다. 왜냐하면 추결推決하기 때문이다.[63])**이 자주 순찰해서, 만약 모시는 일**[供侍]**을 법과 같이 하지 않았을 경우 편의에 따라 추결推決한다**(생각건대, 그 사정을 헤아려, 편의에 따라 태죄笞罪[64]로써 판결한다.). **그 독질篤疾인 사람이 10세 이하일 때, 2등 이내**[二等以上]**의 친척이 있으면 모두 시종을 주지 않는다**(생각건대, 10세 이하는 3세 이상이다.).

12.[65] **무릇 자식이 없는 사람은 4등 이내**[四等以上][66]**의 친척 중 소목昭穆에**

62_ 「양로령」 하에서 17~20세의 남자를 일컫는다. 757년 개정 때는 18~21세의 남자를 中男이라 하였다.

63_ 「직원령」 74조 大郡條에 따르면 "主政은 郡內를 糺判하고, 文案를 살피고 서명하며, 지체한 것이나 실수한 것[稽失]을 바로잡고, 非違를 살피는 일을 관장한다."고 되어 있다. 즉 추결할 수 있는 권한은 主政 이상의 郡司만 행사할 수 있기 때문이다.

64_ 「名例律」의 五刑 20단계 중 가벼운 형벌에 속하는 笞刑 5단계를 말한다. 즉, 笞 10대, 20대, 30대, 40대, 50대씩 엉덩이를 때렸다. 태형을 집행하기 위한 笞杖의 규격은 손잡이 부분이 3分(약 9mm), 끝부분이 2分(약 6mm), 길이가 3尺 5寸(약 1m 5cm)였으며, 몽둥이의 표면은 매끄럽게 다듬었다. 이에 대해, 杖刑은 또한 杖 60대, 70대, 80대, 90대, 100대의 5단계가 있으며, 杖의 규격은 손잡이 부분이 4分(약 12mm), 끝부분이 3分(약 9mm), 길이가 3尺 5寸(약 1m 5cm)로 그 굵기에 있어서 笞杖과 차이가 있었고, 역시 몽둥이의 표면은 매끄럽게 다듬었다.

65_ 養子의 요건과 수속에 대한 규정이다.

66_ 「儀制令」 25조 五等親條 참조. 의제령에 따르면 高祖父母, 조부 형제·자매[從祖祖父姑], 조부 형제·자매들의 자녀[從祖伯叔父姑], 남편의 형제·자매, 형제의 처첩, 조부 형제·자매들의 자녀의 형제·자매[再從兄弟姉妹], 외조부모, 어머니의 형제·자매[舅姨], 형제의 손자, 아버지 형제의 자녀, 처의 형제, 증손, 손자 며느리, 妻·妾의 전 남편의 아들을 四等親으로 한다.

합당한 자를 양자로 기를 수 있도록 허락한다(생각건대 소昭는 밝히는 것[明]이다. 부모로 삼는 것이므로 명明이라고 한다. 목穆은 존경[敬]하는 것이다. 자식이 부모를 존경하는 것은 마땅하다. 무릇 양자를 취하는 것은 연령이 서로 적합해야 하는데, 어떠한지는 아래 조條에서 다루었다. 남자는 나이 15세에 혼인을 허락하는데, 이미 부부가 되면 그 이치가 자식이 있는 것이 마땅하다. 그러니 나이 15세인 자는 나이 30세인 자에게 아들이 되는 도리가 있고, 나이 40세인 자는 나이 25세인 자에게 아버지가 되는 단서가 있다. 한 예를 들었으니, 나머지는 이에 따라 가히 알 수 있을 것이다.). **즉 본속本屬을 거쳐 제부除附한다.**[67]

13.[68] **무릇 호 내에서 구口를 나누어 내어 호로 삼고자 하면**(생각건대, 석析은 분分이다.) **중남이 되지 않은 자 및 과처첩寡妻妾은 모두 나누는 데 합당하지 않다. 나누는 데 합당한 것은 이 영을 사용하지 않는다**(생각건대, 가령 중남이 되지 않았거나 과처첩인데도 호주를 감당할 수 있으면 또한 나누는 것을 들어줌이 합당하다.).

14.[69] **무릇 새롭게 호를 기입하는 데는 모두 보증保證을 취한다**(생각건대, 새로 호를 기입하는 것은 호적에 기록되지 않은 사람이 처음으로 새롭게 관貫을 기록하는 것이다. 보증保證의 보保는 보인保人이고 증證은 증인證人이다.[70] 조문[文]에 따라 보증은 반드시 모두 취하는데, 도망이나 사기를 방지하기 위한 것이다.). **본**

---

67 양자로 들어가는 사람은 원래 호적에서 이름을 빼고 새로 양자로 들어가는 집의 호적에 올린다는 뜻이다.

68_ 戶口를 나누어 새로운 戶를 만드는 경우를 위한 규정이다.

69_ 새롭게 戶에 소속시킬 때 本貫의 처리에 관한 규정이다.

70_ 율령적 의미에서 保人과 證人은 구분된다. 證人은 단순히 사실의 유무를 증명하기 위한 사람이지만, 保人은 사실의 유무와 진위, 사실의 발생과 발생하지 않는 상황을 담보하는 保任之人, 즉 연대책임자를 말한다. 예를 들어 「옥령」 23조에 보이는 保人은 수감중에 산달을 맞은 여자 죄수에 대하여 도망하지 않는다는 사실을 보증하는 보인을 두고 죄수를 출옥시킬 수 있도록 하였다.

래 으뜸 되는 이유[元由]를 묻고 도망이나 사기가 아님을 안 연후에 들어준다. 처음부터 관이 두 곳[兩貫]이면 본국本國을 따라 정한다(생각건대, 부국父國이 본국이 된다. 부모가 각각 국을 달리하여 그 자식이 두 곳에 관이 기록되어 있으면, 부국을 따라 정하는 것을 말한 것이다.). 오직 대재부大宰部[71] 내 및 삼월三越[72]·육오陸奥[73]·석성石城[74]·석배石背[75] 등의 국은 현재 주거에 따라 정한다(생각건대, 가령 모母가 관국關國에 있고 부父가 다른 국[佗國]에 있는데 그 자식子이 모母를 따라 관국에 있는 경우에는 모를 따라 정한다. 이것이 현재 거주하는 것을 따라 정하는 것이다. 만약 부가 관국에 있고 모가 다른 국에 있어서 또한 두 개의 관이 있으면 마땅히 본국의 법에 따라야만 한다.). 만약 관이 두 개 있으면 선관先貫에 따라 정한다(생각건대, 부父와 모母가 각각 관국에 있어서 이에 다시 관이 두 개 있는 경우에는 부국父國·모국母國을 논하지 않고 선관先貫을 따라서 정한다.). 그 법에서 나누기에 합당하지 않은데 실향失鄕으로 인하여 관貫을 나누거나(생각건대, 상란喪亂의 때를 만나 유리流離,[76] 실향하는 부류

71_ 大宰府는 7C 후반에 九州의 筑前國에 설치된 지방행정기관으로 외교와 군사상의 방위를 주요한 임무로 하고 있었다. 西海道 9국과 3도에 대해 掾 이하의 인사를 주관하였고, 防人司, 主船司를 두어 서쪽 변방의 국방을 담당하였다. 사등관제 상으로 장관은 大宰帥를 1명, 차관으로 大貳 1인·少貳 2인, 판관으로 大監 2인·少監 2인, 주전으로는 大典 2인·少典 2인을 두었다.

72_ 三越이란 越前, 越中, 越後의 세 지역이다. 월전국은 현재의 후쿠이현[福井縣]·이시카와현[石川縣], 월중국은 토야마현[富山縣], 월후국은 니가타현[新潟縣] 일대에 해당한다.

73_ 대체로 本州의 북동부에 위치. 오늘날의 후쿠시마현[福島縣], 미야기현[宮城縣], 이와테현[岩手縣], 아오모리현[青森縣], 아키타현[秋田縣]의 일대에 해당한다.

74_ 石背國과 함께 718년 陸奥國으로부터 나뉘어진 國. 현재의 후쿠시마현, 미야기현 일대에 해당한다. 石城郡, 標葉郡, 行方郡, 宇太郡, 曰理郡, 菊多郡의 6개의 군이 소속되어 있었다. 728년 육오국에 다시 통합되었다.

75_ 육오국의 5군을 할애하여 설치된 국으로 현재의 후쿠시마현 중부와 서부에 해당한다. 존속기간은 오래되지 않아 728년경 육오국에 다시 통합되었다. 會津郡, 安積郡, 石背郡, 白河郡, 信夫郡이 소속되어 있었다.

이다. 묻기를, 삼월 등의 국은 이미 부호父戶를 제하고 영구히 모관母貫을 따르는데 율령의 음속蔭贖[77]을 알지 못하겠습니다. 어떻게 처분해야 합니까? 답하기를, 살피건대 옥령獄令에 이르기를[78] 유이인流移人이 유배지에 이르러 6년이 지나면 출사를 허락하고 음비가 있는 경우에는 각각 본범수서법本犯收敍法[79]에 따른다. 그러한 즉 죄를 지어 유배된 무리는 이미 다른 관에 기록되어 또한 다시 부조父祖의 음서를 입는데, 어찌 하물며 왕법 때문에 나누어 모관을 따른 사람들이 음서를 입을 수 없겠는가. 확실히 알아두어야 할 것이다.[80]) **호를 합하기에 마땅한 경우에는 또한 이와 같이 한다.**

15.[81] 무릇 호가 협향狹鄕[82]**에 거주하는데, 넓은 곳으로 옮기기를 원하면**(생각건대, 이미 호라고 규정한 것은 곧 호구는 옮기기를 허가하지 않는 것을 분명히 한 것이다.), **국의 경계**[國境]**를 벗어나지 않는 경우에는 본군**本郡**에 알리고**[申牒] **해당하는 국이 처분한다. 만약 국의 경계**[國堺]**를 벗어나면 한월**閑月[83]**에 태정관**[官]**에게 보고하여 답을 기다렸다가 국**國·**군**郡**이 인솔하여 보낸다. 부령**付領**이 끝나면 각각 태정관**[官]**에게 보고한다**(생각건대, 보내는 국과 받는 국이 각각 태정관에게 보고한다.).

76_ 流浪 또는 放浪의 의미이다.

77_ 蔭은 조상으로부터 陰庇를 입는 것을 말하고, 贖은 죄를 속죄 받는 것을 말한다.

78_ 「獄令」17조 八載條를 참조.

79_ '본래의 범한 죄에 따라 收贖하여 서용하는[敍] 법'을 의미한다. 이는 議章·請章·減章·贖章의 음비를 입을 수 있는 범위에 있는 자들이 각각 본래의 범한 죄를 단죄한 이후, 음비로 서용될 때의 규정을 정해놓은 법이다.

80_ 이는 모관을 따른 경우의 사람들도 당연히 율령의 음속을 입는다는 것을 말한다.

81_ 협향에서 관향으로 이주할 때의 수속에 관한 규정이다.

82_ '협향'이란 사람은 많은데 경작지가 좁은 곳을 의미한다.

83_ 농사일이 없어 한가한 달을 의미한다.

16.[84] 무릇 외번外蕃[85]으로 몰락沒落하였다가(생각건대, 몰沒은 약탈당한 것이고 낙落은 풍파를 만나 유락流落한 것이다.) **돌아온 사람 및 화외인化外人,[86] 귀화歸化한 사람은 소재한 국國·군郡이 의복과 식량을 주고 문서를 갖추어 비역飛驛[87]을 보내어 알린다. 화외인은 관국寬國에서 관을 기록하여 안치하고, 몰락인은 구관舊貫에 따르는데 구관이 없으면 임시로 근친近親의 관을 기록한다. 모두 식량을 주고 체송遞送[88]하여 전에 살던 곳에 도달하게 한다.**

17.[89] 무릇 부도浮逃하여 관貫이 없어진 경우(생각건대, 부浮는 부랑浮浪이고, 도逃는 도망逃亡이다. 관이 없어진 이유는 곧 부랑하여 도망한 사람에게 물어보고 다시 본래의 관[本貫]에 첩牒하지 않는다. 율에 의하면 도망한 것이 아니고 다른 곳을 부랑하여 부역을 빠뜨린 자는 포망령[亡法]에 따라서 부역을 빠뜨린 해부터 추적하여 찾는다. 만약 잡지 못하면 3주6년의 법[三周六年之法][90]에 따라 장적을 제거한다. 이것이 부도浮逃하여 관이 없어진 경우이다. 이미 관을 제거하였다고 하

84_ 외국에 몰락했던 사람이 돌아온 경우와 외국인이 귀화한 경우의 처리 규정이다.

85_ 국경 밖의 자기 나라의 속지, 혹은 제왕·제후의 봉국을 의미한다.

86_ 왕 또는 천자, 천황의 교화가 미치지 못하는 곳을 化外라고 하며, 교화를 입지 않은 자를 化外人이라고 한다.

87_ 일의 사안이 급한 경우에 飛驛을 이용한다. 비역을 하는 경우로는 칙명을 지방관에게 하달할 때, 지방관이 상주할 때가 있으며 이에 대해 「公式令」 9조에는 飛驛式의 上式과 下式이 규정되어 있다. 또한, 「公式令」 42조 給驛傳馬條에는 사안이 급한 경우[飛驛]에는 하루에 10驛 이상을 지나게 하고, 사안이 느슨한 경우에는 하루에 8역을 지나게 하도록 규정되어 있다. 만일에 직무를 태만히 하여 제때에 도달하지 못한 경우에는 笞 30대에 처하고, 군사적 기밀을 요하거나 사안이 급한 경우[飛驛]에 해당하면 3등을 더하여 杖 60대에 처하도록 규정하고 있다.

88_ 차례로 여러 곳을 경유하여 보낸다는 뜻이다.

89_ 逃亡·浮浪에 의하여 本貫이 없어진 경우 또한 노비가 양인된 경우 본관을 정하는 것과 관련된 규정이다.

90_ 앞의 戶逃走條를 참조.

였는데 만약 제거되지 않았으면 반드시 본적지[本屬]로 돌려보낸다.) **및 가인**家人[91] **· 노비**奴婢**가 해방되어 양인이 된 경우 혹은 양인으로 소송을 제기하여 변하게 된 경우는 모두 소재한 곳에서 관에 기록한다**(생각건대, 보保 · 증證을 취하는 것은 위의 조에 준한다.). **만약 본적지**[本屬]**로 돌아가고자 하면 들어준다**(생각건대, 만약 관국關國에 있으면서 본적지로 돌아가고자 하는 것이다. 관關이 없으면 들어줄 수 없다. 왜냐하면 부자父子가 관을 나누는 것을 들어주지 않는 것과 같기 때문이다.).

18.[92] **무릇 계장**計帳**을 만드는 것은 매년 6월 30일 이전에 경**京 **· 국**國**의 관사가 관할 구역의 수실**手實[93]**을 취하여**[責](생각건대, 수실은 호주[戶頭]가 만든 장부인데 호적은 또한 수실에서 취한[責] 것이다.) **가구**家口 **· 연기**年紀**를 갖추어 기록한다**(생각건대, 연기는 연세年歲와 같다.). **만약 호 전체가 향**鄕**에 있지 않으면**(생각건대, 가령 자주 사역하게 됨으로써 호 전체가 요역장소로 가 있거나 부랑 · 도망하였는데도 호적에서 삭제되지 않은 부류이다.), **곧 옛 호적**[舊籍]**에 따라서 옮겨쓰고**[轉寫], **아울러 부재**不在 **중인 이유를 분명히 한다. 다 거두어들여 정리가 끝나면**[收訖] **식에 따라 장적을 만들고**(생각건대, 계장의 모양[94]으로 만드는 것이다.) **연서**連署[95]**하여 8월 30일 이전에 태정관에 보고**

91_ 家人은 陵戶 · 官戶 · 公奴婢 · 私奴婢와 더불어 천민 계급에 속했다. 다만, 가인은 가족을 이룰 수 있었다는 점, 가업을 이을 수 있었다는 점, 가족 전원이 역의 임무를 지지 않았으며, 매매되지도 않았고, 사노비에 비해 신분이 높았다는 점에서 다른 천민들과는 성격이 다르다. 혼인은 家人끼리만 가능했고, 양민백성의 2/3에 해당하는 口分田을 지급받았다.

92_ 計帳의 작성 수속에 대한 규정이다.

93_ 당나라와 일본에서는 手實이라는 것을 작성하였는데 이는 조선시대의 호구단자(戶口單子)와 비슷하다. 수실은 호주가 집안의 구성원 및 토지의 소유와 관계된 사항을 기재한 것이다. 호주가 작성한 수실을 해당 官에 보고하면 관청에서는 이들을 취합하여 호적을 만들어 중앙에 보고하였다. 이하, 수실에 대한 규정과 서식, 작성목적 등에 관해 박근칠, 앞의 논문, 1996, 참조.

94_ 여기서의 모양은 양식(form)의 형태로 만드는 것을 말한다.

한다(생각건대, 잡호雜戶·능호陵戶의 계장도 또한 함께 보고한다.).

19.[96] 무릇, 호적은 6년에 1번 작성한다.[97] 11월 상순上旬[98]**에 시작하며 식에 의거하여 살펴 작성한다. 이**里**마다 별도로 권**卷[99]**을 만드는데 모두 3통을 만든다. 그 봉**縫**하는 곳에 모두 어느 국**國 **어느 군**郡 **어느 이**里 **어느 해**[年]**의 적**籍**이라고 기록한다.[100] 5월 30일 내에 마친다. 2통은 태정관에 보내어 올리고 1통은 국**國**에 둔다.** 그 잡호와 능호의 적은 다시 한통을 옮겨 써서 각 본사에 보낸다. **소모되는 바의 지**紙·**필**筆 **등 조도**調度(생각건대, 묵墨·축대[軸][101]·책갑[帙][102]·대帶[103]의 부류이다. 즉 식료食料는 관물官物로써 지

95_ '① 戶主: 手實작성 → ② 里長: 수실의 취합 및 호적제작 → ③ 郡에서의 취합 및 결제 → ④ 國에서의 취합 및 결제 → ⑤ 태정관 결제 및 중무성, 민부성으로 송부 → ⑥ 2省과 國에서 호적을 보관'하는 일련의 과정에서 ③, ④번 단계에서 담당 관원들이 연대 서명하는 것을 말한다. 다만, ②번 단계의 경우 학자마다 견해를 달리한다. 즉, 里長의 단계에서 수실을 취합하여 호적을 만든다고 하는 견해가 있고, 이장의 단계에서는 수실을 취합만 할 뿐, 실제 호적은 郡의 단계에서 만든다고 하는 견해가 있다. 여기서는 조문의 내용에 근거하여 ②번 단계에 호적이 제작되는 것으로 간주하였다.

96_ 호적의 작성수속에 관한 규정이다.

97_ 당나라의 경우, 1년마다 계장을 작성하고, 3년마다 호적을 작성하였다. 호적 작성의 경우 定戶는 仲年인 子卯午酉에 하고, 造籍은 季年인 丑辰未戌에 하였다.

98_ 한 달 중에서 초하루(1일)부터 열흘(10일)까지를 말한다.

99_ 卷은 두루마리를 뜻한다. 최대 50개의 호에서 올린 수실을 취합하여 두루마리를 만든다.

100_ 여기서 '縫하는 곳'이라는 의미는 편지봉투의 縫合處를 의미하는 것이 아니다. 당시의 문서는 두루마리로 여러 장의 종이를 이어서 만들었다. 이에 종이와 종이가 중첩되어 연결되는 부분을 縫하는 곳이라고 한다. 봉하는 곳에 어느 國 어느 郡 어느 里 어느 해[年]의 籍이라고 쓰는 이유는 자칫 봉합된 두루마리가 오래되어 떨어지거나 습기로 인하여 풀어지게 되었을 때, 그 유실되는 것을 방지하고자 함이다. 요즘의 각종 공문서의 종이와 종이 사이에 도장을 찍는 행위도 이에서 비롯된 것이라 하겠다. 이에 대해 縫部라고 표현하는 경우도 있다.

급한다. 계장計帳도 또한 지紙・필筆 등 조도調度를 낸다.)**는 모두 해당 호에서 내게 한다. 국사**國司[104]**는 소모되는 바가 적은지 많은지를 헤아려 살펴야 하며, 임의**[臨時]**대로 짐작**[斟酌]**해서 백성을 침**侵・**손**損[105]**해서는 안 된다. 그 적이 관에 이르면 모두 먼저 받고나서 나중에 살핀다**(생각건대 먼저 중무성中務省[106]과 민부성民部省[107]에 내고 나중에 다시 따져서 검사한다[勘撿].). **만약 나이를 속이거나**[增感], **숨기거나**[隱] **죽은 것으로 속여서**[沒](생각건대, 증감增感이란 나이[年紀]가 실제에 의거하지 않은 것이다. 은隱이란 적을 없애 올리지 않은 것이다. 몰沒이란 살아 있는데 속여서 죽은 것으로 기록하는 것이다.) **같지 않은 것이 있으면 상황에 따라 아래에 조사한다**[下推].[108] **국**國**이 착오**[錯]・**과실**[失][109]**을 인정하면, 즉 성**省**의 적**籍[110]**에 자세하게 사유를 기록한다**(생각

101_ 두루마리를 마는 데 중심이 되는 軸을 말한다. 글이 끝나는 부분에 달며, 끝부분에 작은 籤을 달아서 제목과 권의 차례를 표시하기도 한다. 보통 나무로 만들며, 끄트머리에는 옥・상아・돌・금속 등으로 장식을 달기도 한다. 일본에서는 발견된 사례가 많으며, 한국에서도 함안 성산산성을 비롯한 부여 쌍북리 현내들, 북포유적 등에서 발견된 바 있다.

102_ 종이를 보호하기 위해서 싸는 덮개. 즉, 두루마리[卷子本]의 틀을 이루는 표지를 말한다. 책가위라고도 한다.

103_ 帶란 두루마리를 묶기 위한 끈을 말한다. 卷緖 또는 褾帶라고도 한다. 두루마리의 글이 시작되는 부분. 즉, 가장 먼저 펼쳐지는 부분에는 두루마리를 보호하고자 褾竹을 달았는데 그 표죽의 중간 부분에 대를 달았다.

104_ 國司는 율령제하에서 중앙에서 諸國으로 파견되어 政務를 행한 지방관의 총칭, 이후에는 장관만을 이르게 되었다.

105_ 侵이라는 것은 재물을 훔친 것을 말하고, 損이라는 것은 싸우다가 죽이거나 상처를 입힌 것을 말한다.[議曰, 侵謂盜竊財物, 損謂鬪毆殺傷之類 …]『당률소의』「명례율」 43조 共犯罪造意爲首條.

106_ 호적 1통을 중무성에 보내는 것은 중무성에서 호적을 조사하기 위한 것이 아니고, 단지 御覽에 대비하기 위해 구비해 두고자 함이다. 「職員令」 中務省條를 참조.

107_ 민부성(民部省)에서는 조세수취, 중앙 재정 운영, 전국의 호적, 租庸調, 家人, 사노비, 橋・道・津・濟・渠・池・山・川・藪・澤과 諸國의 논을 관장한다. 「직원령」 民部省條를 참조.

108_ 民部省이 國에 의문스러운 내용을 내려 보내 확인하는 것이다.

건대 과실[失]・착오[錯]한 이유이다. 자세하게 성省의 적에 기록한다.). **국國도 역시 장帳・적籍에 기록한다**(생각건대 장帳이란 계장計帳이다. 적籍이란 호적戶籍이다.).[111]

20.[112] 무릇, 호구가 장帳・적籍을 만들 때를 당하여 나이를 헤아려 정丁・노老・질疾에 들이고자 하면[113] 마땅히 과課・역役을 면하는 것 및 시종을 주는 것을 모두 국사國司가 친히 형상形狀을 보고 부簿[114]를 정한다(생각건대, 모皃란 사람의 얼굴형상[顔狀]을 확인하는 것이다. 오늘날 모열貌閱[115]과 같다. 생각건대, 장적을 만들 차례에 친히 그 형상을 살피는데 혹 적籍의 나이는 적은데 얼굴을 보니貌案 늙었거나 혹 얼굴은 늙었는데 적籍의 나이는 적은 것이다. 이와 같은 부류는 오직 적籍에만 의거하기가 어렵기 때문에 다시 모안皃案[116]에 의거함으로써 부簿를 정한다. 즉 그 모안皃案에 의거하여 노老에 나아가거나[進] 기耆에 들어가거나[入] 정丁에서 퇴출되거나[退] 중남中男에서 나가는[出] 것이다. 편리한대

109_ 錯이라는 것은 착각으로 인하여 잘못되는 것을 말하고, 失이라는 것은 조심하지 않거나 부주의로 인하여 잘못된 것을 말한다.

110_ 여기서의 省은 中務省과 民部省을 의미한다.

111_ 당나라의 계장 작성의 과정은 다음과 같다. ① 戶主가 手實을 작성한다. ② 里正이 수실을 취합하여 縣에 올려 縣籍을 만든다. ③ 현에서 현적을 州로 올려 州籍을 만든다. ④ 주에서 주적을 尙書都省의 戶部에 올려서 호적을 만든다.

112_ 과역의 징수와 직접 관련된 연령 질환을 정할 때 국사가 확인하도록 한 규정이다.

113_ 入丁은 나이가 中에서 丁으로 바뀌었을 때, 入老는 나이가 丁에서 老로 바뀌었을 때, 入疾은 殘疾, 廢疾, 惡疾, 篤疾에 해당하는 경우이다.

114_ 差科簿를 비롯한 관련 장부를 말한다. 즉, 군비의 징발, 민간 요역, 세금의 징수를 위해 작성하는 장부이다.

115_ 籍의 나이와 얼굴을 실제 인물들과 비교하거나, 질병의 상태를 조사하는 것을 말한다. 당나라의 경우, 團集皃閱이라 하여, 1년 단위로 관할 관청에서 백성들을 단체로 모아두고 나이와 질병의 상태를 조사하기도 하였다. 皃閱은 수나라 때도 이뤄졌을 만큼 유래가 깊다.

116_ 얼굴, 용모 등을 직접 살펴보는 것이다.

로 하여 곧, 해당 해[年]의 장帳·적籍에 기록하고 재차 옮겨 기록하여 그 나이를 고치지는 않는다.). **한번 결정된 이후에는 다시 보지 않는다**(생각건대, 소자小子는 중남中男에 들이고, 중남中男은 정丁에 들이고, 정丁은 노老에 들이고, 노老는 기耆에 들이고 난 때. 이것이 '한번 결정된 이후[一定以後]'이다. 만약 그 정해진 신분을 고치고자 하면 다시 친모親皃하는 법에 의거해야만 한다. 그러므로 '한번 결정된 후에 다시 보지 않는[一定以後, 不須更皃]' 것이다.). **만약 간기姦欺가 있다고 의심되는 경우에는 또한 사안에 따라 보고 정하여 장帳·적籍에 부기한다**[117](생각건대, 간사함이 일어났을 때는 편리한 대로 즉시 보고 정하며 장帳·적籍을 만들 때를 기다리지 않는다. 위 조문文에서 부簿를 정한다[定簿]고 한 것은 이 조문에서 장帳·적籍에 부기한다[附帳籍]고 한 것과 더불어 그 의미가 같다.).

21.[118] **무릇, 적籍을 태정관에 보낼 때는 해당 국國의 조사調使**[119]**에 붙여서 보낸다. 만약 조調를 경京에 들이지 않는 경우에는**(생각건대, 혹 복제復除의 은혜를[恩復][120] 입었거나 혹, 홍수와 가뭄[水旱]을 만나는 부류이다.[121]). **전사專使**[122]**를 통해 적籍을 보낸다.**

22.[123] **무릇 호적은 항상 5비五比동안 보관한다**[124](생각건대, 6년을 1비比로 하

117_ 이 외에도 호적·계장[見有籍帳]에 기록되어 있는 기존의 호구가 死亡, 漏落, 流入, 逃亡, 浮浪 등으로 인하여 변경해야 할 경우가 생기면 곧, 그 아래쪽에 변경내용을 부기한다.

118_ 호적을 태정관에 보내는 사신에 관한 규정이다.

119_ 지방의 調를 중앙에 바치던 사절이다. 貢調使라고도 한다.

120_ 復은 復除를 의미하는 것으로 곧, 요역을 면제하는 것이다.

121_ 「賦役令」 9조 水旱條 참조.

122_ 專使란 특정 사신이 최종목적지까지 문서 등을 전달하는 것이다. 驛·國을 거쳐서 보내는 릴레이 방식을 遞送使라고 한다. 전사는 주로 사안이 급한 경우 및, 사신이 부가적인 설명을 해야 하는 경우에 파견하였는데, 후대로 오면서 전사가 주로 이용되었다.

123_ 호적의 보존기간에 관한 규정이다.

는데, 그 비比라고 하는 것은 비교比較라는 뜻이다. 생각건대, 30년 동안의 호적은 항상 보관하고 없애지 않는다. 만약 과실[紕繆]이 있을 때는 서로 비교比較하기 위함이다.). **해**[年]**가 오래된 호적은 차례에 따라서 없앤다. 근강대진궁**近江大津宮[125]**의 경오년**庚午年**의 적**[126]**은 없애지 않는다**(생각건대 웅조진간치자숙네존雄朝津間稚子宿禰尊允恭天皇[127]의 치세에 많은 씨氏가 성姓을 다투고 분란이 일어나 정하지 못했다. 곧, 끓인 물을 그릇에 담아 손을 넣어 밝히라고 명하였다. 속이고 거짓된 자[詐僞者]는 화상을 입었고 참되고 진실된 자[眞誠者]는 온전하였다. 이것으로 성姓을 정하고 적籍을 만들었다. 이에 경오년의 적이라고 하였다.).

23.[128] **무릇 나누는 데 해당하는 것은 가인, 노비, 씨천**氏賤**은 해당되지 않는다. 전택**田宅, **자재**資財 **그 공전**功田,[129] **공봉**功封[130]**은 단지 자식에게만**

124_ 당나라의 경우 주현에 보관하는 호적의 경우 5회 분[五比] 즉, 15년간 보관하고, 상서성에 보관하는 것은 3회 분[三比] 즉, 9년 동안 보관하도록 하였다.

125_ 7C 후반 天智天皇이 영위한 궁으로 近江宮 또는 大津宮이라고도 불린다. 滋賀縣 大津市 錦織遺跡이 近江大津宮의 유적으로 알려져 있다.

126_ 전국 단위의 호적으로는 일본 내에서 가장 오래된 것으로 670년에 작성된 것으로 알려져 있다. 경오년적의 존재는 天智天皇代의 율령 지배체제 성립을 보여주는 것이다. 현존하지는 않지만, 『속일본기』를 비롯한 여러 자료에 등장하고 있음을 볼 때 실재한 것으로 보인다. 더불어 이 호적은 후에 姓·氏를 규정하는 데 이용된 것으로 여겨진다.

127_ 19대 천황으로 412~453년 동안 재위. 인덕천황의 아들로 최초로 飛鳥에 궁을 마련하였다. 姓氏의 혼란을 막기 위해 盟神探湯(끓는 물속의 진흙이나 자갈을 줍게 하여 화상의 정도로 죄를 판가름하는 습속으로 고대의 신성재판이다.)을 시행하였다.

128_ 재산의 상속에 대한 규정이다. 唐令에서는 가산 분할법이었으나, 養老令에서는 유산상속법으로 개정되었다.

129_ 공전은 그 공의 크기에 따라서 大功·上功·中功·下功의 4가지로 구분되었다. 대공의 경우, 그 자손들에게 영구히 세습되었으며, 상공은 3세손(증손)까지, 중공은 2세손(손자), 하공은 자식까지만 상속되었다. 각각에 대해서 상속하는 범위도 규정되어 있다. 대공의 경우에는 謀叛 이상의 죄와 八虐을 범하여 除名되지 않는 이상은 국가의 소유로 환원시키지 않았다. 공전에 대해서

준다(생각건대, 재물의 법에 의하지 않고, 남녀적서男女嫡庶 모두 다 균등하게 나눈다.) **전체의 합계는 법에 따라, 적모**嫡母,[131] **계모**繼母[132](생각건대, 어머니를 달리하는 자식이 칭하는 바이다. 그 양모養母의 분법도 역시 이에 준한다.[133])**와 적자는 각각 2의 몫**[分] **첩**妾**은 딸**[女子]**의 몫과 같게 한다. 서자는 1의 몫으로 한다. 처가에서 얻은 재물은 나누는 범위에 넣지 않는다. 형제가 죽은 경우는 그 자식이 아버지의 몫을 이어받는다.**(생각건대, '형제가 없는 경우[兄弟亡者]'라 한 것에서 이미 형제라고 하였으므로, 곧 자매의 자식은 이 규정에 들지 않는다. '자식이 아버지의 몫을 잇는다[子承父分]'라고 한 것에서 자식은 남자를 말한다. 즉, 적자의 자식은 적자의 몫을 잇고, 서자의 자식은 서자의 몫을 잇는 것이다. 아래의 율문에 이르기를 '과처·과첩이 남자자식이 없으면 남편의 몫을 잇는다[寡妻妾無男者, 承夫分]'는 것도 역시 이 법과 같다. 묻기를 글에서 자식이 아버지의 몫을 잇는 것에 이르러서 만약 아버지의 처·첩이 있음을 알지 못했다면 어찌

는 口分田과 같이 田租가 부과되었다. 「田令 6조」 功田條 참조.
『속일본기』의 기록에 따르면 乙巳의 변에서 공적을 세운 藤原鎌足이 대공으로 100町, 佐伯古麻呂가 상공으로 40町 6段, 古人大兄 황자의 모반에 대한 공적으로 笠志太留가 중공으로 20町을 수여받았고, 壬申의 난에 대한 공적으로 尾張大隅가 40町, 村国小依가 중공으로 10町 文禰麻呂와 丸部君手가 중공으로 각각 8町 文智德이 4町, 置始菟가 5町, 星川麻呂가 4町 坂上熊毛 6町, 黃文大伴 8町, 文成覺 4町을 수여받은 바 있다. 이 밖에도 대보율령의 편찬에 대한 공적, 橘奈良麻呂의 변란에 대한 공적, 견당사 파견업무 수행에 대한 공적, 양로율령 편찬에 대한 공적 등으로 공전을 받은 사례가 많다.

130_ 親王 1품 이하의 신하로는 5위 이상으로 공이 있는 자에게 수여했던 封戶로 공은 大功·上功·中功·下功의 4가지로 구분되었다. 신하의 경우에는 100~300호, 친왕의 경우에는 300~800호 가량의 봉호를 수여하였다. 봉호에 대해서는 수취권이 인정되어 수취물에 대해서는 세금이 면제되었다.

131_ 庶子가 아버지의 正室을 부르는 말이다.

132_ 繼母란 嫡母가 죽거나 이혼당하여 부친이 다시 장가들어 妻를 맞아들인 경우, 기존의 자식들이 의붓어머니를 부르는 말이다. 義母, 後母라고도 한다.

133_ 養母는 양아들이 됨으로써 생긴 어머니를 일컫는다. 양어머니, 所後母라고도 한다. 양모 역시 2의 몫으로 한다는 의미이다.

해야 합니까. 답하기를 자식이 아버지의 몫을 이어받은 후에 다시 위의 율문에 의거해서 나눈다. 다만 법에 어머니와 자식은 이에 재물을 달리하는 이치가 없으니. 곧, 나누어서 얻은 후에 동재同財[134]하는 것이 마땅하다. 또 묻기를 적모·계모가 사망한 경우는 자식이 어머니의 몫을 이어받지 못합니까. 답하기를, 오직 자신의 몫만 얻고, 다시 어머니의 몫을 이어받을 수 없다. 또 묻기를 가령 적처가 자식이 있어서 함께 그 몫을 이어받은 후에 그 모母가 재가하여 곧 자신과 자식의 재산을 가지고 후부後夫[135]의 집에 갔는데, 그 후에 어머니가 죽으면 소유한 바의 재물은 누구에게 넣어야 합니까. 답하기를 법령에 있어 '처가 남편의 재물을 이어받는다[妻承夫財]'라는 규정이 있다. 그러나 남편은 처의 재물을 법으로 얻을 수 없다. 즉 반드시 그 자식에게 주어야 하며 남편에게 들여서는 안 된다. 그런데[其] 어머니는 적서의 구분이 없으므로 그 재물을 나누는 것은 마땅히 균분하는 법[均分之法]을 따른다.). 양자養子도 또한 같다. **형제가 모두 죽었으면 곧 제자**諸子[136]**들이 고르게 나눈다**(생각건대, 가령, 형의 자식이 1인, 동생의 자식이 10인이면, 모두 11몫으로 나누어 각각 1씩 몫을 갖는다.). **그 고모**[姑]**·자매**姉妹**가 집에 있는 경우에는 각각 남자 자식의 반**半**을 감한다**(생각건대, 고모와 자매는 각각 제자諸子의 반半을 얻는다.). 비록 이미 출가 했어도 분재分財[137]를 거치지 않았다면 또한 같게 한다. **과처·과첩이 남자 자식이 없으면, 남편의 몫을 이어받는다**(생각건대, 형제의 처·첩이 남자자식이 없으면 그 남편의 몫을 잇는다.). 여자자식의 몫은 위와 같이 한다. 만약 남편의 형제가 다 없으면 각각 1명 자식의 몫과 같게 하고, 남자자식이 있으나 없으나 같다(생각건대, 남자가 있는 경우, 그 어머니가 몫을 주지 않을까를 염려하여 '남자자식이 있으나 없으나 같다[有男無男等]'고 한 것이다. 묻기를 가장의 처·첩이 복服이 끝

134_ 재산을 함께하다. 즉, 재산을 합친다는 뜻이다.
135_ 후살이의 남편으로 후서방이라고도 한다.
136_ 아들이나 아들과 같은 항렬이 되는 사람을 통틀어 이르는 말이다.
137_ 가족이나 친척에게 재산을 나누어 주는 것이다.

난 후[服闋], 개가하기 전에 분재分財하지 못한 것은 어찌합니까. 답하기를 율문에 이르기를 적모·계모는 각각 2의 몫으로 한다. 생각건대, 가장의 처는 남편이 죽고 홀로 사는 자이다. 만약 개가하기 전에 나누지 못했는데, 개가하여 다른 곳에 갔다면 재물을 얻을 수 없다. 또 묻기를 제복除服 후에는 재가를 금하지 않으므로 이미 죄가 아닌데 어찌하여 몫을 이어받지 못합니까. 답하기를 복服이 끝나고 재가함은 비록 죄의 조목에는 없으나 남편의 의義를 끊은 것이다. 어찌 다시 처妻라 칭하겠는가. 또 아래 율문에서 이르기를 과처·과첩이 남자 자식이 없으면 남편의 몫을 이어받고, 만약에 남편의 형제가 다 없으면 각각 1명 자식의 몫과 같게 한다. 그러나 홀로 살면서 뜻을 지키지 못하면, 아울러 모두 몫을 이어받을 수 없다. 또 묻기를 승니僧尼가 시집·장가를 가서 자식을 낳았고, 또한 사사로이 재물을 가졌는데 이미 승니가 죽었으면 이를 어떻게 처분합니까. 답하기를 승니가 시집·장가 간 것 및 사사로이 재물을 모은 것은 모두 계율을 어기고, 헌장憲章[138]을 범한 것으로 그것이 만약 살아 있을 때이면, 곧 나라에 항전恒典[139]이 있다. 그러나 승니가 이미 죽었다면 비록 법을 어겼더라도 또한 처자妻子가 있다면 곧 있는 바의 재물은 마땅히 그 처자에게 준다. 단 승니에게는 이미 적서가 없으니 그 재산을 나누는 데 이르러서는 반드시 균법均法에 의한다. 그 가인, 노비가 죽었는데 재물이 있어서 그 자손이 나누는 것도 또한 이 법에 준한다.). 생각건대, 남편의 집에 있으면서 뜻을 지키는 것이다. **만약 재산을 함께 하고[同財] 함께 살고자[共居]하는 경우 및 죽은 이가 생전에 처분處分하여 증거가 분명한 경우에는 이 영令을 적용하지 않는다.**

24.[140] 무릇, 남자의 나이가 15세, 여자의 나이가 13세 이상이면 혼인하는 것을 허락한다.

138_ 어떠한 사실에 대하여 약속을 이행하기 위하여 정한 규범이다.
139_ 영속되는 법, 즉 국법 여기서는 율령을 뜻한다.
140_ 남녀의 혼인이 허용되는 연령에 관한 규정이다.

25.[141] **무릇, 여자를 혼인시키려면, 모두 먼저 조부모**祖父母 · **부모**父母, **백 · 숙부**伯叔父, **고모**[姑], **형제, 외조부모**外祖父母[142]**로부터 말미암아야 한다**(생각건대, 먼저 말미암는다는 것은, 모두 먼저 외조부모 이상 여러 친족들의 허락을 거쳐야 한다는 뜻이다. 비록 이들 모두를 말미암지 않더라도 다만 법령을 어긴 죄를 줄 뿐, 다시 이혼시키지는 않는다. 조부모 · 부모라는 것은 모두 혼주[主婚]의 조부모나 부모이다.[143] 여자의 부모는 예를 갖추어 청혼을 받은 다음 반드시 먼저 혼주의 조부모나 부모 등을 거쳐야 하는 것을 말한 것이다. 백숙부고[伯叔父姑]라고 하였는데, 부친의 형을 백부伯父라고 하고 부친의 아우를 숙부叔父라고 하며 부친의 여자형제를 고모[姑]라고 한다.). **다음으로 구**舅,[144] **종모**從母,[145] **종부형제**從父兄弟[146]**에 미친다**(생각건대, 모친의 형제 중 남자를 구舅, 여자를 종모從母라고 한다.[147] 위의 조항에 따르면, 먼저 마땅히 조부모 · 부모 등으로부터 말미암아야 한다고 하였는데, 만약 모두 이러한 친족이 없다면 곧 구 · 종모 등에게 미

141_ 여자를 혼인시킬 때 혼주가 되는 친족에 대한 규정이다.

142_ 이 조항은 唐令과 거의 같은 내용이지만 唐令에 없는 外祖父母가 삽입되어 있으며, 이는 태어난 아이가 외가에서 양육되는 경우가 많았던 고대 일본의 가족제도와 관련이 있는 것으로 보는 견해가 있다(日本思想大系『律令』). 이에 대해서 당령에도 外祖父母가 있었다고 보는 견해도 있다(中田薰, 「唐宋時代の家族共産制」, 『法制史論集』3-下, 岩波書店, 1943, p.1359).

143_ 『영의해』는 조부모 · 부모를 主婚 즉 혼인을 주관하는 자의 조부모 · 부모라고 보았으나, 이는 당령의 법의와 다르다. 당령에서는 "諸嫁女, 皆由祖父母父母主婚. 祖父母父母俱無者, 從餘親主婚."이라고 하여, 결혼 당사자의 조부모와 부모가 결혼을 주관해야 한다는 것이 법의이다. 그런데 양로령에서는 主婚이라는 말이 없으므로, 主婚이 자신의 조부모 · 부모와 상의 혹은 허락을 받아야한다는 식으로 받아들여지게 된 것으로 보인다.

144_ 외삼촌을 일컫는 것으로 舅父 舅氏, 叔舅, 外叔, 外叔父, 表叔 등으로도 불린다.

145_ 姨母를 일컫는다.

146_ 伯父 · 叔父의 아들 형제들로 사촌형제를 일컫는다. 당나라의 경우 堂兄弟라 불렀으며, 중국의 육조시대에는 同堂兄弟라고 불렀다.

147_ 日本思想大系『律令』에서는 舅從母로 묶어서 해석하였는데, 『令義解』의 견해에 따랐다.

칠 수 있음을 말한 것이다. 그러므로 다음으로 미친다고 한 것이다.). **만약 구·종모·종부형제 등이 함께 살면서 재산을 공유하지 않거나**(생각건대, 함께 살면서[同居] 재산을 공유하는 것[共財] 두 조건이 모두 필요하다.) **또한 이러한 친족이 없으면**(생각건대, 조부모 이하에서 종부형제 이상의 친족이 모두 없는 경우이다.) **모두 여자가 원하는 자에게 맡겨서 혼주**婚主**로 삼는다.**

26.[148] **무릇, 결혼이 이미 정해졌는데**(생각건대, 이미 혼인하기로 허락을 받은 상태이다.) **이유 없이 3개월 동안 이루어지지 않았거나, 도망하여 1개월 동안 돌아오지 않았거나 혹은 다른 나라[外蕃]로 잡혀갔거나 실종되었을 경우[沒落] 1년 넘게 돌아오지 않거나**(생각건대, 사신으로 가서 돌아오지 않았다면 그가 돌아와야 하는 해를 헤아려서 그로부터 다시 1년을 기다려야 한다. 이 조항에서는 연월年月로 칭하였지만 모두 날짜를 헤아려야 한다.) **도죄**徒罪[149] **이상의 죄를 범하였다면**(생각건대, 본래 범한 죄가 도죄에 해당한다면 비록 배소[配]에 가지 않았다 하더라도 또한 이와 같다. 다만 과실過失·의죄疑罪[150]는 해당되지 않는다.) **여자 집이 파혼하고자 한다면 허락한다. 비록 결혼이 성립되었다고 하더라도 남편이 다른 나라[外蕃]로 잡혀갔거나 실종되었을 경우[沒落] 자식[子]이 있으면 5년**(생각건대, 자식[子]이라고 한 것은 아들·딸 모두를 말하는 것이다. 만약 부부가 같은 이里에 있는데도 서로 왕래하지 않는 경우는, 곧 이유 없이 3개월 동안 이루어지지 않은 경우와 비교하여 이혼할 수 있다.), **자식이 없**

148_ 혼약과 혼인을 여자집에서 해소할 수 있는 사유에 대한 규정이다.

149_ 徒刑에 해당하는 죄로 도형은 1년, 1년 반, 2년, 2년 반, 3년의 5등급이 있다. 『당률소의』에 따르면 "徒라는 것은 奴의 뜻이다. 대개 종으로 삼아 치욕을 주자는 것이다."라 하였고, 『주례』에 따르면 "奴란 남자가 죄로 말미암아 천하게 부림을 당하게 된 것이다. 그에게 노역을 시키되 담장으로 둘러싸인 감옥에 모아 가두어 교화시킨다."라고 하여 도형이 주나라로부터 유래된 것임을 알 수 있다.

150_ 증거가 분명하지 않아 판단하기 어려운 죄를 말한다.

으면 3년을 기다려도 돌아오지 않는 경우, 또한 남편이 도망갔는데 자식이 있으면 3년 동안, 자식이 없으면 2년 동안 돌아오지 않는 경우는 모두 개가改嫁하는 것을 허락한다.

27.[151] 무릇, 먼저 간음한 다음 맞이하여 처妻나 첩妾으로 삼은 경우는(생각건대, 예를 갖추어 교합하지 않고 간음한 것이다. 가령 처음에 주혼主婚을 거치지 않고 화합하여 간통한 후에 조부모 등으로 말미암아 얼마 되지 않아서[已] 결혼하여 아내로 맞아들이기를 허락받는 것이다. 그 후 간통한 사실이 발각되면 비록 특별한 사면을 만나더라도 마땅히 다시 이혼하여야 한다.) 비록 사면을 받았다고 해도 이혼시킨다.

28.[152] 무릇, 처를 내치려고 하면 반드시 일곱 가지의 내보내야 할 상황이 있어야 한다.[153] 첫째, 아들이 없을 경우[無子]이다(생각건대, 비록 딸이 있어도 또한 아들이 없으면 다시 양자를 들여야 하기 때문이다.). 둘째, 음탕함이 이루어진 경우[淫泆]이다(생각건대, 음婬은 음탕한 것[蕩]이고 일泆은 지나간 것[過]이다. 그가 간음한 후여야 한다. 이에 음일淫泆이라고 한 것이다.). 셋째, 시부모[舅姑][154]를 섬기지 않는 경우이다(생각건대, 남편의 부친을 구舅, 남편의 모친을 고姑라고 한다. 위의 조항에서는 모친의 형제를 구舅 부친의 여자형제를 고姑

151_ 먼저 정을 통한 다음 혼인한 경우 赦免이 있더라도 이혼시킨다는 규정이다. 다만 현실적으로 이 조문은 死文에 가까웠을 것으로 생각된다. 이하 혼인에 관한 규정은 예의 도입이라는 상징적인 의미만 갖는 것으로 보아야 할 것이다.

152_ 남편의 일방적인 의지로 이혼할 수 있는 사유에 대한 규정이다.

153_ 남편이 아내를 내버릴 수 있는 7가지 이유로 七去之惡을 말한다. 남편이 이혼할 수 있는 권리를 棄妻權이라고 하며, 이러한 칠거지악의 유학적 교리를 七去學問이라고 한다.

154_ 이 조항에서는 시아버지와 시어머니를 말한다. 「戶令」 내에서도 조항에 따라서 舅·姑의 함의가 다른 점에 유의할 필요가 있다.

라고 한다고 했는데, 한 글자에 뜻이 두 개가 있으므로 사안에 따라서 통용할 수 있다.). **넷째, 구설**口舌**한 경우이다**(생각건대, 말이 많은 것이다. 부인이 말을 많이 하면 재앙을 불러오는 사다리가 된다는 말[155]이 바로 이것이다.). **다섯째, 도절**盜竊**하는 경우이다**(생각건대, 비록 재물을 얻지 않았더라도 또한 도둑질한 예와 같다.). **여섯째, 투기**妬忌[156]**한 경우이다**(생각건대, 안색으로써 하는 것을 투妬라고 하고 행동거지로써 하는 것을 기忌라고 한다.). **일곱째, 악질**惡疾[157]**이 있는 경우이다. 남편이 손수 글로 써서 내치는데 존속**尊屬 **· 근친**近親**이 모두 서명한다**(생각건대, 반드시 존속 · 근친 모두여야 한다. 곧 남자 집안과 여자 집안의 존속과 근친이 모두 서명하는 것이다.). **만약 글을 모르면 손마디를 그려서 서명한다. 처에게 비록 내쳐야 할 상황이 있다고 해도 세 가지의 내치지 못하는 경우가 있다. 첫째 시부모의 상을 도와서 치른**[經持] **경우**(생각건대, 지持는 도왔다[扶持]는 뜻이다.), **둘째 결혼할 때는 천하였으나 결혼 후에 귀하게 된 경우**(생각건대, 율에 의하면 귀貴라는 것은 모두 3위 이상의 관위에 의거하는 것이다. 5위 이상은 곧 통귀通貴라고 한다. 단 이 조에서 귀라고 한 것은, 바로 여자가 시집갔을 당시에는 빈곤하고 비천하였지만 여자를 버릴 때는 관위가 가히 칭할 만한 것을 말할 뿐이다. 반드시 5위 이상이어야 하는 것은 아니다.), **셋째 받아준 곳은 있지만 돌아갈 곳이 없는 경우**(생각건대, 혼인을 주관한 사람이 없다는 것은 곧 돌아갈 곳이 없다는 것이다. 가난함을 말한 것이 아니다.)**는 의절**義絶, **음일**淫泆, **악질**惡疾**을 범하였다고 하더라도 이 영**令**에 구애받지 않는다.**

29.[158] **무릇, 처를 내치려면 먼저 조부모 · 부모로부터 말미암아야 한다. 만약 조부모 · 부모가 없을 경우 남편이 마음대로 할 수 있다**(생각건대, 마음대

155_ '婦有長舌 維厲之階' 『詩經』 大雅 蕩之什 瞻卬에 보인다.

156_ 남자 애인이나 남편이 다른 여자에게 관심을 보이거나 좋아하는 감정을 가지거나 할 때, 화를 내거나 싫어하거나 속상해 하는 것이다.

157_ 생각건대, 악질(문둥병)과 독질(정신병: 癲狂)을 함께 일컫는다.

158_ 처와 이혼하는 경우의 절차와 재산 처리에 관한 규정이다.

로 한다[自由]는 것은 자신이 스스로 오로지 하는 것[自專]을 말하는 것이다. 즉 수서手書를 가지고 이장里長에게 주어, 적籍・장帳을 만들 때 국國・군郡에서 알게 한다. 위의 조항에 의거하면, 만약 존속尊属이 없으면 근친近親을 거쳐야 한다고 하였다. 그런데 이 조에서 단지 조부모・부모만을 든 것은 문장에서 생략하였기 때문이다.). **그녀가 가져온 것 중 현재 있는 재물은 모두 돌려준다**(생각건대, 처가로부터 가지고 온 재물을 말한다. 첩도 또한 마찬가지이다.). **만약 데리고 온 비婢가 자식이 있으면 또한 돌려보낸다.**

30.[159] 무릇, 여자가 결혼을 하거나 아내를 내칠 때, 말미암은 사람[所由]을 거치지 않으면 모두 각각 혼인이 성립되지 않거나 내칠 수 없다. 말미암은 사람이 나중에 알고도 3개월을 채울 때까지 따지지 않으면 모두 다시 논의할 수 없다[160](생각건대, 말미암은 사람[所由]이란 위의 조항에서 이르기를, '여자를 혼인시키려면 모두 먼저 조부모・부모 등으로부터 말미암아야 한다.'고 하였는데 바로 이것이다. 나중에 알았다[後知]는 것은, 이미 여자가 혼인하였거나 처를 내친 후 그것이 말미암은 사람을 거치지 않았음을 알았다는 것이다. 3개월[三月]이라는 것은 90일이다. 다시 논의할 수 없다[不得更論]는 것은, 말미암은 사람을 거치지 않고 이미 여자를 혼인시켰거나 처를 내친 후 말미암은 사람이 나중에 알았어도 3개월이 되도록 따지지 않았다면 다시 좇아서 논할 수 없다는 뜻이다. 만약 3개월 안에 따진다면 영을 위반한 죄[違令罪]를 주고 다시 결합하거나 이혼할 수 없다.).

31.[161] 무릇 처의 할아버지, 할머니, 아버지, 어머니를 구타한 경우, 그리고

159_ 혼인과 棄妻가 정당하게 친족의 허락 아래 이루어지지 않은 경우에 대한 규정이다.

160_『영의해』에서는 3개월 이내에 이의를 제기하더라도 혼인과 기처라는 이미 이루어진 사실에 대해서는 바꿀 수 없다고 하였는데, 이는 唐律의 규정과 다르다. 이는 일본의 혼인풍습을 보여주는 것이라고 할 수 있다.

처의 외할아버지, 외할머니, 큰아버지, 작은아버지, 고모, 형제, 자매를 죽인 경우, 혹은 부부의 할아버지, 할머니, 아버지, 어머니, 외할아버지, 외할머니, 큰아버지, 작은아버지, 고모, 형제, 자매가 스스로 서로 죽인 경우, 그리고 처가 남편의 할아버지, 할머니, 아버지, 어머니를 구타하고 욕한 경우(생각건대, 시아버지와 시어머니가 고발한 다음에 이에 의절義絶한다.), 남편의 외할아버지, 외할머니, 큰아버지, 작은아버지, 고모, 형제, 자매를 핍박하거나 상처 입혔거나(생각건대, 혹은 죽이는 것이고[煞], 혹은 상처 입히는 것[傷]이 이것이다.), 그리고 남편을 해하고자 하였다면(생각건대, 모함하거나 몸을 해하고자 하는 것 모두 이것이다. 단 남편을 구타하였다면 죄에 빠뜨리는 것보다 가벼우므로 의절義絶에 넣지 않는다. 무릇 모든 조에서 처라고 칭한 것은, 계처繼妻 역시 같다. 단, 첩은 아니다. 그 남편이 죽은 후에 처첩이 7개 의절[七出義絶]을 범한다면, 역시 오직 방출하는 예에 의거한다.), 비록 사면되더라도 모두 의절義絶한다.[162]

32.[163] 무릇 환과고독鰥寡孤獨, 가난하고 궁핍하며[貧窮] 나이 들고 병이 들어 자기의 힘으로 생존할 수 없는[自存] 자는(생각건대, 61세 이상이고 아내가 없으면 '환鰥'이라 한다. 50세 이상이고 남편이 없으면 '과寡'라 한다. 이것은 위 조항의 뜻과 다르다.[164] 16세 이하이고 아버지가 없으면 '고孤'라 한다. 61세 이상이고 아들이 없으면 '독獨'이라 한다. 재화가 궁핍한 것이 빈궁貧窮이라고 한다. 66세 이상을 '노老'라 한다. 폐질廢疾을 '질疾'이라 한다. 80세 이상 및 독질篤疾은 아울러 별도로 시중[侍]을 지급한다. 그러므로 이 예에 들지 않는다.) 근친으로서 거두

161_ 의절해야 할 사유에 대한 규정이다.

162_ 義絶은 곧 이혼의 사유가 된다. 의절을 강제적으로 이혼시키는 사유로 삼은 것은 혼인이 부부 개인의 관계보다 남녀 양가의 관계를 중시하기 때문이다.

163_ 곤궁한 백성과 병에 걸린 행인의 구제에 대한 규정이다.

164_ '위 조항의 뜻과 다르다.'고 한 것은 이전까지 寡의 의미가 寡妻 및 寡妾에서와 같이 단순히 남편을 잃은 처·첩의 의미로 사용되었기 때문이다.

어 기르게[收養] 하는데, 만약 근친이 없으면 방리坊里에 맡겨서 안휼安卹한다(생각건대, 안휼安卹은 편히 기르는 것[安養]을 말할 뿐이다.). 길에서 병이 들어서 스스로 감당할 수 없는 자는 당계當界의 군사郡司가 거두어서 촌리村里에 맡겨서 안양安養한다(생각건대, '승勝'은 감당하다[任]는 뜻이다. '당계군사當界郡司'는 그 일단을 든 것이며 경京에 있어서 역시 같다. 그러므로 당령唐令은 '당계관사當界官司'라고 했다. 그 기를 필요가 있는 바를 관사官司가 짐작斟酌하되 관물은 지급하지 않는다.). 더불어 의료醫療를 더한다. 아울러 연유를 심문하여 묻고[勘問] 자세하게 관속貫屬을 기록한다. 병이 나은 날에 본관지[前所]로 이송한다.

33.[165] 무릇 국수國守[166]는 매년 한 번 속군屬郡을 순행한다. 풍속을 살펴보며 100세 된 사람을 묻고 죄수[囚徒]를 살펴서 누명죄[冤]와 왕법한 죄[枉]를 다스린다(생각건대, 100세 된 사람을 묻는 것은 편안함과 그렇지 않는 것을 묻는 것이다. 죄수를 살피는 것은 기록을 살펴 그 정황에 원통함에 있는지 그렇지 않은지 아는 데에 있다. 누명죄와 왕법한 죄를 다스리는 것[理冤枉]에서 '이理'는 '다스리다治'이고, '원冤'은 '누명을 쓴 것[屈]'이며, '왕枉'은 '굽히는 것[曲]'이다. 이것은 죄수를 제외하고 별도로 억굴抑屈을 당한 것을 말하며, 가령 재물 소송 및 양인과 천민이 서로 싸우는 부류를 판단할 때 이치에 어긋나는 것이다.). 상세하게 정치와 형벌의 득실을 살펴서 백성의 근심과 괴로움을 알고(생각건대, '정政'은 '정교政敎'이며, '형刑'은 '형벌刑罰'이다. 가령 부역賦役을 부과할 때 법을 어기는 종류는 정치의 실패이다. 소송을 판단하여 다스릴 때 어그러뜨리는 종류는 형벌의 실패이다. 백성이 근심하고 괴로워하는 바를 아는 것은 누명쓰고 왕법한 이외

165_ 국수가 매년 1회 관할구역을 순행하고 예의 질서를 가르치고, 군사의 행정을 감찰하도록 한 규정이다.

166_ 사등관제에서 長官급에 해당하는 것으로 大國, 上國, 中國, 下國에는 모두 국수가 있었다.

에 근심하며 괴로워하는 바가 있는 것이다. 가령 하백河伯[167]을 위하여 부녀를 취하는 부류가 환고患苦이다.) **두터이 오교**五敎**를 가르치고 힘써 농공**農功**을 권장한다**(생각건대, 오교五敎는 5가지의 변함 없는[五常] 가르침으로, 곧 아버지의 의로움[父義], 어머니의 자애로움[母慈], 형의 우애[兄友], 아우의 공손함[弟恭], 자식의 효[子孝]이다. 농공農功을 힘써 권장한다는 규정에서 농공農功이라고 하였으므로, 순행하는 일은 반드시 봄철에 함을 알 수 있다. 사전史傳에서 이른바, 태수太守가 봄에 가서 사람들의 농사와 뽕나무를 권한다고 한 것이 이것이다.). **부**部 **내에 호학**好學**, 독도**篤道**, 효제**孝悌**,**[168] **충신**忠信[169](생각건대, 호학好學은 뛰어난 재주와 경전에 밝은 부류이며, 독도篤道는 효제孝悌・인의仁義 등의 도를 아울러 행하는 것이다. 왜냐하면 아울러서 말하였기 때문이다. 한 가지로 말하면 도道라고 하고 별도로 이름하면 곧 효제孝悌・인의仁義・예禮・충신忠信이라고 하기 때문이다. 곧 효제孝悌・인의仁義가 이미 독도篤道에 들어간다. 그런데 다시 아래 규정에서 효제孝悌・충신忠信을 거론한 것은 대개 하나하나를 개인과 관련시켜 말한 것이다. 무릇 이 네 가지는 사람의 고상한 행위[高行]이므로 들어서 으뜸으로 삼았다.), **청백**淸白**,**[170] **이행**異行(생각건대, 탁濁이 아닌 것은 청淸이라 하고, 치緇가 아닌 것은 백白이라 한다. 가령 증자曾子[171]가 노나라에서 경작을 하는데 노나라 임금이 읍을 다스리게 하자 굳게 사양[固辭]하며 받지 않은 부류이다.[172] 그 행함이 두터워 보통 사람과 다르므로, 이행異行이라 한다.)**으로 향려**鄕閭**에서 소문난**[發聞] **자가 있으면 천거하여 이를 올린다**(생각건대, 본인을 가려 뽑아서 보내는 것이다. 오직 문서를 아뢰어 그치는 것이 아니다. 왜냐하면 율에 의하면 "덕행이

167_ 중국고대 신화에 등장했던 黃河의 신, 곧 강의 신이다.

168_ 부모에 대한 효도와 형제에 대한 우애를 말한다.

169_ 군주에 대한 충성과 벗 사이의 믿음을 말한다.

170_ 재물에 대한 욕심이 없이 곧고 깨끗함을 말한다.

171_ 이름은 參. 자는 子輿. 山東省에서 출생하였다. 曾點의 아들이다. 공자의 高弟로 효심이 두터웠고 魯나라 지방에서 제자들의 교육에 주력하였다.

172_『孔子家語』在厄篇 참조.

괴팍하고 편벽하여 추천장과 같지 않은 경우에는[德行乖僻 不如擧狀][173]"라고 하였으므로, 곧 알 수 있다. 덕행으로써 공거貢擧[174]되는 자가 있음을 알 수 있다.). **효도와 공경을 하지 않으며, 예를 어그러뜨리고, 일상을 어지럽히며, 법령을 따르지 않는 자가 있으면**(생각건대 '패悖'는 '어그러지다逆'이다. '난상亂常'은 오상五常의 가르침을 문란하게 하는 것이다. '불솔법령不率法令'에서 솔率은 순循인데, 율령격식을 따르지 않는 것이다.) **조사해서 이를 바로잡는다. 그 군郡의 경내에 논이랑이 개간되고, 산업이 닦이고, 예교禮敎가 시행되고, 금령禁令이 행해지면**(생각건대, 금제禁制와 호령號令의 일이다.) **군령郡領[175]의 '능能'으로 삼으며, 그 경계에 들어갔더니, 사람이 궁궤窮匱하며, 농사 일이 거칠고 간사한 무리가 일어나고, 소송의 일이 긴박하면**(생각건대, '죄罪'를 판단하는 것을 '옥獄'이라 한다. '재財'를 판단하는 것을 '송訟'이라 한다.), **군령郡領의 '불不'로 삼는다. 만약 군사郡司가**(생각건대, 주장主帳[176] 이상이다. 위에서 소령少領[177] 이상의 '능불能不'을 논했고, 이것은 주장 이상의 선악을 말하는 것이다.[178]) **관에 있으면서 공렴公廉[179]해서 사사로운 계산에 이르지 않고, 색色을 바르게 하고 절節을 곧게 해서**(생각건대, 안색顔色을 바로잡고 절조節操를 곧게 하는 것이다.) **명예를 꾸미지 않으면 반드시 삼가 이를 살펴라. 그 뜻이 탐욕스러움과 더러움[貪穢]에 있고, 아첨하여 이름을 구하고 공절公節에 대한 소문을 듣지**

173_ 諸貢擧非其人及應貢擧而不貢擧者, 一人徒一年, 二人加一等, 罪止徒三年. 非其人, 謂德行乖僻, 不如擧狀者. 若試不及第, 減二等. 率五分得三分及第者, 不坐. -『당률소의』「職制律」2조 貢擧非其人條 참조.

174_ 유능하고 재능이 있는 시골의 子弟들을 지방관이 뽑아 중앙으로 보내던 것으로 본래 고대 중국에서 비롯되었다. 과거제도가 확립된 이후에도 공거가 시행되었다. 당나라 때는 과거시험을 담당하던 자를 知貢擧라 하기도 했다.

175_ 생각건대, 大領과 少領을 함께 일컫는다.

176_ 일본 사등관제에서 네 번째인 主典에 해당하는 郡司이다.

177_ 일본 사등관제에서 두 번째인 次官에 해당하는 郡司이다.

178_ 생각건대, 大郡·上郡·中郡의 경우에는 主政도 포함한다.

179_ 공평하고 청렴하며 강직함을 말한다.

못했으나 개인의 집이 날로 늘어나면 역시 삼가 이를 살핀다. 그 정치상의 공적의 능불能不과(생각건대, 논이랑 개간되는 것부터 금령禁令을 행하는 것에 이르기까지를 '능能'이라 한다. 사람이 궁궤窮匱한 것부터 소송하는 일이 긴박한 것에 이르기까지를 '불不'이라 한다.), 경적景迹의 선악은(생각건대, '관에 있으면서 공렴해서[在官公廉]'로부터 '명예를 꾸미지 않으면[不飾名譽]'까지가 '선善'이다. '그 뜻이 탐욕스러움과 더러움에 있고[其情在貪穢]'에서부터 '개인의 가문이 날로 늘어나면[私門日益]'에 이르기까지가 '악惡'이다.) 모두 기록해서 고장考狀에 넣어서 포폄褒貶[180]으로 삼는다. 곧 일에 침해侵害가 있으므로(생각건대, 해로운 정치와 억굴抑屈한 부류가 이것이다. 해로운 정치[害政] 등의 일로서 만약 해임해야 된다면 곧 해각解却하고 고시考時를 기다리지 않는다는 말이다.) 고考에 이르는 것을 기다릴 수 없을 때는 일에 따라 규추糾推한다.

34.[181] 무릇 국사國司, 군사郡司가 소부所部[182]에 가서 검교해야 할 경우에, 백성들의 영송迎送을 받을 수 없고, 산업産業을 방해하거나 폐할 수 없으며, 공급供給을 받아서(생각건대, 국사가 소부로 가서 검교하는 바가 있더라도, 군사와 이장里長 그리고 백성 등이 곧 달려나가 경계까지 이르러 영송할 수 없다. 모두 해당하는 장소[當所]에서 공경하여 받들 따름이다. 곧 군사가 입부入部하면 이장과 백성 또한 이 예에 따른다. 공급이라는 것은 백성이 바치는 것이다. 율에 의거하여 공궤供饋[183]를 바치는 것은 논하지 않는다. 지금 이 영令은 소부로 향하는 것에 관련하여 특별히 금지하는 조條를 세운 것으로, 가령 번거롭고 어지러움에 이르지 않는다 하더라도 번번이 공급받을 수 없다.) 번잡하고 어지럽게 할 수 없다.

180_ 옳고 그름이나 선하고 악함을 판단하여 결정하는 것이다.

181_ 국군사가 관할구역에 들어가 檢校할 때 유의해야 할 사항을 규정한 것이다.

182_ 관할하는 대상이 되는 곳을 의미한다. 즉, 국사는 郡과 里를, 군사는 里를 관할한다.

183_ 식사 대접을 의미한다.

35.[184] **무릇 능호**陵戶,[185] **관호**官戶,[186] **가인**家人,[187] **공사노비**公私奴婢**는 모두 같은 신분**[當色]**끼리 혼인한다**(생각건대, 무릇 이 다섯 신분[五色]은 서로 신분이 맞아야 혼인하는 것이다. 곧 다른 신분[異色]끼리 서로 장가드는 것은 율에는 죄명이 없지만, 모두 위령違令에 해당하여 이미 본래의 신분[本色]을 어지럽혔으니 또한 이를 바르게 함이 마땅하다. 만약 다른 신분끼리 서로 혼인해서 자식을 낳았는데 곧 사정을 알았을 경우에는 무거운 것[重]에 따르는 것이 합당하다. 관호, 능호, 가인 등 세 신분[三色]에서는 관호는 가벼운 것[輕]으로 삼고, 능호, 가인은 무거운 것[重]으로 삼는다. 또한 공천公賤[188]은 가벼운 것[輕]으로 삼고, 사천私賤[189]은 무거운 것[重]으로 삼는다. 다만 능호와 가인이 서로 혼인하여 태어난 소생자所生者는 어머니를 따라 정한다.).

36.[190] **무릇 관호와 노비는 매년 정월에 본사**本司**가 신분별로 각각 적**籍 **2통을 만든다**(생각건대, 본사는 관노사官奴司[191]이다.). **1통은 태정관에 보내고, 1통은 본사에 보관하며, 공**工**과 능**能**이 있는 자는 신분별로 모두 기록한다**

184_ 천민은 동일한 종류의 천민과 혼인할 것을 규정한 것이다.

185_ 천황과 황족 등의 능묘를 지키는 자를 말한다. 양민과 가까운 신분으로 구분전이 지급되었고 調雜徭는 면제되었다.

186_ 관청에 소속된 상급 천민을 말한다. 관노비보다 상위의 신분으로 戶를 구성할 수 있고 戶 전원이 使役되지 않았다. 관노비가 66세 이상이 되면 관호로 편제되었다.

187_ 노비보다 상급의 私賤民으로 종래 호족들의 사유민을 말한다. 재산으로 취급되었지만 매매의 대상이 되지는 않았고 戶를 구성하고 口分田도 지급받았다.

188_ 공노비의 다른 말이다.

189_ 사노비의 다른 말이다.

190_ 관호와 관노비의 장부를 작성하는 것에 관한 규정이다.

191_ 宮內省에 소속되어 있으며 관호와 노비의 名籍과 口分田 등의 일을 관장한다. 正 1인(정 6위상), 佑 1인(종 7위하), 令史 1인(종 8위하), 使部 10인, 直丁 1인으로 구성되었다. 808년 主殿寮에 병합되었다. 「직원령」 49조 官奴司條 참조.

(생각건대, 공은 공장工匠이다. 능은 서산書算의 부류[192]이다.).

37.[193] **무릇 양인良人과 가인家人이 압략壓略을 당해**(생각건대, 압은 가인이나 노비를 풀어주어 양인으로 삼았는데, 다시 내리눌러서 천인賤人으로 삼은 것이다. 약은 강제함[不和]을 일컫는데, 곧 양인을 범하여 노비로 삼는 등의 부류이다) **천인에 충당되어 노비와 결혼해서 남녀를 낳았을 경우, 후에 호소하여 면하게 되면 태어난 남녀는 모두 양인과 가인에 따른다.**

38.[194] **무릇 관노비는 나이가 66세 이상이거나 폐질廢疾, 혹은 몰관**[配沒][195] **당했지만 호戶를 이룬 경우에는 모두 관호官戶로 삼는다**(생각건대, 하조下條에서 말하기를 가인이나 노비가 주인 또는 주인의 친척과 간음하여 태어난 남녀는 각각 관에서 몰수한다. 또한 율에 의거하여 모반謀反·대역大逆하였을 경우에는 부자父子 모두 관에서 몰수하는 것이 이것이다.). **나이가 76세 이상에 이르면 모두 풀어주어 양인으로 삼는다**(생각건대, 연좌된 집의 천인이 몰관되어 들어가는 때에 이르러 이미 66세 이상이거나 폐질일 경우에는 곧 관호로 삼는다. 예컨대 76세 이상이거나 독질篤疾일 경우에는 또한 양인에 따른다.). **바라는 곳**[樂處]**에 관貫을 부쳐준다. 반역에 연좌되었을 경우라도 80세 이상이면 또한 양인에 따르는 것을 허락한다**(생각건대, 갑甲이 연좌되었으며 을乙은 곧

192_ 글을 쓸 수 있거나 셈을 할 수 있는 부류이다.

193_ 良人과 家人이 불법적으로 賤人이 되었을 때 낳은 자식의 신분에 대한 규정이다.

194_ 관노비 관호가 나이가 많거나 질병으로 인하여 방면하는 경우에 관한 규정이다.

195_ 配沒에 대한 해석으로 配를 '유배당하다'로 해석하여 '유배되거나 또는 몰관됨'을 의미하는 것으로 보는 견해가 있고(김택민, 『중국고대형법』, 아카넷, 2002.), 配를 '걸맞다'로 해석하여 '몰관하기에 걸맞다'로 보는 견해가 있다.(김택민, 임대희 외, 『역주 당률소의』, 1994. — 이는 각 권별 담당번역자에 의해 번역된 것으로 『당률소의』 4권의 번역은 권인용, 김대정에 의해 번역되었다.) 여기서는 '몰관되다'로 보았다.

갑의 노奴인데 모두 76세라면 을은 법에 따라 양인에 따르고, 갑은 80세를 채우지 못하였으니 오히려 관호로 삼는다. 가인도 율에 의거하여 노비의 예에 준한다.).

39.[196] 무릇 가인이나 노비를 풀어주어 양인이나 가인으로 삼았을 경우에는, 본적지[本屬]를 거쳐 중무성에 문서로 통고하여[申牒] 제부除附한다.[197]

40.[198] 무릇 가인이 낳은 자손은 그대로 이어서 가인으로 삼는다. 모두 본래의 주인[本主]에게 맡겨 부리게 하는데, 다만 모두[盡頭] 부릴 수는 없고(생각건대, 가령 가인인 남녀가 10인 있으면, 각각 3인씩 풀어주어 가인 집안의 생업[家業]을 하게 하는 것이다.[199]) **매매할 수 없다.**

41.[200] 무릇 관호, 가인, 공사노비가 노략질당하여 외국[外蕃]에 몰락하였다가 스스로 돌아왔을 경우에는 모두 풀어주어 양인으로 삼는다. 노략질당한 것이 아니거나(생각건대, 抄抄는 '약탈[掠]'과 같다. 곧 강제로 물건을 취하는 것이다. 가령 해인海人[201]이 고기잡이를 하다가 바람을 만나 표락漂落한 것이 이 같은 부류이니, 약탈당한 것은 아니다.) **주인을 배반하고 외국[蕃]에 들어갔다가 후에 돌아온 자는 각각 관이나 주인에게 돌려보낸다.**

42.[202] 무릇 관호, 능호, 가인, 공사노비가 양인과 더불어 부처夫妻가 되어

196_ 가인과 노비를 방면하는 절차에 관한 규정이다.

197_ 除는 戶籍 등의 문서에서 관련 사항을 삭제하는 것이고 附는 새롭게 등재하는 것이다.

198_ 가인의 신분 세습, 부리는 방법, 매매 금지 등에 대한 규정이다.

199_ 이는 가인들의 생활을 보호하기 위한 조치로 볼 수 있다.

200_ 천인이 외국에서 돌아온 경우의 신분에 대한 규정이다.

201_ 海人은 어부를 전반적으로 일컫는 말이었다. 지금은 바다 속에 잠수하여 어패류・해조류 등을 채집하는 고기잡이를 전업 및 겸업으로 하는 사람을 일컫는다. 남성의 경우 海士 여성의 경우 海女라 한다.

(생각건대 남편이 양인이고 아내가 천인이거나, 남편이 천인이고 아내가 양인인 경우가 모두 이것이다. 그러므로 부처夫妻가 된다고 말한 것이다. 만약 다른 가인이나 노와 더불어 합궁[合]하여 태어난 자는 곧 어머니를 따라야 한다.) **낳은 남녀는 사정을 알지 못했을 경우에 양인에 따르게 하고, 모두 이혼시킨다.**[203] **도망하여 낳은 남녀는 모두 천인에 따른다.**[204]

43.[205] **무릇 가인이나 노비가 주인이나 주인의 5등 이내 친親과 간음하여 낳은 남녀는 각각 관에서 몰수한다**(생각건대, 만약 강간당해서 낳은 남녀는 곧 양인에 따른다. 주인과 노가 본래 서로 알지 못하다가 간음한 후 비로소 알게 되었다면, 율에 의거하여 '범시부지지법犯時不知之法'[206]에 준하여 양인에 따르는 것이 적합하다.).

44.[207] **무릇 화외化外의 노비가 스스로 와서 국國에 의탁하였을 경우 모두**

202_ 천인과 양인 사이에 태어난 자식의 신분에 대한 규정이다.

203_ 당령에 의하면 양인 신분인 쪽이 상대방을 알았는가 몰랐는가에 따라서 知情, 不知情을 구분한다고 명시되어 있다. 즉, 여기서는 양인 신분인 쪽이 상대방의 신분을 몰랐다면 그 낳은 남녀를 양인에 따르게 하고, 夫妻는 이혼시킨다고 한 것이다.

204_ 당령에 의하면 양인 신분인 쪽이 상대방의 신분을 알고 있었다면 그 낳은 남녀를 천인에 따르게 한다 하였다. 여기서 도망하여 낳은 것은 곧, 사정을 알고 있었던 것이다. 그러므로 여기서는 도망하여 낳은 남녀를 모두 천인에 따른다고 한 것이다. 『당령습유』 호령 46조 참조.

205_ 가인과 노비가 주인 및 주인의 친족과 간음해서 생긴 자식을 몰관하는 규정이다.

206_ 범죄를 저지를 때는 알지 못했다가 후에 알게 된 경우를 규정한 법으로 '본래 무겁게 처벌해야 하지만 범행 때 알지 못했다면 가볍게 처벌하고, 가볍게 처벌해야 할 것인 경우에는 원래 규정대로 따를 것을 허용하는 것'을 말한다. 또한, 이는 '사정을 알지 못했을 경우 양인에 따른다'는 앞 조문에 따른 것이다.

207_ 化外의 노비가 귀화하였을 때 화외인이 천인이 되었을 경우에 대한 처리규정이다.

풀어주어 양인으로 삼는다(생각건대, 교화가 미치지 못하는 곳을 화외라고 한다. 투投는 '의탁하다[歸]'이다. '모두 풀이주어 양인으로 삼는 것[悉放爲良]'은 주인이 없이 스스로 왔을 경우에 의거한 것이고, 주인이 있을 경우에는 아니다. 가인 또한 같다.). 곧 적籍과 관貫에 부기한다. 본주인이 비록 먼저 와서 국에 의탁하였다 하더라도 또한 기록할 수 없다(생각건대, 인認은 기록하다[識]이다. 만약 비록 후에 왔더라도 고쳐서 기록할 수 없다.). 만약 경외境外의 사람이(생각건대 또한 화외와 더불어 같다.) 먼저 화내化內에서 천인에 충당되었는데, 그 2등 이내 친親이 후에 와서 화내에 의탁했을 경우에는 속贖을 바치고 양인이 되는 것을 허락한다.

45.[208] 무릇 홍수, 가뭄, 재앙, 누리[水旱災蝗]를 만나(생각건대, 재황災蝗은 해석이 고과령考課令에 보인다.[209]) 곡식이 여물지 않고 양식이 적어 진휼[賑給]해야만 할 경우에는(생각건대, 진賑은 '진휼[贍]'이다. 부역령에 또한 이러한 내용이 있는데 거기서는 과역課役으로 행하고, 여기서는 진휼[賑給]로 행한 것이다.) 국군國郡이 사실을 조사하여 미리 태정관에 보고하고, 천황께 아뢴다.

208_ 홍수 가뭄 등의 자연재해로 흉년이 들었을 때 진급하는 규정이다.

209_ 『영집해』 「고과령」 65조 殊功異行條의 주에는 災와 蝗에 대한 해석이 보이지만 『영의해』에서는 보이지 않는다.

(謂, 戶一家爲一戶也.) 凢肆拾伍條

凢戶以五十戶爲里(謂. 若滿六十戶者. 割十戶立一里. 置長一人. 其不滿十家者. 隷入大村. 不須別置也.). 每里置長一人. 掌撿挍戶口. 課殖農桑. 禁察非違. 催駈賦役. 若山谷阻險. 地遠人稀之處(謂. 縱山谷阻險. 而人居稠密. 或雖人居稀踈. 而地理平坦者. 並不在此限也.). 隨便量置(謂. 若滿十戶者. 依上法. 立別里. 若不滿者. 令伍相保. 附於大村也.).

凢郡以廿里以下. 十六里以上. 爲大郡(謂. 郡不得過千戶. 若餘五十戶以上者. 隷入比郡. 若隷入比郡. 地勢不便. 或不獲已而應分者. 別錄申官. 其定國大小. 可有別式.). 十二里以上爲上郡. 八里以上爲中郡. 四里以上爲下郡. 二里以上爲小郡.

凢京每坊置長一人. 四坊置令一人. 掌撿挍戶口. 督察姦非. 催駈賦徭(謂. 案職員令. 不注坊令職掌. 至此乃注者. 以坊令職掌與坊長同故. 在一處相併而注也.).

凢坊令取正八位以下(謂. 內外並同. 下文准此也. 稱以下者. 無位亦同也. 案軍防令. 雖至六位. 不可輙替也.), 明廉强直. 堪時務者充. 里長. 坊長. 並取白丁淸正强幹者充. 若當里. 當坊無人. 聽於比里. 比坊簡用. 若八位以下. 情願者聽.

凢戶主皆以家長(謂. 嫡子也. 凢繼嗣之道. 正嫡相承. 雖有伯叔. 是爲傍親. 故以嫡子爲戶主也.)爲之. 戶內有課口者. 爲課戶. 無課口者. 爲不課戶. 不課. 謂皇親(謂. 四世以上. 其五世王者. 本蔭五位. 雖非皇親. 理宜不課. 六世王者. 懸准本蔭. 比五位子. 亦是不課. 七世王者. 雖云絶蔭. 比五位孫. 故輸調免徭. 可得出仕. 八世以下者. 資蔭已絶. 差科賦役. 一准白丁也). 及八位以上. 男年十六以下. 并蔭子(謂. 五位以上之子. 其三位以上父祖兄弟. 亦是不課. 而特以子爲文者. 據其多者也.). 耆. 癈疾. 篤疾. 妻妾女. 家人. 奴婢.

凡男女三歲以下爲黃. 十六以下爲少. 廿以下爲中. 其男廿一爲丁. 六十一爲老. 六十六爲耆(謂. 凡服役之道. 老壯異科. 故隨其年秩. 制三等法. 其女者非力役之例. 故唯擧男. 若可注帳籍者. 自依丁老耆法也.). 無夫者. 爲寡妻妾(謂. 夫亡. 及被出者. 不限年之長幼. 皆爲寡也.).

凡一目盲. 兩耳聾. 手无二指. 足无三指. 手足无大拇指(謂. 拇大指也. 或手. 或足. 無大拇指者. 是也. 若手足共无者. 自須內廢疾也.). 禿瘡无髮(謂. 頭上生瘡. 有白虫痂. 其痂甚瘡癢. 故其上髮. 禿落不生也.). 久漏(謂. 身成孔穴. 膿汁潰漏. 久而不止. 故曰久漏也. 漏或作瘻也.). 下重(謂. 陰頹也. 陰核脹腫. 得陰卽發. 其大如升. 沈重難行. 故曰下重也.). 大癭腫(謂. 癭者. 頸腫也. 瘇者足腫. 嫌其小者亦入此卽限. 故加大字以別也.). 如此之類. 皆爲殘疾. 癡. 瘂(謂. 不慧爲癡. 不語爲瘂也.). 侏儒(謂. 短人也.). 腰脊折(謂. 腰脊不相須也. 若共折者. 自合篤疾也.). 一支癈. 如此之類. 皆爲癈疾(謂. 痼疾也. 廢於人事. 故曰廢疾也.). 惡疾(謂. 白癩也. 此疾. 有虫食人五藏. 或眉睫墮落. 或鼻柱崩壞. 或語聲嘶變. 或支節解落也. 亦能注染於傍人. 故不可與人同床也. 癩或作癘也.). 癲狂(謂. 癲者. 發時仆地. 吐涎沫. 無所覺也. 狂者. 或妄觸欲走. 或自高賢. 稱聖神者也.). 二支癈. 兩目盲. 如此之類. 皆爲篤疾.

凡老殘並爲次丁.

凡戶皆五家相保. 一人爲長. 以相撿察. 勿造非違. 如有遠客來過止宿. 及保內之人有所行詣. 並語同保知.

凡戶逃走者. 令五保追訪(謂. 此五保職掌. 故其追訪之人. 不在折徭限也). 三周不獲除帳(謂. 三年之後. 至四年計帳而除帳. 卽其地者. 除帳之年還公. 不待班田之日也.). 其地還公. 未還之間. 五保及三等以上親. 均分佃食. 租調代輸(謂. 若无地者. 不可代輸. 其徭役者. 縱有地不可代役. 无其身故也.). 三等以上親. 謂同里居住者. 戶內口逃者. 同戶代輸. 六年不獲. 亦除帳. 地准上法.

凡年八十及篤疾. 給侍一人(謂. 其給侍者. 不限貴賤. 皆普給之. 若篤疾之人.

年亦八十者. 猶給一人. 不可累給. 其九十百歲. 亦准此例也.). 九十二人. 百歲五人. 皆先盡子孫(謂. 縱有子孫者. 不限有官无官. 皆先盡其子. 然後及孫也. 稱孫者. 依律. 曾玄同也.). 若无子孫. 聽取近親. 无近親. 外取白丁. 若欲取同家中男者並聽. 郡領以下官人(謂. 主政以上. 爲推決故也.). 數加巡察. 若供侍不如法者. 隨便推決(謂. 量其情狀. 便決笞罪也.). 其篤疾十歲以下. 有二等以上親者. 並不給侍(謂. 十歲以下者. 三歲以上也.).

凢無子者. 聽養四等以上親於昭穆合者(謂. 昭者明也. 爲父. 故曰明也. 穆者敬也. 子宜敬父也. 凢取養子者. 年齒須相適. 何者. 下條云. 男年十五聽婚. 既定夫婦. 理當有子. 然則年十五者. 則於卅者. 有爲子之道. 年卌者. 則於廿五者. 有爲父之端. 擧其一隅. 餘內可知也.). 即經本屬除附.

凢戶內欲析出口爲戶者(謂. 析分也.). 非成中男. 及寡妻妾者. 並不合析. 應分者. 不用此令(謂. 縱非成中男. 及寡妻妾. 然猶堪爲戶主者. 亦合聽分也.).

凢新附戶. 皆取保證(謂. 新附戶者. 未附戶籍之人. 始新附貫也. 保證者. 保保人也. 證證人也. 依文. 保證須並取也. 所以防逃亡詐冒也.). 本問元由. 知非逃亡詐冒. 然後聽之. 其先有兩貫者. 從本國爲定(謂. 父國爲本國也. 言父母各別國. 而其子兩處附貫者. 即從父國爲定也.). 唯大宰部內. 及三越. 陸奧. 石城. 石背等國者. 從見住爲定(謂. 假令. 母在關國. 父在他國. 其子內母在關國者. 從母爲定. 是爲從見住爲定. 若父在關國. 母在他國. 仍復有兩貫者. 自須依內本國之法也.). 若有兩貫者. 從先貫爲定(謂. 父母各在關國. 仍復有兩貫者. 不論父國母國. 從先貫爲定也.). 其於法不合分析. 而因失鄉分貫(謂. 遭時喪亂. 流離失鄉之類也. 問. 三越等國. 既除父戶. 永從母貫. 未知. 律令蔭贖. 如何處分. 答. 案獄令. 流移之人至配所. 六載以後聽仕. 有蔭者. 各依本犯收叙法. 然則犯罪配流之輩. 已附他貫. 尚復蒙父祖蔭. 何況王法之故. 分從母貫之人. 得其資蔭. 斷焉須知也.). 應合戶者. 亦如之.

凢戶居狹鄉. 有樂遷就寬(謂. 既云戶. 即明戶口者. 不可聽遷也.). 不出國境者. 於本郡申牒. 當國處分. 若出國堺. 申官待報. 於閑月. 國郡領

送. 付領訖. 各申官(謂, 所送所受國. 各申官也.).

凡沒落外蕃(謂. 沒者被抄略也. 落者. 遭風波而流落也.)得還. 及化外人歸化者. 所在國郡. 給衣糧. 具狀發飛驛申奏. 化外人. 於寬國附貫安置. 沒落人依舊貫. 無舊貫. 任於近親附貫. 並給糧. 遞送使達前所.

凡浮逃絶貫(謂. 浮者浮浪也. 逃者逃亡也. 其絶貫之由. 卽問浮逃之人. 不更牒於本貫也. 依律. 非亡而浮浪他所. 闕賦役者. 依亡法卽起自闕賦役之年追訪. 若不獲者. 依三周六年之法而除帳. 是爲浮逃絶貫也. 旣曰絶貫. 若未絶者. 須還本属也.). 及家人奴婢. 被放爲良. 若訴良得免者. 並於所在附貫(謂. 取保證准上條也.). 若欲還本属者聽(謂. 若在關國. 欲還本属. 無關者. 卽不可聽. 何者. 父子分貫. 猶不聽合故也.).

凡造計帳. 每年六月卅日以前. 京國官司. 責所部手實(謂. 手實者. 戶頭所造之帳. 其戶籍亦責手實也.). 具注家口. 年紀(謂. 年紀猶云年歲也.). 若全戶不在鄉者(謂. 假如. 要籍駈使. 擧戶赴任. 并浮逃未除之類也.). 卽依舊籍轉寫. 并顯不在所由. 收訖. 依式造帳(謂. 造計帳之[210]模樣也.)連署. 八月卅日以前. 申送太政官(謂. 雜戶陵戶計帳. 亦同申送也.).

凡戶籍六年一造. 起十一月上旬. 依式勘造. 里別爲卷. 惣寫三通. 其縫皆注其國其郡其里其年籍. 五月卅日內訖. 二通申送太政官. 一通留國. 其雜戶陵戶籍. 則更寫一通. 各送本司. 所須紙筆等調度(謂, 墨軸帙帶之類. 卽食料者. 用官物給. 其計帳亦出紙筆等度也.). 皆出當戶. 國司勘量所須多少. 臨時斟酌. 不得侵損百姓. 其籍至官. 並卽先納後勘(謂. 先納中務民部. 後更勘撿也.). 若有增減隱沒(謂. 增減者. 年紀不依實也. 隱者. 脫籍不上也. 沒者. 詐生注死也.)不同. 隨狀下推. 國承錯失. 卽於省籍具注事由(謂. 失錯之由. 具注省籍也.). 國亦注帳籍(謂. 帳者計帳也. 籍者, 戶籍也.).

凡戶口當造帳籍之次. 計年. 將入丁老疾. 應徵免課役. 及給侍者.

210_『令集解』의 '之'를 보완한 것이다.

皆國司親皃形狀. 以爲定薄(謂. 皃者定人顏狀. 猶今皃閱. 言造帳籍之次. 親覩其形狀. 或籍年少而皃案老. 或皃案老而籍年少. 如此之類. 偏難依籍. 故更依皃案. 以爲定簿. 卽依其皃案. 進者老入耆. 及退丁出中男之狀. 便卽注當年之帳籍. 不更改動其年紀也.). 一定以後. 不須更皃(謂. 小子入中男. 中男入丁. 丁入老. 老入耆之間. 是爲一定以後. 若改其常色者. 更須依親皃之法. 故云一定以後不須更皃也.). 若疑有奸欺者. 亦隨事皃定. 以附帳藉(謂. 奸起之時. 便卽皃定. 不待造帳籍之次. 上文定簿. 與此文附帳籍. 其義一同.).

凢籍應送太政官者. 附當國調使送. 若調不入京(謂. 或蒙恩復. 或遭水旱之類也.). 專使送之.

凢戶籍恒留五比(謂. 六年爲一比. 謂之比者. 比校之義. 言卅年籍. 恒留不除. 若有紕繆者. 所以相比挍也.). 其遠年者. 依次除. 近江大津宮庚午年籍不除(謂. 雄朝津間稚子宿禰尊御世. 諸氏爭姓. 紛亂不定. 卽盛煮湯. 令以手探攬. 詐僞者爛. 眞誠者全. 於是定姓造籍. 是爲庚午年籍也.).

凢應分者. 家人. 奴婢. 氏賤不在此限. 田宅. 資財. 其功田功封. 唯入男女(謂. 不依財物之法. 男女嫡庶. 並皆均分也.). 摠計作法. 嫡母. 繼母(謂. 異母男女所稱. 其養母分法亦准此.). 及嫡子. 各二分. 妾同女子之分. 庶子一分. 妻家所得. 不在分限. 兄弟亡者. 子承父分(謂. 兄弟亡者. 旣曰兄弟. 卽姉妹之子. 不在此限也. 子承父分者. 謂[211]稱子者. 男子也. 卽嫡子之子. 承嫡子[212]分. 庶子之子. 承庶子[213]分也. 下文云. 寡妻妾無男者. 承夫分. 亦同此法也. 問. 文云子承父分. 未知若有父之妻妾者如何. 答. 子承父分之後. 更依上文爲分. 但於法. 母子無異財之理. 卽分得之後. 各當同財. 又問. 嫡母繼母亡者, 子承母分否. 答. 唯得己分. 不可更承母分. 又問. 假令. 嫡妻有子. 共承分之後. 其母改嫁. 卽賫己及子財. 適後夫家. 其後母亡. 所有財物. 須入何人. 答. 令有妻承夫財之文. 而無夫得妻物之法. 卽須與其子. 不可

211_『令集解』의 '謂'를 보완한 것이다.
212_ 子와 分 사이에 '之'가 있는 사본이 있다
213_ 子와 分 사이에 '之'가 있는 사본이 있다

入夫. 其於母者. 無嫡庶名. 分其財物者. 當內均分法也.). 養子亦同. 兄弟俱亡. 則諸子均分(謂. 假有. 兄子一人. 弟子十人者. 惣爲十一分. 各得 一分也.). 其姑姉妹在室者. 各減男子之半(謂. 姑及姉妹若. 各[214]得諸子之半也.). 雖已出嫁. 未經分財者亦同. 寡妻妾無男者. 承夫分(謂. 兄弟之妻妾無男者. 承其夫分也.). 女分同上. 若夫兄弟皆亡. 各同一子之分. 有男無男等(謂. 恐於有男者不與其母分. 故云有男無男等. 問. 家長妻妾. 服闋之後. 未分之前改嫁如何. 答. 文云嫡母繼母各二分. 謂家長之妻. 夫亡寡居者也. 若未分之前. 改嫁適他者. 不可得財. 又問. 除服之後. 不禁改嫁. 既已無罪. 何不承分. 答. 服闋改適. 雖無罪條. 於夫義已絶. 豈得更稱妻. 又下文云. 寡妻妾无男者. 承夫分. 若夫兄弟皆亡. 各同一子之分. 然則自非寡居守志. 並皆不可承分. 又問. 僧尼嫁娶生子. 亦既私有財物. 既僧尼身死. 若爲處分. 答. 僧尼嫁娶. 及私畜財物. 並是破戒律. 犯憲章. 若在其生日. 卽國有恒典. 然而僧尼. 其身既死. 雖是違法. 亦有妻子. 卽所有財物. 當與其妻子. 但於僧尼. 既无嫡庶. 至其分其財, 須依均分法. 其家人奴婢身死. 有財物. 其子孫應分者. 亦准此法也.). 謂在夫家守志者. 若欲同財共居. 及亡人在日處分. 證據灼然者. 不用此令.

凡男年十五. 女年十三以上. 聽婚嫁.

凡嫁女. 皆先由祖父々母々. 伯叔父姑. 兄弟. 外祖父母(謂. 先由者. 皆先由於外祖父母以上諸親. 縱不悉由者. 唯科其違令. 不可更離之也. 祖父母父母者. 主婚之祖父母父母也. 言女之父母. 受其禮辭. 必先由祖父母父母等也. 伯叔父姑者. 父兄曰伯父. 弟曰叔父. 姉妹云姑也.). 次及舅. 從母. 從父兄弟(謂. 母之昆弟. 男曰舅. 女曰從母也. 言依上文. 先當由祖父母等. 若並無此親者. 乃及舅從母等. 故曰次及也.). 若舅. 從母. 從父兄弟不同居共財(謂. 同居共財. 二事相須也.). 及無此親(謂. 祖父母以下. 從父兄弟以上並無也)者. 並任女所欲爲婚主.

凡結婚已定(謂. 已許婚訖也.). 無故三月不成. 及逃亡一月不還. 若沒落外蕃. 一年不還(謂. 若遣使不歸者. 計其應歸年. 更復待一年也. 此條. 稱年月

214_ '乃'로 되어 있는 사본도 있다.

者. 皆計日也.). 及犯徒罪以上(謂. 本犯徒罪者. 雖不身配亦是. 但過失疑罪者非也.). 女家欲離者聽之. 雖已成. 其夫沒落外蕃. 有子五年(謂. 稱子者. 男女同也. 若夫婦在同里. 而不相往來者. 即比無故三月不成離也.). 無子三年不歸. 及逃亡. 有子三年. 無子二年不出者. 並聽改嫁.

凡先姧後娶爲妻妾(謂. 不以禮交. 爲姧也. 假令. 初不由主婚. 和合姧通. 後由祖父母等. 已聽婚娶. 其後姧通事發者. 縱會非常赦. 猶亦離也.). 雖會赦猶離之.

凡棄妻. 須有七出之狀. 一無子(謂. 雖有女子. 亦爲無子. 更取養子故也). 二婬泆(謂. 淫者. 蕩也. 泆者. 過也. 須其姧訖. 乃爲淫泆也.). 三不事舅姑(謂. 夫父曰舅. 夫母曰姑. 上條云. 母之昆弟曰舅. 父之姉妹曰姑. 一字兩訓. 隨事通用也.). 四口舌(謂. 多言也. 婦有長舌. 維厲之階. 是也.). 五盜竊(謂. 雖不得財. 亦同盜例也.). 六妬忌(謂. 以色曰妬. 以行曰忌也.). 七惡疾. 皆夫手書棄之. 與尊属近親同署(謂. 尊属近親相須. 即男家女家親属共署也.). 若不解書. 畫指爲記. 妻雖有棄狀. 有三不去. 一經持舅姑之喪(謂. 持猶扶持也.). 二娶時賤後貴(謂. 依律. 稱貴者. 皆據三位以上. 其五位以上即爲通貴. 但此條曰貴者. 直謂娶時貧苦下賤. 棄日官位可稱而已. 不必五位以上也.). 三有所受. 無所歸(謂. 無主婚之人. 是爲無所歸. 言不窮也.). 即犯義絶. 淫泆. 惡疾. 不拘此令.

凡棄妻. 先由祖父々母々. 若無祖父々母々. 夫得自由(謂. 自由猶云自專也. 即將手書與之. 里長造籍帳時. 令知國郡. 據上條. 若無尊屬者. 須由近親. 而此條唯擧祖父母父母者. 文之省略也.). 皆還其所賷見在之財. 若將婢有子亦還之.

凡嫁女. 棄妻. 不由所由. 皆不成婚. 不成棄. 所由後知. 滿三月不理. 皆不得史論(謂. 所由者. 上條云. 嫁女. 皆先由祖父母父母等. 是也. 後知者. 既嫁棄之後. 而知其不由也. 三月者. 九十日也. 不得更論者. 不由所由. 嫁棄已訖. 而所由後知. 滿三月不理者. 不可更追論. 縱三月內理者. 科違令罪. 不更合離也.

凡毆妻之祖父々母々. 及煞妻外祖父母伯叔父姑兄弟姉妹. 若夫妻祖父々母々外祖父母伯叔父姑兄弟姉妹自相煞. 及妻毆詈夫之祖父々母々(謂. 須舅姑告. 乃爲義絶也.). 煞傷夫外祖父母伯叔父姑兄弟姉

妹(謂. 或煞或傷. 皆是也.). 及欲害夫者(謂. 若欲陷罪及害身. 並是. 但毆夫者. 輕於陷罪. 故不入義絶. 凡諸條稱妻者. 繼妻亦同. 但妾者非. 其夫死之後. 妻妾犯此七出義絶者. 亦猶依出例也.). 雖會赦. 皆爲義絶.

凡鰥寡孤獨. 貧窮老疾不能自存者(謂. 六十一以上而無妻爲鰥也. 五十以上而無夫爲寡也. 此與上條意異也. 十六以下而無父爲孤也. 六十一以上而無子爲獨也. 困於財貨. 爲貧窮也. 六十六以上爲老也. 廢疾爲疾也. 其八十以上及篤疾者. 並別給侍. 故不入此例也.). 令近親收養. 若無近親. 付坊里安䘏. 如在路病患. 不能自勝者. 當界郡司. 收付村里安養(謂. 勝者. 任也. 當界郡司者. 擧其一端. 在京亦同. 故唐令云當界官司. 其存養所須. 官司斟酌. 不給官物也.). 仍加醫療. 并勘問所由. 具注貫属. 患損之日. 移送前所.

凡國守每年一巡行属郡. 觀風俗. 問百年. 錄囚徒. 理寃枉(謂. 問百年者. 問其安不也. 錄囚徒者. 省錄之. 知其情狀有寃滯與不也. 理寃枉者. 理治也. 寃屈也. 枉曲也. 此言囚徒之外. 別被抑屈. 假如. 財物訴訟. 及良賤相爭之類. 判斷違理也.). 詳察政刑得失. 知百姓所患苦(謂. 政. 政教也. 刑. 刑罰也. 假如. 差科賦役違法之類. 是政失也. 剖[215]斷獄訟. 乖理之類. 是刑失也. 知百姓所患苦者. 寃枉之外. 有所患苦. 假如. 爲河伯娶婦女之類. 是患苦也.). 敦喩五敎. 勸務農功(謂. 五教者. 五常之教. 則父義. 母慈. 兄友. 弟恭. 子孝. 是也. 勸務農功者. 文稱農功. 故知巡行必以春時. 史傳所謂. 太守行春. 勸人農桑. 是也.). 部內有好學. 篤道. 孝悌. 忠信(謂. 好學者. 秀才明經等類. 篤道者. 兼行孝悌仁義等道. 何者惣而言之. 一謂之道. 別而名之. 卽謂之孝悌仁義禮忠信故. 然則孝悌仁義. 旣入篤道. 而更下文擧孝悌忠信者. 蓋一一在身之謂矣. 凡此四者. 人之高行. 故擧爲稱首.). 淸白. 異行(謂. 不濁者爲淸. 不緇者爲白. 假如. 如曾參耕魯. 魯君致邑. 固辭不受之類. 此行過厚. 異於人倫. 故云異行也.). 發聞於鄕閭者. 擧而進之(謂. 擧送其身. 非唯申奏事狀而已. 何者. 依律. 德行乖僻. 不如擧狀者. 卽知須有以德行被貢擧者也.). 有不孝悌. 悖禮. 亂

215_『令集解』 등에는 判으로 되어 있다.

常. 不率法令者(謂. 悖逆也. 亂常者. 紊亂五常之教也. 不率法令者. 率循也. 不遵律令格式也.). 糺而繩之. 其郡境內. 田疇闢. 産業修. 禮教設. 禁令行者(謂. 禁制及号令之事也.). 爲郡領之能. 入其境. 人窮匱. 農事荒. 奸盜起. 獄訟繁(謂. 爭罪曰獄. 爭財曰訟.)者. 爲郡領之不. 若郡司(謂. 主帳以上也. 上論少領以上之能不. 此說主帳已上之善惡也.)在官公廉. 不及私計. 正色直節(謂. 正顏色. 直節操也.). 不餝名譽者. 必謹而察之. 其情在貪穢. 諂諛求名. 公節無聞. 而私門日益者. 亦謹而察之. 其政績能不(謂. 自田疇闢. 至禁令行. 是能也. 自人窮匱. 至獄訟繁. 是不也.). 及景迹善惡(謂. 自在官公廉. 至不餝名譽. 是善也. 自其情在貪穢. 至私門日益. 是惡也.). 皆錄入考狀. 以爲褒貶. 卽事有侵害(謂. 害政及抑屈之類是也. 言害政等事. 若應解任者. 隨卽解却. 不待考時也.). 不可待至考者. 隨事糺推.

凢國郡司須向所部撿校者. 不得受百姓迎送. 妨癈産業. 及受供給(謂. 國司向所部. 有所撿校. 郡司. 里長及百姓等. 不得輙奔趣迎送至於境上. 皆於當所. 祇承而過之. 卽郡司入部. 里長百姓. 亦依此例也. 供給者. 百姓供給也. 依律. 受供饋者勿論. 今此令. 緣向所部. 特立條禁. 縱不至煩擾. 不得輙受供給也.). 致令煩擾.

凢陵戶. 官戶. 家人. 公私奴婢. 皆當色爲婚(謂. 凢此五色. 相當爲婚. 卽異色相娶者. 律無罪名. 並當違令. 旣乖本色. 亦合正之. 若異色相娶. 所生男女. 卽知情者. 自合從重. 其官戶. 陵戶. 家人. 是此三色者. 官戶爲輕. 二色爲重. 亦公賤爲輕. 私賤爲重. 但陵戶家人相婚所生者. 從母爲定也.).

凢官戶奴婢. 每年正月. 本司色別. 各造籍二通(謂. 本司者. 官奴司也.). 一通送太政官. 一通留本司. 有工能者. 色別具注(謂. 工者. 工匠也. 能者. 書筭之類也.).

凢良人及家人. 被壓略(謂. 壓者. 放家人奴婢爲良. 還壓爲賤者也. 略者. 不和之稱. 卽略良人爲奴婢之類也.)充賤. 配奴婢而生男女者. 後訴得免. 所生男女. 並從良人及家人.

凢官奴婢. 年六十六以上及癈疾. 若被配沒令爲戶者. 並爲官戶(謂.

下條云. 家人奴婢姧主及主[五等以上][216]親. 所生男女. 各沒官. 又依律. 謀反大逆者. 父子並沒官. 是也.). 至年七十六以上. 並放爲良(謂. 緣坐家賤. 當沒入時. 旣六十六以上及廢疾者. 卽爲官戶. 如七十六以上及篤疾者. 亦從良人也.). 任所樂處附貫. 反逆緣坐. 八十以上. 亦聽從良(謂. 若甲是緣坐. 乙卽甲奴. 俱是七十六者. 乙依法從良. 甲爲未滿八十. 猶爲官戶. 其家人者. 依律. 准奴婢之例.).

凡放家人奴婢. 爲良及家人者. 仍經本属. 申牒除附.

凡家人所生子孫. 相承爲家人. 皆任本主駈使. 唯不得盡頭駈使(謂. 假有. 家人男女十人者. 放三兩[217]人. 令執家業也.). 及賣買.

凡官戶. 家人. 公私奴婢. 被抄略. 沒在外蕃. 自抜得還者. 皆放爲良. 非抄略(謂. 抄猶掠. 卽强取物也. 假如. 海人漁釣. 被風漂落. 如此之類. 非是抄略也.). 及背主入蕃. 後得歸者. 各還官主.

凡官戶. 陵戶. 家人. 公私奴婢. 與良人爲夫妻(謂. 夫良妻賤. 及夫賤妻良. 並是. 故云爲夫妻. 若與他家人奴. 合所生者. 卽須從母.). 所生男女. 不知情者從良. 皆離之. 其逃亡所生男女. 皆從賤.

凡家人奴. 姧主及主五等以上親. 所生男女. 各沒官(謂. 若被强姧者. 所生男女. 卽從良人. 其主及奴. 元不相知. 姧後始知者. 依律. 准犯時不知之法. 自合從良.).

凡化外奴婢. 自來投國者. 悉放爲良(謂. 敎化之所不被. 是爲化外也. 投者. 歸也. 悉放爲良者. 據無主自來者. 其有主者非也. 家人亦同也.). 卽附籍貫. 本主雖先來投國. 亦不得認(謂. 認識也. 若雖後來. 亦不可得更認.). 若是境外之人(謂. 亦與化外同也). 先於化內充賤. 其二等以上親. 後來投化者. 聽贖爲良.

凡遭水旱灾蝗(謂. 灾蝗者. 釋見考課令也.). 不熟之處. 少糧. 應須賑給者(謂. 賑贍也. 賦役令亦有此類. 彼爲課役. 此爲賑給也.). 國郡撿實. 預申太政官奏聞.

216_『令集解』 등에 '五等以上'이라는 내용이 있다.

217_『令集解』에는 '四'로 되어 있다.

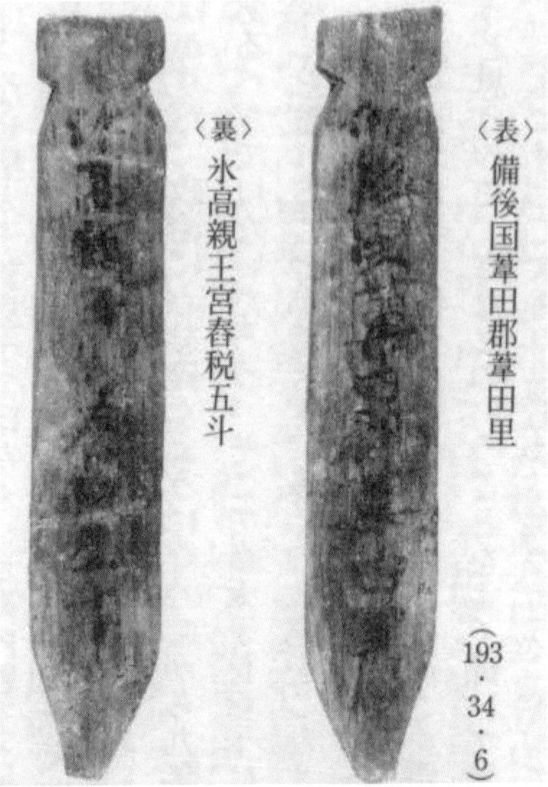

• 肥後國에서 氷高親王弓에 稅5斗를 납부할 때 붙인 木簡.

• 天皇御璽와 太政官印의 인영.

영의해 권제3
令義解 卷第三

An Annotated Translation of "Ryonogige"

田令 第九

전령[1] 제9

(생각건대, 전田은 오곡을 심는 땅이다.[2]) 무릇 37조이다.

1. 무릇, 논[田]은 길이 30보步,[3] 너비 12보를 단段[4]으로 한다.[5] 10단은 1정町 이다(생각건대, 1단에서는 벼 50속束[6]을 수확할 수 있다. 1속의 벼를 찧으면 쌀 5

1_ 隋의 開皇令이나 唐의 開元令에서는 「公式令」의 다음에 「田令」·「賦役令」이 배치되어 있다. 이는 수·당사회와 일본사회의 운영원리가 크게 달랐음을 보여준다.

2_ 일반적으로 일본에서 田은 水田 즉 논을 뜻한다. 구분전으로 지급하는 토지도 벼를 심는 논이었던 것으로 생각된다.

3_ 步는 길이의 단위이자 면적의 단위다. 일본의 大寶令에서는 1步를 6尺으로 규정하였는데(高麗法), 1尺은 실물로 남아 있는 布로 추산해 보면, 29.64cm(현재는 30.3cm)이다. 따라서 1步는 177.84cm이다. 면적으로서 1步는 3.1627㎡으로 현재의 1坪에 조금 못미친다. 「養老令」에 규정된 尺을 令小尺, 唐大尺, 天平尺이라고도 부른다.

4_ 360步가 1段이므로 1138.57㎡ 약 344坪에 해당한다. 흔히 段은 反으로 표기하고 '탄'이라고 읽는다. 다만 현재 확인할 수 있는 條里制의 흔적은 109m를 단위로 하고 있어서, 條里制는 기본단위인 尺이 「養老令」과 다르며, 「양로령」 시행 이전에 이미 구획이 이루어진 것으로 보인다.

5_ 30步×12步로 이루어진 1段이 모여서 10段 1町이 되기 위해서는 30步 방향으로는 2배, 12步 방향으로 5배를 확장해야 한다. 이를 半折形 토지구획이라고 한다.

6_ 束과 把는 각각 한 단의 벼와 한 줌의 벼에서 비롯된 단위라고 생각되며 우리나라의 삼국시대에도 마찬가지였다. 그러나 일정 면적에서 얻을 수 있는 벼의 양을 뜻하는 단위 나아가서 일정량의 곡물이나 벼를 뜻하는 단위로 쓰이게 되었다(稻1束 → 穀1斗 → 米5升). 최종적으로는 무게의 단위로도 쓰인 것으로 보인다(大一斤=1把, 大十斤=一束). 율령제 시행 이전에는 高麗尺 6尺 四方이

승升을 얻을 수 있다. 그러므로 1정에서는 500승을 얻을 수 있다.). **1단의 조**(생각건대, 전부田賦를 조租라 한다.)**는 2속 2파이고, 1정의 조**(租)**는 벼 22속이다.**[7]

2. 무릇, 전조田租는 토지[國土]별로 수확하는 시기의 빠르고 늦음에 준한다(생각건대, 수획收獲에서 수는 거두는 것이고[斂] 획은 베는 것이다[苅]. 빠르고 늦음이란 9월이 빠른 것이고, 11월이 늦은 것이다.). **9월 중순부터 보내기 시작해 11월 30일 이전에 납부를 마친다.**[8] **그 도정한 쌀[舂米]은 경京으로 보내는**

1步, 5步=1代(1束代)였으며, 1代에서 1束의 벼를 1步에서 쌀 1升을 수확할 수 있는 것으로 보았다. 그러나 束은 반드시 정확한 양이라고 할 수 없고 찧으면 3~4승을 얻을 수 있는 범위의 양으로 볼 수 있다. 이에 대해서 升은 비교적 구체적인 양이었다.

당시 升의 양은 분명하지 않으나 현재 1승(1.8ℓ)의 2/5로 보는 설이 유력하다(澤田吾一, 『奈良朝時代民政經濟の數的研究』, 復刻柏書房, 1972). 그런데 大寶令 혹은 그 이전의 淨御原令에서 5척 四方을 1보로 고쳤기 때문에 1보의 면적이 25/36이 되었고, 升의 체적, 束의 중량도 25/36로 줄어들었다(그래서 令前의 束을 成斤, 令制의 束을 不成斤이라고 하였다). 그래서 100代에 3속(1단 당 1속 5파)이었던 租를 실질적으로 같은 양으로 만들기 위하여 단의 租稻를 36/25배인 2속 2파로 환산한 것이다. 그러나 현실적으로는 斗升의 계량용기나 束把를 다는 저울추를 간단히 고칠 수 없었기 때문에 慶雲 3년격에서 成斤 1속 5파로 회복하였다(虎尾俊哉, 『日本古代土地法史論』, 吉川弘文館, 1981. pp.31~34),

7_ 『日本書紀』 大化改新條에도 "凡田長卅步, 廣十二步爲段. 十段爲町. 段租稻二束二把, 町租稻卄二束"으로 되어 있으나 이는 大寶令의 내용을 전재하였을 가능성이 크다. 한편 『日本書紀』 孝德紀 白雉3년에는 "凡田長卅步爲段, 十段爲町 〈段租稻一束半, 町租稻十五束.〉"이라는 기록이 보이는데, 田積法은 令과 같고 田租法은 慶雲三年格에서 규정된 것과 같다. 모두 『日本書紀』 편찬 당시의 제도와 일치하므로, 편찬시에 가필되었을 것이다.

8_ 田租를 납부하는 곳은 원칙적으로 각각의 國이다. 唐은 원칙적으로 田租를 중앙에 납부하고 특별한 경우에만 해당 州에 납부하였으나, 일본은 이와 반대로 國에 납부하는 것이 원칙이었다. 당령에서 조는 과역에 포함되어 丁租로서 정남에게 부과되었으며, 부과기준이나 징수절차도 부역령에 규정되어 있다. 그러나 일본에서는 과역에 포함되지 않았으며, 전적에 따라 부과되었으며, 그 부담도 아주 적었다(수확량의 4.4%). 이러한 田租의 존재양상은 일본열도의

데[9](생각건대, 조를 내는 집에서 균등하게 각력脚力[10]을 내어서 대취료大炊寮[11]에 보낸다. 조용調庸을 운송하는 것과 같다.), 정월부터 운반하기 시작해 8월 30일 이전에 납부하기를 마친다.

3. 무릇, 구분전口分田[12]을 주는 것은 남자는 2단段[13]이고 여자는 3분의 1을 감한다.[14] 5세 이하에게는 주지 않는다.[15] 그 땅에 관 · 협이 있으면, 향토법

특징이라고 할 수 있다.

9_ 현실적으로는 田租를 運京하는 것이 아니라 지방의 國衙에 보관하고 있는 田租를 出擧라는 형태로 농민들에게 대출해주고 이자로 거두어들인 利稻를 찧어서 보낸 것으로 보인다. 또한 도정한 쌀을 운반하는 비용은 田主가, 田租는 佃人가 각각 부담한 것으로 보인다(『日本思想大系律令』).

10_ 驛傳制에서 물자나 공문서 등을 운반하는 인부를 말한다. 넓은 의미로 도보로 물자 등을 운반하는 사람을 뜻한다.

11_ 「職員令」에 의하면 宮內省에 속한 관사로 諸國의 舂米, 雜穀의 分給, 諸舍의 食料를 담당한다. 舂米는 여러 관사의 常食 즉 일상적으로 먹는 음식에 충당되었다.

12_ 당의 균전제 및 구분전과 일본의 班田制 · 구분전은 여러 가지로 차이가 있다. 균전제에서는 20畝까지 永業田과 80畝까지 구분전을 지급하였으나, 반전제에서는 영업전은 수용하지 않고 구분전만 지급하였다. 또한 당의 제도가 보유 토지의 상한 혹은 목표치를 정한 것이라면, 일본의 경우는 실제로 授受하는 田地를 정한 것이다. 또한 당과는 달리 5세 이상의 남성, 여성, 노비에게도 지급되었다. 지급되는 구분전의 면적도 큰 차이가 있어서 당이 4ha가 넘지만, 일본은 1ha에도 미치지 못하였다.

13_ 2段은 약 700평 정도의 경작지이다.

14_ 당의 경우는 기혼 여성에게만 토지를 지급하여 夫婦를 受田과 租調 부담의 단위로 삼고자 하였다. 그러나 일본에서는 과역을 부담하지 않는 아이, 노인, 여자, 노비에게도 경작지를 지급하였다.

15_ 율령제의 나이는 모두 태어난 해를 1세로 하며, 호적에 기재된 이 나이가 모든 규정의 기준이 되었다. 일본의 경우 호적 작성이 6년에 한 번씩 이루어지고, 반전도 호적이 만들어진 후 1년 혹은 2년 되는 해에 6년에 한 번씩 이루어졌다. 그러므로 처음 호적에 오른 유아는 모두 6세 미만이고 두 번째로 호적에 오르는 경우는 모두 6세 이상이 된다. 따라서 6세로 하지 않고 5세로 기준을 정한 것은 의문이 남는다.

鄕土法[16]**에 따른다**(생각건대, 수전受田 2단이 족하면 관寬이고, 부족하면 협狹이다. 생각건대 앞의 규정에 의거하면 남녀의 구분전에 대해서 정해진 법이 있다. 만약 향토의 논이 적으면 그 수를 반드시 채우지 못하게 된다. 그래서 향토법에 따른다고 한 것이다. 즉 비록 토지가 넓어서 여유가 있더라도, 또한 2단을 주는 법에 의거하고 초과해서 지급할 수 없다.). **역전**易田[17]**은 배로 지급한다**(생각건대, 역전이란 그 땅이 척박하여 격년으로 경작하는 것이다. 배로 지급한다는 것은 가령 2단을 주어야 한다면 곧 4단을 주는 것이다.). **주는 것이 끝나면 자세히 면적**[町段]**과 사지**四至**를 기록한다**(생각건대, 땅의 사면이 닿은 바를 표시하는 것이다.).

4. 무릇, 위전位田[18]**은 1품에게 80정**町**, 2품 60정, 3품 50정, 4품에게 40정을 준다. 정1위에게 80정, 종1위 70정, 정2위 60정, 종2위 54정, 정3위 40정, 종3위 34정, 정4위 24정, 종4위 20정, 정5위 12정, 종5위에게 8정을 준다.** 여자는 3분의 1을 감한다(생각건대, 이는 정町에 의거하여 감한다. 단보段步에 이르지 않는다).[19]

16_ 각 지역의 경작지의 형편에 따라 정해둔 원칙을 말한다. 大寶 2년 西海道 호적에 기재된 受田 예정액은 「田令」의 규정보다 적어서 國別로 정해진 것으로 보인다. 그러나 현실적으로는 郡 단위로 정해진 경우가 많았던 것으로 보인다.

17_ 토지가 척박하여 연작할 수 없고 해거리가 필요한 토지를 말한다.

18_ 品階(親王에게 주어지는 관위)와 位階에 따라 지급되는 토지를 말한다. 1품의 80町은 일반 농민의 2段과 비교하면 400배의 넓이이다, 또한 5위 이상에게만 위전이 지급되었으므로, 6위 이하의 관인과는 분명히 구별되고 있다. 일본의 경우 위계가 終身토록 적용되었다. 당의 관인영업전과 비슷한 면이 있지만, 관인영업전은 세습되는 데 비하여, 위전은 당대에 그쳤다. 또한 전자는 미개간지를 지급하였으나, 후자는 경작지를 지급하였다.

19_ 1품 內親王일 경우 80町의 2/3가 53.33町에 해당하지만 53町만 지급하는 것이다. 다만 嬪 이상은 「祿令」의 "其嬪以上並依品位給封祿"이라는 규정에 따라 남자와 마찬가지로 지급하는 것으로 보는 견해가 지배적이다(『令集解』).

5. 무릇, 직분전職分田[20]**은**(생각건대, 정당한 이유가 있어서 해관解官되거나, 사직[致仕]한 경우에는 직봉職封에 준하여 반으로 감한다. 국군사國郡司는 정당한 이유로 해관되더라도 그 직전을 거두어 들이고, 이에 따르지 않는다.) **태정대신**太政大臣**에게 40정**町**, 좌우대신**左右大臣**에게 30정, 대납언**大納言**에게 20정을 준다.**

6. 무릇, 공전功田[21]**은 대공**大功**은 세세에 끊이지 않으며, 상공**上功**은 3세에 전하고 중공**中功**은 2세에 전하고 하공**下功**은 아들에게 전한다**[22](생각건대, 남녀가 같다.). **대공은 모반죄**[謀叛] **이상**[23]**이 아니고**(생각건대, 악역惡逆[24] 이하

20_ 관인이 가지고 있는 관직에 따라 지급되는 토지이며 職田이라고도 하였다. 大寶令에서는 이 조항의 직분전과 郡司에 대한 직분전(「田令」 32)을 職田, 在外 官司에 대한 직분전(전령 31)을 公廨田으로 구별하였다.

21_ 특별한 공적을 세운 功臣에게 지급하는 토지이다. 대표적인 공전의 사례로는 藤原氏와 壬申의 亂 공신을 들 수 있다. 唐令에서는 공신에게 封爵과 敍勳을 행하였으며 그에 따른 永業田을 지급하였다. 일본령에서는 봉작제는 받아들이지 않고 또한 서훈제는 있었으나 토지는 지급하지 않았다. 이 조항의 공전이 실질적인 공신 우대책이었다. 특히 일본에서는 永業田이라는 개념이 희박하였고, 功田만 세습이 인정되었다. 그러나 大功만 영구적으로 세습되었고, 上功 中功 下功은 세습에 제한이 있었다. 공전에 관한 규정은 唐令에 보이지 않으나, 고려의 功蔭田柴科와 유사하다는 지적도 있다. 다만 위전과 공전의 지급 절차 등에 대한 규정은 당령의 官人永業田에 대한 규정을 이용하고 있다.

22_ 「戶令」의 應分條에는 "其功田功封, 唯入男女"라는 규정이 있으므로, 男女嫡庶가 모두 고르게 나누었던 것으로 생각된다, 다만 딸에게 전해진 토지는 사후에 남편이나 그 자식에게 전해지는 것이 아니고 형제자매에게 돌려주어야 했다.

23_ 八虐 중 謀反 謀大逆 謀叛을 말한다. 謀反은 국가(군주)를 위태롭게 하고자 꾀하는 것, 謀大逆은 산릉이나 궁궐을 훼손하고자 꾀하는 것, 謀叛은 나라를 등지고 잘못된 것을 따르고자 한 것으로 이웃나라에 투항하거나 성이나 땅을 가지고 다른 나라로 가는 것이다.

24_ 惡逆은 조부모, 부모를 때리거나 죽이고자 꾀하는 것, 백숙부, 아버지의 자매, 외조부모, 남편, 남편의 부모 등을 죽이는 것을 말한다.

를 범하면 거두지 않는다.), **이외는 팔학**八虐[25]**에 의한 제명**除名[26]**이 아니면 모두 거두지 않는다**(생각건대, 상공 이하가 이것이다. 생각건대, 팔학 외에 나머지 제명을 범하면, 거두어 들이는 범위에 있지 않다. 가령, 공전 10정町이 있고 아버지가 돌아가신 후에 형제 갑・을이 각 5정씩 가졌는데, 갑이 제명을 범하면 갑의 5정을 거두어 환공還公해야 한다.).

7. 무릇, 논을 지급할 때 그 지역의 사람이 아니면 모두 협향에서 받을 수 없다(생각건대, 위전・직전 등의 부류 역시 받을 수 없다.). **칙으로 지시한 바는 이 영에 구애되지 않는다.**[27]

8. 무릇, 직전・위전을 지급받은 사람이(생각건대, 직전・위전을 살펴보면, 먼저 이미 지급을 마친 것에 의거하고 있으므로, 다시 '지급해야 하는'[應]이라고 할 필요가 없다.[28] 혹시 이것은 연문衍文이 아닐까? 직전・위전은 직위를 얻으면 곧 주고, 떠나면 바로 거둔다. 모두 반전班田하는 해까지 기다리지 않는다.) **만약 관위**官位[29]**의 안에서 해면**解免[30]**된 것이 있으면, 해면당한 바에 따라서 거두어**

25_ 지배질서를 위협하는 가장 중요한 범죄를 가리킨다. 국가의 존립을 위협하는 죄와 유교적인 가족질서를 위협하는 죄로 크게 나눌 수 있다. 또한 1) 謀反 2) 謀大逆 3) 謀叛은 1개의 죄명으로 이루어져 있지만, 4) 惡逆부터는 여러 조목의 죄를 총칭하는 것이다.

26_ 관인의 名籍에서 이름이 삭제된다는 뜻으로 관인의 모든 位勳을 6년간 박탈하는 부가형을 말한다. 6년 후에 다시 敍位를 허용한다(「名例律」 21).

27_ 칙확의 명령으로 위전・직분전・공전을 狹鄕에서 지급한 경우를 가리키는 것으로 보인다. '勅所指' 이하 8자가 元注로 되어 있는 寫本도 있으며, 『日本思想大系律令』도 元注로 취급하였다.

28_ 應이라는 글자에 대하여 일본어에서는 "~해야 할"이라는 의미가 강하다. 그러나 당령 등에서는 '당연한 상태'를 뜻하므로, '應給'을 '지급해야 할'이 아닌 '지급받은 상태'로 해석할 수 있다. 그렇다면 이 부분은 衍文이라고 할 수 없다.

29_ 官位가 官과 位인지 혹은 位인지가 문제가 된다. 義解에 따르면 職田-官-解, 位田-位-免으로 파악하고 있는 것으로 볼 수 있다. 그러나 古記의 주석에서는 官位는 '位'라고 한 사본과 '官與位'라고 한 사본이 있으며, 또한 解免에 대해

들인다追[31](생각건대, 해는 해관解官이고 면은 면관免官이다. 가령, 정3위의 위전

서는 죄를 지어 位記를 박탈당한 것(追)이라고 하였으므로 官位는 位일 가능성이 크다. 또한 古記에서는 "묻기를, 만약 賜田이 있으면 아울러(並) 거두어 들인다고 하였는데, '아울러'라는 뜻을 알지 못하겠습니다. 답하기를, 위전에 대하여 규정을 세운 것이다"라고 하여, 位田만을 문제삼은 것이라고 하였다. 따라서 大寶令에서는 당령의 "諸應給永業人"을 "凡應給位田人"으로 바꾸고 職田은 포함시키지 않았을 가능성도 있다. 당령의 永業田이 일본령의 職田과 位田으로 변화한 것이다.

30_ 解免은 解官 免官 免所居官 官當을 총칭하는 용어이다. 면관은 위계와 훈위를 모두 박탈하는 부가형이고, 면소거관은 위계와 훈위 어느 한쪽을 박탈하는 부가형이며, 관당은 流徒의 실형 대신 位·勳을 1년간 박탈하는 대체형이다. 관위 안에서 해면이 있는 경우라고 한 것은, 일본의 경우 관위를 수여받을 때마다 위기(唐의 告身에 해당)를 받는데, 승진하면서 받은 위기는 박탈되지 않는 한 영구히 그 관위를 표시하는 효과가 있다. 즉 당의 告身이 歷任한 관직마다 주어지며 각각 하나의 관(직)으로 인정되는 것과 같다(『역주당률소의』, 한국법제연구원, 1994, p.185. 주10). 다만 일본에서는 고신 및 관직이 아니라 수여받은 관위를 나타내는 位記가 그러한 효과를 지닌다는 점이 차이다. 官當 등에 해당하는 경우 高位의 位記부터 적용되므로 下位의 位記는 여전히 官으로서 기능하게 된다.

31_ 唐令에서는 "諸應給永業人, 若官爵之內, 有解免者, 從所解者追〈卽解免不盡者, 隨所降品追〉."라고 하였다. 養老令에서는 永業을 職田·位田으로, 官爵을 官位로, 解者를 解免者로 바꾸고 本注는 삭제하였다. 그러나 大寶令에서는 "(전략) 從所解者追〈卽解免不盡者, 隨所降位追〉."로 되어 있다. 이에 대한 「古記」는 "有解免者, 從所解者追. 謂, 位盡也. 注, 卽解免不盡者, 隨所降位追, 謂, 位不盡也."라고 하였다.

이러한 조항의 法意는 당의 歷任官(역임한 관직에 따라 받은 告身)의 처리와 관련되어 있다, 解免不盡이란 唐律의 '降所不至'에 해당하는 것으로 보이는데, 이는 원래 관품에서 官當 등으로 해면된 다음 다시 敍用될 때 내리는 관품 이하의 역임관이 남아 있다는 뜻이다. 이 경우에 고신은 관인 그대로 보유하게 되고 관으로서 효력을 갖게 된다. 일본의 경우는 위기가 곧 고신에 해당하므로 '位不盡'이라고 한 것이다. 이는 官當 免所居官 免官에 해당한 경우 복수의 위기나 훈위를 함께 가지고 있어서 위기가 남아 있는 경우라고 할 수 있다. 養老令에서 '卽解免不盡者, 隨所降位追'라는 本注를 삭제한 것은 당의 역임관(고신)의 처리와 달리 이른바 '位不盡'의 경우 養老令에서 官으로 인정하지 않으려고 한 것으로 추측할 수 있다.

은 40정인데, 면관을 범하면 만 3년[三載] 후에 이전의 관위에서 2등을 내려 정4위상을 준다. 그래서 정4위에 의거하여 24정을 주는 부류이다. 만약 해관이면 거두어들이는 것이 역시 이와 같다.). **제명된 자는 구분**口分**의 예에 의거하고,**[32] **만약 사전**賜田**이 있으면 역시 거두어들인다**(생각건대, 이 역시 제명된 자를 위하여 규정을 세운 것이다.). **같은 집안 안에서 관위가 있거나 받아야 할 구분전이 부족한 경우는 아울러 회급**廻給[33]**을 허락한다**(생각건대, 구분전은 반전하는 해를 기다려서 지급한다.). **남는 것이 있으면 거두어들인다.**[34]

9. 무릇, 위전位田**을 지급해야 하는데, 청**請**이 없거나 충분하지 않거나 본인이 죽었으면, 자손이 좇아서 청하는 것은 허락하지 않는다.**[35]

10. 무릇 공전功田**을 지급해야 하는데, 만약 부조**父祖**가 청**請**하지 않거나 다 받지 못한 채 죽으면, 자손에게 지급한다.**

32_ 口分田으로 지급되어야 할 면적만큼은 거두어들이지 않는다는 뜻이다. 당령과 일본령의 차이를 보면, 大寶令에서는 당령과 마찬가지로 "宜口分例給"으로 되어 있었다. 古記에서 "其除名者, 依口分例給. 謂, 口分不追, 但不在更加給之例"라고 하고 있다. 그러나 養老令에서는 '給'을 삭제하였다. 왜냐하면 令釋에서 "止給口分, 不更重給也"라고 한 것처럼, 唐令과 大寶令의 조항이 구분전을 다시 지급해야 하는 것처럼 오해될 소지가 있었기 때문이다.

33_ 환수해야 할 토지를 집안 사람들에게 돌려서 지급하는 것이다.

34_ 이 부분은 唐令의 "若當家之內, 有官爵及少口分應受者, 竝聽廻給. 有賸追收"와 거의 같은 내용이다. 唐令에서는 官人永業田의 應受田額은 개간예정지의 占定 許容額이며 구분전의 應受田額도 占田 한도액의 성격이 있고, 실제로 받은 토지가 응수전액보다 훨씬 적었기 때문에 이 규정이 현실적인 의미를 갖는다고 할 수 있다. 그러나 일본의 경우는 이른바 응수전액과 실제 지급받는 토지의 차이가 크지 않았기 때문에 큰 의미는 없었던 것으로 보인다.

35_ 이 조항은 唐 田令의 "諸因官爵應得永業, 未請及未足而身亡者, 子孫不合追請."에 해당하는 내용이지만, 일본의 位田은 당의 官人永業田과 달리 세습되지 않았으므로 현실적인 의미는 없었던 것으로 생각된다.

11. 무릇 제국의 공전公田[36]**은 모두 국사**國司**가 현지의 시세**[鄕土估價][37]**에 따라 임조**賃租[38]**하고**(생각건대, 공전이란 것은 승전乘田[39]이다. 임조라는 것은 무릇 승전을 1년에 한하여 팔아서 봄에 값을 취하는 것은 임이고, 사람에게 주어 경작하게 하여 가을에 이르러 도稻를 거두는 것은 조이다. 지금 말하기를 지자地子라고 하는 것이 이것이다.) **그 값을 태정관에 보내어 잡용**雜用**에 충당한다.**[40]

12. 무릇 별칙別勅[41]**으로 사람에게 준 땅은, 사전**賜田[42]**이라고 한다.**

36_ 公田은 諸國의 공전 중 사용처가 정해져 있지 않은 토지를 가리키는 것으로 생각되며, 주로 구분전을 지급하고 남은 토지인 乘田이었을 것이다. 義解와 令釋에서도 公田은 乘田으로 보고 있다. 현실적으로는 闕官職田이나 無主位田 등도 포함되었을 가능성이 있다.

37_ 「古記」에서는 "公田不輸租, 以十分之二地子爲價也."라고 하였고, 「弘仁主稅式」 등에서는 "地子各依田品, 令輸五分之一."라고 하여 일반적인 시세는 2할이었음을 알 수 있다. 다만 지방 및 토지의 질에 따라서 변동이 있었을 것이다.

38_ 賃租는 1년간 임대하여 경작토록 하는 것이다. 義解는 봄에 미리 토지를 임대한 비용을 받는 것을 賃, 다른 사람에게 경작토록 하고 가을에 벼를 걷는 것을 租라고 하였다. 『唐會要』에는 "應有逃戶田宅, 竝須官爲賃租, 取其價直, 以充課稅."라는 내용이 보인다.

39_ 乘은 剩과 같은 뜻으로 남는 토지, 잉여 토지라는 의미이다.

40_ 『續日本紀』 天平8년 3월 庚子條에 "太政官奏, 諸國公田, 國司隨鄕土沽價賃租. 以其價送太政官, 以供公廨. 奏可之."라고 하여 본 조항과 거의 같은 내용이 보이는 것으로 보이며, 太政官에서는 관사의 운영비용으로 썼음을 알 수 있다. 또한 「古記」에서는 "供公廨料, 謂供給官人也. 以充雜用, 謂臨時雜用耳."라고 하였다.

41_ 천황의 특별한 명령을 뜻한다.

42_ 「田令」에 규정된 토지 이외에도 천황은 임의로 명령을 내려 토지를 지급할 수 있었다. 한편 唐令에 없는 功田을 규정하였는데, 지급기준 등에 대해서는 아무런 규정이 없고 別勅에 의거하도록 하였다. 그런 점에서 功田도 賜田의 일종이라고 할 수 있으며, 실제로 문헌사료에서 賜田으로 기록된 것이 功田인 경우도 있다.

13. 무릇 국군國郡 경계 내의 관할구역[所部]에서 논[田]을 받는 것이 충분하면 관향寬鄕[43]이라고 하고, 부족하면 협향狹鄕이라고 한다.

14. 무릇 협향의 논[田]이 부족하면, 관향에서 요수遙受하는 것을 허락한다[44](생각건대, 한 국國 안이고, 이웃 국[比國]은 해당되지 않는다. 왜냐하면, 아래 조항에서 본군本郡에 논이 없으면 떨어져 있는 군郡에서 받는 것을 허락한다고 하였기 때문이다.[45]).

15. 무릇 원지園地[46]를 지급하는 것은, 땅의 많고 적음에 따라 균등하게 지급한다[47](생각건대, 호 내의 인구수는 그 많고 적음을 논하지 않고, 사람마다 균등하게 지급한다. 왜냐하면, 즉 뽕나무와 옻나무[桑漆][48]는 반드시 원지園地에 심

43_ 당의 경우 鄕은 100戶 1里, 5里 1鄕에 기초한 행정단위이지만, 일본의 경우는 鄕이라는 행정단위가 없다. 「田令」 20의 '隔郡受'가 같은 내용이라면 실질적으로는 행정단위인 國·郡을 단위로 한 규정이라고 할 수 있다.

44_ 遙受의 범위는 一國 내로 한정된다고 보는 설(義解, 古記, 令釋)과 比國(隣國)도 허용된다는 설이 대립하고 있다, 실제로 伊勢 尾張國의 토지를 志摩國 백성의 口分田으로 반급한 사례가 있다.

45_ 아래 조항은 「田令」 20조의 "凡給口分田, 務從便近. 不得隔越 (중략) 本郡無田者, 聽隔郡受"를 가리킨다. 隔郡은 傍郡 즉 이웃하는 군을 뜻한다.

46_ 중국에서는 北魏 이래로 구체적인 지급 기준이 있으나, 일본에서는 園地에 대해서도 이 조항의 막연한 규정밖에 없고 宅地에 대해서는 아예 규정이 없다. 園地는 田·宅에 대응되는 용어이지만, 義解는 뽕나무와 옻나무를 심는 곳이라고 하였으므로, 중국의 桑田이나 永業田과 비슷한 성격도 가지고 있다. 일본령의 園地는 宅地와는 다른 것으로 보이며, 또한 중국의 균전법에서는 구분전 영업전 원택지를 전체적으로 동일하게 규제하였으나, 일본령에서는 田과 園地를 구분하였고, 授受의 대상은 田으로 한정한 것으로 생각된다. 靈龜·養老 연간에 보리 조 콩 등의 잡곡을 심는 땅을 陸田으로 제도화하였으므로, 園地는 곡물 이외의 야채 등을 심는 땅을 가리키는 것으로 생각된다.

47_ 均給의 단위를 人, 戶, 戶等 등으로 보는 여러 가지 견해가 있으나, 園地가 실제로 班給되었는지도 분명하지 않다.

48_ 調로 바치는 명주실과 비단, 調副物로 바치는 漆과 관련되어 있다.

기 때문이다.). **만약 호가 끊어지면, 환공還公한다**(생각건대, 아래 조항에 따르면 원지를 파는 것을 허락하였으므로, 땅 주인이 살아 있을 때 파는 것을 마쳤다면, 다시 거두어들이지 않는다. 그 호 안의 호적에 올라 있는 자가 1인이라도 있으면 친소親疎에 구별을 두지 않고, 호가 끊어진 것으로 보지 않는다.).

16. 무릇 뽕나무와 옻나무를 부과하는 데 있어, 상호上戶[49]에 뽕나무 300그루, 옻나무 100그루 이상(생각건대, 무릇 호의 상중하라는 것은, 인구의 많고 적음을 계산하여 때에 따라 헤아려 정하는 것이다. 다른 조항에서 상상호, 중중호 등으로 칭하는 것도, 역시 이 예에 준한다.) **중호中戶 뽕나무 200그루, 옻나무 70그루 이상, 하호下戶 뽕나무 100그루, 옻나무 40그루 이상이다. 5년 안에 심기를 마친다**(생각건대, 새롭게 따로 호를 만든 경우 역시 이 규정[制限]에 따른다. 뽕나무와 옻나무는 모두 원지園地에 심는다. 만약 원지가 없다면 부과하는 범위[課限]에 있지 않다.). **향토가 적당하지 않거나, 협향狹鄕이면 반드시 수효를 채울 필요는 없다.**

17. 무릇 택지의 매매는(생각건대, 사택舍宅이 있는 땅이다. 택지宅地를 예를 든 것이며 전田과 원園도 모두 같다. 창옥倉屋 등을 매매하는 것은 스스로 증거를 분명히 하면, 관사官司를 거칠 필요가 없다.) **모두 소부所部의 관사[50]를 거쳐 문서로 알리고[申牒],[51] 그런 후에 허락한다.[52]**

49_ 호의 등급에는 3등호제와 9등호제가 있었다. 3등호는 戶의 丁數, 9등호는 호의 資材(貧富)를 기준으로 하였다. 養老令에서는 大寶令의 3등호를 9등호로 개정한 경우가 적지 않으나, 본 조항은 3등호로 나누었는데, 과역의 징수와 관련되어 있기 때문일 것이다.

50_ 國과 郡이다. 『令集解』에 따르면 郡에서 문서를 작성하여 國에 제출하면 문서에 서명하고 國印을 찍는 것으로 보는 견해가 제시되어 있고, 國司를 경유하지 않으면 違令罪를 묻는다고 하였다.

51_ 申牒은 일반 백성들이 관사에 문서를 제출하는 것이다. 「공식령」에 규정된 牒式에 준하며 本屬과 姓名을 기록하도록 되어 있다.

18. 무릇 왕사王事[53]**로 인하여 외번**外蕃**에 몰락**沒落**하여 돌아오지 못하였는데, 친속**親屬[54]**으로 동거하는 자가 있으면**(생각건대, 5등 이내의 친속으로 함께 사는 것이다.)**, 그 사람의 땅은 10년이 지난 다음 거두어들이고**(생각건대, 몰락하여 돌아오지 않고 생사를 들을 수 없는 것을 불쌍히 여겨, 10년이 지난 후에 그 구분전을 거두어들이는 것이다. 만약 위전位田, 사전賜田이 있다면, 역시 10년 후에 거두어들인다. 다만 직전職田의 경우는 오래 관직을 비워두고, 10년을 기다릴 수 없다.)**, 본인이 돌아오는 날에 편의에 따라 먼저 지급한다. 본인이 왕사로 죽은 경우는**(생각건대, 전장戰場에서 본인이 죽으면 왕사王事로 죽은 것이다.) **그 땅을 자식에게 전한다**[55](생각건대, 자식이 없다면, 비록 친속이 함께 살더라도 지급하는 범위에 있지 않다.).

19. 무릇 논[田]**을 임조**賃租**하는 것은, 각 1년을 기한으로 한다.**[56] **원**園**은 마**

52_ 본 조항의 절차를 立券이라고 한다. 券은 국군사가 날인한 공식 매매증서라고 할 수 있다.

53_ 군주의 명령으로 전쟁에 나가는 경우가 대표적이며, 외국에 사신으로 파견된 경우에 대해서는 明法家들 사이에 논란이 있다(田令 18조, 選敍令 33조, 喪葬令 5조 참조).

54_ 친속의 범위에 대해서는 「職制律」 53조에 규정이 있다. 본 조항의 親屬同居에 대해서는 "同姓共籍也. 不限等親"(「古記」), "有服親之同居者也"(「令釋」), "五等以上親而同居者也"(義解)로 의견이 나뉘고 있다.

55_ 그 땅은 身分之地 즉 신분에 따라서 지급된 토지로 생각되지만 令釋 등은 口分田만을 가리키며 位田은 포함되지 않는 것으로 보고 있다. 또한 古記는 "女子不傳也. 今行事, 女子亦傳"이라고 하여 원래 딸자식에게는 전해지지 않지만, 당시에는 딸에게도 전해지고 있다고 하였다.

56_ 율령에서는 원칙적으로 논의 永賣를 금지하고 1년을 기한으로 매매하는 것만 허락하였다. 賃租를 여러 해 지속할 경우 永賣를 실질적으로 인정하는 셈이 되기 때문인 것으로 생각된다. 그러므로 이 조항은 논의 永賣를 금지한 조항이라고 할 수 있다. 또한 戶婚律에는 "凡過年限, 賃租田者, 一段笞十, 二段加一等, 罪止杖一百(謂, 職田・位田・賜田及口分田也) 地還本主, 財沒不追(功田不在此限)"라고 규정하였다. 일본율에서 功田만 1년 이상의 임조를 허용한 것은 唐과 달리 공전만 세습할 수 있었기 때문일 것이다.

음대로 임조하거나 팔 수 있다. 모두 소부所部의 관사를 거쳐 신첩申牒한 후에 허락한다.[57]

20. 무릇 구분전口分田의 지급은 편하고 가까운 곳便近에 따르도록 힘쓰고(생각건대, 그 거처에서 편하고 가까운 곳에 따라 지급한다. 가령 외처外處에서 구하더라도 허락하지 않는다.) 멀리 떨어진 곳에서 얻지 못한다. 만약 국과 군의 개례改隷로 인하여, 땅이 다른 경계에 들어가거나, 견아犬牙한 것이 상접相接한다면(생각건대, 예隷라는 것은 부착附着이다. 견아犬牙라는 것은, 개의 이빨처럼 서로 맞닿는 부분이 맞물려 들어간 것이다.), 종전에 의거하는 것을 허락한다. 본군本郡에 논[田]이 없는 경우는 격군隔郡에서 받는 것을 허락한다[58](생각건대, 격군은 방군傍郡이다.).

21. 무릇 논[田]은 6년에 한 번 나누어준다[59](생각건대, 이것은 구분전을 지급받지 못한 사람에 의거해서 말하는 것이다. 앞서 이미 지급을 받았다면 다시 수수收授할 필요가 없다. 만약 논이 무너지고 묻혔거나[崩埋] 깎여나갔다면侵食 또한 다시 나누어주는 예에 따른다.). 신전神田・사전寺田은 이 범위에 들지 않는다

57_ 「古記」에 "依靈龜三年十月三日格, 經職賣買, 卽立卷文. 國亦放此耳."라고 되어 있으므로, 大寶令에서는 이 규정이 없었는데 靈龜三年格에서 永賣와 賃租의 경우 左右京職과 國司를 통해 立券할 것을 정한 것으로 보인다.

58_ 唐令에서는 "其居城之人, 本縣無田者, 聽隔縣受"로 되어 있다. 『國史大系本令義解』에서는 "聽依舊受本郡, 無田者, 聽隔郡受"로 되어 있으나, 唐令에 따라서 번역하였다. 또한 이 조항은 「田令」 14의 "凡狹鄕田不足者, 聽於寬鄕遙受"와의 관계가 문제가 된다. 古記는 같은 종류이고 차이가 없다고 하였으나, 令釋 등은 토지가 없는 경우와 토지가 적은 경우를 문제삼은 것으로 보았다.

59_ 당령에서는 호적은 3년마다 작성하고 구분전의 授受는 매년 행하였으므로, 班田과 造籍이 직접적인 관련이 없다. 그러나 일본령에서는 둘다 6년마다 이루어졌으며, 造籍이 끝난 해에 班田을 시작하도록 되어 있었다. 호적이 6년마다 만들어지게 된 것은 持統 4년의 庚寅年籍이고, 정기적인 반전도 持統 6년부터 시작되었을 가능성이 있다.

(생각건대, 이것은 세금을 거두지 않는 논이다. 가령 무너지고 묻혔거나 깎여나갔더라도 다시 더 줄 수 없다.). **만약 본인이 죽어서 논을 거두어들여야 한다면, 반년**班年**에 이를 때마다 거두어들이고 준다**[授受].[60]

22. 공公**으로 환수해야 하는 논은 모두 주인이 스스로 헤아려 하나의 필지**[段]**로 만들어 반환토록 한다**(생각건대, 1단은 1처處와 같다.[61] 거둬들인다[退]는 것은 반환한다[還]는 뜻이다.). **자투리땅**[零]**을 합치거나 넓은 땅을 나누어서 반환할 수 없다. 처음부터 자투리땅으로 받은 경우는 허락한다.**

23. 무릇, 논[田]**을 반급해야 한다면, 반년**班年**마다 정월 30일 이전에 태정관에 보고하고**(생각건대, 경京·국國의 관사가 각각 보고한다.) **10월 1일부터 경**京**·국**國**의 관사가 미리 교감**校勘**하여 장부**[簿][62]**를 만든다**(생각건대, 논 및 반급해야 할 인원수를 교감하여 장부를 만드는 것이다.). **11월 1일까지 지급받아야 할 사람**[63]**들을 모두 모아놓고, 대면하여 직접 지급한다. 다음해 2월 30일 안에 일을 마친다**[64](생각건대, 반전班田하는 일은 이미 2년에 걸쳐 이루어

60_ 대보령에서는 처음으로 구분전을 지급받고 다음 반전 이전에 사망한 경우에는 그 다음 반전[三班] 때 거두어 들이도록 한 규정이 있었다.

61_ 한 筆地라는 뜻이다. 일본에서는 면적 단위로 段을 사용하였지만, 이 조항에서는 唐令의 용어를 그대로 사용하고 있다.

62_ 현실적으로는 田의 실태를 담은 田籍을 작성하는 것이다.

63_ 당령에서는 "總集應退應受之人, 對共給受"라고 되어 있으나, 일본령에는 '應退' 즉 구분전을 반납해야 할 사람은 삭제하였다. 일본의 경우 구분전을 반납해야 할 사람은 이미 사망한 경우이므로 반전을 행하는 관사에 모일 수 없기 때문이다. 그런 점에서 받아야 할 사람도 수전자격이 생긴 본인을 뜻하는 것으로 보인다.

64_ 당령에서는 3년에 한번 造籍, 매년 班田을 행하였다. 이에 대해서 일본에서는 둘 다 6년에 한 번씩 이루어졌기 때문에 造籍과 班田이 긴밀하게 연동되어 있다고 할 수 있다. 규정상으로는 호적을 작성하는 원년 11월에서 2년 5월에 호적을 작성한다(「戶令」 19조). 이어서 2년 10월까지 班田을 위한 校勘造簿를 작성하고, 2년 11월에서 3년 2월에 班田이 이루어진다. 그러나 실제로는

지므로, 두 해를 묶어서 반전년班田年이라고 할 우려가 있다. 위의 규정에 의하면 '반년班年마다'라고 한 것에서 곧 앞선 해가 반전년班田年임을 알 수 있다[65].).

24. 무릇, 논을 받는 대상은, 과역課役이 먼저이고[66] 불과역不課役이 뒤이며, 논이 없는 자가 먼저이고 적은 자가 뒤이며, 가난한 자가 먼저이고 부유한 자가 뒤이다(이 조항을 모두 8호戶에 의거하여 뜻을 분명히 하면. 가령 갑은 과호課戶인데 논이 없고, 을 또한 과호인데 논이 적다. 병도 과호인데 집이 가난하고, 정 또한 과호인데 집이 부유하다. 무는 불과호[不課]인데 논이 없고, 기 또한 불과호인데 논이 적다. 경도 불과호인데 집이 가난하고 신 또한 불과호인데 집이 부유하다. 그러면 갑・을・병・정・무・기・경・신에 따라서 선후의 차례로 삼아야 한다.).

25. 무릇 논이 뒤섞여 있는 경우, 두 주인이 바꾸기를 원한다면(생각건대, 착錯은 잡雜과 같다. 가령 갑이라는 곳의 논 1정町과 을이라는 곳의 논 1정을 두 사람이 절반씩 나누어 각각 그 반을 얻었는데, 곧 두 사람이 각각 한 곳에 온전히 전 1정을 얻기를 원하는 경우와 같은 것이다.), **본부本部[67]에 알리고 판단해서 삭제하거나 붙이는 것[除附]을 허락한다**(생각건대, 전부田簿에서 삭제하거나 붙이

籍年과 班年 사이에 토지의 실태를 조사하는 校田이 이루어지고 있으며, 조적과 반전이 연속되지 않고 있다. 奈良時代에는 원년에서 2년 사이에 造籍, 2년에서 3년 사이에 校田, 3년과 4년 사이에 班田이 농한기를 중심으로 이루어지고 있다. 이 조항의 '預校勘造簿'가 교전을 전제로 한 것이라면 현실성을 갖지 않는다. 이는 매년 반전을 행하는 당령의 규정을 繼受하면서 생긴 문제로 생각된다.

65_ 호적을 작성하기 시작하는 해를 籍年, 토지를 분배하기 시작하는 해를 班年이라고 한다.

66_ 중국의 균전제는 과역과 밀접한 관계가 있으나 일본의 반전제는 과역과의 연관성이 약하다. 그런데도 이 조문은 당령과 거의 같은 내용이다. 일본의 경우도 구분전이 부족한 경우에는 과역을 부담하는 양인 남자를 우선으로 반전하였을 것이다.

67_ 京에서는 左・右京職, 지방에서는 國・郡司이다.

는 것이다.).

26. 무릇 관인과 백성은 모두 전田[68] **· 택**宅 **· 원지**園地[69]**를 사시**捨施**하거나 절에 팔거나 바꿀**[賣易] **수 없다**[70](생각건대, 사시捨施는 보시布施와 같다. 매역賣易은 팔거나 바꾸는 것이다. 다만 이 조문에 의하면 노비奴婢 · 우마牛馬 등은 금지하는 범위가 아니다.).

27. 무릇 관호官戶 **· 공노비**[奴婢]**의 구분전**[71](생각건대, 이것은 세금을 거두지 않는 논이다.)**은 양인**良人**과 같다. 가인**家人 **· 사노비**[奴婢]**는 그 지역의 관**寬 **· 협**狹**에 따라 모두 3분의 1을 지급한다**(생각건대, 그중 사노비寺奴婢는 지급하는 대상이 아니다.).

68_ 관인과 백성이 보유하고 있는 位田 賜田 功田 公田 口分田 墾田 등 모든 종류의 田을 의미하는 것으로 보인다.

69_ 「승니령」 26조와 연관시켜 생각하면 노비와 우마도 금지하는 것이 法意이지만, 이 조항은 田令이므로 田宅園池만을 다룬 것으로 볼 수 있다. 그러나 당령에 원래 奴婢田宅으로 되어 있는 것을 일본령에서 田宅園地로 의도적으로 바꾼 것이라면, 본 조항의 義解에 보이는 것처럼 노비와 우마는 금지하는 대상이 아니었던 것으로 볼 수 있다.

70_ 『日本思想大系律令』 등에서는 '賣易與寺'를 "팔거나 바꾸어 절에 줄 수 없다"로 이해하였으나, 「古記」에서는 "不得賣易與寺, 謂頓賣易也. 限一年賣買非也. 僧尼與寺一種也, 爲不得私畜園宅故."라고 하여 절과 1년간 賣買하는 것은 허용되고 '頓賣易'을 허용하지 않는 것이라고 하여, 절과 賣易하는 것을 금지한 것으로 이해하였다. 여기서도 「古記」에 따라서 번역하였다. 頓賣는 永賣를 뜻하는 것으로 보인다. 다만 「令釋」에서도 "與寺, 謂授寺也. 言捨施而授及賣易而授也. 百姓買得不禁也."라고 하여 與를 동사로 보고 賣易하여 그 대가를 절에 주는 것으로 이해하였다.

71_ 당령에서는 노비에게 토지를 지급하지 않았으나, 일본에서는 노비가 不課口임에도 불구하고 구분전을 지급하도록 규정하고 있다. 養老 7년에 노비의 受田 연령을 12세 이상으로 올렸다가 延曆 11년에는 노비에 대한 반급을 폐지하였다.

28. 무릇, 논이 수해로 인해 깎여나갔다면[侵食](생각건대, 식食은 무너졌다[壞]는 뜻이다. 수해로 인해 물에 잠겨 무너진 것을 말한다.) **이전의 물길**[舊派] **에 따르지 않고, 새롭게 나타난 땅[72]을 먼저 깎여나간 집에 지급한다**(생각건대, 새롭게 나타난 땅이 경작할 만하면 반년班年이 될 때까지 기다리지 않고 깎여나간 집에 지급한다. 만약 다른 현縣[73]의 경계에 나타났다면 그렇지 않다.).

29. 무릇 공公·사私[74]의 논이 황폐해져서(생각건대, 위전位田·사전賜田·구분전口分田·간전墾田 등과 같은 것을 사전私田이라고 한다. 나머지는 모두 공전公田이다.) **3년 이상이 지났는데, 능히 빌려서 경작할 수 있는 사람이 있다면 관사官司를 거쳐서 판단하여 빌려준다. 비록 멀리 떨어져 있다고 해도 또한 허락한다**(생각건대, 가령 갑군의 사람이 을군의 논을 경작하고자 해도 허락한다.). **사전私田은 3년이 되면 주인[75]에게 돌려주고 공전公田은 6년이 되면 관官[76]으로 반환한다**(생각건대, 반전년이라고 해도, 기한이 차지 않았다면 거두어들이지 않는다. 기한 내에는 조租를 거둬들인다. 기한이 지났다면 지자地子[77]를 거

72_ 과거에는 경작할 수 없는 하천부지가 곡물을 재배하여 먹을 수 있게 된 땅 등을 말한다.

73_ 일본의 율령제 하에서는 縣이라는 개념이 없었다. 당의 경우 州縣制였으므로, 일본의 國郡制에서는 郡에 해당하는 것으로 보인다.

74_ 일본의 公私의 개념은 당령의 개념을 거의 그대로 계승하고 있으며 公은 官, 私는 民에 가까운 개념이다. 『令集解』에서도 口分田을 私田으로 인식하고 있다. 그러나 墾田永年私財法 시행 이후 점차 구분전이 公田으로 인식된다. 이러한 公의 개념은 大寶令 시행 이전부터 존재하였던 公民의 公에 접근하는 것이다, 公民은 천황이나 호족들이 사유하고 있는 私民(部民)들에 대응되는 개념으로 원리적으로 국가에 공적으로 소속된 인민이라고 할 수 있다.

75_ 口分田 등의 보유 주체를 말한다. 구분전은 원칙적으로 국가가 소유한 공적인 토지이지만, 구분전으로 지급되면 私田으로 인식되었음을 알 수 있다. 主라는 표현도 私有權의 주체가 아니라 점유하고 있는 주체라고 할 수 있다.

76_ 私田의 경우에 그 보유주체를 主라고 한 것과 마찬가지로 公田의 보유주체를 官이라고 한 것이다.

77_ 地子는 公田의 賃借料를 말한다. 唐에서도 官田 및 公田의 임대차료를 地子,

두어들인다[78].). **기한이 만료된 날에 빌린 사람의 구분전이 부족하면 공전은 곧 구분전으로 충당하는 것을 허락한다**(생각건대, 반년을 기다리지 않고 바로 지급한다.). **사전은 그렇게 할 수 없다. 그중 관인[79]이 관할하는 지역에 공한지**空閑地[80]**가 있는데 경작하기를 원한다면, 임의로 씨를 뿌려 경작하는 것을 허락한다**(생각건대, 관인이란, 국사國司를 말한다. 만약 그 지역 사람으로서 임의로 국사가 되었거나 군사郡司 혹은 백성 등이 씨를 뿌려 경작하는 자는 곧 영원히 사전私田으로 삼는다.). **교체되거나 해임되는 날에 공**公**으로 환수한다.**

30. **무릇 경전**競田[81]**은 판결**[判]**을 얻어서 이미 경종**耕種[82]**했다면**(생각건대, 이미 모를 심은[種殖] 상태가 된 것이다.), **이후에 비록 개판**改判[83]**되더라도 묘**苗[84]

私田의 임대차료를 價直이라고 하였다. 大寶令 시행 때에는 매년 國司가 借耕者로부터 지자를 징수하여 太政官에 납부하였다. 『弘仁式』 등에서는 輸地子田의 田品을 4등급으로 나누고 수확한 벼의 1/5을 지자로 내도록 규정하고 있다.

78_ 황폐한 공·사전의 경작을 권장하는 뜻에서 기한 내에는 租만을 부담토록 하였으나, 3~6년간 경작한 이후에는 더 이상 황폐한 토지가 아니므로 일반적인 公田의 賃租로 간주하여 地子를 부담토록 한 것으로 보인다. 기한이 지난 경우 지자를 납부토록 한 것은 田令 19조의 예에 준하는 것으로 볼 수도 있다.

79_ 國司를 가리키는 것으로 보인다.

80_ 養老 6년(722)의 100만정 개간계획의 조칙 중에서 황야와 한지라고 하였으므로 양자는 구별되는 면이 있었던 것으로 보인다. 황지는 관개시설을 새롭게 갖추어야 하는 미개간지이고, 한지는 관개시설을 새로 만들 필요가 없는 토지로 볼 수 있다.

81_ 분쟁 중인 논을 말한다.

82_ 耕은 모를 심기 위해서 논을 일구는 것이고, 種은 모심기를 하는 것이다. 古記에서는 "已殖訖也. 蒔種者入未種例"라고 하였으므로, 볍씨를 뿌려서 모를 찌는 것은 포함되지 않는다. 논을 일구는 것과 모를 심는 데는 노동력이 많이 필요하지만, 모를 기르는 것은 큰 힘이 들지 않기 때문이다.

83_ 판결은 번복하거나 변경하는 것을 말한다. 古記에서는 "先經郡, 郡司判與甲. 乙不伏申國, 國判與乙. 如此改判中間耕種耳."라고 하였다.

84_ 논에서 재배 중인 벼를 말한다.

는 모심기를 한 사람에게 들어가며(생각건대, 당년 임조의 가치는 개판改判된 사람에게 들이긴다.[85]), 경작을 했는데 모를 심지 않은 경우는 그 공력功力[86]을 갚아야 한다. 결정하는 데 이르지 못하였는데 경종耕種하면, 지판地判에 따른다.[87]

31. 무릇 재외在外 제사諸司의 직분전職分田은 대재수大宰帥에게 10정町, 대이大貳에게 6정, 소이少貳에게 4정, 대감大監・소감少監・대판사大判事에게 2정, 대공大工・소판사少判事・대전大典・방인정防人正・주신主神・박사博士에게 1정 6단段, 소전少典・음양사陰陽師・의사醫師・소공少工・산사筭師・주선主船・주주主厨・방인우防人佑에게 1정 4단, 여러 영사令史에게 1정, 사생史生에게 6단,[88] 대국수大國守[89]에게 2정 6단, 상국수上國守[90]・대국개大國介[91]에게 2정 2단, 중국수中國守[92]・상국개上國介에게 2정, 하국수下國守[93]・대상국연大上國掾에게 1정 6단, 중국연中國掾・대상국목大上國目에게 1정 2단, 중

85_ 토지 보유를 인정받은 사람의 권리를 보호하기 위하여 먼저 논을 경작한 사람에게 토지를 임조한 것으로 간주하고 임조에 필요한 비용을 지불하게 하는 것이다.

86_ 경작에 필요한 노력을 말한다.

87_ 地判은 토지의 경작권에 대한 결정을 말한다. 古記에서는 "已雖殖訖, 猶得地之人刈取也."라고 하였다. 즉 분쟁 중인 땅에 파종을 한 경우에는 파종한 사람의 권리를 보호하지 않으며, 판결의 결과 땅의 주인으로 인정받은 사람이 수확물을 가지게 된다.

88_ 이상은 모두 大宰府에 소속된 관인들에 관한 규정이다(「職員令」69).

89_ 大國은 大和 河內 伊勢 武藏 上總 下總 常陸 近江 上野 陸奧 越前 播磨 肥後國을 말한다(「民部式」).

90_ 大國 中國 下國을 제외한 나머지 국들이다.

91_ 國司는 守(長官), 介(次官), 掾(判官), 目(主典)의 4등관으로 구성되어 있다. 國의 크기에 따라서 4등관을 모두 설치하지 않기도 한다.

92_ 中國은 安房 若狹 能登 佐渡 丹後 石見 長門 土佐 日向 大隅 薩摩國이다(「民部式」).

93_ 下國은 和泉 伊賀 志摩 伊豆 飛驒 隱岐 淡路 壹岐 對馬國이다(「民部式」).

하국목中下國目에게 1정, 사생史生은 이전과 같다.

32. 무릇 군사郡司[94]의 직분전職分田[95]은 대령大領에게 6정町, 소령少領에게 4정, 주정主政 · 주장主帳에게 각 2정이다. 협향狹鄕은 반드시 이 수를 채울 필요는 없다.[96]

33. 무릇 역전驛田[97]은 모두 가까운 곳에 따라서 주는데,[98] 대로大路[99]에 4정, 중로中路[100]에 3정, 소로少路[101]에 2정이다.

34. 무릇 재외在外 제사諸司의 직분전職分田은 교대하기 이전에 모를 심었으면 (그 수확을) 이전의 사람에게 들어준다[102](생각건대, 대납언大納言 이상의 직

94_ 郡司는 원칙적으로 大領, 少領, 主政, 主帳의 4등관으로 구성되어 있다. 郡의 크기에 따라 4등관을 모두 설치하지 않기도 한다.

95_ 郡司의 직분전은 國司보다 넓으며 군사의 임기가 기본적으로 종신제였으므로 군사가 죽을 때까지 사용할 수 있었다. 그러나 국사의 직분전은 不輸租地이나 군사의 직분전은 輸租地이다. 또한 狹鄕의 경우에는 규정된 토지를 지급하지 않도록 하는 등 여러 가지 특징을 가지고 있다.

96_ 예를 들어 백성의 구분전을 절반만 지급하는 곳이라면, 군사의 직분전도 절반을 지급하는 것이다.

97_ 驛路에 설치된 驛을 운영하는 데 필요한 재원으로 쓰기 위한 논이다(「廐牧令」 14조). 대보령에서는 驛起田이라고 하였는데 대보령 단계에서 驛을 집중적으로 건설하기 시작한 것으로 보인다.

98_ 驛에서 가까운 곳이라는 뜻이다. 驛路의 驛이 자연적으로 형성된 취락과 무관하게 설정되었기 때문에 驛戶가 경작하기 편리하도록 驛 가까운 곳에 논을 지급한 것이다.

99_ 大路는 7도 중 山陽路만 해당되었으며 大路상의 驛에는 각각 20마리의 말을 비치하도록 하였다(「廐牧令」 16조).

100_ 中路는 東海道와 東山道이다. 역마다 驛馬 15필을 비치하도록 하였다(「廐牧令」 16조).

101_ 하로는 山陰路, 西海道, 南海道, 北陸路이다. 역마다 驛馬 10필을 비치하도록 하였다(「廐牧令」 16조).

분전職分田은 역시 이 예에 따른다. 다만 궐관闕官[103]의 전田은 이 예에 있지 않다.). **만약 이전 사람이 스스로 논을 일구었으나 모를 심지 않았으면, 이후의 사람이 그 공치功直[104]를 갚는다. 궐관闕官의 논은 공력公力[105]을 사용해서 논을 갈아 모를 심고, 거두어들인 해당 해의 묘자苗子[106]는 새로운 사람이 이르는 날에 수에 따라서[107] 급부給付한다**(생각건대, 공력公力이라는 것은 잡요雜徭이다. 해당 해[當年]라는 것은 정월부터 12월이다. 가령 새로운 사람이 후년 정월에 임지에 도착하면 작년의 묘자苗子는 다시 지급하지 않는다.).

35. 무릇 외관外官이 새로 임지에 도착하면, 추수에 이를 무렵까지 식式에 의거해서 양식[粮]을 지급한다(생각건대, 가을 이전에 임지에 이르면 그 해에 곡식을 거두어들이지 못한다. 그러므로 추수의 수확에 이르기까지 헤아려서 공량公粮을 지급한다. 가령 중국수中國守[108]의 직전職田 2정을 벼[稻]로 환산하면 1,000속束에 해당하므로, 신임 국수가 6월에 임지에 도착하면 1년 중 남은 기간인 6개월에 따라 계산하여 곧 벼 500속을 지급하는 부류이다.).

36. 무릇 기내畿內에 관전官田[109]을 두는 것은(생각건대, 기畿는 강壃과 같다.

102_ 交代 이전이라는 규정이 명확하지 않으므로, 養老 8년(724) 정월 22일의 격을 기준으로 삼게 되었다. 내용은 "凡新任外官, 五月一日以後至任者, 職分田入前人. 其新人給糧, 限來年八月卅日. 若四月卅日已前者, 田入後人, 功酬前人. 卽糧料限當年八月卅日."로 되어 있다.

103_ 해당 관직에 임명된 관인이 없는 경우를 말한다.

104_ 논을 일구는 데 든 품삯을 계산하여 지급하는 것이다.

105_ 雜徭(「부역령」 37조)로 보는 설과 官物로 경작케 하였다는 설이 있다.

106_ 작물과 곡물이다. 즉 추수하기 전에는 작물, 추수한 이후에는 나락을 말한다.

107_ 관인이 부임한 달을 기준으로 근무한 달수만큼 계산해서 지급하는 것이다.

108_ 일본 고대의 지방행정단위인 國을 4등급으로 나누고 그 中國의 長官인 國守를 中國守라고 하였다.

109_ 大寶令에서는 屯田으로 되어 있으며, 大化改新 이전의 屯倉·御宅의 계보를 잇는 것으로 생각된다. 畿內에만 屯田의 일부를 宮內省 관할하에 남겨둔 것

생각건대 왕기王畿의 안이다.) **대화大和와 섭진攝津에 각 30정町, 하내河內와 산배山背에 각 20정이다. 2정마다 소 1마리를 배당한다. 소는 1호에서 1마리를 기르게 한다**[110](생각건대, 소를 기르는 호는 그 잡요를 면제한다.). 중중中中 이상의 호를 말한다.

37. 무릇 관전官田으로 정丁을 부리는 데에 해당하는 곳에는, 해마다 궁내성宮內省[111]**이 미리 다음 해에 심을 색목色目**[112] **및 정단町段**[113]**의 많고 적음에 따라서 식에 의거하여 공功**[114]**을 계산하여 관官**[115]**에 보고하면, 헤아려 배당한다**[支配](생각건대, 색목色目이라는 것은 벼가 희고 검은 것이 색이고, 도명稻名이 목目이다. 식에 의거하여 공을 헤아린다는 것은 식의 별식이다. 요料라는 것은 헤아리는 것[量]이다. 지배支配라는 것은 지支는 지탁支度이고, 배配는 당當이다.). **그 상역上役해야 할 날에는 국사國司가 역시 일하는 달**[役月][116]**의 한요閑要**[117]**에 따라서 일을 헤아려 배속시켜 보낸다**[配遣](생각건대, 잡요雜徭로써 그 일에 충당하여 부리는 것이다.). **그 전사田司**[118]**는 해마다 서로 교체**[相替]**한다**

은 천황에게 바치는 벼를 따로 마련하기 위한 목적일 것이다.

110_ 官田을 경작하는 데 필요한 소를 中中 이상의 여유가 있는 호에서 맡아서 기르도록 한 것이다.

111_ 宮內省은 천황과 관련된 업무를 처리하는 곳으로 官田의 관리도 그 職掌에 포함되어 있다.

112_ 벼의 색깔과 종류를 뜻한다. 예를 黑米·白米는 色이고, 찹쌀 멥쌀 조생종 만생종 등 벼의 종류가 目이다.

113_ 논의 면적을 헤아리는 단위로 町步와 段步를 뜻한다. 6척 사방이 1步이고 360步가 1段(步)이며, 10段이 1町(步)이다.

114_ 人功 즉 노동력을 뜻한다.

115_ 太政官.

116_ 관전에 나가서 일을 해야하는 달을 뜻한다.

117_ 要月과 閑月 즉 농번기와 농한기를 뜻한다. 上役의 순번 등을 미리 공평하게 정해서 동원하고, 요월에는 30일 이상 사역하지 않도록 하였다(「賦役令」 22). 또한 요월에는 戶 내에 다른 丁이 있는 戶에서 동원하고 丁 한 명만 있는 경우는 한월에 동원하도록 하였다(「賦役令」 23조).

(생각건대, 궁내성은 관할 내의 잡임雜任을 임명하여 그 일을 담당하게 하는데, 이것이 전시田司이다.). **해가 끝날 때 궁내성[省]은 수확의 많고 적음을 헤아려서 고考에 붙여 포폄褒貶한다.**[119]

118_ 大寶令 이전에 屯倉을 관리하던 田領의 후신인 것으로 보인다. 궁내성 관할하에 있는 伴部나 使部 등의 雜任을 충원한 것으로 생각된다.

119_ 田司의 업무능력을 평가한다는 뜻이다. 관전에 거두어들인 벼의 양으로 田司의 最로 삼은 것으로 보인다(「考課令」 7~46조).

(謂. 田所以殖五穀之地也.) 凡參拾漆條

凡田. 長卅步. 廣十二步爲段. 十段爲町(謂. 段地穫稻五十束. 束稻舂得米五升也. 卽於町者. 須得五百束也). 段租稻(謂. 田賦爲租也.)二束二把. 町租稻廿二束.

凡田租. 准國土收獲早晩(謂. 收穫者. 收斂也. 穫苅也. 早晩者. 九月爲早. 十一月爲晩也.). 九月中旬起輸. 十一月卅日以前納畢. 其舂米運京(謂. 輸租之家. 均出脚力. 送大炊寮. 猶如運送調庸也.)者. 正月起運. 八月卅日以前納畢.

凡給口分田者. 男二段. 女減三分之一. 五年以下不給. 其地有寬狹者. 從鄕土法(謂. 受田足二段者爲寬. 不足者爲狹也. 言依上文. 男女口分. 旣有定法. 若鄕土少田者. 不可必滿其數. 故云從鄕土法. 卽雖寬博而有餘. 亦猶依二段法. 不可過越也.). 易田倍給(謂. 易田者. 其地薄埆. 隔歲耕種也. 倍給者. 假令. 應給二段者. 卽給四段之類也.). 給訖. 具錄町段及四至(謂. 田之四面所至表驗也.).

凡位田. 一品八十町. 二品六十町. 三品五十町. 四品卌町. 正一位八十町. 從一位七十四町. 正二位六十町. 從二位五十四町. 正三位卌町. 從三位卅四町. 正四位廿四町. 從四位廿町. 正五位十二町. 從五位八町. 女減三分之一(謂. 此依町減. 不至段步也.).

凡職分田(謂. 以理解官. 及致仕者. 准職封減半. 其國郡司以理解. 其職田卽收. 不可准此.). 太政大臣卌町. 左右大臣卅町. 大納言廿町.

凡功田. 大功世世不絶. 上功傳三世. 中功傳二世. 下功傳子(謂. 男女同也.). 大功非謀叛以上(謂. 犯惡逆以下者. 不收也.). 以外非八虐之除名. 並不收(謂. 上功以下是也. 言八虐之外. 犯餘除名者. 不在收限也. 假有. 功田十町. 父沒以後. 兄弟甲乙各得五町. 甲犯除名者. 收甲五町. 令還公也.).

凡給田．非其土人．皆不得狹鄕受(謂．位田職田等之類．亦不合受也.)．勅所指者．不拘此令．

凡應給職田位田人(謂．案職田位田者．據先旣給訖．不可更稱應．或是衍文乎．其職田位田．得職位則授．去者則收．皆不待班田年也.)．若官位之內有解免者．從所解免追(謂．解．解官也．免．免官也．假有．正三位位田卌町．犯免官者．三載之後．降先位二等．叙正四位上．卽依正四位．給廿四町之類也．若解官者．追亦如之也.)．其除名者．依口分例．若有賜田者亦追(謂．此亦爲除名者立文也.)．當家之內．有官位．及少口分應受者．並聽廻給(謂．口分田者．待班田年乃給也.)．有乘追收．

凡應給位田．未請．及未足而身亡者．子孫不合追請．

凡應給功田．若父祖未請．及未足而身亡者．給子孫．

凡諸國公田．皆國司隨鄕土估價賃租(謂．公田者．乘田也．賃租者．凡乘田限一年賣．春時取直者爲賃也．與人令佃．至秋輸稻者爲租．卽今所謂地子者是.)．其價送太政官．以充雜用．

凡別勅賜人田者．名賜田．

凡國郡界內．所部受田．悉足者．爲寬鄕．不足者．爲狹鄕．

凡狹鄕田不足者．聽於寬鄕遙受(謂．一國之內．比國不合也．何者．下條．本郡無田者．聽隔郡受故也.)．

凡給園地者．隨地多少均給(謂．戶內之口．不論多少．每人均給．何者．則殖桑柒者．必於園地故.)．若絶戶還公(謂．依下條．聽賣園地．卽地主存日賣訖者．不可更還．其戶內所貫．有一人在者．不別親疎．不爲絶戶也.)．

凡課桑漆．上戶桑三百根．漆一百根以上(謂．凡戶上中下者．計口多少．臨時量定．其餘條稱上上戶．中中戶等．亦准此例也.)．中戶桑二百根．漆七十根以上．下戶桑一百根．漆卌根以上．五年種畢(謂．新別爲戶者．亦依此限．其桑漆者．皆於園地種．若無園地者．不在課限也.)．鄕土不宜．及狹鄕者．不必滿數．

凡賣買宅地(謂. 有舍宅之地也. 略擧宅地. 田園皆同. 其賣買倉屋等者. 自須證據分明. 不可經官司也.). 皆經所部官司申牒. 然後聽之.

凡因王事沒落外蕃不還. 有親屬同居者(暐. 五等以上親而同居者也.). 其身分之地. 十年乃追(謂. 愍其沒落不歸. 生死无聞. 是以十年之後. 其口分從追收. 若有位田賜田者. 亦十年之後. 乃合追還. 但職田者. 不可久曠官職. 以待十年也.). 身還之日. 隨便先給. 卽身死王事者(謂. 戰場身死. 是爲死王事). 其地傳子(謂. 若無子者. 雖有親屬同居. 不在給限.).

凡賃祖田者. 各限一年. 園任賃祖及賣. 皆須經所部官司申牒. 然後聽.

凡給口分田. 務從便近(謂. 從其家居便近而給也. 縱求外處. 不可聽也.). 不得隔越. 若因國郡改隷. 地入他境. 及犬牙相接者(謂. 隷者. 附著也. 犬牙者. 如犬之牙. 不相當而相銜入也.). 聽依舊受本郡. 無田者. 聽隔郡受(謂. 隔郡. 傍郡也.).

凡田. 六年一班(謂. 此據未給口分人也. 其先已給訖者. 不可更收授也. 若田有崩埋侵食. 亦依改班例也.). 神田寺田. 不在此限(謂. 此卽不稅田也. 縱有崩埋侵食. 不可更復加授也.). 若以身死應退田者. 每至班年. 卽從收授.

凡應還公田. 皆令主自量. 爲一段退(謂. 一段者. 猶一處也. 退者. 還也.). 不得零疊割退. 先有零者聽.

凡應班田者. 每班年. 正月卅日內. 申太政官(謂. 京國官司各申也.). 起十月一日. 京國官司. 預校勘造薄(謂. 校勘田及應給人數造簿也.). 至十一月一日. 捴集應受之人. 對共給授. 二月卅日內便訖(謂. 班田之事. 旣連延兩年. 恐以兩年捴爲班田年. 依上文. 云每班年. 卽知以先年爲班年.).

凡授田. 先課役. 後不課役. 先無. 後少. 先貧. 後富(謂. 此條具依八戶明意. 假有. 甲是課戶而無田. 乙亦課戶而少田. 丙亦課戶而家貧. 丁亦課戶而家富. 戊是不課而無田. 己亦不課而少田. 庚亦不課而家貧. 辛亦不課而家富. 則依甲乙丙丁戊己庚辛. 爲先後次耳.).

凡田有交錯. 兩主求換者(謂. 錯猶雜也. 假令. 甲處田一町. 乙處田一町. 二人中分. 各得其半. 卽於二人. 各求一處全得一町之類也.). 經本部. 判聽除附(謂. 除附於田簿也.).

凡官人百姓. 並不得將田宅園地. 捨施及賣易與寺(謂. 捨施者. 猶布施也. 賣易者. 賣及貿易. 但依文. 奴婢牛馬等. 不在禁限.).

凡官戶奴婢口分田(謂. 此不稅田也.). 與良人同. 家人奴婢. 隨鄕寬狹. 並給三分之一(謂. 其寺奴婢者. 不在給限也.).

凡田爲水侵食(謂. 食猶壞. 言爲水侵壞也.). 不依舊派. 新出之地. 先給被侵之家(謂. 新出之地堪佃者. 不待班年. 給被侵之家. 若別縣界出者非也.).

凡公私田荒廢(謂. 位田. 賜田及口分田. 墾田等類. 是爲私田. 自餘者. 皆爲公田也.). 三年以上. 有能借佃者. 經官司. 判借之. 雖隔越亦聽(謂. 假如. 甲郡人欲佃乙郡田聽也.). 私田三年還主. 公田六年還官(謂. 雖班田年. 未滿限者. 不合收. 其限內者輸租. 限外者輸地子也.). 限滿之日. 所借人口分未足者. 公田卽聽充口分(謂. 不待班年卽授也.). 私田不合. 其官人於所部界內. 有空閑地願佃者. 任聽營種(謂. 官人者. 國司. 若以土人任爲國司. 并郡司及百姓等営種者. 卽永爲私田.). 替解之日還公.

凡競田. 判得已耕種者(謂. 旣種殖訖也.). 後雖改判. 苗入種人(謂. 當年田直. 入改判之人也.). 耕而未種者. 酬其功力. 未經斷決. 强耕種者. 苗從地判.

凡在外諸司職分田. 大宰帥十町. 大貳六町. 少貳四町. 大監. 少監. 大判事二町. 大工. 少判事. 大典. 防人正. 主神. 博士一町六段. 少典. 陰陽師. 醫師. 少工. 算師. 主船. 主厨. 防人佑一町四段. 諸令史一町. 史生六段. 大國守二町六段. 上國守. 大國介二町二段. 中國守. 上國介二町. 下國守. 大上國掾一町六段. 中國掾. 大上國目一町二段. 中下國目一町. 史生如前.

凡郡司職分田. 大領六町. 少領四町. 主政主帳各二町. 狹鄕不須

要滿此數.

凡驛田. 皆隨近給. 大路四町. 中路三町. 少路二町.

凡在外諸司職分田. 交代以前種者. 入前人(謂. 大納言以上職分田. 亦准此例. 但闕官田者. 不在准例.). 若前人自耕未種. 後人酬其功直. 闕官田用公力營種. 所有當年苗子. 新人至日. 依數給付(謂. 公力者. 雜徭也. 當年者. 自正月至十二月也. 假有. 新人後年正月到任者. 去年苗子. 不可更給也.).

凡外官新至任者. 比及秋收. 依式給糧(謂. 秋前至任. 年實未收. 故比及秋收. 量給公粮. 假如. 中國守. 職田二町. 准稻當一千束. 新任守六月到任者. 准計年內所殘六月. 卽給稻五百束之類也.).

凡畿內置官田(謂. 畿猶壃也. 言王畿之內). 大和攝津各卅町. 河內山背各廿町. 每二町配牛一頭. 其牛令一戶養一頭(謂. 養牛之戶. 免其雜徭也.). 謂中々以上戶.

凡官田應役丁之處. 每年宮內省. 預准來年所種色目及町段多少. 依式料功. 申官支配(謂. 色目者. 稻白黑爲色也. 稻名爲目也. 依式料功者. 式別式也. 料者. 量也. 支配者. 支支度也. 配當也.). 其上役之日. 國司仍准役月閑要. 量事配遣(謂. 以雜徭充使其事也.). 其田司. 年別相替(謂. 宮內省. 差管內雜任. 令掌其事. 是爲田司也.). 年終省挍量收穫多少. 附考褒貶.

賦役令 第十

부역[1]령[2] 제10

(생각건대, 부賦는 거두는 것[斂]이다. 조調·용庸 및 의창義倉, 지방에서 바치는 공헌물貢獻物 등을 부라고 한다. 역役은 부리는 것[使]이다. 세역歲役 잡요雜徭 등을 역이라고 한다.) 무릇 39조이다.

1. 무릇[3] 조調[4]로 바치는 견絹[5]**·시**絁[6](생각건대, 촘촘한 비단[細]을 견이라고

1_ 원문에는 役으로 되어 있다.

2_ 調·庸·義倉 등의 賦稅, 歲役·雇役·仕丁 등의 力役 부과기준 및 징발절차 등을 규정한 것이다. 租는「田令」에서 규정하고 있다. 또한 仕丁에 관한 조항은 唐令에는 없었던 것으로 생각된다.

3_ 唐令은 "諸課戶每丁租粟二石, 其調綾絹絁布, 並隨鄉土所出, 綾絹絁各二丈, 布二丈五尺. 輸綾絹絁者, 兼調綿三兩. 輸布者, 麻三斤. 其綾絹絁爲疋, 布爲端, 綿爲屯, 麻爲綟. 若當戶不成疋端屯綟者, 皆隨近合成. 其調麻每年支料, 有餘折一斤輸粟一斗, 與租同輸. (其江南諸州租, 並廻造納布.)"였던 것으로 추정된다.(大津透, 『律令國家支配構造の硏究』, 岩波書店, 1993. pp.161~162.) 당령은 田租도 함께 규정하고 있으며, 비단을 바치는 지역과 삼베를 바치는 지역으로 크게 나누고 거기에 따른 調와 兼調(비단-綿, 삼베-麻)를 정연하게 나누어 놓고 있다. 이에 대해서 일본령은 전조에 대한 규정은「田令」에 보이고 調와 兼調의 관계가 분명하게 밝혀져 있지 않다. 또한 雜物이라고 하여 철·해산물 등을 자세히 규정하고 있는 것이 특징이다.

4_ 가장 기본적인 賦役 항목의 하나로 주로 絹·布 등 섬유제품을 부과하였지만, 철소재 및 제품, 해산물, 광산물, 염료, 안료 등 잡다한 품목도 포함되어 있다.

5_ 촘촘하게 짠 비단을 絹이라고 하였고, 상대적으로 성글게 짠 絁와 대비된다. '키누' 혹은 '카토리'라고 읽으며 후자는 '카타오리(固織)'이 축약된 말로 縑이라고도 표기하였다. 『三國志』 위지 동이전 왜인조에도 '絳青縑'이 보인다. 이는 꼭두서니로 염색한 붉은 색 비단과 쪽으로 염색한 청색 비단을 가리키는

하고 거친 비단[麁]을 시라고 한다.) · **사**絲[7] **· 면**綿[8] **· 포**布[9]**는 모두 향토에 나는 바에 따른다. 정정**正丁 **한 사람은 견과 시 8척 5촌이고, 6정**丁**이 1필을 만든다.** 길이 5장 1척, 넓이 2척 2촌이다. **미농시**美濃絁[10]**는 6척 5촌이고, 8정이 1필을 만든다.** 길이 5장 2척, 넓이는 견 · 시와 같다. **사**絲**는 8량**兩,[11] **면**綿**은 1근**斤, **포**布**는 2장 2척이고, 모두 2정이 구**絇[12] **· 둔**屯[13] **· 단**端[14]**을 만**

것으로 생각된다.

6_ 일본어로 '아시키누'라고 하며 거친 비단, 품질이 떨어지는 비단이라는 뜻이다. 실이 굵고 성글게 짠 비단이다.

7_ 명주실이다. 調로 부과할 때는 兩이라는 무게 단위로 헤아렸다.

8_ 명주솜이다. 이불을 만들거나 옷 속에 넣어서 누빌 때 사용하였다. 이를 '풀솜'이라고 한 경우가 많으나, 목면이 일반화되기 전에는, 풀솜은 棉으로 표기한 경우가 있어서 綿과는 구별되었던 것으로 생각된다. 명주솜은 두 마리 이상의 누에가 하나의 꼬치를 만들어 명주실을 뽑을 수 없는 경우에 그 꼬치를 잘라 그 속으로 대나무 틀을 집어넣어 얇고 넓게 펴서 만들었다.

9_ 삼베 종류를 말한다. 麻에는 大麻 · 苧麻 · 黃麻 · 亞麻 등이 있는데 그중에서 천을 짜는 데 주로 쓰이는 것은 대마(삼)와 저마(모시풀)이다.

10_ 美濃(현재의 岐阜縣) 지역에서 생산하는 특수한 비단이다.

11_ 「雜令」 제1조에 의하면 24銖를 1兩(小兩), 3兩을 大兩 1兩, 16兩을 1斤으로 한다고 되어 있다. 그런데 斤은 500~900g으로 추정될 뿐이어서, 정확한 무게는 알 수 없다. 9세기 이후에는 大兩(1大兩이 10匁)이 주로 쓰이게 된다. 한편 匁(우리 말의 돈에 해당)는 당시 통용되는 銅錢 1개의 무게이고 동전 10개가 1兩, 1000개가 1貫이 된다. 따라서 금속의 경우에는 동전의 무게를 기준으로 하였던 셈이다. 그러나 현실적으로 일본 최초의 동전인 和同開珎의 경우도 3~9g까지 편차가 있고 가장 많은 것이 5g이다. 현재 3.75g = 한 돈(匁)은 1891년에 明治政府가 정한 도량형을 기준으로 한 것이다. 동전 1개의 무게를 5g으로 잡을 경우는 1大兩은 동전 10개의 무게에 해당하는 50g이 되고 1斤은 800g이 된다. 이를 기준으로 역산하면, 1銖는 약 0.7g이다.

한편 令에 규정된 무게단위는 모두 小兩 · 小斤으로 보고 있다. 실제로 木簡에서 확인되는 額數를 3배하면 令制에서 규정한 액수와 일치하는 경우가 많고 『延喜式』도 마찬가지이다. 현실적으로는 大兩 · 大斤이 통용되는 관행이 있었던 것으로 생각된다.

12_ 실의 계량단위로 16兩이 1絇이다.

13_ 솜의 계량단위로 2斤이 1屯이다. 그러나 平城宮 木簡에 보이는 調綿은 4兩=1屯이고 이는 『延喜式』의 규정과 일치한다.

든다.(생각건대, 사 16량을 구絇라고 하고, 면 2근을 둔屯이라고 하고, 포 5장 2척을 단端이라고 한다.) **단은 길이 5장 2척, 넓이 2척 4촌이다.**[15] **망타포**望陁布[16]**는 4정이 단을 만든다. 길이 5장 2척, 너비 2척 8촌이다. 만약 잡물**雜物**을 거둘 때는**[17] **철 10근,**[18] **가래**[鍬][19] **3구**口 각 구는 3근이다., **소금 3두**斗,[20] **전복**[鰒] **18근, 가다랑어**[堅魚] **35근, 오징어**[烏賊] **30근, 소라**[螺](생각건대 조개[蜂][21]의 종류이다.) **32근, 건해삼**[熬海鼠][22] **26근, 잡어 초할**楚割[23] **50**

14_ 삼베의 계량단위이다. 본 조항에서는 1端이 5장 2척인 것으로 볼 수 있으나, 養老 元年 十二月의 格에 의하여 長 4丈 2尺, 폭 2尺 4寸을 1端으로 개정되었으며, 1丁이 부담하는 調布 2장 8척, 용포 1장 4척을 합쳐서 1端으로 하였다. 즉 養老 원년 이후에는 4장 2척이 1端이었다.

15_ 和銅・養老 연간에 調庸으로 바치는 絹布의 규격이 여러 차례에 걸쳐 개정되었으나 이 조항은 그러한 변화를 반영하지 않고 있다(長山泰孝, 「八世紀における調庸制の變遷」, 『續日本紀硏究』199, 1978.).

16_ 上總國 望陀郡에서 생산되는 布를 말한다. 일반적인 調布보다 폭이 넓고 가격도 비쌌다.

17_ 調 대신 납부하는 것이므로 調雜物이라고 한다. 해산물과 광산물이 주를 이루고 있으며, 이는 율령제 이전의 貢納制의 전통을 계승한 것으로 보인다. 한편 이 조항에 열거된 품목들이 잡물로 거둔 모든 물품을 열거한 것인지 대표적인 품목을 예시한 것인지를 둘러싸고 의견이 나뉜다(長山泰孝, 「贄と調について」, 『古代國家と王權』, 吉川弘文館, 1992. p.241).

18_ 「雜令」2에서는 "凡度地, 量銀銅穀者, 皆用大. 此外, 官私悉用小者."라고 하여 금속을 계량할 때는 大斤을 쓰도록 되어 있으므로, 철의 경우에도 大斤을 사용한 것으로 생각된다. 『延喜式』에는 "鐵二廷(三斤五兩爲廷)"이라고 규정하였다. 1兩을 50g으로 보면 10근은 2,400g에 해당한다(3兩이 大兩으로 1兩이고, 16兩이 1斤이다).

19_ 삽처럼 생긴 농기구를 말한다. 官人의 季祿으로 지급되었다.

20_ 令에서는 小量을 쓰고 『延喜式』에서는 大量을 쓰고 있는데, 소금의 경우는 양쪽에서도 모두 3斗로 나타난다. 「雜令」 2에서 곡물을 大量을 쓰도록 되어 있는데, 소금도 곡물과 마찬가지로 취급하였을 가능성이 있다.

21_ 대합조개를 뜻한다.

22_ 『和名抄』에 '伊里古'로 되어 있다. '이리코'는 건해삼 및 말린 멸치 등을 뜻하는 말이다.

23_ 『和名抄』에 '須波夜利'로 되어 있다. '스와야리'는 가는 나뭇가지처럼 잘게 찢

근, 잡수雜鱐[24](생각건대, 배를 갈라 말린 생선이다.) 100근, 자채紫菜[25] 48근, 잡해채雜海菜[26] 160근, 해조海藻[27] 130근, 활해조滑海藻[28] 260근, 해송海松[29] 130근, 응해채凝海菜[30] 120근, 잡석雜腊[31](생각건대, 완전히 말린 해조다.) 6두, 해조근海藻根[32] 8두, 미활해조未滑海藻[33] 1석, 택산澤蒜[34] 1석 2두, 도산嶋蒜[35] 1석 2두, 전복젓[鰒鮓] 2두, 홍합젓[貽貝鮓] 3두, 백패저白貝[36]菹[37] 3두, 신라

었다는 뜻이다. 물고기를 소금에 저린 다음 말려서 가늘게 찢은 것이다.

24_『和名抄』에 '保之以乎', 「古記」에는 乾魚로 되어 있다. '호시우오'는 내장을 빼고 말린 생선이다.

25_『和名抄』에 '無良佐木乃里'로 되어 있다. 甘海苔 즉 김을 말한다.

26_ 다시마로 생각된다. 일본어로는 昆布(콘부)라고 한다.

27_『和名抄』에 '邇木米, 俗用和布'라고 하였다. '니키메'는 '와카메'라고도 하며 미역이다.

28_『和名抄』에 '阿良女, 俗用荒布'라고 하였다. '아라메'는 학명이 *Eisenia bicyclis*이며 앞의 '니키메'에 대등하는 용어로 大荒이다. 갈조식물 미역과의 해조로 다시마와 용도가 비슷하다. 일본에서는 미역(와카메)보다 표면이 거칠고 잎도 두껍기 때문에 '아라메'라고 한 것으로 생각된다.

29_『和名抄』에 '美流'로 되어 있다. '미루'는 학명이 *Codium fragile*이며 청각이다. 외관이 소나무와 비슷하기 때문에『玆山魚譜』에도 海松이라고 하였다.

30_『和名抄』에 '古留毛波'로 되어 있다. '코루모하'는 우뭇가사리를 말한다.

31_『和名抄』에 '木多比, 乾肉也'라고 하였다. 고기를 완전히 건조시킨 것을 말한다.

32_ 미역의 줄기와 입을 바위 등에 고정시키는 뿌리 부분을 말하는 것으로 보인다. 통상 미역발이라고 한다.

33_『和名抄』에 '加知女, 俗用搗布'라고 하였다. '카지메'의 학명은 *Ecklonia cava*이고 감태이다. 흔히 김도 감태라고 하지만 감태는 가죽같은 식감을 가지고 있다.

34_ 원문에는 艸 아래 赫으로 되어 있다.『和名抄』에 '禰比流(水蒜也. 生水中, 葉形氣味不異家蒜)'이라고 하였다. '네비루'는 '노비루(野蒜, 根蒜)'의 별명이다. 학명은 *Allium macrostemon*이고, 산달래이다. 전체적으로 마늘 냄새가 나고 어린 포기 전체를 식용한다. 실제로 산달래가 우리가 흔히 먹는 달래라고 한다.

35_『和名抄』에 '阿佐豆木'으로 되어 있다. 학명은 *Allium schoenoprasum var. foliosum*이며, 흔히 챠이브·골파 등으로 불리는 허브의 변종이다. 일본에서는 淺葱(아사쯔키)이라고 하며 쪽파보다 더 가늘게 생겼다.

두타辛螺頭打[38] **6두, 홍합 후절**後折,[39] **해세라**海細螺[40] **1석, 성게**[棘甲嬴][41] **6두, 갑라**甲嬴[42] **6두, 집젓**[雜鮨][43](생각건대, 지鮨도 또한 젓갈[鮓]이다.) **5두, 근강**近江 **붕어 5두, 자염**煮鹽 **연어 25근, 가다랑어 액즙**[煎汁](생각건대, 끓인 즙을 숙성시키는 것을 전煎이라고 한다.) **4승**升**이다. 차정**次丁 **두 사람, 중남**中男 **4사람이 정정 한 사람에 따른다. 조부물**調副物[44](생각건대, 이는 정정만을 위한 규정이다. 차정과 중남에 미치지 않는다.) **정정 한 사람이 자**紫[45] **3량, 홍**紅[46] **3량,**

36_ 대합으로 생각된다. 일본어로는 '우바가이'라고 한다.

37_ 『和名抄』에서 '邇良木'으로 되어 있다. 대합 살을 소금과 느릅나무(楡, 니레)의 껍질 가루로 저린 것으로 보인다.

38_ 고둥을 껍질 채 담근 젓갈로 생각된다. 그때 양념이 안으로 배어들기 쉽도록 끝부분을 잘라내기 때문에 頭打라고 한 것으로 보인다.

39_ 『令集解』 穴記에서는 後折을 조개껍질 아래를 뚫고 껍질 채로 만든 것이라고 설명하고 있다. 홍합 껍질의 일부를 깨고 양념을 해서 담근 젓갈로 보인다.

40_ 『和名抄』에 '之太太美'로 되어 있다. 『萬葉集』 3880에도 小螺(시타다미)를 机之島라는 섬에서 주워와서 돌로 껍질을 깨트린 다음 물에 씻어서 젓갈에 버무려 먹는다는 시가 실려 있다. 일본어로는 石疊(이시다타미)라고 하며 작은 고둥 종류를 말한다.

41_ 『和名抄』에 '宇仁'으로 되어 있다. '우니'는 성게를 말한다.

42_ 『和名抄』에 '加世'로 되어 있다. 일반적으로 石陰子라고도 하며 성게의 별명이다. 그러나 바로 앞 항목인 棘甲嬴가 성게이고, 이 항목은 가시가 짧고 만져도 통증을 느낄 수 없는 말똥성게를 말한다. 일반 성게보다 고급이며 맛도 좋다고 한다. 학명은 *Hemicentrotus puicherrimus*이다.

43_ 일본어 훈은 '스시'이다. 소금에 절여 발효시킨 것으로 생각된다.

44_ 調과 더불어 正丁에게만 부차적으로 부과되는 물품이며, 조와 같은 품목을 비교해 보면 1/30 정도의 적은 양이다. 주로 안료·염료와 器物 제작과 관련된 것 및 식품류이다. 養老 元年(717)에 폐지되어 中男作物과 통합되었다. 여러 명이 내도록 되어 있는 경우도 있어서 공동체 내부의 공동작업을 통하여 생산된 품목으로 생각된다.

45_ 보라색을 내는 안료나 염료를 뜻한다. 안료로는 紫土, 염료로는 紫草의 뿌리에서 채취하는 것이 있다. 여기서는 후자의 식물성 염료를 뜻하는 것으로 보인다. 紫草는 학명은 *Lithospermum erythrorhizon*이며 우리말로는 '지치'라고 한다.

46_ 홍화(잇꽃, 학명운 *Carthamus tinctorius*)를 말한다. 꽃잎에서 붉은색 염료를

천茜[47] 2근, 황련黃連[48] 2근, 동목면東木棉[49] 20량, 안예安藝[50]의 목면 4량, 마麻[51] 2근, 숙마熟麻[52] 10량 16수, 태菒[53] 12량, 황벽黃蘗[54] 7근, 흑갈黑葛[55] 6근, 목적木賊[56] 6량, 참기름[胡麻油] 7석, 들기름[荏油] 1홉, 만초유曼椒油[57] 1홉, 돼지기름[猪脂] 3홉, 뇌腦(생각건대, 말 머리 속의 골수이다.) 1홉 5작, 칠柒 3작, 금칠金柒[58] 3작, 소금 1승, 잡석雜腊 2승, 가다랑어 액젓 1홉 5작, 고추냉

추출한다.

47_ 꼭두서니(학명 *Rubia argyi*)를 말한다. 뿌리에서 붉은색 염료를 추출한다.

48_ 倭黃連(학명 *Coptis japonica Makino*)을 말한다. 뿌리에서 황색 염료를 추출한다.

49_ 木綿은 닥나무와 같은 나무의 껍질을 쪄서 말린 다음 잘게 찢어서 실 모양으로 만든 것이다. 東木綿이라고 한 것은 東國 지방에서 생산되기 때문인 것으로 보인다.

50_ 지방행정단위인 安藝國을 말한다. 현재의 廣島縣 서쪽 절반에 해당하는 지역이다.

51_ 大麻의 껍질을 말한다.

52_ 大麻의 껍질을 쪄서 가늘게 찢은 것으로 생각된다. 石灰·白土와 함께 섞어서 건물 벽체를 만들어 균열을 방지하는 데 사용된 것으로 보인다. 法華寺와 관련된 고문서에서 보인다. 그 밖에도 종이 조각, 짚, 부들 등이 사용되었다.

53_『和名抄』에 '介無之'로 되어 있다. 모시로 생각된다.

54_ 황벽나무(황백·황경피나무, 학명은 *Phellodendron amurense*)의 內皮를 말한다. 정장·살균 등의 약효가 있으며 황색 염료로도 사용되었다.

55_ 防己 혹은 댕댕이덩굴(학명 *Sinomenium acutum*)을 말한다. 줄기와 뿌리는 진통·이뇨·마취 등의 약효가 있다.

56_ 속새(束草·崔只草, 학명은 *Equisetum hyemale*)를 말한다. 말린 줄기를 달여서 약재로 사용한다. 이뇨작용이 강하며 눈이 충혈되거나 눈꼽이 낄 때도 사용한다. 줄기를 쪄서 말린 것으로 칠기 가공 등 고급연마용으로 쓰기도 한다.

57_ 분디나무(학명 *Fagara mantchurica*) 열매에서 짠 기름을 말한다. 우리나라에서 초피나무(산초나무)와 분디나무가 혼동되어 쓰이는 경우가 많은데, 분디나무는 검은 열매가 열리며 그 기름을 짜서 등불을 켜는 데 쓴다. 한편 초피(산초, 경상도에서는 지피) 열매는 갈아서 추어탕 등에 넣은 향신료로 쓴다. 분디나무는 가시가 어긋나게 나 있고, 초피나무는 두 개가 쌍으로 나 있다. 일본에서는 초피나무를 山椒, 분디나무는 犬山椒라고 한다.

58_ 오갈피나무(학명 *Eleutherococcus sciadophylloides*)의 수지액에서 추출한

이[山薑][59] 1승, 청토靑土[60] 1홉 5작, 도토리[橡][61] 8승, 종이 6장 길이 2척, 넓이 1척. 광류[筐柳][62] 1묶음[把]이다. 7정[63]이 짚자리[席][64] 1장, 삿자리[苫][65] 1장, 사슴뿔 1마리[頭], 새깃 1 마리[隻](생각건대 1마리는 1구具와 같다.) 숫돌[砥] 1개[顆]이다. 2정이 나무깔개[簀][66] 1장, 3정이 줄풀 자리[薦][67] 1장, 14정이 술통[樽][68] 1개[枚] 3말 들이. 21정이 술통 1개 4말 들이. 35정이 술통 1개 5말 들이이다. 왕경[京] 및 기내畿內는 모두 정정 1인이 조포調布 1장 3척이다. 차정 2인 중남 4인이 각각 정정 1사람과 같다.

2. 무릇, 조調는 모두 가까운 데 따라 합쳐서 필의 단위로 만든다[69](생각건

도료이다. 황색을 띠고 있으며 마르고 나면 金色이 된다. 일반적으로 金漆은 옻에 金箔을 섞은 것을 말하지만, 여기서는 식물성 도료이다.

59_ 『和名抄』에 '和佐比'로 되어 있다. '와사비'는 고추냉이이다.

60_ 푸른 색을 띤 흙으로 생각되나 분명하지 않다.

61_ 『和名抄』에 '都流波美'로 되어 있다. '쯔루바미(쿠누기의 옛 이름)'는 상수리나무다. 상수리나무 열매는 도토리 종류 중에서도 도토리묵을 만드는 데 가장 적합한 것으로 알려져 있다. 나무 껍질과 열매 껍질은 鐵을 媒染劑로 하여 흑색이나 紺色을 염색하는 데 쓰기도 한다.

62_ 광주리를 짜기 위한 버드나무를 말한다.

63_ 正丁 7인이 물품 납부의 주체라는 뜻이다. 7인이 숫돌까지 걸리는 것으로 생각된다.

64_ 『和名抄』에 '無之路'로 되어 있다. '무시로'는 볏짚이나 골풀로 짠 자리를 말한다. 골풀은 일본 가옥에 많이 쓰는 '타타미'의 외부재로 사용한다. 일본에서 볏짚으로 짠 자리, '와라무시로'를 '무시로'라고 하는 경우가 많으므로, 짚자리로 번역하였다.

65_ 『和名抄』에는 '度萬'으로 되어 있다. 莎草나 띠풀로 짠 자리를 말한다. 사초로 짠 자리를 삿자리라고 하므로, 볏짚으로 짠 자리와 구별하기 위하여 삿자리로 번역하였다.

66_ 『和名抄』에는 '須乃古'로 되어 있다. '스노코'는 나무나 대나무로 발처럼 만든 깔판이다.

67_ 『和名抄』에는 '古毛'로 되어 있다. '코모'는 줄풀(학명 Zizania latifolia)이며 이를 이용하여 만든 자리를 말한다.

68_ 『和名抄』에 '酒樽, 有脚酒器也'라고 하였다. 나무로 만든 술통이다.

대, 같은 군 안에서 만든다.[70]). **견**絹 · **시**絁 · **포**布**의 양 끝, 그리고 실과 솜은 주머니에**(생각건대, 종이로 양쪽 머리를 포장하여 주머니로 삼는다.) **자세하게 국군리 · 호주의 성명, 연월일을 기록하고**(생각건대, 만약 2호를 합친 것이면 두 호주를 기록한다.) **각국의 도장**[國印][71]**을 찍는다.**[72]

3. 무릇, 조調 · **용**庸**의 물품은 매년 8월 중순부터 내기 시작하여, 가까운 지역**[近國][73]**은 10월 30일, 중간 지역**[中國][74]**은 11월 30일, 먼 지역**[遠國][75]**은 12월 30일 이전에 납부를 마친다. 그 조사**調絲[76]**는 7월 30일 이전에 납부를 마친다**(생각건대, 대장성에 수납한다. 민民이 직접 납부하는 것이므로 누에치는 일이 끝나면 바로 내고, 7월을 기다리지 않는다.). **만약 조 · 용이 해당 지역**[本

69_ 唐令의 경우에는 調絹 2丈과 庸絹 6丈의 8丈이 2疋이 되고, 調布 2장 5척과 庸布 7장 5척의 10장이 2端이 되므로 戶內에서 合成하는 것을 원칙으로 하였다. 그러나 日本令에서는 戶 안의 合成이 어렵도록 규정되어 있다. 일본에서는 특산물을 바치는 調와 力役을 제공하는 庸의 연원이 서로 달라서 본질적으로 통합되기 어려웠던 것으로 생각된다.

70_ 郡 단위로 合成한 것으로 보아, 調 · 庸으로 내는 직물을 郡別로 생산된 것으로 생각된다.

71_ 國別로 지급된 구리로 만든 인장을 말한다.

72_ 東大寺 正倉院에 남아있는 섬유제품 중 調로 바친 黃絁의 양 끝에 '遠江國敷智郡竹田鄕戶主刑部眞須彌調黃絁六丈 天平十五年十月'이라고 쓰고 國印을 찍은 예가 남아있다. 그 밖에도 물품을 바친 본인의 戶口의 이름, 調를 중앙에 바치는 책임을 맡은 國司의 이름까지 기록한 예도 보인다. 다른 물품은 木簡에 같은 내용을 써서 바쳤다.

70_ 畿內에서 가까운 지역을 말한다. 和銅 5년 이전의 民部式에서는 伊我 伊勢 尾張 參河 近江 三野 若狹 丹波 但馬 因幡, 播磨 備前, 紀伊 淡路 阿波 讃岐로 되어 있다.

74_ 和銅 5년 이전의 民部式에서는 遠江 駿河 伊豆 甲斐 相模 斐太 信野 越前 越中 伯耆 出雲 備中 備後 伊豫를 中國이라고 하였다.

75_ 和銅 5년 이전의 民部式에서는 上總 下總 常陸 上野 武藏 下野 陸奥 越後 佐渡 石見 隱岐 安藝 周房 長門 土左 竺紫 등 西海道 각 국을 遠國이라고 하였다.

76_ 調로 바치는 명주실이다.

國]**에서 출발하지 않은 사이에 본인이 죽으면 그 물건은 돌려준다**[却還](생각건대, 가령 먼 지역은 12월 30일 이전에 납부하는데, 그 노정路程을 계산하면 30일이다. 만약 이 노정 내에 죽으면, 설사 본국에서 출발하지 않았더라도 이치상 이미 노정에 있으므로 곧 그 물건은 면제 범위에 들지 않는다.). **그 운송하는 인력**[運脚]**은 균등하게 용·조를 부담하는 집에서 내게 한다**(생각건대, 용·조를 부담하는 집은 사람마다 물건을 균등하게 내어, 운각運脚의 비용과 음식에 충당한다.). **모두 국사가 인솔하여 보낸다**(생각건대, 율에 의하여 군사郡司도 또한 인솔하여 보낸다.). **추구**僦句**하거나 편의에 따라 적수**糴輸**할 수 없다**(생각건대, 율에 의하면 국사가 운임을 받고 민을 대신하여 객운客運하는 것이 추구이다.[77] 부과된 물품을 보내는 것은 모두 생산되는 바에 따라 수납輸納해야 하는데, 다른 재화를 가지고 와서 납부하는 곳에 이르러, 매매하여 충당하는 것이 편의에 따라 적수하는 것이다.).

4. 무릇[78] 정정의 세역歲役[79]**은 10일이다**(생각건대, 왕경에서 부리는 것이다.

77_ 『令集解』에서 '廐庫律云, 凡監臨之官, 皆不得於所部僦運課物. 注云, 僦勾客運是也. 糴輸者, 廐庫律云, 凡應輸課物, 而輒齎財貨, 詣所輸處, 市糴充者是.'라고 하였으므로 廐庫律에 의거하였음을 알 수 있다.

78_ 唐令은 "諸丁歲役二十日, 有閏之年, 加二日. 若不役者, 輸庸. 每日絁絹各三尺, 布三尺七寸五分. 須留役者, 滿十五日免調, 卅日租調俱免(役日少者, 見役日折免.) 通正役並不得過五十日."로 추정된다. 일본은 세역이 10일로 당보다 10일이 적다.

79_ 일본의 歲役制는 지방민들이 토목공사 등에 임시로 동원되는 力役制과 지방에서 중앙으로 보내는 衛士 仕丁 采女의 식료를 바치는 力代制가 통합된 것으로 생각된다. 力役은 實役밖에 없고 징발하지 않을 경우에 대신 물품을 내도록 하는 관행은 없었던 것으로 생각된다. 한편 지방호족들이 仕丁 등을 중앙에 보내어 上番시키고 이들이 필요로 하는 비용을 각 촌락이 부담하였다. 바로 이 후자의 비용을 大寶令에서 庸으로 규정하면서 力役과 力代가 통합되었다. 大寶令 이후 京畿內는 庸을 걷지 않은 것도 畿內에는 力代制가 없었기 때문이다. 또한 庸은 먼저 위사 사정 채녀 등의 식료에 충당하고 나머지를 役民의 雇直에 충당하게 한 것도 力代制의 영향을 보여준다. 令에 규정한 歲役

즉 공량公糧을 주지 않는다. 만약 유역留役하면 즉 관에서 지급한다.). **만약 용庸을 거두어야 한다면**[80] **포布 2장 6척이다**(생각건대, 그 용을 거두는 것은 향토의 소출에 따른다. 포 한 가지라고 생각해서는 안 된다.). **1일에 2척 6촌이다. 유역留役**[81](생각건대 정역正役 이외가 또한 유역이다.)**을 해야 할 경우, 30일을 채우면 조租·조調를 함께 면제한다. 역의 날수가 적으면 실제 일한 날수를 계산하여 절면折免한다**(생각건대, 조租·조調를 합쳐서[混合] 총 30등분으로 만들고, 30분의 1을 하루의 분량으로 삼는다. 역일을 계산해서 절면한다.). **정역正役과 합산해서 모두 40일을 넘겨서는 안 된다. 차정次丁**[82] **2인은 1명의 정정과 같다**(생각건대, 차정 1인의 세역은 5일이다. 만약 용을 거두면 포 1장 3척이다. 이를 1상常[83]이라고 한다. 그 유역이 15일이면 조와 용을 모두 면제한다.). **중남中男과 왕경[京]·기내畿內는 용을 거두지 않는다.**[84] **그 정이 역에 나아가는 날, 장관長官이 직접 스스로 점검하고 옷과 양식을 살펴본다**(생각건대, 세역하는 동안 먹을 양식과 오고가는 일정의 양식이다.). **빠짐없이 갖춘 연후에 보낸다. 만약 해당 국군國郡의 사람을**(생각건대, 해당 국 해당 군의 사람이다.) **고용하거나 가인家人**[85]**을 보내어 역을 대신토록 하고자 하면**(생각건대, 노비

과 다른 身役制가 慶雲 三年 二月格(凡百姓身役十日以上免庸, 廿日以上庸調俱免. 役日雖多, 不得過卌日. 其役廿日, 乃及公糧)에서 규정한 것도 力役制의 부분적인 부활이라고 할 수 있다.

80_ 歲役 대신 庸을 거두는 物納制는 隋代에 시작되었고 唐代인 7~8세기에는 庸의 납입이 일반화되는 경향이었다.

81_ 歲役으로 규정된 10일(正役)을 넘겨서 계속 역에 종사하는 것이다.

82_ 老丁(61~65세)과 殘疾丁을 말한다.

83_ 庸布는 端으로 합성하지 않고, 1척 3촌 그대로 바쳤으며 이는 준화폐의 기능을 하였다. 이를 常布라고 하였다.

84_ 왕경과 기내의 庸을 면제하는 규정은 大寶令에서 마련된 것으로 보인다, 淨御原令에서는 畿內에서도 役이 면제된 사례가 있지만, 大寶令 이후에는 歲役이나 庸이 면제된 예가 없고, 畿外에서 庸이 면제될 때 畿內는 調가 면제되고 있는 사실을 통해서도 이를 확인할 수 있다. 이는 大寶令에서 歲役을 모두 庸으로 거두고 雇役制를 채택한 것과도 관련이 깊다. 왕경과 기내의 백성은 雇役에 종사해야 하므로 庸을 면제한 것이다.

역시 같다.) 허락한다. 열약劣弱한 자는 합당치 않다. 즉, 보내는 장부의 이름 아래에 대리인의 관속貫屬[86]과 성명을 자세히 기록한다. 그 장인[匠]은 당색當色[87]에서 기술이 좋은 사람[巧人]을 고용하여 대역代役하게 하고자 하면 허락한다.

5. 무릇, 매년 8월 30일 이전에 계장計帳[88]이 도착하면 민부성[民部][89]에 보낸다. 주계료[主計]는 용庸의 다소를 계산하여[90] 위사衛士[91]·사정仕丁[92]·채녀采女[93]·여정女丁 등의 음식에 충당한다(생각건대, 당년에 역을 해야 하는 사람을 제외하고, 모두 용을 거두어 위사·여정의 식료와 역민의 임금[雇直][94] 및 식료에 충당한다.). 이외는 모두 역민役民의 임금 및 식비에 나누어 배당한다[支配]. 9월 상순 이전에 태정관에 보고한다.

85_ 「戶令」 35조 참조.

86_ 본관·본적지를 말한다.

87_ 같은 종류라는 뜻으로 같은 신분, 같은 기능 등으로 쓰인다.

88_ 「戶令」 18조 참조.

89_ 民部省이다, 「職員令」 21조 참조.

90_ 唐令에서는 尙書省에서 租庸調 전체의 예산을 편성하고 전국적인 징수를 계획하였으나, 日本令에서는 주계료가 庸의 수지가 맞는지를 확인하는 업무만을 맡고 있었다. 租도 원칙적으로 지방의 正倉에 보관하고, 調도 지방이 바치는 특산물을 받아들이는 입장이었으므로, 국가의 의도대로 예산을 운용하는 당과는 큰 차이가 있었다.

91_ 동일 戶 안에서 3丁 중 1丁을 兵士를 차출하였는데, 그중에서 지방의 軍團에 소속되지 않고 上番하는 사람도 있었다. 왕경으로 가는 자를 衛士라고 하고 변경 수비로 가는 자를 防人이라고 하였다. 衛士는 1년을 기한으로 하였으나, 養老 6년 2월에 3년으로 기한이 연장되었다. 「軍防令」 2, 3, 8조 참조.

92_ 仕丁은 50호마다 2인이고 3년을 기한으로 하며, 女丁은 大國 4인, 上國 3인, 中國 2인, 下國 1인을 내도록 규정하였다. 「賦役令」 38 참조. 중앙 관사에 배속되어 잡역을 담당하였으며, 노역을 하는 대신 調·庸·雜徭가 면제되었다.

93_ 지방 郡司가 자매나 딸을 왕경으로 보내 後宮의 일을 돕도록 한 사람을 采女라고 한다. 율령제 이전에는 後宮이 되기도 하였다. 「後宮職員令」 18조 참조.

94_ 雇役에 대한 대가를 말한다.

6. **무릇, 1위 이하**(생각건대, 친왕親王[95]은 이 예에 들지 않는다.) **및 백성**百姓[96] **과 잡색인**雜色人 **등은**(생각건대, 품부品部[97] 및 잡호雜戶 등이다. 능호陵戶[98]는 이 범위에 있지 않다.) **모두 호**戶**마다 조**[粟][99]**를 거두어 의창**義倉[100]**으로 한다**(생각건대, 부를 나누어 가난을 구휼하는 것이다. 그 뜻이 의義에 합당하므로 의창이라고 한다.). **상상**上上**의 호**[101]**는 2석**石**, 상중의 호는 1석 6두**斗**, 상하의 호는 1석 2두, 중상의 호는 1석, 중중의 호는 8두, 중하의 호는 6두, 하상의 호는 4두, 하중의 호는 2두, 하하의 호는 1두이다. 만약 벼인 경우는 2두, 보리**[大麥]**는 1두 5승**升**, 밀**[小麥]**은 2두, 콩**[大豆]**은 2두, 팥**[小豆]**은 1두가 각각 조 1두에 해당한다. 모두 전조**田租**와 더불어 동시에 거두기를 마친다.**

7. **무릇 토산물**[土毛]**이 임시로 필요할 때에는** (생각건대, 토지에 생산되는 것을 모두 모毛라고 한다.) **모두 해당 지역**[當國]**의 시가에 준하고, 비용은 군도**郡稻[102]**를 이용한다**(생각건대, 전조田租를 나누어 두어 잡용雜用[103]에 충당하는 것

95_ 天皇의 자식을 말한다. 아들은 親王, 딸은 內親王이라고 한다.

96_ 위로는 官人 및 有位者, 아래로는 雜色人·奴婢에 대응되는 말이다,

97_ 관련 관사에 소속되어 특정한 물품을 생산하거나 특별한 직능을 수행한 집단을 말한다.

98_ 능호는 賤人에 속하였다. 「戶令」 35조 참조.

99_ 벼 대신 조를 거둔 것은 보관성이 더 좋기 때문인 것으로 보인다.

100_ 義倉에 대하여 大稅는 正倉이라고도 하였다,

101_ 호의 구별에는 丁의 수에 따라 나누는 3등호제와 빈부에 따라 나누는 9등호제가 있었다, 『令集解』에 인용된 和銅 6년격에 따르면 資財가 100貫 이상을 상상호, 60관 이상을 상중호, 4관 이상을 하중호, 2관 이상을 하하호로 하였다.

102_ 군도의 기원은 분명하지 않으나 원래 율령제 이전의 지방 호족이었던 國造가 중앙으로 내던 벼가 國稲로 이관되면서 국조가 바치던 貢獻物의 유지와 중앙에서 부임한 國司에 대한 奉仕와 국아의 운영을 위하여, 田租를 나누어 군도라고 한 것으로 보인다. 군도를 出擧하여 그 이자로 국아의 잡용에 충당하였다.

한편 「賦役令」 35조에서 규정한 諸國貢獻物(大寶令의 朝集使貢獻物)은 원

을 군도라 한다. 아래 조항에 이르기를, 제국諸國이 바치는 물건은, 모두 관물로써 구입하여 충당하는데 이 또한 군도이다. 무릇 관도官稻의 근본은 전조田租로부터 나온다. 이를 셋으로 나누는데, 첫째를 대세大稅, 둘째를 인곡糿穀, 셋째를 군도郡稻라고 한다.).

8. 무릇 봉호封戶[104]**는 모두 과호**課戶[105]**로써 충당한다**(생각건대, 중남中男 1인 이상이 있으면, 곧 과호이며 그 봉호의 사정仕丁도 그 주인에게 지급한다[106].). **조용**調庸**은 전부 지급하고, 그 전조는 2등분해서 1분은 관**官[107]**에 들이고, 1분은 주인에게 지급한다.**

9. 무릇 논에 홍수 · 가뭄 · 병충해 · 서리가 있어서 흉년이 든 곳은 국사國司**가 사실을 조사하여 자세히 기록하여 태정관**[官]**에 보고한다**(생각건대, 1호 이상의 논에서 5분 이상이 상한 것을 말한다. 만약 5분에 미치지 않는다면, 조장租帳에만 기록하고[108], 수고롭게 아뢰지 않는다. 그 호 내의 인구가 혹 줄거나 늘었다면, 분조分租를 면제하는 데 그치고 조용調庸은 면제하지 않는다. 만약, 흉년이 든 논이 한 곳에서 50호에 이른다면, 치역馳驛으로 아뢴다. 만약 몇 곳을 합하여 50호에 이른다면, 국사가 처분하고 태정관에 보고한다. 이 조항은 오직 구분전口

래 기원을 달리 하였던 것으로 생각되지만, 이 또한 군도로 교역하여 바치게 됨으로써 양자의 구별이 없어지면서 交易雜物로 통합되고, 군도도 天平 6년에 正稅로 통합되었다.

103_ 잡용은 실제로 國衙에서 調物을 생산하거나 교역하는 비용, 국아의 운영비 등으로 사용되었다.

104_ 봉호에는 食封과 功封이 있다. 食封은 親王 · 內親王, 太政大臣 이하 大納言, 정1위에서 종3위까지 지급하였다.

105_ 「戶令」 5조 참조.

106_ 仕丁은 50戶에 2인을 내어야 했는데, 이 또한 封戶의 주인이 부리게 하는 것이다.

107_ 구체적으로 해당 國의 正稅로 넣는 것이다.

108_ 租의 損分만큼 면제해주고 輸租帳에 기록하였다.

分田을 위해 규정한 것이다. 그 매매전 및 공전功田, 사전賜田, 간전墾田 등은 드러난 손해에 따라 그 전조를 면하고, 구분전의 예에 의하지 않는다.). **10분 중에 5분 이상이 상했다면, 조租를 면하고, 7분이 상했다면 조조租調를 면하고, 8분 이상이 상했다면 과역課役[109]을 모두 면한다**(생각건대, 과課라는 것은, 조調 및 부물副物과 전조田租의 종류이다. 역役이라는 것은 용庸 및 잡요雜徭의 종류이다. 다만 역호驛戶는 면하는 예에 들지 않는다. 왜냐하면, 비탄국飛彈國 장정匠丁도 면제하지 않기 때문이다. 묻기를, 과課를 전조의 종류라고 하였는데, 잘 모르겠습니다. 다른 조항의 전조 역시 과라고 할 수 있습니까 아닙니까? 답하기를, 오직 이 조항을 위해서 규정을 만든 것이고, 영문 전체[令內]에 적용되는 통례가 될 수 없다. 가령, 3위 이상의 부조형제父祖兄弟는 비록 과역이 면제되지만, 조租는 면제되지 않는 부류이다.). **만약 상마桑麻가 모두 상하면**(생각건대, 1호 전부가 상한 것이다. 즉, 전부가 상하지 않아도 조를 납부하는 일을 감당할 수 없다면, 역시 같다. 그 뽕나무와 대마는, 서로를 필요로 하는 것은 아니다.[110]), **각각 조調를 면제한다**[111](생각건대, 만약 과課가 없고 역役이 있다면, 즉 역을 면한다. 그 상·마는 비단·포를 납부하는 것과 같지 않으므로, 각각이라고 한 것이다.). **이미 역을 하였거나 납부를 마쳤다면**(생각건대, 이미 역을 하였다는 것은, 임시로 역을 징발한 것[差役]이다. 납부를 마쳤다는 것은, 앞의 조항에서 규정한 것처럼, 조로 바치는 명주실을 7월에 납부를 마친 경우이다.), **내년에 상쇄[折]하는 것을 허락한다**[112](생각건대, 내년에 만약 은복恩復이 있거나 가뭄·홍수·병충해·서리를 만

109_ 당령에서 課役은 租庸調를 가리키고 雜徭를 포함하지 않았다. 그러나 免課役의 경우 雜徭도 면제하는 경우가 많았다. 일본의 경우는 田租가 丁이 아닌 田에 부과되었으므로 사람을 대상으로 부과되는 課役에는 원칙적으로 포함되지 않았다. 그러므로 이 조항에서 田租가 포함된 것은 예외적이며 義解가 문답형식으로 이를 지적하고 있다.

110_ 뽕나무와 대마가 모두 피해를 입지 않고 한쪽만 피해를 입어도 적용된다는 뜻이다.

111_ 뽕나무와 대마는 직물을 생산하는 데 필요한 재료이므로 직물을 중심으로 한 調를 면제한 것이다.

나면, 역시 후년을 기다려 면제하는 것이다.).

10. 무릇 변방 먼 지방遠國**의 이인**夷人**·잡류**雜類[113]**가 있는 곳에**(생각건대, 이夷라는 것은 오랑캐[夷狄]이다. 잡류라는 것은 역시 오랑캐의 종류이다.) **조역**調役**을 납부하는 것은 일에 따라 양을 헤아린다. 반드시 화하**華夏[114]**와 같을 필요가 없다**(생각건대, 중국中國이다.).

11. 무릇[115] **마땅히 과역**課役**을 면제해야 하는 경우는 모두 견부**蠲符[116]**가 도달하기를 기다린다**(생각건대, 과역을 면제하는 문서[符][117]이다.). **그런 후에 면제하는 사실을 기록한다. 부가 비록 도달하지 않았더라도, 위기**位記[118]**를 살펴서 확실하면 역시 면제한다**(생각건대, 만약 공험公驗이 확실하다면 또한 같다.). **잡임**雜任[119]**으로부터 해임되어 편부**[附][120]**된 경우라면**(생각건대, 사인舍人 및 병위兵衛, 자인資人 등이 해각된 것이다. 위사衛士, 사정仕丁 등이 해하解下[121]된 경우도 역시 같다.), **모두 본사에서 해임된 시점의 날짜**[日月]**에 따라**

112_ 다음해에 과역을 해당 분량만큼 면제하는 것이다.

113_ 本州의 북부에 있던 毛人(蝦夷)와 九州의 남부에 隼人을 말한다.

114_ 원래 中國을 나타내지만 여기서는 주변 이민족에 대하여 중앙에 위치한 일본이라는 뜻으로 쓰였다. 지배자와 같은 문화를 가지고 있는 지역이다.

115_ 大寶令에서는 '任官應免課役'으로 되어 있었으나, 養老令에서 '任官'을 생략하였다. 일본의 경우는 任官이 아니라 官位를 받는 것이 중요한 의미를 지녔기 때문이다. 본문에서도 관위를 받은 사실을 기록한 位記에 대해서 언급하고 있다. 그러므로 이 조항의 앞부분은 관인이 되어 과역을 면제받게 되는 경우를 규정한 것임을 알 수 있다.

116_ 과역을 면제한다는 내용을 담은 문서를 말한다. 실례로는 民部省符가 出雲國會計帳에 실려 있다.

117_ 상급 관사가 하급 관사에게 내리는 문서 형식이다. 대표적으로 太政官에서 발행하는 태정관부가 있다.

118_ 官位에 임명되었음을 나타내는 문서를 뜻한다. 唐의 告身에 해당한다.

119_ 일반적으로 長上官이 아닌 分番官으로 舍人 兵衛 資人 등이다,

120_ 본사의 명부에서 빠지고 본국의 과역을 부담하는 장부에 등록되는 것이다.

징수한다(생각건대, 가령, 견부蠲符가 국國에 도달한 것이 비록 수 년이 지났더라도, 본사 해임된 시점에 의거해서 추징하는 것이다.).

12. 무릇, 봄철에 편부[附]되면 과역課役을 모두 징수하고(생각건대, 위의 조항에 따르면, "잡임雜任이 해임되어 편부된 경우에는 모두 본사에서 해임된 시점의 날짜에 의거하여 징수한다."고 하였다. 곧 잡임이 봄철에 해임되어 장부에 기재되는 것을 '부附'라고 한다. 또 위의 조항에서 "마땅히 과역을 면제해야 한다면 견부蠲符가 도착하기를 기다린 후에 면제하는 사실을 기입한다. 만약 봄철에 견부가 도착하면 과역은 모두 면제한다."고 하였다. 이는 봄을 들어서 말한 것이며, 나머지 계절도 이에 준한다.) **여름철에 편부되면, 과課는 면제하고 역役은 따른다. 가을철 이후에 편부되었다면 과 · 역을 모두 면제한다.**[122] **속이거나[詐] 사칭하거나[冒] 숨기거나[隱] 피해서[避] 과역을 면제받고자 하였다면**(생각건대, 복제復除[123]라고 속이는 것을 사詐라고 한다. 음덕[陰]이 있는 자라고 서로 사칭한 것을 모冒라고 한다. 호관戶貫에 기록하지 않는 것을 은隱이라 한다. 질병이 있다고 속이는 것을 피避라고 한다. 모두 속여서 과역을 면제받고자 하는 경우를 말한 것이다.) **편부된 시기의 빠르고 늦음에 상관없이 모두 발각된 해[當發年]의 과역을 징수한다**(생각건대, 사건이 발각된 해의 과역을 징발하는 것이다.). **도망한 자가 편부된 경우도 역시 마찬가지이다.**[124]

121_ 직임에서 풀려나서 본적으로 돌아오는 것이다.

122_ 이 조항은 앞 조항에 이어서 雜任이 시부에서 벗어나서 과역을 부담하게 된 경우 계절별로 부과되는 항목에 대하여 규정한 것이다. 이와 반대로 과역 면제가 되는 규정도 필요하였을 것이다. 「古記」에서는 "但春季入色, 課役俱免. 此是合理. 夏季入色, 徵課免役, 秋季入色, 俱課役不免也."라고 하여 과역 부담과 반대되는 관행을 확인할 수 있다.

123_ 과역을 면제하는 조치를 말한다. 祥瑞의 출현, 改元, 行幸 등을 이유로 과역을 면하는 경우가 있었다. 그중 復은 과역을 모두 면제하는 것이고 除는 과역 및 잡요의 일부를 면제하는 것이다.

124_ 도망한 사람이 현지의 籍帳에 편부된 경우 詐謀隱避의 경우와 마찬가지로

13. 무릇 과구課口[125] **및 시정**[侍][126]**을 지급한 노**老 **· 질인**疾人[127]**이 사망하였다면, 10일 안에 이장**里長**이 죽은 자의 가족과 함께 죽은 때의 날짜를 기록하고, 국**國 **· 군사**郡司**를 거쳐서 기록하고 압인**[印記]**한다**(생각건대, 만약 과역을 부담하지 않는[不課] 사람이 죽었다면, 고삭告朔[128] 및 계장計帳[129]을 올릴 때 드러내어 보고한다.).

14. 무릇, 사람人**이 협향**狹鄕**에서 관향**[寬]**으로 옮겨 살고자 하는 경우**(생각건대, 호 전체의 사람이다. 곧 호의 일부[戶口]가 옮겨 살기를 청한다면 허락하지 않는다. 호령戶令에서 이미 유사한 조항이 있다.[130] 지금 이렇게 다시 언급한 것은

당해년도의 과역을 모두 징수한다는 뜻으로 이해할 수 있다, 그러나 도망해서 다른 곳에서 새롭게 편부된 사람이 과역을 부담할 능력이 부족할 것으로 예상할 수 있다면 雜任 등이 解任 編附된 경우와 마찬가지로 편부된 계절에 따라 과역 부담을 달리하려는 규정으로 볼 여지도 있다.

125_ 課役을 부담하는 호의 구성원[戶口]을 말한다. 호구가 죽으면 호의 요역 남부에 변동이 생기므로 計帳 등에서 해당 호구의 이름을 삭제해야 할 필요가 있다. 「대보령」에서는 '印記' 대신 '附除'라고 한 것은 그 때문이다.

126_ 侍丁의 지급규정은 「戶令」 11조 年八十及篤疾條에 보인다. 80세 이상 및 독질인 자에게는 1인, 90세 이상은 2인, 100세는 5인을 지급하였다. 시정은 免徭役의 대상이었는데, 徭役은 歲役과 雜徭를 뜻하는 것으로 보인다. 『당률소의』 名例律 26조에서는 '侍丁依令免役'이라고 되어 있는데, 養老律에서는 '侍丁依令免徭役'으로 되어 있다. 따라서 唐令의 경우는 免課役과 免役의 두 단계로 구분되어 있었고 雜徭에 대한 규정은 없었을 가능성이 있다. 養老令에서 免課役, 免徭役, 免雜徭의 세 단계를 둔 것은 일본의 雜徭가 갖는 특성 때문이라고 할 수 있다. 즉 課役은 중앙재정에 충당되는 반면, 雜徭는 지방재정에 속하기 때문이다.

127_ 侍 즉 侍丁을 지급받는 대상은 노인 80세 이상이고 篤疾에 해당하는 장애를 가진 사람이다. 侍丁은 요역이 면제되었다. 그러나 老疾人이 죽으면 侍丁은 원래대로 과역을 납부해야 하므로 다시 계장에 편부할 필요가 있다.

128_ 告朔은 조정의례의 하나로 有位 文武官人이 매월 1일(朔日)에 조정에 모여서, 각 관사가 지난 달에 작성한 문서를 천황에게 바치면 천황이 이를 열람하는 것이다.

129_ 計帳은 백성들이 제출한 手實를 바탕으로 호구의 수, 調庸의 액수 등을 기록한 장부를 말한다. 이 장부를 국마다 計帳使를 파견하여 중앙에 바쳤다.

앞의 조항에서는 관향으로 옮기는 법[就寬之法]을 세운 것이고, 이 조항에서는 복復을 내리는 규정을 밝히기 위함이다.), **본래 살던 곳本居으로부터 떨어진 노정路程이 10일 이상이면 복復[131] 3년, 5일 이상이면 복 2년, 2일 이상이면 복 1년을 준다. 한번 옮긴 후에는 다시 옮길 수 없다.**

15. 무릇, 외번外蕃에 몰락沒落하였다가 돌아온 경우,[132] 1년 이상 돌아오지 못한 때는 복復 3년(생각건대, 만약 이적夷狄에게 붙잡혀 갔다가 돌아온 경우도 또한 마찬가지이다.), **2년 이상인 때는 복 4년, 3년 이상인 때는 복 5년이다. 외번의 사람이 투화投化하였을 경우**(생각건대, 투화는 귀화歸化와 같다.) **복 10년이다.[133] 가인家人·노奴가 신분에서 풀려나 호관戶貫에 편부되었다면, 복 3년이다**(생각건대, 가령 가인·노가 외번으로 몰락하였다가 돌아와서 곧 신분에서 풀려나 양인에 따르는 경우, 복을 내리는 수는 3년을 넘길 수 없다. 그들이 천인에서 벗어나서 양인이 되므로 그 우대함이 특히 많기 때문이다.).

16. 무릇, 공사公使로서 외번外蕃[134]에 다녀온 자는 1년의 과역課役을 면한다. 그곳이 당국唐國이라면 3년의 과역을 면한다(생각건대, 수수水手 이상으로 과역이 있는 자이다.).

130_「戶令」15조를 말한다. 협향에 거주하던 戶가 관향으로 옮겨가기를 원하는 경우의 처리 규정이다. 그러나 이 규정은 戶口에 관한 규정인 것으로 생각된다. 復除도 개인 단위로 적용되었을 것이다.

131_ 復은 課役과 雜徭를 모두 면제하는 것이다. 免課役의 경우는 雜徭를 면제하는 경우도 있고 그렇지 않은 경우도 있다.

132_「호령」16조에는 외번에 몰락했다가 돌아온 사람들에 대한 처리 규정을 다루고 있다.

133_ 고구려 백제의 멸망 때 망명한 자에 대해서는 『영집해』에 인용된 靈龜 3년 11월의 관부에 의하면 종신토록 과역을 면제하도록 하였다. 그 밖에는 이 조항을 적용하였다.

134_ 현실적으로는 주로 新羅와 渤海를 말한다. 唐은 隣國이라고 하여 구별하였다.

17. 무릇, 효자孝子 **· 순손**順孫(생각건대, 고시高柴가 3년 동안 피눈물을 흘린 것이나, 고제顧悌가 5일 동안 마실 것을 끊은 것과 같은 부류가 효자이다. 원곡原穀이 아버지를 깨우쳐 할아버지를 맞이하여 모시게 하고, 유은劉殷이 눈 속에서 미나리를 캐낸 일 등과 같은 부류가 순손이다.), **의부**義夫[135] **· 절부**節婦(생각건대, 신위辛威가 5대 동안 부뚜막을 함께 쓰고, 곽준郭儁이 7대까지 함께 살았던 것과 같은 부류가 의부이다. 위衛나라 공미共美와 초楚나라 백희白姬와 같은 부류가 절부이다.)**의 뜻과 행동이 국**國 **· 군**郡**에 알려졌다면, 태정관에 보고하여 천황께 아뢰어서**[奏聞] **그 문려**門閭**에 드러낸다**(생각건대, 가령 그 집 문과 그 동네[里]의 문에 흙을 쌓고 패를 세워 이름하여 효자문이라고 한다. 동네[里]의 문도 마찬가지이다.)**. 호적을 같이하는 사람은 모두 과역을 면제한다. 정성이 두루 감복할 만하다면**[精誠通感][136] **특별히 우상**優賞**을 더한다.**

18. 무릇, 3위 이상의 부 · 조 · 형제 · 자손 및 5위 이상의 부자父子**는 모두 과역을 면제한다**[137](생각건대, 5위 이상의 남자를 위하여 조항을 만든 것이다. 부녀婦女는 이 예와 다르다.[138] 그중 훈위자勳位者는 오로지 선서령選敍令의 강법降法[139]에 준한다. 다만 5위 이상이 아닌 자는 이 범위에 들지 않는다.[140]).

135_ 여러 대에 걸쳐서 함께 살면서 한 집안이 화목하고 존비의 서열이 분명하고 재물과 음식에 사사로움이 없으며, 원근에서 모두 欽承하고 州閭가 따를 만한 행동을 한 자를 말한다. 그러나 일본에서는 奕世孝順으로 생각하였다(日本思想大系『律令』,「부역령」補注 17).

136_ 지극한 정성에 신이 感應하여 기적을 일으킨 경우를 말한다. 겨울에 여름 과실을 구한 것과 같은 예이다.

137_ 課役에는 田租가 포함되지 않는다. 정6위 이하 8위 이상의 관인은 본인만 신분상 不課口였다.

138_ 여자로서 3위 이상 혹은 5위 이상의 경우에는 이 규정을 적용하지 않는다는 뜻이다. 구체적인 규정은 보이지 않으나, 3위 이상인 경우 부조형제는 해당되고 자손은 해당되지 않는 것으로 보는 견해가 있다(『令集解』朱云).

139_『令義解』「選敍令」38조에서는 "其五位以上帶勳位高者, 卽宜當勳階同官位蔭. 四位降一等, 五位降二等."이라고 하였다. 예를 들어 4위의 관인이 훈위로

19. 무릇,[141] 사인舍人, **사생**史生, **반부**伴部, **사부**使部, **병위**兵衛, **위사**衛士, **사정**仕丁, **방인**防人, **장내**帳內, **자인**資人, **사력**事力, **역장**驛長,[142] **봉장**烽長[143] **및 내외**內外[144]**의 초위**初位 **장상**長上[145](생각건대, 무위無位 내장상內長上은 이 조항에 들어가지만, 무위의 외장상外長上은 분명히 이 경우와 같지 않다. 단 훈위勳位 9등 이하가 외장상을 맡는다면 이치로는 초위 장상과 같으므로 역시 면제하는 것이 합당하다.), **훈위**勳位 **8등 이상,**[146] **잡호**雜戶, **능호**陵戶, **품부**品部, **노역을 하고 있는 도인**徒人[147]**은 모두 과역을 면한다. 주정**主政, **주장**主帳, **대의**大毅 **이하 병사**兵士 **이상, 목**牧**의 장**長[148]**과 장**帳,[149] **역자**驛子,[150] **봉자**烽子,[151] **목자**牧子,[152]

서는 최고 관위인 勳一等을 가지고 있는 경우 종3위로 간주되어 父祖兄弟子孫의 과역이 면제될 수 있었다. 그러나 실제로 관인에 대하여 훈1등이 수여된 적이 없기 때문에 훈위를 가진 관인이 친족의 과역 면제에서 유리한 경우는 존재하지 않았을 것으로 생각된다(野村忠夫, 「律令勳位制の基本問題」, 『律令官人制の硏究』, 吉川弘文館, 1970, pp.367~368).

140_ 규정으로 보면 불필요한 주석이지만 大寶令 단계에서는 "其八位以上帶勳位二等以上, 降四等"이라는 규정이 포함되어 있었기 때문에 재확인한 것이다(野村忠夫, 앞의 책, pp.364~365).

141_ 부역 면제의 대상을 課役 면제, 徭役 면제, 雜徭 면제의 3단계로 나누어 규정한 것이다.

142_ 일본열도 전역에서 부설된 驛路 상에 16km 간격으로 설치된 驛의 관리를 담당하는 관인이다.

143_ 봉수대[烽]의 운영을 관리하는 사람으로 원칙적으로 일반 백성 중에서 임명하였다. 봉장은 1봉당 2명을 두고 3봉 이하를 검교토록 하였고, 3년에 한번씩 교체하였다(「軍防令」 66・67・68조).

144_ 內位와 外位를 말한다. 內位는 중앙의 관위이고 지방의 郡司 등이 外位에 해당한다.

145_ 長上은 分番官에 대응되는 말로 매일 출근하는 것을 원칙으로 하는 관직이다. 이에 대해 분번은 교대로 출근하는 관직이다. 장상관은 연간 240일 이상, 분번관은 140일 이상을 근무하지 않으면 考의 대상이 되지 못하였다. 「선서령」 9・22조, 「고과령」 59조 참조.

146_ 勳位는 一等에서 十二等까지 12등급이 있는데, 勳一等이 正三位, 勳十二等이 從八位에 해당하며, 勳八等은 從六位에 해당한다(「官位令」).

147_ 徒刑을 받은 죄수를 말한다. 도형은 노역형이다.

148_ 牧長은 牧의 관리와 운영을 맡은 雜任職을 말한다.

국학박사國學博士, 의사醫師, 각종 학생學生, 시정侍丁[153], 이장里長, 공인貢人[154] 중에 고과평정에서 등급을 얻었지만 서임되지 못한 자, 훈위 9등 이하, 초위初位 및 잔질殘疾은 모두 요역徭役[155]을 면제한다. 방장坊長과 가장價長[156]은 잡요雜徭를 면제한다(생각건대, 경기인京畿人을 임명하는 데 원래 용庸을 부담하지 않기 때문이다. 만약 외국인外國人[157]을 취할 경우는 곧 용庸을 면제하는 것이 합당하다. 방령坊令은 이장里長과 같으므로 또한 요徭를 면제한다.).

20. 무릇 제명除名[158]되어 아직 다시 서임되지 못한 사람은 역役을 면제하고 용庸을 부과한다.[159] 몸을 부리는 것을 원하면 이를 들어준다. 그 용庸을 거두어 들여야 하는 경우에는 역시 잡요 및 방인防人으로 뽑히는 범위에 들

149_ 牧帳은 牧의 관리와 관련된 문서와 장부를 정리하는 雜任職을 말한다.

150_ 驛家의 운영을 위해 지정된 驛戶에 속한 正丁・次丁・中男으로서 평소에는 驛家에서 驛馬의 사육을 담당하였다. 驛使의 요청에 따라 驛馬를 지급한 때는 다음 驛까지 말을 끌고 동행한 다음 다시 말을 끌고 돌아오는 일을 하였다(「軍防令」 16조).

151_ 봉수대[烽]마다 4인을 배치되어 감시와 신호를 보내는 역할을 담당하였다. 2명씩 조를 이루어 교대로 근무하였다(「軍防令」 70조).

152_ 牧에 배치되어 말과 소를 기르는 일을 담당하였다. 100마리를 1群이라고 하고 群마다 牧子 2인을 두었다(「廐牧令」 5조).

153_ 질병이 심한 자와 나이 80살 이상인 사람에게 시중을 들도록 지급한 사람을 말한다(「戶令」 11조).

154_ 지방의 國學에서 관인으로 채용하도록 추천한 사람들을 말한다. 한편 중앙의 大學에서 추천한 大學生은 擧人이라고 한다.

155_ 庸(歲役)과 雜徭를 말한다.

156_ 물품의 가격이 적정한지를 조사하고 또한 공용 물품의 구입을 담당하는 관인을 말한다.

157_ 京畿 바깥의 사람을 말한다. 諸國人 즉 지방민이다.

158_ 除名이란 관위와 훈위를 모두 박탈하는 것을 말한다. 과역은 본색을 따르고 6년 뒤에 다시 서임하는 것을 허락한다(「名例律」 18・21조, 「選敍令」 37조).

159_ 歲役을 實役으로 부과하지 않고 庸을 거둔다는 뜻이다. 雜徭는 부과하지 않는다.

지 않는다(생각건대, 제명된 사람은 용庸을 부과하는 이외에 다시 병사兵士 및 위사衛士로 뽑을 수 없다.).

21. 무릇 부모의 상을 당하면 모두 1년[朞年] 간의 요역徭役[160]을 면제한다.

22. 무릇 정丁을 고용하여 부리는 것은 본사本司가 미리 해당년도에 만들 색목色目이 많고 적음을 헤아려서(생각건대, 본사本司라는 것은 목공료木工寮이다. 색色이라는 것은 풀을 덮은 경우와 기와를 덮는[草蓋瓦蓋] 부류이다. 목目이라는 것은 창름倉廩·옥관屋觀과 같은 부류이다. 다소多少라는 것은 창옥倉屋 및 인공人功이 많고 적은 것이다.) **태정관에 아뢰어 기록하고 주계료[主計]에 보낸다**(생각건대, 본사本司에서 이미 태정관에 아뢰고, 태정관은 곧 주계료에 보낸다. 그런데 '녹부錄付'라는 것은 태정관이 본사本司에서 기록한 문서를 받아서 곧 옮겨서 주계료에 보내는 것을 말한다. 태정관에서 다시 따로 기록하는 것이 아니다.). **복심覆審해서 나누어 배분한다**[支配][161](생각건대, 주계료가 복심覆審해서 태정관에 보고하면 태정관은 곧 천황에게 아뢰고[奏聞] 나누어 배분한다.). **7월 30일 이전에 아뢰기를 마친다**(생각건대, 1일 이후이다.). **1월 1일부터 2월 30일에 이르는 사이에 균분해서 상역上役[162]토록 한다. 한 번에 50일을 넘길 수 없다. 만약 요월要月[163]이라면 30일을 넘길 수 없다. 본인이 제한하는 범위 이외에 상역上役하여 임금[直]을 받기를 원하는 경우는 들어준다. 국사國司는 모두 직접 빈부강약을 파악하고 호구戶口를 대면하여 곧 9등으로 나누어 장부[簿]에 기록하고 미리 차례를 정하여 순서에 따라서 역役에 나아가게 해야 한다**(생각건대, 계장計帳을 작성할 때, 국사國司는 인민을 모아서 그 빈부강약을

160_ 세역과 잡요를 말한다.

161_ 지방의 國에 각각 나누어 부담토록 하는 것이다.

162_ 지방에 있는 사람들이 왕경으로 올라오도록 하는 것이다.

163_ 농사일이 한가한 철을 말한다. 10월에서 2월까지로 보는 견해와 10월에서 3월까지로 보는 견해가 있다.

확인하고, 곧 호구戶口의 많고 적음에 대한 등급을 매기고[差品], 자산이 넉넉하고 부족한 것을 헤아려서 미리 9등의 등급[品數]과 선후의 순서를 만든다. 역役에 나아가야 할 때에 이르면, 곧 이 장부에 따른다. 그러므로 아래 조항에서 이르기를, 집에 정丁이 여러 명 있으면 요월要月, 집이 가난하고 단신單身이면 한월閑月이라고 하였다.).

23. 무릇 차과差科[164]는 부강富强한 집을 먼저 하고, 빈약貧弱한 집을 뒤로 하며, 정丁이 많은 집을 먼저 하고, 정이 적은 집을 뒤로 한다(생각건대, 정역正役·고부雇夫 등을 차과差科하는 부류이다. 그 조용調庸이 가볍고 무거운 것은 역시 이 법에 준한다.). **분번分番하여 상역上役할 때, 집에 정이 여러 명 있으면 요월要月이고, 집이 가난하고 단신單身이면 한월閑月[165]이다.**

24. 무릇 정丁과 장인[匠]이 역役[166]에 나아가는 것은 모두 자세히 장부를 만들어서 정과 장인이 도착하기 3일 전에 미리 장부를 태정관太政官에 보내어 분배分配한다. 그 외에 배속하는外配[167] 경우는 바로 배처配處로 보낸다. 모

164_ 부역을 공평하게 부과하는 것을 말한다. 한편으로 그렇게 부과되는 의무노역 자체를 뜻하기도 한다. 중국에서 差科는 戶等制에 따라서 각호의 부담능력을 산정하여 差科簿에 기록하고 그 부담능력에 따라서 의무노역을 부과한다는 뜻이었다. 그런데 중국에서는 재산세적인 성격이 강하고, 일본에서는 인두세적인 성격이 강하였다. 중국에서는 개개인의 부담능력은 고려하지 않고 공평하게 부담시키는 한편, 일본에서는 모든 사람에게 공평하게 부담시키려고 하였다. 그런 점에서 당령과 동일한 差科條이지만 내용은 전혀 다른 독특한 규정이다.

165_ 농사일이 바쁜 철을 말한다. 대개 4~9월까지를 말한다.

166_ 『영집해』에서는 雇役을 위한 규정이고 正役에 대한 규정이 아니라고 하였다.

167_ 外配에 대해서 일반적으로 丁匠을 京外에 배속시킨다는 뜻으로 이해하지만, 畿外로부터 (정장을) 배속하는 경우로 보아, 畿內의 雇民은 태정관이 분배하고, 畿外의 雇民은 직접 配所에 장부를 보낸다는 의미로 해석하기도 한다(大盡透, 『律令國家支配構造の研究』, p.27).

두 가까운 곳에서 먼 곳으로 미친다.[168] **직능[名]에 따라서 분배한다**(생각건대, 가까운 곳에서 먼 곳으로 미친다는 것은 가령 대화국大和國·기이국紀伊國에 조작사造作事가 있어서 관동關東의 백성을 징발하고자 하면 미농美濃을 기이紀伊에 배속시키고, 미장尾張을 대화大和로 배속시키는 부류이다. 명부에 따라서 분배한다고 하는 것은 목공금장木工金匠은 일을 맡는 것이 다르므로 실제로 하는 일에 따라서 색色 별로 분배하는 것이다.). **도구는 스스로 준비한다**(생각건대, 이는 공장工匠을 위한 규정이다. 역부役夫에 관계되지 않는다.).

25. 무릇 정丁과 장인[匠]이 역役에 나아갔는데 사고가 있어서 도착하지 못하여 공功에 빠진 경우는(생각건대, 자신과 부모가 병든 부류이다.) **다음 차례의 사람과 함께 보내어 공功을 메꾸도록 한다**(생각건대, 배陪는 돕는다[助]는 뜻이다. 궐공闕功이 많고 적음에 따라서 더 많이 메꾸어 보태는 것을 말한다.). **만약 고의로 지체하고 어기거나 도망간 경우에는, 해당 관사는**(생각건대, 국사國司이다.) **곧 쫓아가 붙잡아서 처벌한다[決罪]. 그리고 전사專使**[169]**로써 역처役處에 보내어 공功을 메꾼다. 곧 고용된 삯[雇直]을 지급한다.**

26. 무릇 정丁과 장인[匠]을 부릴 때, 모두 10인마다 1인을 주어 화두火頭에 충당한다(생각건대, 화두는 시정廝丁으로 밥 짓는 일을 담당한다. 그러므로 화두라고 한 것이다. 곧 공치功値를 주는 것은, 현역자見役者[170]와 같다.). **질병이 들었거나 비가 와서 작업할 수 없는 날에는, 식량을 반으로 줄이고, 빠진 일은 나중에 채우게 한다. 다만 질병이 든 사는 품삯[役日直]을 지급한다**(생각건

168_ 古記에서는 "先番役近國, 次中國, 次遠國"이라고 하였다.

169_ 사람이나 문서를 전달할 때 驛이나 國府를 이용하여 遞送하는 방식과 使者가 출발지부터 목적지까지 전달하는 專送이 있는데 후자의 역할을 맡은 사자를 專使라고 한다.

170_ 실제로 일하는 사람과 같다는 뜻이다. 火頭도 넓은 의미에서는 雇役에 종사하는 것을 볼 수 있기 때문이다.

대, 병든 상태를 보아 다시 일할 수 없는 경우이다. 만약 다시 역을 할 수 있을 경우에는 당번當番의 역에 처하는데, 추급해서 역을 시키는[追陪] 것과 같다.). **비록 비가 오더라도, 비를 맞지 않는 역을 하는 사람은 이 제한에 있지 않다.**

27. 무릇 왕경[京]**에서 큰 공사**[大營造]**가 있을 때**(생각건대, 500인 이상을 부리는 일이다.[171]) **정과 장인이 일하는 장소는 모두 탄정**彈正**으로 하여금 순행케 한다. 만약 옳지 않은 일이 있으면 일에 따라 시비를 바로잡는다**(생각건대, 역役이 법과 같지 않은 경우이다.).

28. 무릇 정과 장인이 역을 하던 중에 부모상을 당했을 경우에는 모두 국사가 사실을 파악하여 역소役所**에 알리며, 즉시 품삯**役直**을 주어 돌려보낸다.**

29. 무릇 왕경에 공급하는 볏짚[藁]**, 쪽**[藍]**과 잡용**雜用**의 부류는**(생각건대, 염초染草, 밧줄[繩], 호리병[瓠], 떡갈나무[柏], 통[槽], 책상[机], 대그릇[籠], 대자리[簀] 등의 부류이다. 곧 그 바치는 바는 잡요에서 빼준다.) **매년 민부**民部**가 미리 기내**畿內**에서 필요한 양을 계산하고 할당해서 내린다.**[172]

30. 무릇 정과 장인을 부리는데 모두 공력功力**을 감안해서, 경중**輕重**을 균등히 부과한다**(생각건대, 앞에서 중역重役을 거쳤다면, 뒤에는 경역輕役에 처한다.). **날이 다 차면 즉시 돌려보낸다**(생각건대, 가령 10일이 걸리는 공사로 계획하였는데, 징발한 인민이 일이 다 끝나기 전에 일정日程이 이미 찼으면 곧 돌려보낸다. 그 공정이 적합하지 않게 된 것은 주사主司가 태만한 때문이다. 그러므로

171_ 唐에서는 500명 이상을 한 곳에서 사역하는 경우에 太常寺가 의사 1명을 파견하도록 특별한 규정을 두었다.

172_ 畿內에 부과되는 雜用品에 대한 규정이다. 畿內의 賦役制 상에서 차지하는 특수한 지위를 보여준다.

아래 조항에 의거하여 고과평정에 붙여 폄책貶責한다.). **그 담당 관사가 검교檢校하지 않아 공정에 차질이 생긴 경우에는, 절급節級해서 추과推科하고,**[173] **이에 고考와 전殿**[174]**에 붙인다.**

31. 무릇 정과 장인이 왕래하다가 중환重患이 들어 맡은 일을 하고 돌아갈 수 없는[勝致] **경우**(생각건대, 승勝은 감당하는 것[任]이고 치致는 이른다[至]는 뜻이다. 왕래하는 도중에 몸에 중병이 들어 맡은 일을 감당하고 목적지에 도달할 수 없는 것을 말한다.) **편의에 따라 군리郡里에 머물게 하고 음식을 공급한다**(생각건대, 관물官物로써 지급하여 도우는 것[資給]이다.). **낫기를 기다려 떠나보내는데 만약 양식이 없으면, 곧 공량公粮을 지급한다**(생각건대, 병이 나아 출발할 때이다.).

32. 무릇 정과 장인이 역役에 나갔다가 죽었을 경우에는 관棺을 지급한다. 길에서 죽었을 경우에는 소재所在의 국사國司가 관물官物로 만들어 지급한다. 모두 길가에 임시로 묻어두고(생각건대, 빈殯은 염斂이다. 임시로 매장하여 가인이 이르기를 기다리는 것이다.) **패를 세우고 아울러 본관本貫에 알린다. 만약 집안 사람**[家人]**이 와서 가져가지 않을 경우에는 태운다**[175](생각건대, 흉한 소식을 이미 고하고, 집안 사람이 오는데 일정이 있으니 가져가기를 기다렸는데 기한이 지나도록 오지 않을 경우에는 즉시 해당 장소에서 태운다.). **사람이**

173_ 이 구절은 두 가지로 해석할 수 있다. 하나는 빠진 바의 가볍고 무거운 바에 따라서 처벌하는 것이고, 또 하나는 '절급연좌'라고 해서 공동책임을 진다는 의미로 해석될 수 있다.

174_ 관인의 근무성과에 대한 부정적인 평가를 말한다.

175_ 일본에서 火葬의 기원은 『續日本紀』 文武 4년 3월조에 道昭가 화장을 해 줄 것을 유언한 데서 비롯된 것으로 전한다. 그러나 大寶令 단계에서도 화장이 널리 보급되지는 않았을 것이며, 이 규정은 당의 규정을 그대로 따른 것으로 보인다(『律令』 「賦役令」 補注 32).

와서 가져갈[迎接] 경우에는 분명하게 수령토록 한다[付領].

33. 무릇 정과 장인을 부리는데 모두 낮에 일하고 밤에는 그친다. 오시午時부터 미시未時까지는 휴식을 허락한다(생각건대, 무더운 한낮에 하늘과 땅이 뜨겁게 달아오르면, 그 괴로움[喘喝]을 위무하여 바람 쐬면서 쉬게 한다. 만약 그 일하는 곳이 그늘일 경우에는 이 제한에 있지 않다.). 급하게 일해야 하는 경우에는 이 예例에 있지 않다(생각건대, 상장喪葬은 치러야 할 때가 있고, 향회饗會도 해야 할 날이 있으므로, 일이 부득이하고 이치가 반드시 해야 하는 데 있으니, 이와 같은 부류이다. 이것이 반드시 해야 하는 역이다.).

34. 무릇 공사公事를 위해 수레[車]·소[牛]·인력人力을 전송傳送해야 하는데, 영조令條에 기재되지 않았을 경우에는 모두 상황에 따라 칙勅을 기다린다(생각건대, 가령 번객蕃客이 내조來朝할 때 쓰이는 수레·소·인력의 부류이다.). 징발하는 날에는 모두 담당 관사[所司]로 하여금 꼭 필요한 수를 정하여 시행한다(생각건대, 담당관사는 치부성[治部]의 현번료[玄蕃]이다.). 아래에 있는 자[在下]가 의심하거나 백성들을 노요勞擾하게 해서는 안 된다(생각건대, 재하在下는 일을 담당하는 하급 관사[下司]이다. 노요勞擾는 모이는 때가 분명치 않아 인민들을 헛되이 움직이게 하는 부류이다.).

35. 무릇, 여러 지방[諸國]의 공헌물은(생각건대, 대보령[前令]을 살펴보면, '조집사공헌물朝集使貢獻物'이라고 하였는데, 지금의 영에서 조집사 3글자가 없다. 곧 반드시 조집사에 붙일 필요가 없으며, 편리한 사신에게 붙여야 함을 알 수 있다.) 모두 해당 지역[當土]에 나는 것으로 한다. 그 금·은·구슬·옥·가죽[皮革]·깃털·털·무늬 비단[錦][176]·모포[罽]·깁비단[羅]·촘촘한 비단

176_ 2색 이상의 색실을 이용하여 무늬를 만든 비단을 말한다.

[穀] · **굵은 명주**[紬] · **무늬 비단**[綾][177](생각건대, 계罽란 모전[氈] 즉 모포毛布이다. 나羅란 무늬 비단[綺]의 종류로 짤 때 가로 무늬가 있도록 한 것이다. 곡穀이란 촘촘한 비단이다. 주紬란 굵은 실로 짠 비단이다. 능綾이란 무늬가 있는 비단이다.) **향**香 · **약**藥 · **채색**彩色[178] · **복식**服食[179] · **기용**器用(생각건대, 복식의 복은 발음이 복이服餌의 복과 같다. 길비吉備의 술[醅], 탐라耽羅의 육포[脯]와 같은 부류가 이것이다. 기용이란, 하야下野의 모전[氈][180]이나 흉형胷形의 화살[箭]과 같은 부류가 이것이다.) **및 여러 진귀한 종류는**(생각건대, 비록 기용 이상의 물건이 아니더라도 이외의 진이한 종류는 매우 많다. 그러므로 종류라고 하여 줄인 것이다.) **모두 포**布**에 준하여 가치를 매긴다. 관물로써 구입하여 충당하는 것은 50단**端**을 넘어서는 안 된다**(생각건대, 각 지역마다 1년에 바치는 잡물의 가치는 각각 50단을 넘어서는 안 된다.)**. 그 보내는 물품은 손상 · 파괴 · 더러움이 없도록 할 뿐이다. 지나치게 수리**修理**하여**(생각건대, 싸고 묶을 때 자리나 멍석이 좋은데 도리어 베나 비단같은 것으로 사용하는 것이다. 이것이 지나치게 수리하는 것이다.) **수고롭고 낭비하는 데**[勞費] **이르러서는 안된다.**

36. 무릇, 조물調物 **및 지조**地租 · **잡세**雜稅**는**(생각건대, 출거出擧한 벼 및 의창義倉 등이 이것이다.) **모두 명백히 부과해야 물품의 수를 적고**(생각건대, 호 별로 납부해야 할 물품의 수량이다.) **방**[牓]**을 방리**坊里[181]**에 세워, 여러 사람**[庶衆]**으로 하여금 함께 알게 한다.**

37. 무릇 영에 규정된 이외의 잡요雜徭[182]**는**(생각건대, 요徭의 뜻은 역役이다.

177_ 씨실과 날실이 교차되는 순서를 바꾸어 무늬를 만든 비단을 말한다.

178_ 안료를 말한다.

179_ 먹고 마시는 음식물을 말한다.

180_ 下野國 지금의 栃木縣 지역에서 생산되던 모전을 말한다.

181_ 都城의 최하위 행정단위인 坊과 지방의 최하위 행정단위인 里를 말한다(「戶令」 1~4조).

그 정정과 차정의 세역 일수는 옥조玉條에 모두 분명한 규정을 세웠다. 잡요의 경우는 이 범위에 들지 않는다. 그러므로 이외라고 한 것이다. 무릇 조용의 이외에 나라 안의 여러 가지 일은 대소를 논하지 않고 모두 잡요라고 칭한다. 그 역을 부과하는 방법은 위의 조항에 준해서 차정次丁은 정정正丁의 반을 감하고 중남中男은 차정의 반을 감한다.) **사람마다 균등하게 부린다. 모두 60일을 넘어서는 안 된다.**

38. 무릇,[183] **사정**仕丁[184]**은 50호마다 2인이다.** 1인은 시정廝丁[185]에 충당한다(생각건대, 시廝는 부리는 것이다. 생각건대, 물 긷고 밥 짓는 데 부린다. 즉 화두火頭와 같다.). **3년에 한 번 교체한다. 만약 본사에서 그 재용**才用**을 쓰고자 하고, 또한 본인이 교체를 원하지 않으면 허락한다**(생각건대, 본사에서 필요하더라도 본인이 원하지 않거나 스스로 원하더라도 본사에서 필요로 하지 않으면 모두 허락의 범위에 있지 않다. 피차간에 서로 원한 연후에 허락한다. 그 여정女丁의 교체 연한年限은 사정과 동일하다.). **그 여정**女丁[186]**은 대국**大國**에서 4인, 상국**上國**에서 3인, 중국**中國**에서 2인, 하국**下國**에서 1인이다.**

39. 무릇, 비타국斐陀國[187]**은 조·용을 모두 면제한다.**[188] **이**里**마다 장정**匠

182_ 지방에서 國司가 징발·편성하여 치수관개 및 도로개설 등을 위한 공사, 國衙의 건설 등에 사역시켰다.

183_ 중국에는 없는 독자적인 제도로 생각된다. 그렇기 때문에 당의 賦役令의 마지막 조항인 雜徭에 이어 仕丁 등의 규정을 배치한 것으로 보인다.

184_ 일본 고대의 독자적인 徭役의 하나로 중앙 관사에 배속되어 잡역에 종사하였다.

185_ 官司나 匠丁에 배치되어 물긷고 밥짓는 일을 하는 사람이다.

186_ 여자 仕丁이며 仕女라고도 한다.

187_ 斐陀國(飛驒·斐太로도 표기하였음)은 현재의 岐阜縣 지역으로 산이 많아 목재의 공급이 원활하고 목공 기술이 뛰어난 곳으로 알려져 있다. 그래서 이 지역에서만 仕丁制의 변형으로 보이는 匠丁의 차출이 이루어졌다. 里 단위로 匠丁을 뽑아서 도성에서 사역토록 하는 한편 남아 있는 사람들이 匠丁의 양식

丁[189] **10인을 뽑는다**(생각건대, 만약 호수가 부족한 이는 곧 이 법에 따라 줄인다[降減].[190]). 4정마다 시정廝丁 1인을 지급한다(생각건대, 10인 중에 2인은 사정에 충당하고 8인은 장정匠丁으로 삼는다.). **1년에 한 번씩 교체한다. 나머지 정은 쌀을 납부하여 장정의 식료에 충당한다**(생각건대, 만약 충상수한虫霜水旱을 만나면 조용調庸의 법에 따라서 줄이거나 없앤다[折除].[191] 그러므로 앞의 조항들에서 역을 면하는 대상[色]은 이 조항에서 역시 쌀을 줄이거나 없애는 것이 마땅하다. 만약 앞의 조항들에서 조·역을 면하지 않는 대상이라면 이 조항에서도 역시 쌀을 면제하는 예에 따르지 않는다. 장정은 또한 예에 의거하여 뽑는다. 왜냐하면, 손해를 입었을 때 사정仕丁도 역을 면제하여 주지 않는 까닭이다.[192] 묻기를, 장정을 제외한 이외에 다시 뽑는 자가 있습니까? 답하기를, 위사衛士와 방인防人은 역시 뽑을 수 있다. 왜냐하면, 이치로 따져 병사兵士를 차출할 수 있는 까닭이다. 사정은 그렇지 않다.). 정정은 6두斗, 차정은 3두, 중남은 1두 5승이다.[193]

을 제공하도록 하였다.

188_ 大寶令에서는 '課役俱免'이라고 하였다. 대보령에서는 課役을 면제한다고 할 경우, 잡요까지 면제하는 경우와 그렇지 않은 경우가 있었다. 養老令에서는 일반적으로 課役에 잡요가 포함되므로, 잡요는 면제되지 않는다는 것을 분명하게 하기 위해서 조·용이라고 명시한 것이다.

189_ 기술을 가진 丁이라는 뜻으로 여기서는 木工을 말한다.

190_ 1里 50戶에서 10명의 匠丁을 뽑으므로, 50戶에 미치지 못하는 里의 경우는 10호 당 2명의 비율로 뽑는 것이다.

191_ 「賦役令」 9조 田有水旱蟲霜條에 따르면 5할이 손해를 입으면 租를 면제하고, 7할이면 租와 調, 8할 이상이면 課役을 모두 면세하도록 규정되어 있다.

192_ 『令集解』 穴云은 물품으로 납부하는 것을 면제하는 것이고 身役을 면제하는 것은 아니라고 하였다.

193_ 장정으로 차출되지 않은 사람들이 납부하는 쌀의 양을 규정한 것이다. 영에 규정된 調 또는 庸에 상당하는 양으로 생각되며, 中男도 부담대상인 점을 보면 調와 일치한다. 이 양이 匠丁의 勞役이 庸과 상쇄되므로 調의 부담량을 반영하는 것인지, 장정 10인의 1년간 식량을 고려하여 정한 것인지는 분명하지 않다.

(謂. 賦者・斂也. 調庸及義倉. 諸國貢獻物等爲賦也. 役者. 使也. 歲役雜徭等爲役也.) 凢參拾玖條

凢調絹絁(謂. 細爲絹也. 麁爲絁也.)絲綿布. 並隨鄕土所出. 正丁一人. 絹絁八尺五寸. 六丁成疋. 長五丈一尺. 廣二尺二寸. 美濃絁六尺五寸. 八丁成匹. 長五丈二尺. 廣同絹絁. 絲八兩. 綿一斤. 布二丈六尺. 並二丁成約屯端(謂. 絲十六兩曰約也. 綿二斤曰屯也. 布五丈二尺曰端也.). 端長五丈二尺. 廣二尺四寸. 其望陁布. 四丁成端. 長五丈二尺. 廣二尺八寸. 若輸雜物者. 鐵十斤. 鍬三口. 每口三斤. 塩三斗. 鰒十八斤. 堅魚卅五斤. 烏賊卅斤. 螺(謂. 蜯之属也.)卅二斤. 熬海鼠廿六斤. 雜魚楚割五十斤. 雜鱐(謂. 割乾魚也.)一百斤. 紫菜卌八斤. 雜海藻一百六十斤. 海藻一百卅斤. 滑海藻二百六十斤. 海松一百卅斤. 凝海菜一百廿斤. 雜腊(謂. 全干物也.)六斗. 海藻根八斗. 未滑海藻一石. 澤蒜一石二斗. 島蒜一石二斗. 鰒鮓二斗. 貽貝鮓三斗. 白貝葅三斗. 辛螺頭打六斗. 貽貝後折六斗. 海細螺一石. 棘甲蠃六斗. 甲蠃六斗. 雜鮨(謂. 鮨亦鮓也.)五斗. 近江鮒五斗. 煮塩年魚四斗. 煮堅魚廿五斤. 堅魚煎汁(謂. 熟煮汁曰煎也.)四升. 次丁二人. 中男四人. 並准正丁一人. 其調副物(謂. 此唯爲正丁. 不及次丁中男也.). 正丁一人. 紫三兩. 紅三兩. 茜二斤. 黃連二斤. 東木綿十二兩. 安藝木綿四兩. 麻二斤. 熟麻十兩十六銖. 葈十二兩. 黃蘗七斤. 黑葛六斤. 木賊六兩. 胡麻油七夕. 麻子油七夕. 荏油一合. 曼椒油一合. 猪脂三合. 腦(謂. 馬頭中髓也.)一合五夕. 柒三夕. 金柒三夕. 塩一升. 雜腊二升. 堅魚煎汁一合五夕. 山薑一升. 青土一合五夕. 橡八升. 紙六張. 長二尺. 廣一尺. 筐柳一把. 七丁. 席一張. 苫一張. 鹿角一頭. 鳥羽一隻(謂. 一隻猶一具也.). 砥(謂. 磨石也.)一顆. 二丁簀一張. 三丁薦一張. 十

四丁樽一枚. 受三斗. 廿一丁樽一枚. 受四斗. 卅五丁樽一枚. 受五斗. 京及畿內. 皆正丁一人調布一丈三尺. 次丁二人. 中男四人. 各同一正丁.

凢調皆隨近合成(謂. 一郡之內也.). 絹絁布兩頭. 及絲綿囊(謂. 以紙裹兩頭爲囊.). 具注國郡里戶主姓名(謂. 若二戶合成者. 可注兩戶主也.). 年月日. 各以國印々之.

凢調庸物. 每年八月中旬起輸. 近國十月卅日. 中國十一月卅日. 遠國十二月卅日以前納訖. 其調絲. 七月卅日以前輸訖(謂. 輸納於大藏省. 其自民身輸者. 蠶事登卽輸. 不待七月也.). 若調庸未發本國間. 有身死者. 其物却還(謂. 假令. 遠國十二月卅日以前納. 其路程應卅日行. 若此程內死者. 縱未發本國. 理旣須在路. 卽其物者. 不在免限也.). 其運脚均出庸調之家(謂. 庸調之家. 每人均出物. 充運脚之功食也.). 皆國司領送(謂. 依律. 郡司亦領送也.). 不得僦勾隨便糴輸(謂. 依律. 國司取賃代民客運. 是爲僦勾也. 應送課物者. 皆須從所出輸納. 而賣他財貨. 詣所輸處. 市糴充者. 是爲隨便糴輸也.).

凢正丁歲役十日(謂. 於京役之. 卽不給公粮. 若留役者. 卽官給也.). 若須收庸者. 布二丈六尺(謂. 其收庸者. 須隨鄉土所出. 不可以布爲一例也.). 一日二尺六寸. 須留役(謂. 正役之外. 更亦留役也.)者. 滿卅日. 租調俱免. 役日少者. 計見役日折免(謂. 租調混合. 捴作卅分. 以卅分之一. 當一日之分. 計役日折免也.). 通正役. 並不得過卌日. 次丁二人. 同一正丁(謂. 次丁一人歲役五日. 若收庸者. 布一丈三尺. 是爲一常. 其留役十五日者. 租調俱免也.). 中男及京畿內. 不在收庸之例. 其丁赴役之日. 長官親自點檢. 并閱衣粮(謂. 歲役日粮及往還程粮也.). 周備. 然後發遣. 若欲雇當國郡人(謂. 當國之當郡人也.). 及遣家人代役者(謂. 奴婢亦同也.)聽之. 劣弱者不合. 卽於送薄名下. 具注代人貫属姓名. 其匠欲當色雇巧人代役者. 亦聽之.

凢每年八月卅日以前. 計帳至. 付民部. 主計計庸多少. 充衛士. 仕丁. 采女. 々丁等食(謂. 除當年須役人之外. 皆捴輸庸. 充衛士女丁食. 并役民雇

直及食也.). 以外皆支配役民雇直及食. 九月上旬以前申官.

凡一位以下(謂. 親王不入此例也.). 及百姓雜色人等(謂. 品部及雜戶等. 其陵戶不在此限也.). 皆取戶粟以爲義倉(謂. 分富賑貧. 其情合義. 故曰義倉也.). 上々戶二石. 上中戶一石六斗. 上下戶一石二斗. 中上戶一石. 中々戶八斗. 中下戶六斗. 下上戶四斗. 下中戶二斗. 下々戶一斗. 若稻二斗. 大麥一斗五升. 小麥二斗. 大豆二斗. 小豆一斗. 各當粟一斗. 皆與田租. 同時收畢.

凡土毛臨時應用者(謂. 土地之所生. 皆爲毛也.). 並准當國時價. 々用郡稻(謂. 割置田租. 以充雜用. 是爲郡稻也. 下條云. 諸國貢獻物者. 皆以官物買充. 亦是郡稻也. 凡官稻之源. 出自田租. 卽分爲三. 一曰大稅. 二曰糙穀. 三曰郡稻也.).

凡封戶者. 皆以課戶充(謂. 有中男一人以上者. 卽爲課戶. 其封戶仕丁. 亦給其主也.). 調庸全給. 其田租爲二分. 一分入官. 一分給主.

凡田有水旱蟲霜. 不熟之處. 國司撿實具錄申官(謂. 一戶以上田. 損五分以上者. 若不滿五分者. 唯注祖帳. 不勞言上. 其戶內之口. 或損或得者. 止免其分祖. 不免調庸. 若不熟之田. 一處滿五十戶者. 馳驛言上. 若通計數處. 滿五十戶者. 國司處分申官. 此條唯爲口分立文. 其賣買田及功田. 職田. 賜田. 墾田等者. 依見損數免其田租. 不依口分例也.). 十分損五分以上免祖. 損七分. 免祖調. 損八分以上. 課役俱免(謂. 課者. 調及副物. 田祖之類也. 役者. 庸及雜徭之類. 但驛戶者. 不在免例. 何者. 飛彈國匠丁不免故也. 問. 課謂田祖之類. 未知. 他條田祖亦得爲課以不. 答. 唯爲當條生文. 不涉令內通例. 假如. 三位以上父祖兄弟. 雖免課役. 不可免祖之類也.). 若桑麻損盡(謂. 一戶全損. 卽雖不全損. 不堪輸調者. 亦是. 其桑麻者. 不相須也.)者. 各免調(謂. 若無課而有役者. 卽免役. 其桑麻所輸絁布不同. 故稱各也.). 其已役已輸(謂. 已役者. 臨時差役也. 已輸者. 已上條云. 調糸七月輸訖也.)者. 聽折來年(謂. 來年若有恩復. 及遭水旱虫霜者. 亦須待後年免也.).

凡邊遠國有夷人雜類(謂. 夷者. 夷狄也. 雜類者. 亦夷之種類也.)之所. 應輸調役者. 隨事斟量. 不必同華夏(謂. 中國也.).

凡應免課役者．皆待蠲符(謂．蠲除課役之符也．)至．然後注免．符雖未至．驗位記．灼然實者(謂．若公驗灼然者亦同也．)亦免．其雜任被解應附者(謂．舍人及兵衛資人等被解却．其衛士仕丁等解下者．亦同也．)．皆依本司解時日月據徵(謂．假令．蠲符至國．雖隔數年．仍依本司解時追徵也．)．

凡春季附者．課役並徵(謂．准上條．雜任被解應附者．皆依本司解時日月據徵．即雜任春季被解附帳．謂之附也．又上條．應免課役者．待蠲符至．然後注免．若春季符至者．課役並免．擧春爲言．餘季准此．)．夏季附者．免課從役．秋季以後附者．課役俱免．其詐冒隱避．以免課役(謂．詐復除．謂之詐也．相冒有蔭之人．謂之冒也．不附戶貫．謂之隱也．詐疾病．謂之避也．皆言所詐以免課役者也．)．不限附之早晚．皆徵當發年課役(謂．徵事發年課役也．)．逃亡者附亦同．

凡課口及給侍老疾人死者．限十日內．里長與死家．注死時日月．經國郡司印記(謂．若不課之人死者．於告朔及計帳時顯申也．)．

凡人在狹鄉．樂遷就寬(謂．擧戶之人．卽戶口求遷者．不可聽也．戶令旣有此事．今此再發者．彼設就寬之法．此明賜復之制也．)．去本居路程．十日以上復三年．五日以上復二年．二日以上復一年．一遷之後．不得更移．

凡沒落外蕃得還者．一年以上復三年(謂．若被夷狄略取而得還者亦同也．)．二年以上復四年．三年以上復五年．外蕃之人投化(謂．投化．猶歸化也．)者．復十年．其家人奴．被放附戶貫者．復三年(謂．假令．家人奴．沒落外蕃得還．卽放從良者．賜復之數．不可過三年．以其放賤爲良．所優特多故也．)．

凡以公使外蕃還者．免一年課役．其唐國者．免三年課役(謂．水手以上有課役者也．)．

凡孝子．順孫(謂．高柴泣血三年．顧悌絶漿五日之類．孝子也．原穀喩父迎祖．劉殷冒雪獲芹之類．順孫也．)．義夫．節婦(謂．辛威五代同爨．郭儁七世共居之類．義夫也．衛共姜．楚白姬之類．節婦也．)．志行聞於國郡者．申太政官．奏聞表其門閭(謂．假如．於其門及里門．築堆立牓．題云．孝子門．若里也．)．同籍悉免課役．有精誠通感(謂．孟宗泣生冬笋．梁妻哭崩城之類．通感也．)者．別加優賞．

凢三位以上父祖兄弟子孫. 及五位以上父子. 並免課役(謂. 爲男五位以上生文. 其婦女不同此例. 其勳位者. 一准選叙令降法. 但不帶五位以上者. 不在此限也.).

凢舍人. 史生. 伴部. 使部. 兵衛. 衛士. 仕丁. 防人. 帳內. 資人. 事力. 驛長. 烽長. 及內外初位長上(謂. 无位內長上. 准入此條. 其外長上者. 灼然不同. 但勳位九等以下. 預外長上者. 理同初位長上. 卽亦合免也.). 勳位八等以上. 雜戶. 陵戶. 品部. 徒人在役. 並免課役. 其主政. 主帳. 大毅以下. 兵士以上. 牧長帳. 驛子. 烽子. 牧子. 國學博士. 醫師. 諸學生. 侍丁. 里長. 貢人得第未叙. 勳位九等以下. 初位. 及殘疾. 並免徭役. 其坊長. 價長. 免雜徭(謂. 取京畿人. 故不勞庸. 若取外國人. 卽合免庸. 其坊令同里長. 亦免徭也.).

凢除名未叙人. 免役輸庸. 願役身者聽之. 其應收庸者. 亦不在雜徭及點防之限(謂. 除名之人. 輸庸之外. 不得更亦點兵士及衛士也.).

凢遭父母喪. 並免朞年徭役.

凢雇役丁者. 本司預計當年所作色目多少(謂. 本司者. 木工寮也. 色者. 草蓋瓦蓋之類也. 目者. 倉廩屋觀之類也. 多少者. 倉屋及人功多少也.)申官. 錄付主計(謂. 案文. 本司旣申官. 官卽付主計. 而稱錄付者. 言官取本司錄狀. 卽轉付主計. 非是官更別錄也.). 覆審支配(謂. 主計覆審申官. 官卽奏聞支配也.). 七月卅日以前奏訖(謂. 一日以後也.). 自十月一日. 至二月卅日內. 均分上役. 一番不得過五十日. 若要月者. 不得過卅日. 其人限外上役欲取直者聽. 國司皆須親知貧富强弱. 因對戶口. 卽作九等定薄. 預爲次第. 依次赴役(謂. 計帳之時. 國司會聚人民. 知其貧富强弱. 卽差品戶口之多少. 占度資產之廣狹. 預作九等之品數. 及先後之次第. 至於赴役. 卽依此簿. 故下條云. 家有兼丁者要月. 家貧單身者閑月.).

凢差科. 先富强. 後貧弱. 先多丁. 後少丁(謂. 差科正役雇夫等之類. 其調庸輕重. 亦准此法也.). 其分番上役者. 家有兼丁者要月. 家貧單身者閑月.

凡丁匠赴役者．皆具造薄．丁匠未到前三日．預送薄太政官分配．其外配者．便送配處．皆以近及遠．依名分配(謂．以近及遠者．假令．大和國紀伊國有造作事．應發關東民者．以美濃配紀伊．以尾張配大和之類也．依名分配者．木工金匠．執事不同．隨其名實．色別分配也.)．作具自備(謂．是爲工匠．非關役夫也.)．

凡丁匠赴役．有事故不到闕功者(謂．身及親病之類也.)．與後番人．同送陪功(謂．陪猶助也．言隨闕功之多少而塡助也.)．若故作稽違．及逃走者．所司(謂, 國司也.)卽追捕決罪．仍專使送役處陪功．卽給雇直．

凡役丁匠．皆十人外給一人．充火頭(謂．火頭者．厮丁也．執炊爨之事．故曰火頭．卽給功直．與見役者同也.)．疾病及遇雨不堪執作之日．減半食．闕功令陪．唯疾病者．給役日直(謂．見其病之狀．不可更役者．若應堪役者．當番之役．猶令追陪也.)．雖雨非露役者．不在此限．

凡在京有大營造(謂．役五百人以上也.)．役丁匠之處．皆令彈正巡行．若有非違．隨事彈糺．

凡丁匠在役遭父母喪者．皆國司知實申役所．卽給役直放還．

凡供京藁藍雜用之属(謂．染草繩瓠柏槽机籠簀等之類．卽其所輸者．准折雜徭也.)．每年民部預於畿內斟量科下．

凡役丁匠．皆斟量功力．均課輕重(謂．若前經重役．則後處輕役也.)．日滿卽放(謂．假令．量十日功．調發人民．功雖未畢．日程旣滿．便卽放還．其功程不適．怠由主司．故依下文．附考貶責也.)．其主當官司．不加檢校．致失功程者．節級推科．仍附考殿．

凡丁匠往來．如有重患不堪勝致(謂．勝者．任也．致者．至也．言往來中途．身被重病．不能勝任以至前處也.)者．留付隨便郡里．供給飮食(謂．以官物資給也.)．待差發遣．若無糧食．卽給公糧(謂．病差發遣之時也.)．

凡丁匠赴役身死者．給棺．在道亡者．所在國司．以官物作給．並於路次埋殯(謂．殯者．斂也．言殯斂假藏．待家人至也.)．立牌．并告本貫．若無家人來取者燒之(謂. 凶問旣告. 道路有程. 待其迎接. 過限不來者. 卽於當所燒也.). 有人迎接者. 分明付領.

凡役丁匠者. 皆晝作夜止. 其六月七月. 從午至未. 放聽休息(謂. 炎毒正晝. 乾坤赩然. 撫其喘喝. 放令休涼. 若其所役在影蔭之中者. 卽不入此限也.). 要須役者. 不在此例(謂. 喪葬有時. 饗會有日. 事不獲已. 理在必行. 如此之類. 是爲要須之役也.).

凡爲公事須車牛人力傳送. 而令條不載者. 皆臨時聽勅(謂. 假令. 蕃客來朝之時. 所用車牛人力之類也.). 差科之日. 皆令所司量定須數行下(謂. 所司者. 治部玄蕃也.). 不得令在下有疑. 使百姓勞擾(謂. 在下者. 供事之下司也. 勞擾者. 不明期會. 妄動人民之類也.).

凡諸國貢獻物者(謂. 案前令云. 朝集使貢獻物. 今此令無朝集使三字. 卽知不必附朝集使. 亦當寄附便使也.). 皆盡當土所出. 其金. 銀. 珠. 玉. 皮. 革. 羽. 毛. 錦. 罽. 羅. 縠. 紬. 綾(謂. 罽者. 氈之属. 卽毛布也. 羅者. 綺之属. 織有耶文者也. 縠者. 紬繒也. 紬者. 太絲繒也. 綾者. 有文繒也.). 香. 藥. 彩色. 服食. 器用(謂. 服食者. 服讀如服餌之服. 如吉備酷. 耽羅脯之類是也. 器用者. 如下野氈. 胸形箭之類是也.). 及諸珍異之類(謂. 非唯器用以上諸物. 自外珍異. 種類繁多. 故云之類而約也.). 皆准布爲價. 以官物市充. 不得過五十端(謂. 每國一年所貢雜物價直. 各不得過五十端也.). 其所送之物. 但令無損壞穢惡而已. 不得過事修理(謂. 裹束之用. 宜在薦席. 而還用布帛之類. 是爲過事修理也.). 以致勞費.

凡調物及地租雜稅(謂. 出擧稻及義倉等. 是也.). 皆明寫應輸物數(謂. 戶別可輸物數也.). 立牌坊里. 使衆庶同知.

凡令條外雜徭(謂. 徭訓役. 其正丁次丁歲役日數. 在於玉條. 皆立明文. 卽至雜徭. 不入此限. 故稱外而起之. 調庸之外. 國中諸事. 不論大少. 捴爲雜徭. 其役法者. 准上條. 次丁減正丁之半. 中男減次丁之半也.)者. 每人均使. 捴不得過六十日.

凡仕丁者. 每五十戶二人. 以一人充厮丁(謂. 厮猶使也. 言給使於汲炊. 卽與

火頭同也.). 三年一替. 若本司籍其才用. 仍自不願替者聽(謂. 雖本司要而自不願. 及雖自願而本司不要者. 並不在聽限. 彼此相願. 然後乃聽. 其女丁相替年限. 一同仕丁也.). 其女丁者. 大國四人. 上國三人. 中國二人. 下國一人. 凢斐陀國. 庸調俱免. 每里點匠丁十人(謂. 若不足里者. 卽率此法而降減也.). 每四丁給厮丁一人(謂. 十人之中. 二人充廝丁. 八人爲匠丁也.). 一年一替. 餘丁輸米. 充匠丁食(謂. 若遭虫霜水旱者. 准調庸法以折除之. 然則上條免役之色. 此謂主政以下免徭役歟. 此條亦當相折以米. 若上條不免調役之色. 此條亦不須免米. 其匠丁者. 尙依例點. 何者. 遭損之時. 仕丁不免役故也. 問. 除匠丁之外. 更有餘點者乎. 答. 衛士防人. 亦合得點. 何者. 於理可差兵士故. 其仕丁不須也.). 正丁六斗. 次丁三斗. 中男一斗五升.

學令 第十一

학령[1] 제11

(생각건대, 교화지관敎化之官을 모두 일컬어 학學이라 한다.) 무릇 22조이다.

1. 무릇 박사博士[2] · 조교助敎[3]에는, 모두 경전에 밝고 스승[師]을 감당할 수 있는 자를 취한다(생각건대, 오직 학업뿐만 아니라, 아울러 덕행도 고려해야 한다. 그렇기 때문에 스승을 감당할 수 있는 자라고 한 것이다.). **서산書算[4] 역시 업술業術이 우수한 자를 취한다**(생각건대, 서書에 대해서는 업業, 산算에 대해서는 술術이라고 한다. 음박사音博士[5]를 생략한 점은, 조문을 살펴보면 알 수 있다.).

1_ 大學 · 國學에서 교수하는 博士와 助敎, 大學生 · 國學生의 선발, 교과목, 휴가, 시험 등 각종 학업과 관련된 규정을 담고 있다. 이러한 규정은 단순히 학문을 교수하는 것이 목적이 아니라 국가가 요구하는 관리를 양성하기 위한 것이었다(早川庄八, 「奈良時代前期の大學と律令學」, 『日本古代官僚制の硏究』, 岩波書店, 1989, p.398.).

2_ 유교 경전, 한자의 음, 글씨, 산학 등을 학생들에게 교수하는 사람들을 말한다. 경전을 가르치는 明經博士는 정원이 1명이었다. 경전 학습이 이른바 本科이며, 한자의 음이나 한자를 쓰는 법은 보조과목이다. 算學은 算生 30인이 따로 있었다.

3_ 明經博士를 도와 학생들에게 학업을 가르치는 사람이다. 助博士라고도 하며 정원은 2명이다.

4_ 한자 쓰는 법을 가르치는 書博士와 算學을 가르치는 算博士를 말한다. 그 밖에도 音博士가 있다. 정원은 모두 2명씩이다.

5_ 한자의 음가를 가르치는 박사를 말한다.

2. 무릇 대학생大學生[6]**은, 5위 이상의 자손**子孫[7](생각건대, 제왕諸王·제신諸臣이 모두 이에 해당한다. 다만 친왕親王은 이 범위에 있지 않다. 따로 문학文學[8]이 있는 까닭이다.) **및 동서사부**東西史部[9]**의 자식**[子]**을 취한다**(생각건대, 사는 곳이 황성皇城의 좌우에 있기 때문에 동서라 한다. 예전부터 대대로 업을 이어, 혹은 사관史官이 되고, 혹은 박사博士가 되었다. 이에 성을 내리고 모두 사史라고 하였다.). **만약 8위 이상**[10]**의 자식이 간절히 원한다면 허락한다**(생각건대, 8위 이상이라면, 내외內外[11]가 모두 같다. 자식은 적서嫡庶[12]를 논하지 않는다.). **국학생**國學生[13]**은 군사**郡司**의 자제를 취한다**(생각건대, 자손제질子孫弟姪이 이에 해당한다.). 대학생大學生은 식부式部가 뽑고, 국학생國學生은 국사國司가 뽑는다. **모두 13세 이상**[14] **16세 이하의 총명하고 착한**[聰令] **자를 취한다**(생각건

6_ 大學에서 수학하는 학생들을 말하며, 5위 이상의 고위 관인의 子孫과 전통적으로 문한을 담당해 온 東西史部의 子로 충원하였다. 정원은 400명이며, 유교 경전을 학습하였으며 후에 明經道라고 불리게 된다.

7_ 5위 이상의 관인을 우대하는 조항이지만, 5위 이상의 子孫의 경우는 蔭位를 통해서 관직에 나아갈 수 있었기 때문에 현실적으로는 좀처럼 대학에 입학하지 않았을 것으로 보인다.

8_ 親王의 경우에는 親王家에 文學이라는 관인이 있어서 경전을 가르치는 일을 맡고 있기 때문에 대학에 입학할 필요가 없었다(「家令職員令」 1조).

9_ 大和 지역의 東史部(東文氏)와 河內 지역의 西史部(西文氏)에 소속된 史部를 총칭하는 말이며, 반드시 거주지로 구분하는 용어는 아니다. 또한 그들의 본거지나 거주지가 大和나 河內에 국한된 것도 아니다. 『令集解』에서 "倭(大和)·川內(河內)의 文忌寸 등을 근본으로 하는 東西의 史들"이라고 한 것도, 東·西文氏와 東西史部의 통속관계를 근거로 한 것으로 생각된다(加藤兼吉, 「東文氏とヤマトノフビト」, 『大和政權とフミヒト制』, 吉川弘文館, 2002, pp.323~324.).

10_ 6위 이하 8위 이상의 관인을 말한다.

11_ 원칙적으로 중앙의 관인에게는 內位가 지방의 관인에게는 外位가 주어졌다.

12_ 嫡庶는 장자와 차자 이하를 구분하는 말이다.

13_ 지방의 國이라는 행정단위에 설치된 國學에서 수학하는 학생을 말한다. 이들 가르치는 國博士가 각국마다 1인이 있었으며, 國學生은 大國인 경우에 50인, 上國은 40인, 中國은 30인, 下國은 20인이었다(「職員令」 80조).

14_ 13세로 자격 등을 제한한 예로는 친왕의 경우 13세가 되면 유모의 지급을 중

대, 총聰은 똑똑한 것이고, 영令은 착한 것이다.).

3. 무릇 대학大學[15]**과 국학**國學**에서는 매년 봄가을의 가운데 달**仲月[16]**의 첫 번째 정일**丁日**에, 먼저 성공선보**聖孔宣父**에게 석전**釋奠[17]**을 지내는데**(생각건대, 석釋은 석채釋菜[18]이고, 전奠은 전폐奠幣[19]이다. 그 옛 성인에게 제사를 지내서 공경하는 도리를 표하는 것이다. 선보宣父는 공자의 시호이다. 시법諡法에는 베풀되 천하를 갖지 않는 자[施而不有]를 선宣이라 한다.) **그 찬주**饌酒**와 명의**明衣[20]**에 필요한 바는 모두 관물**官物**을 이용한다.**[21]

4. 무릇 학생이 재학 중일 때는 장유長幼**로써 서열로 삼는다. 처음 입학하**

지하고, 각 씨족이 바치는 貢女는 13세 이상이고, 혼인할 수 있는 연령이 남자는 15세, 여자는 13세 이상이라고 한 경우를 들 수 있다.

15_ 율령제 하의 공적인 교육기관은 중앙의 式部省 大學寮에 소속된 大學, 九州의 大宰府에 소속된 府學, 각 國衙에 소속된 國學이 있었다. 府學과 國學에서 두 가지 경전을 익힌 자는 大學에서 수학할 수 있었다.
天平 초기에 律學(明法)博士와 文章博士, 明法生・文章生을 두었다. 후에 經學(明經)・算學과 더불어 文章(紀傳)・明法도 독립적인 과목으로 인정받게 되며 이를 과목을 四道라고 불렀다.

16_ 2월과 8월을 말한다.

17_『續日本紀』大寶 원년(701) 2월조에 처음으로 釋奠을 올린 기록이 보인다. 大學寮 안에 공자, 안회 및 9명의 제자를 모신 廟가 있어서 그곳에서 제를 올리고 講論과 作詩가 행해졌다. 지방의 國學에서도 國司 이하 학생들이 참여하여 석전을 올렸다.

18_ 채소를 올린다는 뜻이다.『周禮』와『禮記』에 학교를 세우거나 입학을 하면 반드시 채소를 놓고[釋] 先聖(孔子)과 先師(顔回)에게 제사를 지낸다고 하여, 釋菜라고 하였다. 그러나 점차 채소 이외에 소나 양 같은 犧牲을 제물로 올리고[奠] 음악을 갖추어 제사를 지내게 되면서 이를 釋奠이라고 하였다.

19_ 폐백을 바친다는 뜻이다. 채소뿐만 아니라 과일, 소나 양과 같은 희생을 올리는 것을 말한다.

20_ 박사 이하 학생들이 祭禮 때 입는 옷을 말한다.

21_ 式部省이 釋奠에 필요한 경비를 부담하였다.

면, 모두 속수束修[22]의 예를 그 스승에게 행하는데(생각건대, 속수束修는 수포修脯, 즉 10 묶음의 포[23][束脯]이다.) **각각 포 1단을 낸다**[24](생각건대, 학생은 한 사람이 아니므로 각각이라 한 것이다. 사람마다 모두 1단을 내는 것을 말한다.). **모두 술과 음식을 차린다.**[25] **그 속수束修는 나누어서, 3분은 박사에게 주고, 2분은 조교에게 준다**(생각건대, 직원령職員令에서는 박사 1인, 조교 2인이다. 그러므로 있는 것을 모두 헤아려 7분으로 만들어 3분은 박사에게 주고 그 나머지 4분은 균등하게 나누어 조교에게 준다. 그 나머지 박사[26]도 역시 모두 속수가 있다.).

5. 무릇 경전에는 주역周易 · 상서尙書 · 주례周禮 · 의례儀禮 · 예기禮記 · 모시毛詩[27] · 춘추좌씨전春秋左氏傳[28]을 각각 하나의 경전으로 삼고, 효경孝經 · 논어論語는 학생들이 겸해서 익힌다.

6. 무릇 정식 수업에서 가르치는 것은 주역周易에 정현鄭玄[29]과 왕필王弼[30]의

22_ 束은 묶음이라는 뜻이고 修는 10묶음을 말한다. 『논어』에 새로이 入學 · 入門한 제자가 스승에게 속수의 예를 행하였다는 내용이 보인다. 원래는 육포를 뜻하였으나, 점차 布帛이나 술 등의 음식물, 금전으로 대체되었다. 이 조항에서도 육포가 아닌 布를 속수로 규정하였다.

23_ 고기를 말린 육포를 말한다.

24_ 布를 束修의 비용 혹은 酒食의 비용으로 보기도 한다.

25_ 학생들이 낸 布로 술과 음식을 준비한다는 뜻인지, 布와 별도로 술과 음식을 마련해야 하는 것인지 분명하지 않다. 그러나 布를 박사와 조교들에게 분배하는 내용이 있는 것으로 보아, 布로 술과 음식을 마련했다고 하더라도 그 일부만 사용한 것으로 보인다.

26_ 音博士와 書博士를 말한다.

27_ 毛亨과 毛萇이 전한 『詩經』으로 현재의 『詩經』을 말한다.

28_ 左丘明이 孔子가 저술한 『春秋』에 주석을 더한 것으로 전한다. 劉歆이 편찬하였다는 설도 있다. 左傳이라고도 하며 公羊傳 · 穀梁傳과 함께 『春秋』의 대표적인 주석서이다. 左氏傳은 전쟁 등에 관련된 풍부한 자료를 인용하고 있어 춘추시대를 이해하는 데 중요한 자료로 쓰이고 있다.

주注가 있고(생각건대, 1인이 아울러 2개를 배우는 것은 아니다. 정鄭 또는 왕王을 한 가지 주만 익히는 것이다. 만약 겸하는 자가 있다면, 이미 박달博達로 간주한다.), 상서尙書에는 공안국孔安國,[31] 정현鄭玄의 주注, 삼례三禮[32]와 모시毛詩에는 정현鄭玄의 주注, 좌전左傳에는 복건服虔[33]과 두예杜預[34]의 주注, 효경孝經에는 공안국孔安國과 정현鄭玄注의 주注, 논어論語에는 정현鄭玄[35]과 하안何晏[36]의 주注가 있다.

7. 무릇 예기禮記·좌전左傳은 각각 대경大經으로 삼고, 모시毛詩·주례周禮·의례儀禮는 각각을 중경中經으로 삼고, 주역周易·상서尙書는 각각을 소경小經으로 삼는다. 2경에 통했다는 것은, 대경 중에 1경이 통하고, 소경 중에 1경이 통했다는 것이다. 만약 중경이라면, 2경에 모두 통해야 한다. 그 3경에 통했다는 것은, 대경·중경·소경 중에서 각각 1경이다. 5경에 통했다는 것은, 대경에 모두 통하고, 효경과 논어를 모두 아울러 통해야 한다.

29_ 후한 말기의 학자(127~200)로 자는 康成이다. 경전에 대한 해박한 지식을 가지고 오경에 대한 주석을 달았다. 주역에 대해서는 『周易鄭康成注』를 저술한 것으로 전한다.

30_ 위나라의 학자·정치가(226~249)로 何晏과 함께 위진시대의 대표적인 학자로 인정받았다. 『노자』와 『주역』이 특히 높이 평가되고 있다. 『주역』에 대해서는 『王弼周易注』을 남겼다고 하며 그의 주석은 『十三經注疏』에도 채용되었다.

31_ 후한 시대의 학자(기원전 156~74)로 『古文尙書』 등을 발견하여 주석을 붙였다. 이를 『尙書孔氏傳』 혹은 『孔安國尙書傳』이라고 한다.

32_ 『周禮』, 『儀禮』, 『禮記』를 말한다.

33_ 후한 말기의 학자로 『春秋左氏傳』과 『漢書』의 주석으로 유명하다.

34_ 위·진대의 학자·정치가·무인(222~284)으로 『春秋左氏傳』에 대한 주석으로 유명하다.

35_ 정현의 『魯論語』에 주석을 달았고, 이를 바탕으로 다시 何晏이 『論語集解』를 저술하였다.

36_ 후한말·위대의 학자 정치가로 『論語集解』·『老子道德論』 등을 집필하였다.

8. 무릇, 학생이 먼저 경문經文**을 읽어 완전히 외운 후에 뜻을 설명한다. 열흘마다 하루의 휴가를 주는데 휴가 하루 전에 박사가 고시**考試**한다.**(생각건대 고考는 평가한다는 뜻이다. 배우는 자의 도예道藝[37]를 시험하는 것이다.) **읽는 것을 시험칠 때는 천 글자**[千言]**마다 한 첩**帖 **세 글자**[三言]**를 시험한다.**(생각건대, 삼언三言은 세 글자이다. 첩帖의 풀이는 아래를 보라. 오직 천 글자 안에서 한 곳의 세 글자를 종이로 가리고 그 부분을 암송하게 한다. 만약 천 자를 채우지 못하면 다시 시험칠 수 없다. 그러나 배우는 자가 휴가를 얻지 않으려는 뜻이 있어서 만약 게으름을 피워 채우지 못하거나, 이미 한 첩帖을 넘기지 못하는 일이 거듭되어도 또한 벌을 받는 범위에 든다.) **뜻을 설명하는 시험을 칠 때는 2천 글자**[二千言]**마다 대의**大義[38] **1조를 묻는데 모두 3조를 시험한다. 2조를 통과하면 급제**[第]**가 되고 1조를 통과하거나 모두 통과하지 못하면 헤아려서 벌을 준다**(생각건대 볼기를 치거나 종아리를 때리는 횟수의 많고 적음을 참작하는 것이다. 박사는 상황에 따라 헤아려 벌을 주는데 그렇기 때문에 '헤아려서 벌을 준다[斟量決罰]'고 한 것이다.). **연말**[年終]**마다**(생각건대, 고과평정의 기한은 7월을 연말[年終]로 삼는데, 이때 연말은 또한 고考와 더불어 같다. 왜냐하면 박사의 고과考課를 정해야 하기 때문이다.[39]) **대학두**大學頭[40]**와 대학조**大學助**, 국사**國司[41] **중 예업**藝業**이 뛰어난 자가 그들을 시험한다. 시험하는 자는 1년동안**

37_ 『禮記』 少儀 第十七, '問道藝曰 子習於某乎 子善於某乎'에서, 道藝의 의미는 '학업의 성취도'라는 뜻인데, 그 맥락이 위에서 본 바와 같이, '무엇을 배우고(道) 무엇을 익혔는가(藝)'라는 뜻에서 나왔다.

38_ 大義는 문장의 근본적인 뜻을 말한다. 『경국대전』 예전의 講書 시험을 보면, 句讀과 訓釋이 모두 精通·能熟하고 大義를 완전히 이해하여 꿰뚫었으며 辨說에 의문의 여지가 없는 자를 通으로 한다고 하였다.

39_ 학생의 성적은 박사의 고과와 관련이 있는데, 고과평정이 8월부터 시작되므로 7월이 연말이었던 것으로 생각된다.

40_ 大學寮의 장관이다. 차관인 大學助와 함께 학생들에 대한 학년말 시험(簡試)을 담당하고, 출사를 원하는 자들을 시험하여 태정관에 천거하는 일을 맡았다.

41_ 諸國의 國衙에 속한 관인 중 四等官(장관, 차관, 판관, 주전)을 말한다.

수업받은 과목을 아울러 대의大義 8조를 질문한다(생각건대, 경문의 뜻을 설명하는 경우를 위하여 만든 항목이다. 경문을 외우는 경우는 곧 연말 시험이 없다. 그중 서생書生의 시험방법[試法]은 별식別式에 있다.). 6조 이상을 얻었을 경우 상으로 삼고, 4조 이상을 얻었을 경우 중으로 삼으며, 3조 이하를 얻었을 경우 하로 삼는다. 잇달아서 세 번 하가 될 경우(생각건대, 3년 연이어서 하인 경우이다.) 및 재학 9년 동안 공거貢擧[42]를 감당하지 못한 경우는 모두 쫓아낸다. 그중에서 국에서 대학으로 올라온 자는 국학國學에서의 재학 연수를 합산한다. 상복을 벗고 다시 입학한 경우는 합산하는 범위에 들지 않는다(생각건대, 결闋은 끝난다[終]는 뜻이다. 상喪을 마치고 다시 복학한 자는 상의 기간은 합산하는 범위에 들지 않는다는 말이다.).

9. 무릇, 박사博士와 조교助教는 모두 경經을 나누어 배우는 자에게 가르친다. 한 경經을 수업할 때마다 반드시 뜻을 설명하는 것을 마쳐야 한다. 뜻을 설명하는 바를 아직 마치지 못하였다면 과목을 바꿀 수 없다.[43]

42_ 관인의 채용방식 중 하나로, 후보자를 중앙・지방에서 추거하는 것이다. 考課令 貢擧人條・貢人條에 따르면, 諸國에서 太政官으로 貢進된 國學生 등을 貢人이라고 하여 제국의 朝集使는 그들을 데리고 와서 태정관으로 보낸다. 그들은 변관을 거쳐 式部省으로 보내져 그 監試를 받는다. 한편 大學寮 과정을 거쳐 태정관으로 추거된 자를 擧人이라고 하여, 제국의 공인과 함께 監試를 받도록 했다. 또 帳內・資人 중에서 그 주인이 천거하거나 郡司가 國分寺의 僧尼 후보자를 추천하는 예도 있다. 貢擧에 있어서 그 추거하는 데 잘못이 있으면 貢擧한 관인이 처벌받았다. 공거는 원래 관인 등용의 주류는 아니었지만, 平安時代에 들어서서 대학이 충실해지자 貢人의 수가 증가하였고 또 여러 관사나 여러 국에서 蔭子孫이나 位子를 공거하는 경우도 많아졌다. 그러나 平安時代 말기에 형해화되어 실질적인 의미를 잃기에 이르렀지만, 형식적으로는 室町時代까지 행해졌다.

43_ 경전을 교수하고 학습하는 데 있어서 한 경전의 뜻을 다 가르치고 배운 연후에 다른 경전으로 넘어가야 한다는 뜻이다. 이는 박사・조교와 학생에게 모두 적용되는 규정으로 생각된다.

10. 무릇 박사와 조교는 모두 당년에 수업이 많고 적음[多少]을 헤아려서 고과의 등급으로 삼는다(생각건대, 많고 적음을 정하는 것은 별식別式에 있다.[44] 곧 식에 합당하면 많다[多]고 간주하고 식의 기준에 미치지 못하면 적다[少]고 간주한다.)**.**

11. 무릇 학생이 2경 이상에 통달하여 출사出仕하기를 청한다면 거송擧送[45]을 허락한다. 천거에 지원하는 자는 경마다 대의大義 10조를 시문試問한다(생각건대, 2경을 통달한 자에 의거한다. 만약 3경 혹은 4경을 통달하였다면 고과령考課令에 준하여 경마다 대의大義 7조를 시문할 수 있다.)**. 그 중 8조 이상 얻었을 경우 태정관으로 보낸다.[46] 만약 국학생인 경우는 2경을 통달하였다고 하더라도 더 배우기를 간절하게 원한다면**(생각건대, 재학 중 9년을 다 채우지 못한 경우이다.) **식부式部로 보내어 배운 정도를 시험해서[考練] 제第를 얻으면 올려서 대학생으로 보임한다.**(생각건대, 만약 대학생으로 보임된 후 다시 거인으로 응모하는 시험을 쳐서 급제하지 못한 경우는 곧 물러나서 본관으로 돌아가야 한다.)

12. 무릇 학생이 비록 강설하는 바가 우수하지 못하더라도[不長],[47] 시문을 짓는 재주[文藻]를 익혀서[閑](생각건대, 한閑은 익히다[習]는 뜻이다. 조藻는 문장에 수식이 화려하고 아름다운 것[藻麗]이다.) **재주가 수재秀才[48]·진사進士[49]**

44_ 교수하는 과목(강의)의 다소에 관한 규정이 別式에 있다고 하였으나, 지금은 전하지 않아서 자세한 내용을 알 수 없다.

45_ 擧試를 쳐서 합격한 사람을 貢·擧로 추천하여 태정관으로 보내는 것을 말한다.

46_ 태정관으로 보내진 학생에 대한 규정은 「考課令」 75조에 보인다.

47_ 경전의 의미를 정확하게 해석하지 못하는 것을 말한다.

48_ 문장을 잘 짓는 능력을 갖춘 사람을 말한다. 方略策 2문항을 짓게 하여 그 문장과 논리로 평가하였다. 「考課令」 70조 참조.

49_ 시문에 능한 사람을 말한다. 時務策 2문항을 짓게 하여 그 문장의 내용과 논

를 감당할 만하다면 또한 거송擧送을 허락한다.

13. 무릇 산경算經은, 손자孫子[50] · 오조五曹 · 구장九章[51] · 해도海嶋[52] · 육장六章[53] · 철술綴術 · 삼개중차三開重差 · 주비周髀[54] · 구사九司를 각각 한 경으로 삼는다. 학생은 경經을 나누어 학업을 익힌다.

리, 그리고 『文選』·『爾雅』의 숙지도를 가지고 평가하였다. 「考課令」 72조 참조.

50_ 『孫子算經』으로 생각된다. 3~5세기에 성립된 이 책은 이른바 '중국의 剩餘定理' 등을 담고 있는 책이다. 예를 들어 3으로 나누면 2가 남고, 5로 나누면 3이 남고, 7로 나누면 2가 남는 수는 얼마인가라는 문제를 푸는 방법 등을 설명하고 있다. 원문은 http://ctext.org/sunzi-suan-jing/zh에서 볼 수 있다.

51_ 算學의 경전으로 각종 계산법을 담고 있다. 저자는 알 수 없으나, 가필수정을 거치면서 현재와 같은 모습으로 완성된 것으로 보인다. 前漢의 張蒼 · 耿壽昌, 魏代의 劉徽 등이 주석을 가한 것으로 보아 편찬시기는 기원전 1세기부터 기원후 2세기로 생각된다.

그 내용은 아홉가지로 나누어져있는데 方田 · 粟米 · 衰分 · 少廣 · 商功 · 均輸 · 盈不足 · 方程 · 句股이다. 면적 및 분수 계산, 비례계산, 이자의 계산, 제곱근 · 세제곱근의 풀이(면적 체적에서 변의 길이를 구하는 법), 체적 계산, 복잡한 비례를 이용한 조세의 계산, 학거북산, 가우스소거법에 의한 연립1차 방정식, 피타고라스 정리를 이용한 측량 등을 246개의 문답형식으로 다루고 있다. 원주율에 대해서 3.14를 쓰는 것이 적당하다고 하여 당시로서는 세계에서 가장 정확한 수치였다.

52_ 魏의 劉徽가 저술한 것으로 알려져 있다. 『九章』의 피타고라스 정리를 이용하여 해변에 두 막대기를 세워 섬까지의 거리를 측정하는 방법을 설명한 것이다. 『九章算術』의 주석서로 보는 견해도 있으며, 원주율을 3.1410보다 크고 3.1427보다 적다는 결과를 담고 있다고 한다.

53_ 六章 · 三開重差 · 九司의 내용은 정확히 알 수 없으나, 『三國史記』 職官志에 算學博士가 綴經 · 三開 · 九章 · 六章 등을 가르친다고 한 것으로 보아 교수과목이 신라와 연관성이 있음을 알 수 있다(日本思想大系 『律令』, 補注13, p.696).

54_ 『周髀算經』이라고도 하며, 수학 · 역법 · 천문학에 필요한 지식을 담고 있다. 원주율, 피타고라스정리, 유클리드기하학에 포함된 내용이 들어 있으나 대부분은 천문학에 필요한 계산을 다루고 있다.

14. 무릇 국사國司와 군사郡司 중 경전을 이해하는 자가 있다면 곧 겸하여 교수敎授하도록 한다(생각건대, 국박사國博士 이외에 겸하여 교수敎授하게 하는 것이다.). 만약 훈도訓導하는 데 성과가 있다면 곧 마땅히 고考를 더한다.(생각건대, 박사博士가 교수하는 시간의 많고 적음에 준하여 이에 그 고考를 올리는 것이다.)

15. 무릇 서학생書學生[55]은 문서를 옮겨쓰는 데 있어서 상중上中 이상인 자는 공거[貢]를 허락한다(생각건대, 글씨의 등급[品第]를 정하는 것은 식式의 처분을 기다린다.[56] 서생書生은 오직 필적筆跡이 아름답고 빼어난 것으로써 으뜸으로 삼는다. 글자 모양을 익혀 이해하는 것을 업으로 삼지 않는다. 당법唐法과 다르다.). 그 산학생筭學生은 술리術理를 밝게 안 연후에 통通으로 삼는다. 구장九章에서 3조, 해도海嶋 · 주비周髀 · 오조五曹 · 구사九司 · 손자孫子 · 삼개중차三開重差에서 각 1조를 시험한다. 9조를 시험하여 전부 통通하면 갑甲으로 삼는다. 6조에 통通하면 을乙로 삼는다. 만약 구장九章에서 떨어지면, 비록 6조를 통通했다 하더라도 오히려 불합격[不第]으로 삼는다. 그 철술綴術과 육장六章을 시험할 때는 앞에 준해서 철술에서 6조, 육장에서 3조(생각건대, 만약 구장과 철술綴術과 함께, 그리고 육장을 해도海嶋 등 6경과 함께 시험 치기를 원하면, 역시 마찬가지로 허락한다.), 모두 9조를 시험 치는데, 전부 통通하면 갑甲으로 삼는다. 6조에 통通하면 을乙로 삼는다. 만약 경經을 떨어지면(생각건대, 육장六章에서 모두 통通하지 못한 자이다.), 비록 6조에 통通했다 하더라도 오히려 불합격으로 삼는다. 그 제第를 얻은 자를 서위하는 법[敍法]은 오로지 명법明法의 예에 준한다.

55_ 書博士(2인)와 算博士, 算生(30인)에 대한 규정은 있으나 書學生에 대한 규정은 달리 보이지 않는다.

56_ 別式의 규정에 의한다는 말이다.

16. 무릇 학생이 휴가를 청하는(생각건대, 자신 및 부모의 병으로 인해서 임시로 휴가를 청하는 부류이다. 그 휴가[57] 및 전가田假[58]·의가衣假[59]는 이 제한에 있지 않다.) **것은 대학생大學生은 두頭를 거치고, 국학생國學生은 해당 관사의 국사國司를 거친다. 각각 첩牒[60]으로 알리면 헤아려서 지급한다**(생각건대, 학생은 첩으로써 알리고, 해당 관사는 헤아려 지급한다.).

17. 무릇 학생은 예를 행하는 바가 아닌 것(생각건대, 석전釋奠과 속수束修의 부류이다.) **이외에는 모두 함부로 부릴 수 없다.**

18. 무릇 학생은 학교에서[在學] 음악樂을 연주하거나(생각건대, 반드시 오음잡비五音雜比일 필요는 없다.) **여러 가지 놀이[雜戲]를 할 수 없다. 오직 금琴을 타고 활쏘기를 익히는 것은 금하지 않는다. 그 스승의 가르침에 따르지 않거나**(생각건대, 솔率은 순循이다. 정업正業을 받지 않고 즐기는 것은 잡희雜戲라고 한다.) **1년 내에 위가違假[61] 100일을 채우면**(생각건대, 전후의 위가違假를 모두 헤아리는 것이다. 1년 내에 이미 100일 채웠다고 하는 것은, 즉 정기적인 휴가의 일수를 제외하지 않는다.[62] 1년이라고 한 것은 위가違假가 발생한 날부터 새로 계산한다.), **아울러 퇴학[解退]시킨다.**

57_ 10일마다 하루씩 주는 정기 휴가를 말한다.

58_ 일반 관인의 경우는 농사일을 돕기 위해서 지급하는 휴가로 5월과 8월에 각각 15일씩 주었다.

59_ 옷을 갈아입을 수 있도록 주는 휴가이다. 여름옷에서 겨울옷을 갈아입을 수 있도록 주는 휴가는 授衣假라고 하였다.

60_ 일반적으로 하위 관인이 상위 관인에게 휴가를 청할 때는 解라는 문서를 쓰는데, 學生이 大學頭나 國司에게 휴가를 청할 때 牒을 쓴 것은 學生이 관인이 아니므로 분명한 상하관계가 있다고 보기 어려운 때문으로 생각된다.

61_ 정당한 사유 없이 학생이 멋대로 학업에 참석하지 않는 것이다.

62_ 10일에 하루씩 지급하는 정상적인 휴가도 違假에 포함시킨다는 뜻이다.

19. 무릇 학생은 25세 이하로서 상을 당하여 복服[63]을 마치고, 돌아와서 배움에 들어가기를 요구하는 자는 이를 허락한다(생각건대, 배우는 데 있어서 아직 9년이 차지 않은 자이다.[64]).

20. 무릇 대학大學 · 국학생國學生은 해마다 5월에 전가田假를 허락하고, 9월에 수의가授衣假[65]를 허락한다(생각건대, 9월은 서리가 내리기 시작한다. 부녀자가 공功을 이루어 동의冬衣를 줄 수 있다.[66]). 그 길이 멀면, 헤아려서 갔다 돌아오는 기간[程]을 준다.

21. 무릇 학생은 퇴학[解退]당하면 모두 그 퇴학에 처해야 할 사정을 조목조목 기록하여 식부式部에 보고하고, 본관本貫으로 보낸다. 그 5위 이상의 자손은 모두 21세에 이르며,[67] 태정관太政官에 신송申送한다. 음蔭에 따라서 색色으로 배속한다(생각건대, 업을 이루고 이루지 않는 것을 논하지 않는다. 모두 신송申送해야 한다.).

22. 무릇 학생은 공사公私로 예에 관한 일이 있는 곳에서 예식禮式에 참관하게 한다(생각건대, 원일元日 및 공경대부公卿大夫의 상장喪葬 같은 부류이다.).

63_ 당시 부모상의 복상 기간은 1년이었다.

64_ 학생으로 재학할 수 있는 기간이 9년이므로, 아직 9년이 되지 않았으면 다시 배울 수 있게 하는 것이다.

65_ 옷을 갈아입을 수 있도록 지급하는 휴가이다. 「學令」에만 보이는 규정이며 그 일수는 알 수 없다.

66_ 여자들이 옷짜기를 마쳐서 겨울옷이 준비되었다는 뜻이다.

67_ 蔭子孫에 대한 敍位 및 任官은 21세부터 시작된다(「選敍令」 34조, 「軍防令」 46조).

(謂. 教化之官. 惣名爲學.) 凢貳拾貳條

凢博士助教. 皆取明經堪爲師者(謂. 非唯學業. 兼取德行. 故曰堪爲師者也.). 書筭亦取業術優長者(謂. 於書曰業. 於算曰術. 略音博士者. 案文可知也.).

凢大學生. 取五位以上(謂. 諸王諸臣皆是. 唯親王者. 不在此限. 別有文學故也.) 子孫. 及東西史部(謂. 居在皇城左右. 故曰東西也. 前代以來. 弈世継業. 或爲史官. 或爲博士. 因以賜姓. 捴謂之史也.)子爲之. 若八位以上子情願者聽(謂. 八位以上者. 內外並同. 子者. 不論嫡庶也.). 國學生. 取郡司子弟爲之(謂. 子孫弟姪之属也.). 大學生式部補. 國學生國司補. 並取年十三以上. 十六以下聰令者爲之(謂. 聡者. 明也. 察也. 令者. 善也.).

凢大學國學. 每年春秋二仲之月上丁. 釋奠於先聖孔宣父(謂. 釋釋菜也. 奠奠幣也. 祀其先聖. 以示敬道. 宣父是孔子謚也. 謚法. 施而不有. 曰宣也.). 其饌酒明衣所須. 並用官物.

凢學生在學. 各以長幼爲序. 初入學. 皆行束脩之禮(謂. 束脩. 脩脯. 卽十束脯也)於其師. 各布一端(謂. 學生非一人. 故稱各. 言每人皆出一端也.). 皆有酒食. 其分束脩. 三分入博士. 二分入助教(謂. 案職員令. 博士一人. 助教二人. 然則捴計所有. 以作七分. 三分入博士. 其餘四分均入助教. 其自餘諸博士. 亦皆有束脩也.).

凢經. 周易. 尙書. 周禮. 儀禮. 々記. 毛詩. 春秋左氏傳. 各爲一經. 孝經. 論語. 學者兼習之.

凢教授正業. 周易鄭玄. 王弼注(謂. 非是一人兼習二家. 或鄭. 或王. 習其一注. 若有兼通者. 旣是爲博達也.). 尙書孔安國. 鄭玄注. 三禮. 毛詩鄭玄注. 左傳服虔. 杜預注. 孝經孔安國. 鄭玄注. 論語鄭玄. 何晏注.

凢禮記. 左傳. 各爲大經. 毛詩. 周禮. 儀禮. 各爲中經. 周易. 尙書.

各爲小經. 通二經者. 大經內通一經. 小經內通一經. 若中經. 卽併通兩經. 其通三經者. 大經. 中經. 小經. 各通一經. 通五經者. 大經並通. 孝經. 論語. 皆須兼通.

凢學生. 先讀經文. 通熟然後講義. 每旬放一日休假. 々前一日. 博士考試(謂. 考校也. 言挍試學者之道藝也.). 其試讀者. 每千言內. 試一帖三言(謂. 三言者. 三字也. 帖者. 釋見下也. 言唯千言之內. 帖覆一處之三字. 令其闇讀. 若其不滿千言者. 不復在試限. 然學者之志. 有所不假. 若懈緩不滿者. 旣重於不過帖. 又須入決罰之限也.). 講者. 每二千言內. 問大義一條. 捴試三條. 通二爲第. 通一. 及全不通. 斟量決罰(謂. 斟酌其笞捶之多少. 博士隨狀量決. 故云斟量決罰也.). 每年終(謂. 考期以七月爲年終. 此稱年終. 亦與考同. 何者. 爲定博士考課故也.). 大學頭助. 國司藝業優長者試之. 試者通計一年所受之業. 問大義八條(謂. 爲講者生文. 讀者卽無年終之試. 其書生試法. 可有別式也.). 得六以上爲上. 得四以上爲中. 得三以下爲下. 頻三下(謂. 三年頻下也.). 及在學九年. 不堪貢擧者. 並解退. 其從國向大學者. 年數通計. 服闋重任者. 不在計限(謂. 闋者. 終也. 言服終重任者. 居喪之年. 不在通計之限.).

凢博士助敎. 皆分經敎授學者. 每受一經. 必令終講. 所講未終. 不得改業.

凢博士助敎. 皆計當年講授多少. 以爲考課等級(謂. 定多少者. 可有別式. 卽合式爲多. 不及爲少也.).

凢學生通二經以上. 求出仕者. 聽擧送. 其應擧者. 試問大義十條(謂. 據通二經人. 若通三四經者. 准考課令. 每經可試問大義七條也.). 得八以上. 送太政官. 若國學生. 雖通二經. 猶情願學者(謂. 在學未滿九年者也.). 申送式部. 考練得第者. 進補大學生(謂. 若補大學生後. 更被擧試不第者. 卽退還本貫也.).

凢學生. 雖講說不長. 而閑於文藻(謂. 閑者. 習也. 藻者. 藻麗也.). 才堪秀才進士者. 亦聽擧送.

凡筭經. 孫子. 五曹. 九章. 海嶋. 六章. 綴術. 三開重差. 周髀. 九司. 各爲一經. 學生分經習業.

凡國郡司有解經義者. 卽令兼加教授(謂. 國博士外. 兼令教授也.). 若訓導有成. 卽宜進考(謂. 准依博士教授多少. 乃進其考也.).

凡書學生. 以寫書上中以上者聽貢(謂. 定書品第. 待式處分. 其書生. 唯以筆迹巧秀爲宗. 不以習解字樣爲業. 與唐法異也.). 其筭學生. 辨明術理. 然後爲通. 試九章三條. 海嶋. 周髀. 五曹. 九司. 孫子. 三開重差. 各一條. 試九. 全通爲甲. 通六爲乙. 若落九章者. 雖通六. 猶爲不第. 其試綴術. 六章者. 准前綴術六條. 六章三條(謂. 若以九章與綴術. 及六章與海嶋等六經. 願受試者. 亦同合聽也.). 試九. 全通爲甲. 通六爲乙. 若落經者(謂. 六章惣不通者.). 雖通六. 猶爲不第. 其得第者叙法. 一准明法之例.

凡學生請假(謂. 緣身及父母患. 臨時請假之類. 其休假及田衣等假. 不在此限.)者. 大學生經頭. 國學生經所部國司. 各陳牒量給(謂. 學生陳牒. 所司量給也.).

凡學生. 自非行禮之處(謂. 釋奠及束修之類.). 皆不得輙使.

凡學生在學. 不得作樂(謂. 不必五音雜比也.). 及雜戲. 唯彈琴習射不禁. 其不率師教(謂. 率循也. 不受正業. 好爲雜戲也.). 及一年之內. 違假滿百日者(謂. 惣數前後之違假. 一年之內. 旣滿百日者. 已不除休暇之日. 其稱年者. 自違假日始計也.). 並解退.

凡學生. 年廿五以下. 遭喪服闋. 求還入學者聽之(謂. 在學. 未滿九年者也.).

凡大學國學生. 每年五月放田假. 九月放授衣假(謂. 九月霜始降. 婦功成. 可以授冬衣.). 其路遠者. 仍斟量給往還程.

凡學生被解退者. 皆條其合解之狀. 申式部. 下本貫. 其五位以上子孫者. 皆限年廿一. 申送太政官. 准蔭配色(謂. 不論業成不. 皆當申送也.).

凡學生. 公私有禮事處. 令觀儀式(謂. 元日及公卿大夫喪葬之類也.).

영의해 권제4

令義解 卷第四

An Annotated Translation of "Ryonogige"

選敍令 第十二

선서령[1] 제12

(생각건대, 선選은 선택選擇이니 재주를 가려서 관직[官][2]을 주는 것을 말한다. 서敍는 고서考敍이니 고과평정을 헤아려 위位를 주는 것을 말한다.) 무릇 38조이다.

1. 무릇 서위[敍][3]해야 하는 경우는(생각건대, 6위 이하이다.[4]) **본사本司에서는 8월 30일 이전에 교정校定하고**(생각건대, 고과평정[考]을 헤아려 계階를 정하는 것이다.[5] 곧 장관이 직접 조사하는데, 고과평정의 경우와 동일하다. 만약, 두 개의 관직 이상을 겸임하는 자는 한쪽의 높은 관직에 따라 그 선문選文을 보내고,

1_「大寶令」에서는 選任令으로 되어 있었던 것으로 보인다. 그러나 任은 관직을 補任한다는 뜻이 강하므로, 관위의 수여를 나타내는 敍로 바꾼 것으로 보고 있다. 당령의「選擧令」에 해당한다.

2_ 일본 고대에는 관직을 수여하는 것보다 관위를 수여하는 것이 더 중요한 사항이었다. 따라서 官이 관직을 의미하는지 관위를 의미하는지를 면밀히 따져볼 필요가 있다.

3_ 大寶令부터 延喜式에 이르는 考敍方式은 기본적으로 일정한 기간의 고과평정을 종합하여 관위의 승진을 결정하는 방식이었다. 매 해의 근무성적의 평가(考)를 종합하여 수여할 관위를 결정한다(選). 이렇게 매 해의 근무성적 평가가 정해진 수를 채우는 것을 成選, 혹은 足選이라고 한다. 수여할 관위를 결정하는 것 자체는 結階라고 한다.

4_ 5위 이상은 천황의 명령으로 서위[勅授]되므로, 서위해야 할 위계를 해당 관사에서 정할 수 없다. 곧 고과평정에 따른 관위승진은 6위 이하에게만 적용되고, 5위 이상에 대해서는 令에 구체적인 규정이 없다. 따라서 5위 이상의 관위승진은 淨御原令 考仕令에서 규정한 氏姓大小의 원리와 천황의 親裁에 의해 결정되는 것으로 볼 수 있다.

5_ 원문 計考結階인데 이는 選의 구체적인 내용이다.

반드시 두 관직에 함께 보낼 필요는 없다. 그 선문을 보내는 시기 또한 고과평정과 더불어 동일하다.), **식부式部는 10월 1일에 시작해서 12월 30일에 마치며, 태정관은 정월 1일에 시작해서 2월 30일에 마친다. 모두 기한 내에 처분을 마친다. 서위해야 할 사람은 본사가 일정日程을 헤아려 신송申送하여 성省에 모은다**(생각건대, 양정量程은, 12월 1일에 다 모일 수 있도록 일정을 헤아린다는 것이다. 성에 모으는 것은, 서계敍階의 고하高下를 큰 소리로 읽어서 알리고,[6] 선選에서 억울한 일을 호소하도록 하기 위함이다. 식부와 병부에 모은다.[7]).

2. 무릇 내외內外[8] 5위[9] 이상은 칙수勅授,[10] 내8위와 외7위 이상은 주수奏

6_ 일본 고대에는 중요한 행정내용을 문서로 전달하는 것이 아니라 구두로 알리는 전통이 있었다.

7_ 문관 및 그에 준하는 자는 式部에, 무관 및 그에 준하는 자는 兵部에 모였다.

8_ 관위에는 內位와 外位가 있다. 외위는 外正五位上에서 外少初位下까지 20階이며, 外考의 官職에 종사하는 자들에게 수여되는 위계이다. 그 관직에는 郡司·軍毅, 國博士·國醫師, 帳內·資人 등이 있다. 이들 관직은 원칙적으로 지방출신자가 임명되어 지방에서 근무하는 것이다(帳內·資人 제외). 그런 의미에서 중앙호족에 대하여 지방호족 및 유력자를 대상으로 하는 것이다. 內八位가 奏授인 데 대하여, 外八位는 判授인 점, 考課 기준의 차이, 成選 年限의 차이(10·12년), 外六位에서 外八位는 그 嫡子가 位子가 될 수 없었던 점 등을 고려하면 내위에 비해서 차별당했음을 알 수 있다.

9_ 外五位는 勅授이기는 하지만, 內五位와는 여러 가지 차이점이 있었다. 神龜 5년(728) 3월 28일의 格에서 종래 동등했던 內·外五位에 대하여, 位祿·位田은 1/2, 位分資人은 1/5, 자식에 대한 蔭位도 1·2等 내리는 등 外五位의 특권을 크게 제한하였다. 동시에 지방호족에게 수여하던 外五位를 중앙씨족의 일부에게도 수여하기 시작하였다. 이후 대표적인 유력씨족이 아닌 土師·葛城 등의 중소씨족은 정6위상 → 외종5위하 → 종5위하로 승진하거나, 정6위상 → 외종5위하 → 외종5위상에서 그치게 되었다. 이는 5위 이상에 오를 수 있는 중앙씨족 사이에서도 氏姓大小의 구별을 적용한 것이라고 할 수 있다. 眞人 및 朝臣이라는 姓을 가진 씨족은 바로 종5위에 오를 수 있었고, 忌寸·連은 외5위를 거치게 되었다. 宿禰인 경우는 두 경우가 다 포함되어 있었다. 외5위는 원래 內位·外位의 구별과는 전혀 다른 의미를 가진 것이다.

10_ 5위 이상에 대해서는 천황의 명령(勅)으로 관위를 수여한다는 뜻이다. 5위 이

授,[11] **외8위 및 내외 초위**初位**는 모두 태정관**[官]**이 판수**判授**한다**[12](생각건대, 칙수와 주수, 판수는 궁인宮人[13]에게 관위를 내리는 법[授法][14]에서도 또한 같다. 그 훈위勳位 또한 상당법相當法에 따르고, 문위식文位式에 준한다. 가령 훈勳 6등 이상은 칙수로 하고, 훈 12등 이상은 주수로 하는 부류이다.).

3. 무릇 관직 임명[15]**에 있어서는 대납언**大納言 **이상, 좌우대변**左右大辨, **8성경**八省卿, **5위부독**五衛府督, **탄정윤**彈正尹, **대재수**大宰帥**는 칙임**勅任(생각건대, 황태자부皇太子傅는 관위가 7성경七省卿보다 높기 때문에 준해서 칙임으로 한다.), 나머지 관리는 주임(奏任)(생각건대, 내외 제사諸司의 주전主典 이상이다. 그 군령郡領과 군의軍毅 또한 주임으로 한다.[16]), **주정**主政, **주장**主帳 **및 가령**家令 **등은 판임**

상의 관인에 대해서도 매 해의 고과평정 결과인 考文이 태정관에 보고되며, 3위 이상은 奏裁, 5위 이상은 태정관이 量定하여 奏聞한다고 되어 있다. 이를 바탕으로 成選한 해가 되면 천황이 수여할 위계를 결정한다. 그러나 5위 이상에 대한 授位는 成選年에만 이루어지는 것이 아니라 수시로 이루어졌으며, 고과평정이나 成選도 令의 규정에 구애받지 않은 것으로 생각된다.

11_ 태정관이 관인의 結階를 천황에게 아뢰어[奏] 재가를 받은 다음 관위를 수여한다(授)는 뜻이다. 매년 식부와 병부는 內六位에서 內八位, 外六位에서 外七位 이상의 관인의 근무일수(上日)와 평정(考第)을 담은 考文을 태정관에 보고한다. 成選하는 해에 이르면 역시 식부와 병부가 정해진 기간(內長上은 4년 혹은 6년)의 考第로 結階한 내용을 태정관에 보고한다. 태정관은 이를 심사하여 천황에게 아뢴다.

12_ 태정관이 판단하여[判] 관위를 바로 수여한다는 뜻이다. 식부와 병부가 올린 外八位 및 內外初位에 대한 成選結階의 내용을 태정관이 심사하여 바로 관위를 수여한다. 태정관이 판단하여 관위를 주는 것이므로 官判授라고도 한다.

13_ 「후궁직원령」에 의거하면, 내시 이하 12女司에 근무하는 여성 관인을 말한다.

14_ 宮人 즉 女官에게 관위를 수여하는 법을 말한다.

15_ 관직 임명 방식은 관위 수여 방식과 마찬가지로 勅任, 奏任, 判任이 있고 다시 式部判補가 있다.

16_ 『令集解』의 古記와 穴記는 당시 관행으로 內舍人 才伎長上 文學 兵衛도 奏任이라고 하였다.

判任(생각건대, 군방령軍防令에 의거하여 내사인內舍人 또한 판임으로 한다. 그 문학文學과 재기장상才伎長上[17] 또한 같다.), **사인**舍人,[18] **사생**史生, **사부**使部,[19] **반부**伴部,[20] **장내**帳內, **자인**資人[21] **등은 식부가 판보**判補**한다.**[22]

4. 무릇 고과평정[選]**을 해야 할 경우는 모두 상적**狀迹**을 심사한다**(생각건대, 고과평정 중 공과功過를 상狀이라 하고, 행실의 선악善惡을 적迹이라 한다.[23]). **평가**[銓擬][24]**하는 날에는 먼저 덕행**德行**을 보고**[25](생각건대, 이것은 주임奏任을 위해 규정을 만든 것이다. 무릇 인물을 전형할 때에는 반드시 고부考簿에 의거한다.

17_ 才伎는 특수한 기술을 가진 사람과 雜藝를 잘 하는 사람을 말한다. 長上(官)은 휴일을 제외하고 매일 출근하는 관인을 말한다. 이런 사람들도 해당 관사에 정식 관인으로 채용되어 考選의 대상이 될 수 있었다.

18_ 율령제 하에서 황족 및 귀족을 섬기며, 호송 잡무에 종사하는 하급관인을 말한다. 舍人은 다시 內舍人·大舍人·東宮舍人·中宮舍人으로 나뉜다. 율령제정 이전에는 지방호족이 采女와 함께 舍人을 중앙에 바쳤으며, 이들은 천황 및 귀족의 호위와 잡역을 담당하였다. 673년에 天武天皇이 관직에 나아가려는 자는 먼저 大舍人으로 근무하면서 천황에 대한 충절을 익힌 다음 그 재능을 시험하여 다른 관사에 나아갈 수 있도록 규정하였다. 養老令에서는 5위 이상의 자손을 내사인(정원 90인), 좌우대사인(각 800인), 동궁사인(600인), 중궁사인(400인)으로 삼도록 하였다. 내6위 이하 8위 이상의 적자인 경우에도 자질이 우수한 자는 대사인이 될 수 있었다. 사인은 관인이 되는 중요한 경로였으며, 관인으로 충원하는 가장 중요한 공급원이었다.

19_ 내위 6위 이하, 8위 이상의 적자 중에서 신체조건이 열약하고 글이나 계산을 할 줄 모르면 下等으로 삼고 使部로 삼도록 하였다. 문무내관의 제관사에 총 404인이 소속되어 잡역을 담당하였다.

20_ 각 관사에 소속되어 品部와 雜戶를 관리하는 관인을 말한다.

21_ 帳內와 資人은 원칙적으로 내6위 이하의 아들 및 서인에서 채용되었다. 이들도 考第를 통해서 敍位의 대상이 될 수 있었고, 식부성의 判補에 의하여 관직에 임명될 수 있었다.

22_ 國博士와 醫博士도 判補의 대상이었다.

23_ 매년 쌓은 考의 성적과 行狀을 말한다.

24_ 選考와 같은 뜻이다.

25_ 이 규정은 唐令과 같지만, 일본은 혈연적인 원리를 중시하므로 이 규정의 德行은 단순한 덕행이라기보다는 氏姓의 尊卑를 전제로 한 개념으로 생각된다.

곧 식부가 그 덕행과 재용이 뽑아 쓰기에 알맞은 사람을 분류하여, 태정관에 보고한다. 관은 재차 평가[銓擬]한 다음 천황께 아뢴다. 판인은 식부가 평가[銓擬]하여 태정관에 보고하면 즉시 보임한다.), **덕행이 같으면 재용이 높은 자를 취하며, 재용이 같으면 근무연한[勞效][26]이 많은 자를 취한다.**

5. 무릇 두 개의 관직 이상에 임용된 경우는[27] 하나를 정관[正]으로 삼고(생각건대, 관과 위가 서로 맞는 것을 정관으로 삼는다. 만약 모두 맞지 않을 때는 높은 것을 정관으로 삼는다.), **나머지는 모두 겸관[兼]으로 한다.**

6. 무릇 내외 문무관에 임용되었는데(생각건대, 그 군사郡司와 군의軍毅는 비록 외위外位의 문무관이지만, 이미 관위 상당직이 아니기 때문에, 이 조항과 관계없다.[28]), **본위本位에 고하高下가 있을 경우, 만약 직사職事가 낮을 때에는 행行, 직사가 높을 때에는 수守라고 한다**(생각건대, 만약 무위無位인 사람이 장상관長上官에 임명되었을 경우에도 수守라고 표시해야 한다.[29]).

26_ 근무한 연수를 말한다.

27_ 관인의 수가 부족할 때 兼官을 하기도 하고, 여러 관직을 겸임함으로써 권한을 집중시키기 위한 경우도 있다.

28_ 京官 및 外官인 國司의 경우에는 官職에 대응되는 官位가 정해져 있다. 이를 官位相當制라고 한다. 그러나 郡司와 軍毅 등은 정해진 官位가 없기 때문에 行守法을 적용하지 않는다는 뜻이다.

29_ 원래 無位는 官司에서 근무하거나 官職을 가지고 있는데도 位階가 없는 사람을 말한다. 이는 관직과 무관한 白丁과는 구별되는 개념으로 관직에 상당하는 雜任 등에 종사하는 사람들을 말한다. 이들도 考選을 거쳐 敍位될 수 있는 가능성이 있었다. 이들이 광의의 관인에 포함된다는 사실은 이 조항을 비롯하여, 「의복령」에서 無位의 制服으로 검은 색의 무늬 없는 비단으로 만든 두건[皂縵頭巾], 황색 도포[黃袍], 검은 색 허리띠[烏油腰帶], 흰 버선[白襪], 가죽신[皮履]으로 정하고 이를 조정의 公事에 착용하도록 하였고, 「雜令」에서는 文武官의 의무로 정월 보름에 땔감 1짐을 바치도록 규정하고 있는 점을 통해서 알 수 있다.

7. 무릇 같은 관사[司]**의 주전**主典 **이상에 3등 이상의 친족**[親]**은 임용할 수 없다**(생각건대, 3등 이상의 친족이 아니라면, 가령 상은相隱[30]에 해당하더라도 또한 마땅히 임용한다.).

8. 무릇 관官**에 있을 때 사망하거나**(생각건대, 주전主典 이상이다. 잡임雜任 또한 여기에 준한다.) **해면**解免[31]**되었을 경우**(생각건대, 여기에서 해면은 또한 해거解去라고도 한다. 즉 상해喪解, 병해病解 등의 부류이다. 모두 통틀어서 해면이라고 한다. 그중 죄를 범해 해면된 자는 죄를 결단하여 보고[言上]하고 부보符報를 기다렸다가 해관하기에 마땅하면 다시 보고하지 않는다. 무릇 해관은 혹은 한 가지 일이 되고 혹은 두 가지 일이 되며, 일에 따라서 뜻을 이루므로 반드시 하나의 예로 말할 수 없다.[32]) **모두 즉시 보고한다. 그 국사**國司 **중에, 대국**大國[33]**과 상국**上國[34]**의 개**介 **이상, 중국**中國[35]**의 연**掾 **이상이 모두 없거나, 하국**下國[36]**의 수**

30_ 죄를 저질렀을 때 이를 감춰주더라도 처벌받지 않은 친족 관계를 말한다. 「당률소의」 名例律 46조 同居相爲隱條에서는 동거하는 친족, 大功 이상의 친족 및 외조부모·외손, 또는 孫婦, 남편의 형제 및 형제의 아내에게 죄가 있으나 서로를 위해 숨겨준 것은 논죄하지 않는다고 하였다. 그러나 일본의 경우는 친족제도 자체가 달라서 服制를 기본으로 하지 않고 等親制를 제정하였기 때문에 어떤 범위인지 분명하지 않으나, 동거하는 친족이더라도 3등 이상의 친족이 아니면 같은 관사에 임용할 수 있다는 뜻으로 생각된다.

31_ 관직에서 해임 또는 면직되는 경우는 크게 정당한 사유가 있어서 해임되는 경우와 죄를 저질러 면직되는 경우가 있다. 관직을 그만두는 정당한 사유는 致仕 考滿 廢官 省員 充侍 遭喪 患解가 있고, 죄를 저질러 면직되는 경우는 官當, 免所居官, 免官, 除名으로 나뉜다.

32_ 정당한 사유로 관직을 그만두는 경우는 官位가 유지되며, 범죄로 처벌되는 경우는 관위도 일정기간 박탈되는 등 여러 가지 상황이 생길 수 있음을 말한다.

33_ 大國은 중앙관사 중 大寮와 동격이다. 大國의 國司에는 守·介·大掾·少掾·大目·少目·史生(3인)이 있다. 그 중 장관과 차관이 모두 결원이 된 경우에 태정관에 보고하도록 한 것이다. 국의 등급은 부록 참조.

34_ 上國에는 守·介·掾·目·史生(3인)이 있다.

35_ 中國에는 守·掾·目·史生(3인)이 있다.

36_ 下國에는 守·目·史生(3인)이 있다.

守**가 없을 경우에는 모두 치역**馳驛**으로 태정관에 보고한다.** 만약 대재수大宰帥 및 삼관국三關國,[37] 일기壹岐와 대마對馬의 수守인 경우 비록 홀로 결원이라도 치역의 예에 따른다.[38] 그 답을 기다릴 때까지 대재大宰가 판사判事[39] 이상의 관인을 파견하여 임시로 업무를 담당하게 한다[權攝][40](생각건대, 판사 이상은 감전監典[41]이다. 그 권섭權攝·연서連署하는 방법은 반드시 비사比司에 준하여 처리한다.). **임명이 끝나면 치역으로 파견한다.**[42]

9. 무릇 초위初位 **이상**(생각건대, 1품品 이하이다.), **장상관**長上官[43]**의 천대**遷代[44]**는**(생각건대, 비관卑官으로부터 고관高官으로 옮기는 것이다. 6위 이하로서 고

37_ 畿內에서 東國 지역으로 빠져나가는 관문이 있는 國을 말한다. 伊勢·美濃·越前國이다. 그 특수성은 「軍防令」 48·54조, 「公式令」 43·52조 참조.

38_ 壹岐와 對馬는 한반도와 마주하고 있어 防人을 두어 경계하였다. 국방상의 중요성 때문에 國守가 결원이 되면 중앙에서 새로운 국수를 파견할 때까지 大宰府에서 判事 이상의 관인을 보내 임시로 국수의 역할을 맡도록 하였다.

39_ 大宰府에서 소송 및 재판을 맡은 관인을 말한다. 大判事(종6위하)와 少判事(정7위상)가 있다.

40_ 대재부에서 관인을 파견하여 권섭하게 한다는 내용은 壹岐와 對馬에만 해당되는 것이다.

41_ 大宰府의 官人인 大監(2인)·少監(2인)·大典(2인)·少典(2인)을 말한다. 대재부의 4등관제 중 判官과 主典에 해당한다. 判事 이상이라고 한 것은 判事·監과 典이 壹岐와 對馬의 國守 대신 權攝할 수 있다는 뜻이다.

42_ 국사가 새롭게 임명되면 국사의 결원을 보고할 때와 마찬가지로 馳驛하여 임지에 파견한다는 뜻이다.

43_ 원칙적으로 매일 출근하는 관인을 말한다. 職事官이라고도 한다. 주로 순번제로 근무하는 番上官 혹은 分番官에 대응되는 용어이다. 구체적으로는 「職員令」에 상당 관위가 정해져 있는 관직에 근무하는 관인, 別勅長上(천황의 특별한 명령으로 임명되는 長上官. 주로 전문기술을 가진 관인이다)과 才伎長上(기예 등을 보유하고 있는 長上官), 관직이 없는 散位 중 5위 이상 관인을 長上官이라고 한다.

44_ 원래는 관직을 옮겨가는 것을 말한다. 그러나 이 규정에서 遷代에서는 관위의 승진·강등을 다루고 있어서, 관위의 변동에 따른 관직의 이동을 함의하는 것으로 볼 수 있다. 특히 國司의 경우 관위 승진에 필요한 근무기간인 選限과

考가 차서 천遷으로 나아가는 자[考滿進遷之人]에게 적용하고[45], 그 5위 이상인 경우는, 천대하지 않더라도 역시 6년의 고과[考]로 기한을 삼고, 다시 처음부터 계산한다.), **모두 6년의 고과[六考]로 기한을 삼는다.**[46] **6고六考가 중중中中**[47]**이면 1계階를 올려서 서위叙位하고, 3고三考가 중상中上 및 2고二考가 상하上下와 아울러 1고一考가 상중上中이면 각각 1계階를 올려서 서위[叙]한다**(생각건대, 가령 6고六考 이내의 3고三考가 중상中上, 2고二考가 상하上下, 1고一考가 상중上中이라면, 4계階로 서위하는 것이 합당하고, 만약 6고六考가 상상上上이라면 13계階 올리는 것이 합당하다. 그 1계는, 중중中中의 기본이 되는 위계[初基之階]이다.[48]). 1고(一考)가 상상(上上)이면 2계(階)를 올려서 서위(叙位)한다. 그 4계(階)를 더하여 올리거나(생각건대, 가령 6년의 고과 내에서 3고三考가 중중中中이고 3고三考가 상중上中,[49] 혹은 6고六考가 상하上下의 부류이다.[50] 그 초위의 관직은 4계를 올려야

임기를 일치시키고자 하였다.

45_ 1년의 근무성적을 평가하는 것을 考라고 하고, 관위와 근무형태에 따라 다르게 규정된 일정연한(選限)을 채우면(成選) 그 기간의 考를 종합하여 평가하는 것을 選이라고 한다. 考選에 의거하여 승진 혹은 강등되는 관위를 결정하는 것을 結階라고 한다.

46_ 內位 長上官인 경우에 大寶令에서는 6년의 고과를 選限으로 하였다. 그러나 選限은 慶雲 3년에 2년을 단축하였고, 天平勝寶 9년에 養老令이 시행되면서 영의 규정으로 회복되었다가, 天平寶字 8년에 다시 慶雲格制에 따르는 등 변화를 겪었다.

47_ 長上官의 考課는 上上에서 下下까지 9등으로 평가된다. 令制에 따르면 5위 이하의 官人은 6년의 고과 즉 6考가 모두 中中이면 1階를 승진할 수 있었다.

48_ 6년의 고과가 모두 上上일 경우 上上 1考에 2階를 올리게 되므로 12계가 되는데, 13계를 올려야 한다고 한 것은 고과가 모두 中中 이상일 경우에는 中中 6考로 1계가 올라가기 때문이다. 그 1고를 初基之階라고 한 것이다. 만약 上考와 下考가 섞여 있어 准折하게 되는 경우에는 당연히 그 초기지계를 얻을 수 없다.

49_ 中中 3考와 上中 3考는 上中 1考가 1階이므로 3階가 되고, 中中 이상인 6考의 初基之階로 1계를 얻어서 4계가 되는 것이다.

50_ 上下 2考가 1계가 되므로 上下 6考로 3階를 얻고, 中中 이상인 6考의 初基之階로 1考를 얻어 4階가 되는 것이다.

하고, 역시 천황에게 아뢴다. 단 그 위기位記는 판수식判授式에 따르는 것이 합당하다.), **고考를 헤아려 5위位 이상에 이른 경우는**(생각건대, 그 5위 이상인 경우는, 결계結階[51]의 법이 없다. 즉 6위에서 얻은 고제考第로 계산해서 5위 이상에 이르는 경우가 이것이다. 가령, 종6위상의 관인의 고考를 헤아려 3계階 올리는 것이 마땅하여, 곧 종5위하에 이르는 부류이다.[52]), **천황에게 아뢰어 따로 서위叙位한다. 그 고考를 채우지 못하고 정당한 이유[理][53]로 해임된 경우**(생각건대, 가령 3고三考가 지나 중상中上을 얻고, 그 사람이 정당한 이유[理]로 관직에서 물러났다면, 3고三考에 의거하여 1계階를 서위[叙]할 수 없다. 반드시 후임後任의 고考와 합산하여 6고六考가 차기를 기다려 비로소 서위하는 부류다. 그 정당한 이유로 해임된 경우로는 모두 7색色이 있는데, 치사致仕·고만考滿·폐관廢官[54]·생원省員[55]·충시充侍[56]·조상遭喪·환해患解가 그것이다.), **고考가 중하中下 이하에 있는 경우는, 올리는 범위에 있지 않다**(생각건대, 가령 5고五考가 중중中中, 1고一考가 중하中下라면, 올리는 예에 있지 않다. 즉 그 6고六考를 모두 버리고[除棄], 통계通計하는 범위에 있지 않다.[57]). **만약 상고上考와 하고下考가 있는 경우, 준절准折[58]하고도 아직 상고上考가 있으면, 각각 규정에 의거하여 계階를 더하는 것을 허락한다**(생각건대, 가령 2고二考가 중하中下이고, 2고二考가 중상中上이고, 2고二考가 상하上下라면, 두 중상中上과 두 중하中下를 상절相折하면 곧 네 중중中中의 고考를 얻게 된다. 그러고도 여전히 나머지가 상하上下 2고二考가 있으므로, 앞

51_ 結階는 고과평정의 결과 올리거나 내릴 위계를 결정하는 것을 말한다.
52_ 5위 이상은 귀족 신분에 해당하여 천황의 명령으로 임명되어야 하므로(勅授), 천황에게 아뢰고 따로 서위토록 하는 것이다.
53_ 주 31 및 아래 문장 참조.
54_ 官司가 없어지는 것을 말한다.
55_ 官司의 官員이 감원되는 것을 말한다.
56_ 나이가 많은 친족을 위해 侍丁으로 충원되는 것을 말한다.
57_ 일단 選限이 되어 고과평정을 거치게 되면 비록 中中 이상의 考가 있더라도 다음 시기의 고과평정에 쓸 수 없음을 규정한 것이다.
58_ 准折은 상쇄한다는 뜻이다.

의 규정에 의거하여 2계階를 더해야 하는 부류이다.[59]). **즉 고考가 차지 않았는데, 현임으로부터 옮겨 내외관內外官이 된 경우는, 모두 이전의 수고로움**[前勞]**를 통계通計하는 것을 허락한다. 그 6고六考 이외의 나머지 고考는 통계하여 후임의 고考에 충당한다**(생각건대, 여고餘考가 생기는 것은, 종류가 한 가지가 아니다. 가령, 분번관[分番]으로서 7고七考를 거쳐 장상관[長上]에 들었다면, 7고七考를 한도로 하며, 곧 분번分番의 1고一考가 여고餘考가 되는 것이다. 또 장상관이 5고五考를 얻고 나서, 번蕃의 사신으로 2년 이상 가거나, 혹 고考가 하제下第에 해당하나 진상[狀]을 다 밝히지 못함이 있으면, 선악善惡은 후년을 기다려 모두 정하는 부류이다.).

10. 무릇 고考를 헤아려 올려야 하는 경우(생각건대, 준절准折한 후에 올려야 함을 아는 것이다.), **상고上考와 하고下考가 아울러 있다면, 모두 준절准折할 수 있다. 중하中下 하나는 중상中上 하나로 없앨 수 있다**(생각건대, 중상中上 하나로 중하中下 하나를 없애면, 중중고中中考 둘을 얻는다.). **중하中下 둘 혹은 하상下上 하나를 상하上下로 없앨 수 있다**(생각건대, 상하上下 하나로 중하中下 둘을 없애면, 중중고中中考 셋을 얻는 것이다. 또 상하上下 하나로 하상下上 하나를 없애면, 중중고中中考 둘을 얻는 것이다. 만약 3고가 상하上下이고 3고가 중하中下라면, 상하上下 셋은 중상中上 셋으로, 중하中下 셋은 중중中中 셋이 된다. 즉 2급二級을 결계結階하는 것이다.). **하상下上은, 사죄私罪[60]가 아닌 자를 말한다. 상중上中 이상은 하고下考가 있더라도, 곧 상제上第에 따른다**(생각건대, 준절의 법을 적용하지 않고, 곧 상중上中 이상의 고考에 따라 서위[敍]하는 것이다. 가령, 1고가 상중上中이고, 5고가 하중下中이라면, 1고 상중上中을 따라서, 1계階를 올려

59_ 考 중에 中下 이하의 考가 1考라도 있으면, 6고 中中에 의한 初基之階 1계를 받을 수 없다.

60_ 官人이 범한 죄 중에서 公務와 관계가 없거나, 관계가 있더라도 천황의 하문에 대하여 거짓으로 대응한 경우나 청탁을 받아서 법을 어긴 경우를 말한다.

서 서위하는 것이다. 그 하중下中 5고는, 곧 모두 없애므로[除棄], 중중中中의 기고基考는 없다.[61] 그러므로 2계階를 서위하지 않는 것이다.). **하고下考는, 해관解官에 이르지 않은 자를 말한다**[62](생각건대, 중하中下, 하상下上 및 공죄公罪의 하중下中이다.). **공죄公罪의 하중下中과 사죄私罪의 하상下上은, 상하上下가 있더라도 곧 하고下考에 따른다**(생각건대, 가령 1고가 하중下中이고 5고가 상하上下라면, 즉 하중下中 1고에 따르고, 상하上下의 고과를 없애는 부류이다. 묻기를, 내외장상內外長上과 분번分番 사이를 출입한 경우는 고한考限 이미 등급等級이 있는데, 상일上日을 어떻게 통계해야 하는지 알지 못하겠습니다. 답하기를, 내외장상內外長上은 모두 240일로 고考를 삼고, 내외분번內外分番은 모두 140일로 고考를 삼는다. 이런 까닭에 아래 조항에서, 분번分番 3일로 장상長上 2일을 충당하도록 한 것이다. 단 장내帳內와 자인資人은 200일로 고考를 삼는다. 만약 장상長上과 더불어 통계하면, 또한 분번分番의 예와 같다. 그 분번과 장내・자인을 출입한 경우는, 분번分番 1백39일과 자인資人은 1일, 자인資人 1백9일과 분번分番 1일은, 각각 통계하여 1백40일로 한다. 그러므로 곧 분번分番의 고考를 얻을 수 있다. 다만 자인資人으로 근무한 날이 1백40일이지만 분번分番으로 근무한 날은 없다면, 고考를 얻을 수 없다.[63] 또 묻기를, 장상長上과 분번分番의 고과가 각각 상하고上下考가 있다면, 준절准折의 방법은 무엇에 의거합니까? 답하기를, 가령 장상長上의 중상中上과 분번分番의 하下를 준절하면, 장상長上 중중中中 하나, 분번分番 중中 하나를 얻는다. 분번分番 상上으로 장상長上 중中下를 준절한다면, 분번分番 중中 하나, 장상長上 중중中中을 얻는다. 분번分番 상上 둘로 장상長上 하상下上을 준절한다면, 분번分番 중中

61_ 下考 즉 下上, 下中, 下下의 경우는 准折의 대상이 되지 않고 고과 자체가 없는 것으로 간주하기 때문에 中中의 基考가 생기지 않는 것이다.

62_ 私罪에 의한 下中 이하, 公罪에 의한 下下에 이르면 해임한다(考課令 58조 참조). 관인이 죄를 저지른 경우에는 負・殿으로 평가한다. 私罪는 贖銅 1斤이 1負가 되고, 公罪는 贖銅 2斤이 1負가 되고 10負가 1殿이 된다. 1殿은 고과를 1등 내린다(考課令 57 참조).

63_ 帳內・資人의 1년간 최저 근무일수는 200일이므로, 帳內・資人으로 140일 근무한 것으로는 고과평정의 대상이 될 수 없는 것이다.

둘, 장상長上 중중中中 하나를 얻는다. 장상長上 상하上下로 분번分番 하下 둘을 준절한다면, 장상長上 중중中中 하나, 분번分番 중中 둘을 얻는 부류다.).

11. 무릇 산위散位[64]는 만약에 현관見官에 결원이 없거나 비록 비어 있다 하더라도 재직才職[65]이 적당하지 않은 경우에, 6위 이하는 분번分番으로 근무하도록 한다(생각건대, 규정에서 6위 이하라고 하였으므로, 곧 5위 이상은 집장執掌이 없더라도 장상長上으로 근무하게 함을 알 수 있다. 이때는 '공평하게 근무하여 태만하지 않고 맡은 일에 빠짐이 없는가'를 따지는 평가기준[最][66]이 적용된다.). **결원이 생길 때마다 각각 본위本位에 의거하여 재능을 헤아려서 임용한다.** 그 분번 2고考 이상을 거쳐서 장상에 들면, 모두 7고考를 기한으로 삼는다.(생각건대, 고선考選의 기한은 모두 4과科가 있는데, 내장상內長上은 6고이고, 내분번內分番은 8고, 외장상外長上은 10고, 외산위外散位는 12고이다. 가령 내분번이 1고를 거쳐서 내장상에 들면 6고의 예例와 같고, 2고 이상을 거치면 7고로 기한을 삼는다. 외산위가 2고를 거쳐서 외장상에 들면 10고의 예와 같고, 3고 이상을 거치면 11고로 기한을 삼는다. 외장상이 1고를 거쳐서 내분번에 들면 8고의 예와 같고, 2고 이상을 거치면 9고로 기한을 삼는다. 외장상이 1고를 거쳐서 내장상에 들면 6고의 예와 같고, 2고 이상을 거치면 7고로 기한을 삼는다. 외산위가 2

64_ 관위는 있으나 관직이 없는 관인을 말한다. 蔭位制의 적용 범위가 넓은 일본 고대의 경우, 蔭子와 位子가 많았기 때문에, 모든 관인에게 관직을 줄 수 없었다 그 밖에도 관사 및 관직의 폐지로 職掌이 없어진 경우, 관위 승진 이후 새로운 관직이 주어질 때까지 대기하는 경우, 질병이나 喪禮 때문에 관직을 사임한 경우 등 여러 경로로 散位者들이 발생하였다. 이들 중 5위 이상의 경우는 散位寮에서 長上으로 6위 이하는 分番으로 근무하면서 考를 쌓을 수 있었다.

65_ 원문은 才職으로 되어 있으나 才識으로 되어 있는 사본도 있다. 才職은 직책에 걸맞는 능력, 才識 즉 재주와 식견으로 해석할 수 있다.

66_ 考課令에는 "公勤不怠, 職掌無闕 爲諸官之最."라고 하여 특별한 평정기준이 없는 관직의 경우에는 앞의 조항을 적용하도록 되어 있다.

고를 거쳐서 내분번에 들면 8고의 예와 같고, 3고 이상을 거치면 9고로 기한을 삼는다. 대표적인 예를 들었으므로 나머지는 유추해서 알아야 할 것이다. 조문에 이르기를, 2고 이상을 거쳐서 장상에 든 경우라고 하였으므로, 곧, 나가는 경우도 또한 같음을 알 수 있다. 가령, 장상이 5고를 거쳐서 분번으로 나가는 것은 6고의 예와 같다. 4고 이하를 거치면 7고로 기한하는 종류이다. 그 분번이 1고를 거쳐서 장상에 들어간 경우에 분번 상上 하나와 장상 중상中上 다섯이면, 3계階를 서임한다. 분번의 중中 하나와 장상의 중상中上 다섯은 2계를 서임하고, 분번의 중 하나와 장상의 중중中中 다섯은 1계를 서임한다. 만약에 2고 이상을 거쳐서 장상에 들면 분번의 상上 여섯과 장상의 중상中上 하나는 3계를 서임하고, 분번의 상과 중 각 하나, 장상의 중상 다섯은 2계를 서임하고, 분번의 중 넷과 상 둘, 장상의 중상 하나는 1계를 서임하고, 분번의 중 넷과 장상의 중상 넷은 2계를 서임한다.) 만약 1고를 거친 경우는 6고의 예와 같이 하는 것을 허락한다. **그 8고를 거친 경우는 8고가 중中이면 1계를 올려서 서임하고, 4고가 상이고 4고가 중이면 2계를 올려서 서임하고, 8고가 상이면 3계를 올려서 서임한다.** 고考가 8고를 채우지 못하더라도 외국에 사신으로 가서 4년을 채우게 되면 또한 이와 같다.[67] **즉, 상고上考와 하고下考가 있으면, 전례前例에 의거한다.[68] 그 별칙別勅[69] 및 기술伎術[70]로 제사諸司의 장상長上으로 근무하는 경우는 고한考限[71]과 서법敍法이 모두 직사職事[72]와 같다.**

67_ 番上官(分番官)이 외국에 사신으로 파견된 경우는 4년으로 成選한다. 『令集解』에 인용된 古記에서는 사신으로 1周(만 1年)는 2考로 계산한다고 하였다.

68_ 앞의 조항(선서령 10조)의 상하 준절법에 따르는 것이다.

69_ 別勅才伎長上을 말한다. 養老令이 시행되면서 기술을 가진 장인들을 천황의 특별한 명령(別勅)으로 長上官에 임명한 것이다.

70_ 그림, 직조, 염색, 신발, 가죽, 목공 등 특수한 기술을 가지고 관사에 근무하는 관인들을 말하며, 才伎長上이라고도 한다.

71_ 考限은 選限을 말하며, 成選에 필요한 연한을 말한다. 別勅長上 및 才伎長上의 考限은 令에 의하면 6년이다.

72_ 長上官을 말한다.

12. 무릇 고考가 차서 서위해야 할 사람이 고행高行과 이재異才가 있거나 혹은 특히 치체治體를 이른 경우에는(생각건대, 고행高行은 사람이 본보기로 하는 바를 모두 고행으로 간주한다. 이재異才는 재능과 기예가 뛰어나서 보통 사람의 범주와 다른 것이다. 치체治體는 치국治國의 대체大體로 4가지가 있는데, 첫째가 인의仁義이고, 둘째는 예제禮制, 셋째는 법령法令, 넷째는 형벌刑罰과 같은 것이다.), **모두 순서를 두지 않고 뽑는 것을 허락한다.**[73] **일반적인 규정**[常條]**으로 제한할 필요가 없다.**

13. 무릇 군사郡司는 성식청렴性識淸廉하며, 시무時務를 감당할 자를 취取하여 대령大領·소령少領으로 삼는다. 강건총민强健聰敏[74]**하고 글쓰고 계산하는 데**書計 **능한 자를 주정主政·주장主帳으로 삼는다. 그 대령은 외종8위상, 소령은 외종8위하에 서임한다. 그 대령·소령의 재용才用이 같으면 먼저 국조國造**[75]**를 취取한다**(생각건대, 현재 국조인 자를 취한다는 것은 곧 신기령神祇令에서 말하는 국조는 말 1필을 낸다고 한 바로 그것이다.[76]).

14. 무릇 사인舍人,[77] **사생史生, 병위兵衛,**[78] **반부伴部,**[79] **사부使部**[80] **및 장내帳**

73_ 考第에 의거하지 않고 특별히 높은 관위에 서위하는 것이다(令釋).

74_ 强建明敏이라고도 한다.

75_ 원래 國造는 지방의 수장들에 부여된 호칭이었으나, 율령제가 시행된 이후에는 주로 神事와 관련된 지방호족만을 뜻하게 되었다,

76 「신기령」 19조 참조.

77_ 內舍人·大舍人·中宮舍人·東宮舍人이 있지만, 內舍人은 長上官이므로 대상에서 제외된다.

78_ 6~8위 이상의 관인의 嫡子로서 21세 이상인 자와 지방 군사의 子弟로서 弓馬에 뛰어난 자를 선발하여, 천황 및 그 일족을 근시·보호하는 역할을 하였다. 左右兵衛府에 각각 400명씩 소속되어 있었다.

79_ 특정 관사에 소속된 하급 기술자를 말한다. 大化改新 이전에 품부를 이끌고 조정에 봉사하였던 伴造의 계보를 잇는 자가 많다.

80_ 6~8위의 관인의 적자 중 특별한 재능이 없는 자로 충원하였다. 각 관사에 소

內,[81] 자인資人으로 서임하는 경우는 모두 8고를 기한으로 한다. 8고가 중이면 1계를 올리고, 4고가 중, 4고가 상이면 2계를 올리고, 8고가 상이면 3계 올려서 서임한다.[82]

15. 무릇 군사郡司, 군단軍團[83]으로 서임하는 경우는 모두 10고를 기한으로 한다.[84] 10고가 중이면 1계를 올리고, 5고가 상이고 5고가 중이면 2계를 올리고, 10고가 상이면 3계를 올려서 서임한다. 상고上考와 하고下考가 섞여 있으면 준절准折하는 방법은 모두 8고의 예와 같다. 그 외산위外散位[85]인 자는 분번으로 근무한다. 모두 12고를 기한으로 한다. 12고가 중이면 1계를 올리고, 6고가 상 6고가 중이면 2계를 올리고, 12고가 상이면 3계를 올려서 서임한다. 상절相折하는 것이 군사郡司와 같다. 그 분번의 2고와 장상의 8고는 또한 10고의 예와 같다. 만약에 3고 이상을 거쳤다면 모두 11고를 기한으로 한다.

16. 무릇, 장내·자인 등의 재주가 문무文武 공인貢人[86]을 감당할 수 있다면 (생각건대, 무인 공거의 시험 조항[試條] 및 서법敍法은 영의 조문에 실려 있지 않

속되어 잡무를 처리하는 하급관인이었다.

81_ 帳內와 資人은 外考의 대상이지만 內分番으로 취급된다(「군방령」 48조).

82_ 長上官에 대하여 內分番의 選限과 結階法에 관한 규정이다.

83_ 軍團의 大毅·少毅 이상을 말한다. 主帳 이하는 考의 대상이 아니다.

84_ 外長上과 外分番의 選限과 結階法에 관한 규정이다.

85_ 外位를 가진 관인으로서 分番으로 근무하는 경우는 外分番이 적당한 용어이지만, 외분번이라고 할 수 있는 帳內·資人이 현실적으로 내분번의 적용을 받으므로, 外散位라는 용어를 사용한 것으로 보인다. 外位를 가지고 지방 관아에 근무한 적이 있는 사람들을 지칭하는 것으로 생각된다.

86_ 공인의 貢送과 식부의 과시에 대해서는 「고과령」 75조에 규정되어 있다. 장내 자인으로서 본주의 추천을 받으면, 대학의 거인 및 공인(書·算學生 등)과 제국의 공인과 함께 과시를 치르며, 得第를 하게 되면, 式部에서 留省하게 된다.

으므로, 식의 처분을 기다린다.[87]) **또한 공거貢擧[88]를 허락하고, 급제하였다면 내위內位로 서위한다**(생각건대, 만약 본위가 이미 높다면 고쳐서 내위로 삼는다.[89] 곧 받은 위기位記가 많다면 그 중 가장 높은 위기를 고친다. 그가 유성留省[90]의 등급에 미쳤다면, 고가 차는 날에 내위에 서위한다.). **급제하지 못하면 각각 본주本主에게 돌려보낸다.**

17. 무릇, 장내·자인 등의 본주가 죽었다면, 1주기[朞年][91] 이후에 모두 식부로 보낸다(생각건대, 1주기의 다음 달이다. 그의 고考는 본주의 집에서 헤아린다. 만약 본주가 죄를 범하여 제면除免되었다면 그 1년 후를 기다리지 않고 바로 식부로 보낸다.). **만약 직사職事에 임용되면 고쳐서 내위에 넣는다**(생각건대, 직사에 임용되면 바로 내위에 넣는다. 만약 재기장상才伎長上에 임명된 경우도 또한 마찬가지이다. 그러므로 위의 조항에서 말하기를, '기술장상은 모두 직사와 같다'고 한 것이다. 내위가 외직사外職事에 임명되었다면, 또한 즉시 고쳐서 외위外位

87_ 문인의 경우는 「직원령」「학령」「고과령」 등에 관련 조항이 보이지만 무인에 대한 규정은 없기 때문이다.

88_ 관인이 될 자격을 갖춘 자를 추천하는 것을 말한다. 貢人은 國學에서 국학생을 중앙에 천거하는 것이고, 擧人은 대학에서 대학생을 태정관에 천거하는 것을 말한다. 貢擧라는 말은 천거한다는 뜻으로 쓰이지만, 엄밀하게는 貢은 貢人의 추천, 擧는 擧人의 추천을 말한다. 學令에서도, 경전 2종류 이상에 능통한 학생, 문장을 잘 짓는 학생을 추천하는 것은 擧送, 書學生을 추천하는 것은 貢으로 구별하여 쓰고 있다. 따라서 이 경우에도 일반적인 추천의 뜻으로 사용하였으며, 신계로는 貢人으로서 추천하는 것이다.

89_ 帳內·資人은 外位를 가지고 있으므로 內位로 바꾸어 주는 것이다.

90_ 율령관인의 考選 수속의 하나이다. 考試에 급제했지만 바로 서위되지 못한 자(秀才·明經科의 上下·中上 급제자)는 식부성에 머물러서 임시로 재적하며, 選을 기다려 서위받도록 되어 있다. 또한 和同 7년(714)의 태정관 처분에 따르면 職分資人이 本主를 잃었을 경우나 합당한 이유에 의해서 관에서 해임된 경우는 식부성에 머물러서 대기하는 것 또는 그 사람을 지칭하는 말로 쓰인다.

91_ 主人에 대한 服紀는 천황, 부모, 남편과 마찬가지로 1년이다(「喪葬令」 17조).

에 서위한다. 조문에서 말하기를, 고쳐서 내위에 넣는다고 한 것은 곧 이전의 위를 없애야 한다. 마치 면직되는 사람이 나중에 서위될 관위와 이전의 관위가 같은 계階라고 해도 곧 이전의 위를 없애는 것과 같다.). **잡색雜色[92]에 임용되었다면 고가 차는 날 내위로 서위하는 것을 허락한다. 만약 무위無位인데 6년을 채우지 못한 경우는 모두 본관으로 돌려보낸다**(생각건대, 굳이 6년이라고 하였고 6고考라고 언급하지 않은 것은, 곧 고考를 얻었든 얻지 못했든 불문하고 오직 근무연수를 헤아린 것임을 알 수 있다.). **만약 또 다시 장내·자인으로 충원한다면 또한 전로前勞[93]를 통계하는 것을 허락한다**(생각건대, 돌려보내기 전에 서로 또다시 충당하게 한 자이다. 만약 이미 돌려보냈다면 이전의 고考를 통계하는 범위에 들지 않는다.).

18. 무릇, 장상관이 합당한 이유에 따라 해임하였다면[94] 나중에 다시 임용된 날에 전로前勞[95]를 합산하여 계산하는 것을 허락한다.(생각건대 분번관[分番]도 또한 이에 준한다.) **그 고에 의해 해임되었거나[96] 죄를 지어서 해임되었다면 이 예를 적용하지 않는다. 비록 합당한 이유에 따라 해임되었다고 해도 이유 없이 사사로이 그만두어 1년이 지났다면 또한 전로를 없앤다.**

92_ 帳內·資人의 경우, 當色은 다시 장내·자인에 임용되는 것이고, 雜色은 그 밖의 伴部·使部 등에 임용되는 것이다. 두 경우 모두 職事에 대응하는 용어이다.

93_ 前勞는 관인으로 근무하여 쌓은 고과평정의 결과 중 관위의 승진에 반영되지 않은 부분을 말한다. 이 경우에는 장내·자인으로 근무한 기간의 고를 새로 획득한 고와 합산하도록 허용하는 것이다.

94_ 「선서령」 9·22조 참조.

95_ 해임 이전에 쌓은 고를 다시 관인으로 임용된 이후에 쌓은 고와 합산하도록 한 것이다.

96_ 고과평정의 결과, 私罪로 인한 下中과 公罪의 下下이면 현직에서 해임한다(「고과령」 58). 1년 뒤에 다시 관인으로 임용될 수 있다.

19. **무릇, 장내의 노勞가 차서 서위하는 대상이 되고 재주가 이무를 감당할 만하여**(생각건대, 서書·산算에 뛰어나거나 문장을 지을 줄 알아 정사에 종사할 만한 자가 바로 이것이다.[97]) **본주가 내위內位로 서위하고자 하면 허락한다.**

20. **무릇, 관인이 임지에 이르렀는데 만약 인문印文[98]이 없다면 인수인계를 받을 수 없다**(생각건대, 이는 주전主典 이상을 위하여 세운 조문이다. 그 잡임雜任도 또한 이에 준한다.).

21. **무릇, 관인의 나이가 70세 이상이면 치사致仕를 허락한다**(생각건대, 주전主典 이상이다. 잡임雜任도 또한 이에 준한다.). **5위 이상의 관인일 경우 상표上表하고**(생각건대, 군사郡司 5위도 또한 마찬가지이다.) **6위 이하는 관官에 첩牒을 보내어 아뢴다**(생각건대, 이것은 주임관[奏任]을 위하여 조문을 세운 것이다. 곧 판임관[判任] 이하는 관官·성省에서 처분한다. 외관外官일 경우는 해당 국에 첩을 보내면 국은 곧 첩牒의 내용에 의거해 관에 보고한다.).

22. **무릇, 직사관職事官이 병이 들어 120일이 지났거나**(생각건대, 휴가일까지 아울러 계산하여 120일에 이른 것이다. 곧 고일考日의 반을 취한 것이다. 당령唐令에 의거하면 100일을 기한으로 하는데, 이 또한 고일의 반을 취한 것이다. 만약 앓고 있는 병이 이미 잔질殘疾 이상이어서 다시 출사할 수 없다면 상황을 헤아려 관직에서 해임하고 120일까지 기다리지 않는다.) **부모[親]의 병환으로 인하여 휴가를 받아 200일을 채웠거나**(생각건대, 친親은 부모이다. 양부모도 또한 이간

97_ 앞의 16조에서 帳內·資人으로 貢人을 감당할 수 있는 경우 貢擧를 허락한다고 하였다. 이때도 貢人은 書·算 및 文藻에 재능이 있는 자를 말한 것으로 생각된다.

98_ 관인을 임명하는 사실을 기록하고 公印을 찍은 문서를 말한다. 國司를 임명할 때 임명사실을 기록한 태정관부(任符)를 발급하고 이를 근거로 국사의 교체가 이루어졌다.

가지이다. 그중 승중承重한 자[99]도 또한 이 범위에 따른다.) **부모의 시중을 들어야 할 경우**(생각건대, 이것은 재경관在京官에 해당한다. 그러므로 오직 부모를 들었을 뿐 조부모를 언급하지 않은 것이다. 율律[100]에서는 재외在外를 대상으로 법을 세웠으므로 조부모도 아울러 든 것이다.) **모두 관직에서 해임한다.** 시중들어야 하는 사람 중 재용才用이 뛰어나서 번번이 구사駈使에 동원되어야 하는 자는 관직에 있으면서 시중들게 한다. **모두 상황을 갖추어서 태정관에 보고하여 주문奏聞한다. 분번관分番官일 경우 본사本司가 판단하여 해임하고**(생각건대, 질병으로 120일을 보낸 경우를 말한다. 만약 부모의 병환으로 인하여 휴가를 받아 200일을 채웠거나 부모의 시중을 들어야 할 경우 등은 모두 본사本司가 판단하여 해임하고 그 후에 성省에 보고하여[移] 보임補任한다.) **모두 본속本属으로 내려 보낸다. 해임되어야 할 자는 해임을 보고한 이후에는 일을 할 수 없다. 재기才伎로써 여러 관사에 장상관으로 근무하였다가, 만약 시중들어야 하거나 상喪을 당했거나 병으로 해임되었다면, 시중드는 일을 마쳤거나 복상기간을 만료하였거나[服滿] 병이 나았을 때 돌아와서 본사本司에 근무하게 한다.**(생각건대, 본관本官에 복직한다. 만약 본임에 결원이 없을 경우 분번으로 근무한다.) **시중드는 데 충당되어야 한다면 먼저 겸정兼丁부터 채워넣는다.** 겸정兼丁이란[101] 중남中男 이상을 이른다.

23. 무릇 간질이거나, 미쳤거나, 술에 취해 주정부리는 일을 겪었거나(생각건대, '후주酗酒'라는 것은 술 때문에 흉악한 짓을 하는 것이다. '경經'이라는 것은 생각건대 옛날에 이 일이 있었고, 지금은 그렇지 않다는 것이다. 만약 그렇다면, 임용할 수 없는 것이 분명하다.), **아버지 · 할아버지 · 아들 · 손자**(생각건대, 이 '조손祖孫'이라는 것은 증조 · 고조 · 증손 · 현손에는 미치지 않는다.)**가 죽임을**

99_ 繼嗣令에서 부모의 '제사를 계승한 자'를 말한다.

100_ 「名例律」 20조 참조.

101_ 戶 내에 있는 관직이 없는 丁을 말한다.

당한 자는[102] **모두 시위侍衛의 관官에 임용할 수 없다**(생각건대, 시종侍從 이상 및 내사인內舍人·중무판관中務判官 이상·내기內記 아울러 병위兵衛와 같은 부류이다. 잡령雜令에 의하면 궁 내[禁內]에서 부리는 일에 역시 배속할 수 없다.).

24. 무릇 산위散位로서 신체와 재주가 열등하고 약하여 이무理務를 견디지 못하면, 식부式部는 판단하여 제사諸司의 사부使部로 보충한다(생각건대, 그 출사出仕의 도는 점차 높아지는 것을 영예롭게 여긴다. 만약 이미 직사職事에 임용되었다면, 다시 사부使部·반부伴部에 충원할 수 없다.).

25. 무릇 위기位記를 잃으면 있는 곳[所在]에서 진첩陳牒한다. 본속本屬 본사本司의 장관은 그 잃은 이유를 따져 물어서 상황을 갖추어서 성省에 아뢴다. 수안授案[103]**을 살펴서 관官에 아뢰어 다시 발급한다**(생각건대, 칙수勅授·주수奏授·판수判授 역시 각각 초수初授 때와 같다.). **모두 잃어버려서 발급해 준 상황을 기록한다**(생각건대, 새로 발급한 위기位記 및 수안授案에 모두 거듭 발급한 상황을 기록하는 것이다.).

26. 무릇 위기位記에 착오가 있어서 고쳐서 주어야 한다면, 5위 이상은 주문奏聞한다. 6위 이하는 판단하여 고치고(생각건대, 주수奏授 이하는 모두 판단하여 고칠 수 있다.). **아울러 수안授案에 기록한다.**

27. 무릇 국國의 박사博士·의사醫師는 모두 관할구역 내에서 취하여 쓴다(생각건대, 국사國司는 재주와 기술이 쓸 만한 자를 간택하여 태정관太政官에 보관한다. 곧 식부式部에서 판단하여 보충한다.). **만약 없으면 방국傍國에서 취할 수 있다. 고한考限과 서법敍法 및 준절准折은 모두 군사郡司와 같다**(생각건대, 10

102_ 범죄를 저질러서 사형을 당한 경우를 말한다.

103_ 관위 수여시 작성한 案文으로 생각된다.

고考를 기한으로 한다. 10고考가 중中이면 1계를 올리는 부류이다. 다만 본래 직사관[職事]이 아니므로, 140일을 고考로 한다.). **보임한 후, 모두 이유 없이 갑자기 해임할 수 없다**(생각건대, 시侍로 충당하는 것, 상을 당하는 것, 환가患假로 기한을 채우는 것 및 관당官當[104]을 범하는 부류이다. 그 이외에는 합당하지 않다.).

28. 무릇 내외의 문무관文武官은 빠짐이 있으면, 빠지는 데에 따라서 곧 충원한다. 모두 바꿀 수 없다.

29. 무릇 수재秀才[105]는 박학고재博學高才한 사람을 취한다(생각건대, '박학博學'이라는 것은 널리 군적群籍을 섭렵한 것이다. 그 대체를 든 것이고, 고재는 박학博學과 통하는 것인데, 문장의 뜻은 다소 다르다.). **명경明經은 배워서 2경經 이상에 통한 자를 취한다.[106] 진사進士는 시무時務에 밝고, 아울러 문선文選·이아爾雅를 읽은 자를 취한다.[107] 명법明法은 율령에 통달한 자를 취한다.[108] 모두 품행이 반듯하고, 법과 질서를 잘 지키며**(생각건대, 방方은 또한 바름[正]이다. 수修는 순정循整이다.) **명분과 행실이 서로 맞아야 한다.**

104_ 관인이 범죄(公罪와 私罪)를 저질러 도형이나 유형의 실형으로 처벌되는 대신 官位나 勳等을 1년간 박탈하는 換刑이다. 형벌과 관위 등의 관계는 名例律 17조에 규정되어 있다.

105_ 재주가 뛰어난 사람이란 뜻이며, 일본의 경우 식부성에서 시행하는 관리등용 시험 중 으뜸을 차지하는 시험으로 秀才試라고도 한다. 널리 책을 읽고 재주가 뛰어난 인재를 뽑기 위하여 方略策 2條를 시험본다(「고과령」 70조). 9단계의 평가 중 상상과 상중은 정8위상과 정8위하에 서위되었고, 상하와 중상은 式部의 留省이 되었다(「고과령」 70조).

106_ 明經은 周禮·左傳·禮記·毛詩·儀禮·周易·尙書 중에서 2경, 논어와 효경을 공통과목으로 해서 10문제를 시험보아, 모두 통하면 상상, 8문제 이상에 통하면 상중, 7문제에 통하면 상하, 6문제에 통하면 중상 등으로 평가하였다.

107_ 進士는 時務策 2조와 文選·爾雅의 암기와 이해 정도를 시험하였다(「고과령」 72조).

108_ 明法은 율 7조, 영 3조에 대하여 그 의미를 잘 이해하고 내용을 잘 익히고 있는지를 시험하였다(고과령 73).

30. 무릇 수재秀才의 출신出身[109]은 상상제上上第이면 정8위상, 상중上中이면 정8위하, 명경明經의 상상제上上第이면 정8위하, 상중上中이면 종8위상,[110] 진사進士의 갑제甲第이면 종8위하, 을제乙第 및 명법明法의 갑제甲第이면 대초위상大初位上, 을제乙第는 대초위하大初位下이다. 그 수재秀才·명경明經은 상중上中 이상을 얻은 경우에 음蔭이 있거나 효제孝悌[111]로 드러난表顯 자는 본음本蔭 또는 본제本第에 1계를 더해서 서위한다(생각건대, 효제孝悌라는 것은 부모에게 잘하는 것을 효孝라 일컫고, 형에게 잘 하는 것을 제悌라 일컫는다. 그런데 지금 드러내는表顯 것은 효행뿐이고, 제에는 미치지 않는다. 다만 성문成文을 들어서 효제孝悌라 칭한 것이다. 표현表顯이라는 것은 부역령賦役令에 의해서 그 문려門閭에 나타내는 것이다. 만약 1인이 음蔭과 효제孝悌가 모두 있더라도 역시 2계階를 더할 수 없다. 그 본음本蔭은 이미 서위되었으면, 다시 같은 계階 이하에 서위될 수 없다.). **그 명경明經은 2경經에 통한 이외에 1경經에 통할 때마다 1등을 더한다**(생각건대, 이미 더한다고 하였으므로, 만약 본경本經[112]이 상중上中의 제第에 미치지 못하면, 비록 나머지 경經을 전부 통했다고 하더라도 다시 더하여 올릴 수 없다. 그러한 즉 본경本經이 상중上中 이상이면, 나머지 경經 역시 시험한다. 만약 미치지 못하면, 나머지 경經 역시 다시 시험할 수 없는 것이다.).

109_ 관리로 추천하여 임용하는 것이다. 즉 관위를 받고 정식 관인이 되는 것을 말한다.

110_ 秀才와 明經의 上下와 中上도 及第이기는 하지만 관위를 부여하는 규정이 없다. 그래서 식부에서 留省하면서 考를 채운 후에 敍位하게 된다. 延曆 21년 6월에 수재의 상하는 대초위상, 수재의 중상과 명경의 상하는 대초위하, 명경의 중상은 소초위상에 서위하게 된다.

111_ 孝子와 順孫 등은 태정관에 보고하여 門閭에 표시하고 同籍의 課役을 면제하였다(「부역령」 17조).

112_ 禮記와 左傳은 大經이고, 毛詩, 周禮, 儀禮가 中經이고, 周易 尙書가 小經이다. 2경에 통했다는 것은 대경 중 1경, 소경 중 1경 혹은 중경 중 2경을 통한 것을 말한다. 명경에 응시하는 경우, 먼저 2경을 정하여 시험하게 되는 이를 本經이라고 한 것이다.

31. 무릇 양쪽으로 출신하는 경우에는(생각건대, 아버지 혹은 할아버지의 음蔭이 있고 수재秀才·명경明經인 경우이거나, 아버지와 할아버시의 음蔭을 겸한 부류이다.) **높은 데에 따라서 서위한다.**

32. 무릇 타인의 뒤를 이을 경우,[113] 형제의 아들이 아니면 출신出身할 수 없다(생각건대, 형제의 아들을 취했을 경우 반드시 적자가 받는 위位에 서위해야 한다. 만약 양부養父가 후에 아들이 생길 경우, 그 아들은 서자의 위치에 세운다. 그 중 6위 이하인 경우에는 양자가 이미 적자가 받는 위에 서위되었다면, 그 아들은 역시 출신할 수 없다.).

33. 무릇 증관贈官은 공무[王事]로 죽었을 경우[114] 살아 있는 관리[生官]의 음위蔭位와 더불어 같다. 나머지는 1등을 감한다(생각건대 합당한 사망 사유가 있는 자이다. 1등을 감한다는 것은 그 자손의 음위蔭位를 감한다는 것이다.).

34. 무릇 위位를 주는 것은 모두 나이 25세 이상으로 제한한다(생각건대, 입색入色[115] 연한은 17세부터 시작한다.[116]). **다만, 음蔭으로 출신出身할 때는 모두 나이 21세 이상으로 제한한다.**[117]

113_ 養子를 뜻한다. 형제의 자식으로 양자를 세운 경우만 蔭의 적용을 받도록 한 것은 음위를 적용하는 범위를 제한하려는 의도를 가진 것이다.

114_ 戰場에서 죽은 경우를 말하는 것으로 생각된다.

115_ 入色이란 蔭子孫, 位子 등 仕官할 資格을 가진 자가 처음 관직에 나아가 근무하는 것을 말한다.

116_ 蔭子孫·位子 등은 舍人으로 출사하여 內分番의 考限인 8考를 채운 다음 관위를 받게 되는데, 25세에서 역산하면 17세가 된다.

117_ 令集解에서는 음자손은 21세가 되면 반드시 서위한다고 하였으나, 실제로는 舍人 등으로 출사한 이후 成選 연한을 채운 다음 敍位되었을 가능성이 있다. 21세에 일률적으로 음위를 받는 것은 延曆 14년 10월 이후의 일이다.

35. 무릇 황친皇親에게 음위를 내릴 경우, 친왕親王의 아들에게는 종4위하(생각건대, 친왕이라고 한 것은 유품과 무품의 구별없이 모두 이에 속한다.[118] 대저 일부 영令 내에 친왕이라고 칭하고 품계를 기록하지 않았을 경우 모두 이 예에 따른다.), 제왕諸王의 아들에게는 종5위하, 그 5세왕五世王[119]은 종5위하(생각건대, 이미 제왕諸王의 범위에 있지 않기 때문에, 제신諸臣과 동일하게 비색緋色의 공복을 착용한다.). 5세왕에 한해서 적자는 1계를 감하고, 서자庶子[120]는 다시 1계를 감한다. 다만 별칙別勅으로 처분된 것은 이 영에 구애받지 않는다.

36. 무릇 고考가 다 차서 서위해야 하는데, 만약 음위蔭位가 높다면, 높은 쪽을 따르는 것을 허락한다.

37. 무릇 제명除名[121]당했다가 기한이 다 차서 서위해야 할 경우, 3위 이상은 상황을 기록하여 주문하면 칙허한다. 그 정4위는 종7위하에 서위하고, 종4위는 정8위상에 서위하고, 정5위는 정8위하에 서위하고, 종5위는 종8위상에 서위한다. 6위와 7위는 모두 대초위상에 서위하고, 8위와 초위는 모두 소초위하에 서위한다. 만약 출신出身의 위가 이 법보다 높을 경우에는 이에 높은 쪽을 따른다. 면관免官[122]과 면소거관免所居官[123] 또한 이에 준한

118_ 親王은 諸王이나 諸臣과 달리 1품에서 4품까지 品을 받는다(「관위령」 1조).

119_ 5세왕은 皇親의 범위에서 벗어난다(「계사령」 1조).

120_ 嫡子 이외의 아들을 말한다. 부인의 良賤을 따지는 것이 아니다.

121_ 除名은 관인이 죄상에 따라서 관위와 훈위를 모두 박탈하여 本色으로 돌리는 부가형이다. 가장 중대한 범죄인 八虐을 비롯하여 고의적인 살인, 반역에 연좌된 경우, 자신의 관할하는 관청 · 영역 안에서 강간 · 화간, 도적질, 납치, 재물을 받고 법을 어긴 경우에 제명에 해당한다(「名例律」 18조). 그러나 6載(햇수) 이후 다시 서위하도록 하였다(「名例律」 21조).

122_ 免官은 官位와 勳位를 3년간 박탈하는 부가형이다. 다른 사람의 처첩을 强姦 혹은 和姦하거나, 도적질, 납치, 재물을 받고 법을 어긴 경우, 조부모 · 부모가 죽을 죄를 지어 구금되어 있는데 음악을 연주하거나 결혼한 경우 免官에 해당한다(「名例律」 19조).

다. 출신出身이란 생각건대, 음蔭에 힘입은 것이나 수재秀才・명경明經의 부류이다(생각건대, 부조父祖의 음 및 수재・명경으로써 출사하는 것이다. 만약 제명당했을 경우, 기한이 다 차는 날에 다시 본래의 음[本蔭]과 본래의 성적[本第]으로 서위함을 허락한다.). 만약 재주가 뛰어나 발탁해야 하는 자는 모두 상례常例에 구애받지 않는다.

38. 무릇 5위 이상인 관리의 아들이 출신出身할 경우, 1위의 적자嫡子에게는 종5위하, 서자庶子에게는 정6위상을 서위한다. 2위의 적자에게는 정6위하, 서자 및 3위의 적자에게는 종6위상, 3위의 서자에게는 종6위하를 서위한다. 정4위의 적자에게는 정7위하, 서자 및 종4위의 적자에게는 종7위상, 종4위의 서자에게는 종7위하를 서위한다. 정5위의 적자에게는 정8위하, 서자 및 종5위의 적자에게는 종8위상, 종5위의 서자에게는 종8위하를 서위한다. 3위 이상은 음이 손자[孫]에 미치는데, 아들의 위에서 1등을 감한다(생각건대, 적손은 적자에서 감하고, 서손은 서자에서 감하는 것이다.). 외위外位의 음은 내위內位에 준한다. 그 5위 이상인 자가 높은 훈위를 가지고 있다면, 곧 해당 훈계勳階에 따라 관위의 음蔭과 같이 한다. 4위는 1등을 감하고 5위는 2등을 감한다[124](생각건대, 또한 그 아들의 음위를 내린다.[125]).

123_ 免所居官은 관인의 官位나 勳位 중 한 가지의 位記를 만 1년간 박탈하는 부가형이다. 조부모나 부모가 늙고 병들었는데 모시지 않거나, 친척에게 맡기고 관직에 나아가거나, 부모의 상 중에 자식을 낳거나 첩을 취하거나, 형제가 호적을 달리하고 재산을 달리한 경우에 免所居官에 해당한다(「名例律」 20조).

124_ 勳位는 1等이 正三位, 2等이 從三位, 3等이 正四位, 4等이 從四位, 5等이 正五位, 6等이 從五位에 해당한다. 훈위에 따른 음위도 관위과 같도록 하되, 4위와 5위의 경우에는 각각 1계씩 내리도록 하였다. 비정상적인 예이기는 하지만, 5위의 관인이 1等의 勳位를 가지고 있다면, 그 嫡子의 경우 종6위상에 해당하고, 2계를 내리면 정7위상에 임명되는 셈이다. 그러나 실제로 5위의 관인에게 훈1등과 같은 훈위가 수여될 가능성이 없기 때문에, 이 조문은 유명무실한 것으로 생각된다.

125_ 大寶令에서는 '帶勳位高者' 다음에 "於當勳位一等降二等, 八位以上帶勳位

二等以上, 降四等"이라고 되어 있어, 養老令과는 내용이 상당히 달랐다. 이 규정은 死文에 가깝지만, '二等을 내린다' 등의 표현이 처음부터 勳位를 내려서 蔭位를 산출하는 것인지, 훈위를 기준으로 음위를 산출한 다음 그 음위를 내린다는 뜻인지 분명히 하기 위해서, 자식의 음위를 내린다고 한 것이다.

(謂. 選者選擇. 言選才授官也. 叙者考叙. 言計考叙位也.) 凢參拾捌條

凢應叙者(謂. 六位以下也.). 本司八月卅日以前挍定(謂. 計考結階. 卽長官自挍. 與考同. 若帶二官以上者. 從一高官. 送其選文. 不須二官共送. 其選文之期. 亦與考同也.). 式部起十月一日. 盡十二月卅日. 太政官起正月一日. 盡二月卅日. 皆於限內處分畢. 其應叙人. 本司量程申送集省(謂. 量程者. 量十二月一日. 應會集之程也. 集省者. 爲唱示叙階之高下. 及合披訴選中之抑屈. 集於式部兵部也.).

凢內外五位以上勅授. 內八位. 外七位以上奏授. 外八位及內外初位. 皆官判授(謂. 勅授奏授判授者. 宮人授法亦同. 其勳位亦依相當法. 准文位式. 假令. 六等以上爲勅授. 十二等以上爲奏授之類也.).

凢任官. 大納言以上. 左右大辨. 八省卿. 五衛府督. 彈正尹. 大宰帥勅任(謂. 皇太子傅. 官位高於七省卿. 故准爲勅任也.). 餘官奏任(謂. 內外諸司主典以上. 其郡領軍毅. 亦爲奏任也.). 主政. 主帳及家令等判任(謂. 依軍防令. 內舍人. 亦爲判任. 其文學才伎長上亦同.). 舍人. 史生. 使部. 伴部. 帳內. 資人等. 式部判補.

凢應選者. 皆審狀迹(謂. 考中功過. 謂之狀也. 履行善惡. 謂之迹也.). 銓擬之日. 先盡德行(謂. 此爲奏任立文. 凢銓衡人物. 必據考簿. 卽式部條其德行才用之應採授者. 申太政官. 官更銓擬奏聞. 其判任者. 式部銓擬申官而乃補任也.). 德行同. 取才用高者. 才用同. 取勞效多者.

凢任兩官以上者. 一爲正(謂. 官位相當者爲正. 若皆不相當者. 以一高者爲正.). 餘皆爲兼.

凢任內外文武官(謂. 其郡司軍毅者. 雖是外文武官. 旣非官位相當之職. 故不關此條也.). 而本位有高下者. 若職事卑爲行. 高爲守(謂. 若以無位人. 任長上

官者. 亦須注守.).

凢同司主典以上. 不得用三等以上親(謂. 其非三等親者. 縱得相隱. 猶須任用也.).

凢在官身死(謂. 主典以上. 其雜任亦准此也.). 及解免者(謂. 此云解免. 猶云解去. 卽喪解病解等之類. 皆惣爲解免. 其因犯解免者. 斷罪言上. 仍待符報. 乃合解官. 不可更言上. 凢解免者. 或爲一事. 或爲二事. 隨事成義. 不必一例也.). 皆卽言上. 其國司. 大上國介以上. 中國掾以上並闕. 及下國守闕者. 皆馳驛申太政官. 若大宰帥及三關國. 壹岐對馬守者. 雖獨闕. 猶從馳驛例. 其待報之間. 大宰遣判事以上官人權攝(謂. 判事以上者. 監典. 其權攝連署之法. 須准比司爲判也.). 任訖. 馳驛發遣.

凢初位以上(謂. 一品以下也.)長上官遷代(謂. 自卑官遷高官. 此據六位以下考滿進遷之人. 其五位以上者. 雖不遷代. 亦猶以六考爲限. 更始計也.). 皆以六考爲限. 六考中々. 進一階叙. 每三考中上. 及二考上下. 并一考上中. 各亦進一階叙(謂. 假如. 六考之內. 三考中上. 二考上下. 一考上中者. 合叙四階. 若六考上上者. 合進十三階. 一階者. 是中中初基之階也.). 一考上々. 進二階叙. 其進加四階. 及計考應至五位以上(謂. 其五位以上者. 無結階之法. 卽以六位所得考第准計. 應至五位以上者. 是也. 假如. 從六位上之官. 計考應進三階者. 卽至從五位下之類也.). 奏聞別叙. 其考未滿而以理解(謂. 假如. 經三考得中上. 其人以理去官者. 不可依三考叙一階. 必須通計後任. 待滿六考. 而乃叙之類. 其以理解官. 惣有七色. 致仕. 考滿. 廢官. 省員. 充侍. 遭喪. 患解. 是也.). 及考在中下以下者. 不在進限(謂. 假如. 五考中中. 一考中下者不在進例. 卽其六考皆悉除棄. 不在通計之限.). 若有上考下考. 准折之外. 仍有上考者. 各聽依法加階(謂. 假如. 二考中下. 二考中上. 二考上下者. 二中上二中下相折. 卽得四中中考. 其外猶有上下二考. 應依上法加二階之類也.). 卽考未滿. 從見任遷爲內外官者. 並聽通計前勞. 其六考之外. 有餘考者. 通充後任考(謂. 餘考所生. 觸類不一. 假如. 分番經七考入長上者. 以七考爲限. 卽分番一考. 是爲餘考. 又長上得五考. 使蕃經二

周以上. 或考當下第. 狀有不盡. 善惡待後年惣定之類.).

凡計考應進(謂. 准折之後乃知應進也.). 而兼有上考下考者. 並得准折. 每一中下. 得以一中上除之(謂. 以一中上. 除一中下者. 得二中中考也.). 每二中下及一下上. 得以一上下除之(謂. 以一上下. 除二中下者. 得三中中考. 又以一上下. 除一下上者. 得二中中考. 若三考上下. 三考中下者. 三上下爲三中上. 三中下爲三中中. 卽結階二級也.). 下上. 謂非私罪者. 上中以上. 雖有下考. 卽從上第(謂. 不用准折之法. 直從上中以上考敍. 假如. 一考上中. 五考下中者. 從一上中考. 進一階敍. 其下中五考者. 卽皆除棄. 旣無中中基考. 所以不敍二階也.). 下考. 謂不至解官者. 公罪下中. 私罪下上. 雖有上下. 仍從下考(謂. 假如. 一考下中. 五考上下. 卽從下中一考. 除上下五考之類. 問. 內外長上及分番出入. 考限旣有等級. 未知. 上日若爲通計. 答. 內外長上. 同以二百卌日爲考. 內外分番. 同以一百卌日爲考. 所以下條. 以分番三日. 充長上二日. 但帳內資人以二百日爲考. 此若與長上通計. 亦同分番之例. 其分番帳內資人者. 分番一百卌九日. 資人一日. 若資人一百卌九日. 分番一日. 各通計一百卌日. 卽合得分番考. 唯資人一百卌日. 无分番日者. 不合得考. 又問. 長上分番. 各有上下考者. 准折之法. 據何資的[126]. 答. 假令. 以長上中上. 折分番下者. 得長上中中一. 分番中一. 以分番上. 折長上中下者. 得分番中一. 長上中中一. 以分番上二. 折長上下上者. 得分番中二. 長上中中一. 以長上上下. 折分番下二者. 得長上中中一. 分番中二之類也.).

凡散位. 若見官無闕. 雖有闕. 而才職不相當者. 六位以下. 分番上下(謂. 文稱六位以下. 卽知五位以上. 雖無執掌. 仍合[127]長上. 卽可與公勤不怠職掌無闕之最也.). 每有闕. 各依本位. 量才任用. 其分番經二考以上入長上者. 並以七考爲限(謂. 凡考選之限. 都有四科. 內長上六考. 內分番八考. 外長上十考. 外散位十二考. 假令. 內分番經一考. 入內長上者. 同六考例. 經二考以上者. 以七考爲限. 外散位經二考. 入外長上者. 同十考例. 經三考以上者. 以十一考爲限. 外長上經一考. 入內分

126_ 國史大系本『令義解』에는 皈로 되어 있다.
127_ 國史大系本『令義解』에는 令으로 되어 있다.

番者. 同八考例. 經二考以上者. 以九考爲限. 外長上經一考. 入內長上者. 同六考例. 經二考以上者. 以七考爲限. 外散位經二考入內分番者. 同八考例. 經三考以上者. 以九考爲限. 觸類而長. 餘推須知也. 文云. 經二考以上. 入長上者. 卽知出者亦同. 假如. 長上經五考. 出分番者. 同六考之例. 經四考以下者. 以七考爲限之類. 其分番經一考入長上者. 分番上一. 長上中上五. 叙三階. 分番中一. 長上中上五. 叙二階. 分番中一. 長上中中五. 叙一階. 若經二考以上入長上者. 分番上六. 長上中上一. 叙三階. 分番上中各一. 長上中上五. 叙二階. 分番中四. 上二. 長上中上一. 叙一階. 分番中四. 長上中上三. 叙二階也.). 若經一考者. 聽同六考之例. 其經八考者. 八考中. 進一階叙. 四考上四考中. 進二階叙. 八考上. 進三階叙. 雖考不滿八. 而使蕃滿四周者亦如之. 卽有上考下考者. 依前例. 其以別勅及伎術. 直諸司長上者. 考限叙法. 並同職事.

凢考滿應叙之人. 有高行異才. 或尤達治體(謂. 高行者. 人所楷則. 皆爲高行是也. 異才者. 才藝超拔. 異於人倫者也. 治體者. 治國之大體有四. 一曰仁義. 二曰禮制. 三曰法令. 四曰刑罰之類也.). 皆聽擢以不次. 不須限以常條.

凢郡司. 取性識淸廉堪時務者. 爲大領. 少領. 強幹聰敏工書計者. 爲主政. 主帳. 其大領外從八位上. 少領外從八位下叙之. 其大領. 少領. 才用同者. 先取國造(謂. 取見爲國造者. 卽神祇令. 國造出馬一疋是也.).

凢叙舍人. 史生. 兵衛. 伴部. 使部. 及帳內. 資人. 並以八考爲限. 八考中. 進一階. 四考中. 四考上. 進二階. 八考上. 進三階叙.

凢叙郡司. 軍團. 皆以十考爲限. 十考中. 進一階. 五考上. 五考中. 進二階. 十考上. 進三階叙. 兼有上考下考者. 准折並同八考例. 其外散位者. 分番上下. 皆以十二考爲限. 十二考中. 進一階. 六考上. 六考中. 進二階. 十二考上. 進三階叙之. 相折同郡司. 其分番二考. 長上八考. 亦同十考例. 若經三考以上者. 並以十一考爲限.

凢帳內. 資人等. 才堪文武貢人者(謂. 武人貢擧試條. 并叙法. 不載令條. 待式處分也.). [並貢][128]亦聽貢擧. 得第者. 於內位叙(謂. 若本位先高者. 改

爲內位. 卽位記多者. 改其最高. 其及留省之第者. 考滿之日. 乃叙內位也.). 不第者. 各還本主.

凢帳內資人等本主亡者. 朞年之後. 皆送式部(謂. 周忌之後月. 其考者主家挍之. 若本主犯罪除免者. 不待朞年. 卽追之也.). 若任職事者. 卽改入內位(謂. 隨任職事. 卽入內位. 若任才伎長上者亦同. 故上條云. 伎術長上. 並同職事. 其內位任外職事者. 亦卽改叙外位也. 文云. 改入內位. 卽須毁先位. 猶當免之人. 後叙之位. 與先位同階者. 仍毁先位也.). 其雜色任用者. 考滿之日. 聽於內位叙. 若無位者. 未滿六年. 皆還本貫(謂. 直云六年不言六考. 卽知. 不問考之得否. 唯計年數也.). 若廻充帳內. 資人者. 亦聽通計前勞(謂. 未還之前. 使相廻充者. 若旣還訖者. 不在通計之限也.).

凢長上官以理解者. 後任日. 聽通計前勞(謂. 其分番亦准此.). 其考解及犯罪解者. 不用此例. 雖以理解. 而無故停私. 過一年者. 亦除前勞.

凢帳內勞滿應叙. 才堪理務(謂. 閑曉書算. 及知属文. 堪從政者是也.). 本主欲於內位叙者聽.

凢官人至任. 若無印文者. 不得受代(謂. 此爲主典以上立文. 其雜任亦准此也.).

凢官人. 年七十以上聽致仕(謂. 主典以上. 卽雜任亦准此也.). 五位以上々表(謂. 郡司五位亦同也.). 六位以下申牒官奏聞(謂. 此爲奏任立文. 卽判任以下者. 官省處分. 其外官者. 申牒國. 國卽依牒狀申官也.).

凢職事官. 患經百廿日[不愈者](謂. 併計假日. 滿百廿日. 卽取考日之半. 依唐令. 百日爲限. 亦取考日半. 若其所患旣在殘疾以上. 不可更出仕. 量狀解官. 不待百廿日也.). 及緣親患. 假滿二百日(謂. 親者父母養父母亦同. 其嫡孫承重者. 亦依此限也.). 及父母合侍者(謂. 此據在京官. 故唯擧父母. 不言祖父母. 其律爲在外立

128_ 紅葉山文庫本『令義解』에 並頁 2자가 있다.

法. 故兼擧祖父母也.). 並解官. 其應侍人. 才用灼然. 要籍駈使者. 令帶官侍. 皆具狀申太政官奏聞. 其番官者. 本司判解(謂. 患經百廿日. 若緣親患假滿二百日. 及父母合侍等. 皆本司判解. 而後移省補任也.). 並下本属. 應解者. 申後卽不得理事. 其以才伎長上諸司者. 若充侍. 遭喪. 患解者. 侍終. 服滿. 及患損之日. 還令上本司(謂. 復任本官. 若本任無闕者. 分番上下也.). 應充侍者. 先盡兼丁. 兼丁. 謂中男以上.

凡經癲狂酗酒(謂. 酗酒者以酒爲凶也. 經者. 言昔有此事. 今則无之. 若今見爲者. 灼然不可任用也.). 及父祖子孫(謂. 此祖孫者. 不及曾高曾玄也.)被戮者. 皆不得任侍衛之官(謂. 侍從以上及內舍人. 中務判官以上. 內記并兵衛之類. 其案雜令. 禁內駈使亦不可配也.).

凡散位. 身才劣弱. 不堪理務者. 式部判補諸司使部(謂. 其出仕之道. 進漸爲榮. 若先任職事者. 不可更復補使部伴部也.).

凡失位記者. 於所在陳牒. 本属本司長官. 推其失由. 具狀申省. 勘授案. 申官更給(謂. 勅授奏授判授. 亦各如初授時也.). 具注失落重給之狀(謂. 今授位記及授案. 並皆注重給之狀. 謂正位記并案. 並合注重給之狀.).

凡位記錯誤. 須改授者. 五位以上奏聞. 六位以下判改(謂. 奏授以下. 皆得判改.). 並注授案.

凡國博士. 醫師者. 並於部內取用者(謂. 國司簡擇才術之可用者. 申太政官. 卽式部判補也.). 若無者. 得於傍國通取. 考限叙法及准折. 並同郡司(謂. 以十考爲限. 十考中進一階之類. 但本非職事. 故以百卌日爲考也.). 補任之後. 並无故不得輙解(謂. 充侍. 遭喪. 患假滿限. 及犯官當之類. 此外不合也.).

凡內外文武官有闕者. 隨闕卽補. 不得惣替.

凡秀才. 取博學高才者(謂. 博學者. 博涉群籍. 擧其大體. 卽通與博學. 文義稍異也.). 明經. 取學通二經以上者. 進士. 取明閑時務. 并讀文選. 爾雅者. 明法. 取通達律令者. 皆須方正淸脩(謂. 方亦正也. 脩. 脩整也.). 名行相副.

凡秀才出身. 上々第正八位上. 々中正八位下. 明經上々第正八位下. 上中從八位上. 進士甲第從八位下. 乙第及明法甲第大初位上. 乙第大初位下. 其秀才明經得上中以上. 有蔭及孝悌被表顯者. 加本蔭本第一階叙(謂. 孝悌者. 善父母. 謂之孝. 善兄. 謂之悌. 今被表顯. 獨是孝行. 不及於悌. 但擧成文. [以]稱孝悌也. 表顯者. 依賦役令. 表其門閭是. 若一人兼有蔭及孝悌者. 亦不可累加二階. 其本蔭先已叙訖者. 不得更叙同階以下也.). 其明經. 通二經以外. 每一經通. 加一等(謂. 旣云加. 若本經不及上中之第者. 雖餘經全通. 更無可加進. 然則本經上中以上者. 餘經亦試. 若其不及者. 餘經亦不可更試也.).

凡兩應出身者(謂. 藉父或祖蔭. 及秀才明經. 兼有父祖蔭之類.). 從高叙.

凡爲人後者. 非兄弟之子. 不得出身(謂. 若取兄弟之子者. 須叙嫡子位. 卽養父於後生子者. 叙庶子位. 其六位以下者. 養子旣得叙嫡子位. 其子亦不可出身也.).

凡贈官. 死王事者. 與生官同. 餘降一等(謂. 得死然者也. 降一等者. 降其子孫之蔭位也.).

凡授位者. 皆限年卄五以上(謂. 入色年限. 起自十七也.). 唯以蔭出身. 皆限年卄一以上.

凡蔭皇親者. 親王子從四位下(謂. 親王者. 不限有品無品皆是. 凡一部令內. 稱親王. 不注品階者. 皆依此例.). 諸王子從五位下. 其五世王者. 從五位下(謂. 旣不在諸王之限. 故同諸臣著緋.). 子降一階. 庶子又降一階. 唯別勅處分. 不拘此令.

凡考滿應叙. 若有蔭高者. 聽從高.

凡犯除名限滿應叙者. 三位以上. 錄狀奏聞聽勅. 其正四位. 於從七位下叙. 從四位. 於正八位上叙. 正五位. 於正八位下叙. 從五位. 於從八位上叙. 六位. 七位. 並於大初位上叙. 八位. 初位. 並於少初位下叙. 若有出身位高於此法者. 仍從高. 免官. 免所居官亦准此. 出身. 謂藉蔭及秀才明經之類(謂. 以父祖蔭. 及秀才明經出身. 若犯除名者. 限滿之日. 復聽叙本蔭本第.). 卽才優擢授者. 並不拘常例.

凡五位以上子出身者. 一位嫡子從五位下. 庶子正六位上. 二位嫡子正六位下. 庶子及三位嫡子從六位上. 庶子從六位下. 正四位嫡子正七位下. 庶子及從四位嫡子從七位上. 庶子從七位下. 正五位嫡子正八位下. 庶子及從五位嫡子從八位上. 庶子從八位下. 三位以上蔭及孫. 降子一等(謂. 嫡孫降嫡子. 庶孫降庶子也.). 外位蔭准內位. 其五位以上. 帶勳位高者. 卽依當勳階. 同官位蔭. 四位降一等. 五位降二等(謂. 亦降其子蔭位也.).

繼嗣令 第十三

계사령[1] 제13

(생각건대, 계사繼嗣라는 것은 자식이고, 곧 벌罰은 후사에게 미치지 않는다고 한 것이 이것이다.) 무릇 4조이다.

1. 무릇 천황[皇]의 형제兄弟 · 황자皇子[2]는 모두 친왕親王[3]으로 삼고,[4] 여제女帝의 자식 역시 같다(생각건대, 4세四世 이상에게 시집가서 낳은 바이다. 왜냐하면, 아래 조항에 의하면 5세왕五世王은 친왕을 아내로 맞을 수 없기 때문이다). **이외는 모두 제왕諸王으로 삼는다.[5] 친왕으로부터 5세五世[6]는 왕王이라는 명칭을 얻지만, 황친皇親의 범위에는 들지 않는다.[7]**

1_ 唐令에는 繼嗣令이 없고 유사한 것으로 封爵令이 있다. 봉작령은 王公侯伯子男의 爵位의 계승법을 규정하고 있는데, 일본령에서는 이를 참고하면서 황족의 칭호 범위 혼인법 및 家의 계승에 대하여 규정하였다.

2_ 천황의 아들을 말한다.

3_ 중국 황제의 형제와 아들에게 주는 작호에서 비롯된 용어이다. 천황을 황제와 동일한 위상으로 설정하려고 한 것이다. 「封爵令」에서는 "皇兄弟皇子, 皆封國, 謂之親王. 親王之子, 承嫡者, 爲嗣王. 皇太子諸子, 竝爲郡王, 親王之子, 承恩澤者, 亦封郡王, 諸子封郡公. 其嗣王郡王及特封王, 子孫承襲者, 降授國公."(『唐六典』)

4_ 천황의 姉妹 및 딸인 皇女도 이에 준하여 內親王이라고 한다.

5_ 여자의 경우는 女王이라고 한다.

6_ 5世를 헤아리는 방법은 본인을 1世로 해서 헤아리는 법과 그 자식부터 1世로 하는 방법이 있는데, 일반적으로는 후자에 따른다. 그러나 이 규정에서는 親王을 1세로 하여 5世를 헤아리는 것으로 생각된다.

7_ 慶雲 3년(706) 2월에 5세왕이 왕이라는 호칭은 얻지만 황친의 범위에 있지 않으며 신하의 예에 들게 되는데, 親親의 은혜로움을 생각하니 황친에서 벗어나

2. 무릇 3위 이상의 계사繼嗣[8]**는, 모두 적자**嫡子[9]**가 계승하고, 만약 적자가 없거나 죄질**罪疾**이 있다면, 적손**嫡孫[10]**을 세우고**(생각건대, 그 아들과 손자는, 서법敍法이 각각 다르기 때문에, 즉 적자가 이미 서위했어도, 죽거나 죄질이 있으면 마땅히 적손嫡孫을 세울 수 있다. 만약 적손이 없다 하더라도, 적자의 동모의 아우를 세울 수는 없다. 왜 그런가 하면, 적자가 앞서 이미 서위를 마쳤기 때문이다), **적손**嫡孫**이 없으면 다음으로 적자의 동모**同母**의 아우를 세우고, 동모의 아우가 없으면 서자**庶子[11]**를 세우고, 서자가 없으면 적손의 동모의 아우를 세우고, 적손의 동모의 아우가 없으면 서손**庶孫[12]**을 세운다. 4위 이하는 오직 적자를 세운다.**[13] 생각건대, 서인庶人 이상이다. 그 8위 이상의 적자가 서위하지 않고 죽거나 죄질이 있다면, 다시 바꾸어 세우는 것을 허락한다[14](생각건대, 4위 이하이다.[15] 그 4위 이하가 적손을 세우지 않았는데, 만약 적

는 것을 참을 수 없으므로 황친의 범위에 넣고, 承嫡者는 왕호를 쓸 수 있도록 하라고 하여 영의 규정을 개정하였다(續日本紀). 또한 天平 원년 8월 5일에는 5세왕의 嫡子 이상이 孫王과 결혼하여 남녀를 낳으면 皇親의 범위에 넣도록 하였다(續日本紀).

8_ 唐令 封爵令의 작위 상속법을 일반적인 家의 계승으로 개정한 것이다.

9_ 嫡子에는 1) 嫡妻의 아들(嫡出子), 2) 嫡妻의 長子, 3) 承嫡子로 선정된 자의 뜻에 있다. 율령에서 쓰이는 뜻은 3)의 뜻이 일반적이지만(3조, 「戶令」 23조, 「選敍令」 38조, 「軍防令」 47조), 이 규정에서는 2)의 뜻이다.

10_ 嫡子의 嫡妻가 낳은 長子이다.

11_ 嫡出子 이외의 자를 말한다. 그러나 「戶令」 23조, 「選敍令」 38조 등의 庶子는 嫡子의 同母弟를 포함한다. 庶子 간의 순서는 나이 순서에 따른다.

12_ 嫡子의 嫡出子 이외의 子를 말한다.

13_ 3위 이상의 예와 戶婚律 9에 따르면 嫡妻의 長子가 없으면, 同母弟, 嫡出子가 없으면 庶子를 세우도록 하였다.

14_ 3조의 "적자가 병이 죄를 짓거나 병이 들어서 承重을 감당할 수 없으면 ~ 다시 세우는 것을 허락한다"는 내용과 관련하여, 罪疾이 있는 경우 서위할 수 없다는 제한이 없으므로, 罪疾의 경우는 서위 여부와 관계없이 입체를 허락하고, 사망한 경우에는 서위되지 않은 경우에만 허락하는 것으로 보는 견해가 있다. 이에 대해서 義解는 '未敍'가 '身亡'과 '罪疾'에 모두 걸리는 것으로 보고, 입체의 조건을 未敍位로 보았다(日本思想大系 『律令』 補注 13-2a).

자가 이미 서위를 받고, 죽거나 죄질인 경우라면, 다시 세우는 것을 허락하지 않는다. 다시 적자의 위를 서위할 수 없기 때문이다). **그 씨종氏宗[16]은 칙을 듣는다.**

3. 무릇 5위 이상의 적자를 정하는 것은 치부治部에 진첩陳牒[17]하며,[18] 사실을 조사하여 관에 보고한다. 그 적자가 죄질이 있어서, 죄는 술에 황탐荒耽하거나(생각건대, 미란迷亂은 황荒이라 하고, 술을 즐기는 것을 탐耽이라 한다.) 나머지 죄나 허물이 있어(생각건대, 도徒 이상이다. 만약 여러 번 죄를 범하여[愆犯], 사정을 헤아려 기용器用을 맡길 수 없다면, 비록 도형에 이르지 않았더라도 마찬가지이다.) 장래에 기용器用을 맡길 수 없는 것을 말한다. 질疾은 생

15_ 4위 이하로 보는 견해 이외에도 6위 이하(讃說), 1위 이하(穴記)로 보는 해석이 있다. 6위 이하로 보는 견해는 다음 조항인 3조가 5위 이상의 立替를 규정한 데서 비롯된 것이다. 이에 대해서 1위 이하, 혹은 4위 이하로 보는 견해는 3조가 입적 및 입체의 절차를 규정한 것이므로, 2조와 중복되지 않는다고 보는 것이다. 특히 4위 이하로 보는 것은 본주가 문맥상 4위 이하는 적자만 세운다는 내용에만 걸리는 것으로 해석한 것이다. 1위 이하로 보는 것은 4위 이하로 한정하면 3위 이상의 입체 규정이 없어지므로, 8위 이상이라고 한 것이 전체에 걸리는 것으로 본 것이다(日本思想大系『律令』補注 13-2a).

16_ 氏上・氏長이라고도 한다. 『日本書紀』 天智 3년(664) 2월조에 氏上 民部 家部를 정했다는 기사에서 씨상이 처음 보인다. 天武 10년(682) 9월에는 각씨의 씨상을 정하지 않은 경우는 씨상을 정하여 理官에 申送하도록 하였다. 『續日本紀』에서는 大寶 2년(702) 9월에 천지 3년(갑자년)에 씨상을 정하였을 때 등록되지 않은 씨인데 현재 사성을 받은 경우, 伊美吉(忌寸) 이상은 모두 보고하도록 하였다. 이러한 여러 가지 조치를 반영한 결과가 이 조문이다.

씨상의 역할은 氏女의 貢上, 氏賤 및 기타 씨의 재산관리 氏神에 대한 제사, 氏寺의 관리운영 등을 맡았다. 이를 일정하게 계승한 것이 平安時代의 氏長으로 생각된다.

17_ 牒은 統属 관계가 없는 관사나 개인 간에 주고받는 문서형식을 말한다.

18_ 嫡子의 아버지가 직접 治部에 문서로 알려 繼嗣를 세우게 되는데, 治部에서는 다시 本貫에 이를 알려 사실을 조사한다. 京職이나 國司는 그 상황을 파악하고 뒤를 이을 본인을 式部에 보낸다. 사실을 모두 파악한 후에 治部는 太政官에 보고한다.

각건대 폐질廢疾[19]이다. **승중承重을 감당할 수 없다면**(생각건대, 부父를 이어서 제사를 받드는 것이다. 제사는 매우 중해서 중한 것을 받드는 것[承重]이라 한다.), **소사所司에 신첩申牒하고, 사실을 조사하여 다시 세우는 것을 허락한다.**[20]

4. 무릇 왕[21]이 친왕을 아내로 맞는 것, 신하가 5세의 왕을 아내로 맞는 것은 허락한다. 다만 5세왕은 친왕을 아내로 맞을 수 없다.

19_ 「戶令」 7조 참조.

20_ 治部에 신고된 嫡子를 바꿀 수 있는 조건은 규정에서는 罪疾의 경우로 한정하였으나, 2조의 해석 여하에 따라서 여러 가지 의견으로 나뉜다.

21_ 諸王은 內親王 이하, 5세왕은 女王 이하, 신하는 5세 여왕 이하를 각각 아내로 맞이할 수 있다.

(謂. 嗣者子. 卽罰不及嗣. 是也.) 几肆條

几皇兄弟皇子. 皆爲親王. 女帝子亦同(謂. 據嫁四世以上所生. 何者. 案下條. 爲五世王不得娶親王故也.). 以外並爲諸王. 自親王五世. 雖得王名. 不在皇親之限.

几三位以上繼嗣者. 皆嫡相承. 若无嫡子. 及有罪疾者. 立嫡孫(謂. 其子與孫. 叙法各殊. 卽雖嫡子已叙. 身死及有罪疾. 猶亦得立嫡孫. 若无嫡孫者. 不可立嫡子同母弟. 何者. 爲嫡子前旣叙訖故也.). 无嫡孫. 以次立嫡子同母弟. 无母弟. 立庶子. 无庶子. 立嫡孫同母弟. 无母弟. 立庶孫. 四位以下. 唯立嫡子. 謂庶人以上. 其八位以上嫡子. 未叙身亡. 及有罪疾者. 更聽立替(謂. 四位以下. 其四位以下者. 不立嫡孫. 若嫡子已叙. 身死及罪疾者. 不聽更立. 不可再叙嫡子之位故也.). 其氏宗者聽勅.

几定五位以上嫡子者. 陳牒治部. 驗實申官. 其嫡子有罪疾. 罪. 謂荒耽於酒(謂. 迷亂曰荒也. 樂酒曰躭也.). 及餘罪戾(謂. 犯徒以上罪. 若數有犯. 量情不任器用者. 雖不至徒亦是也.). 將來不任器用者. 疾. 謂癈疾. 不任承重(謂. 繼父承祭. 祭事尤重. 故云承重.)者. 申牒所司. 驗實聽更立.

几王娶親王. 臣娶五世王者聽. 唯五世王. 不得娶親王.

考課令 第十四

고과령 제14

(생각건대, 고考란 공로功와 과실過을 헤아리는 것이다. 과課는 재능과 기예를 시험하여 등급을 매기는 것이다. 율律에서 "고교과시考挍課試[1]를 사실로 하지 않으면"이라고 한 것이 이것이다.) 무릇 75조이다.

1. **무릇 내외 문무관**文武官(생각건대, 공식령公式令에 의거하여 재경在京의 제사諸司는 경관京官이 되고, 그 나머지는 모두 외관外官이 된다.[2] 또한 5위부五衛府, 군단軍團 및 여러 무기를 가진 자는 무武가 되고, 그 나머지는 모두 문文이 되는 것이다. 단 외무관外務官은 이 조條에 들지 않는다. 왜냐하면, 군의軍毅는 따로 4등의 고제四等考第를 세웠기 때문이다.)**의 초위**初位 **이상**[3](생각건대, 일품一品 이하이다. 이는 바로 주전主典 이상의 고를 정하고 비교하는 법이다. 무릇 주전 이상에 임용되는 경우는 반드시 위位를 가질 필요가 있으므로 초위 이상이라고 한 것이다. 만약에 무위無位의 장상관이 있으면 또한 이 조항을 적용한다.)**은 해마다 당사**當司**의 장관**[4](생각건대, 본사의 장관은 소관所管[5]을 거치지 않는다.)**이 그 속관**屬官

1_ 考를 조사하고 시험을 부과하는 것은 말한다.

2_ 「公式令」 52·53조 참조.

3_ 「官位令」에 열거되어 있는 初位 이상의 모든 관인을 비롯하여, 內舍人·別勅才伎長上·無位長上을 포함한다. 이 조항의 적용을 받지 않는 관인으로는, 家令(「考課令」 66조)·內分番(「考課令」 51~53조), 外位(「考課令」 67~69조) 등이 있다.

4_ 省 寮 司 등의 長官이 次官 이하에 대하여 考를 정하는 것으로 보는 견해(令義解 등 養老令의 주석서)와 이들 관사를 통괄하는 所管 官司 즉 省의 장관이 被管 官司 전체의 관인의 考를 정하는 것으로 보는 견해(古記 및 大寶令

(생각건대, 차관 이하이다.)**의 고**考**를 정한다. 고를 정해야 하면, 모두 자세하게 1년**[6]**의 공과**功過**와 능력**[行能]**을 기록하고**(생각건대, 자세하게 기록한다는 것은 1년 동안의 공과행능功過行能을 고과평정考校 할 때에 모두 모아서 필요한 부분만 기록抄錄하는 것이다. 공과행능이란, 맡은 일을 조리있게 잘 처리하는[修理] 것이 공功이 되고 공무公務를 폐하거나 빠지는 것은 과過가 된다. 선악善惡이 행行이며, 재예才藝는 능能이 된다. 그 재능에 의거하여 고考를 올려주는 것은 영조令條에는 규정이 없는데, 또한 아울러 기록한 것은 인물人物을 전형銓衡하는 데 반드시 고考를 기록한 장부[考簿]에 의거하여야 하기 때문이다. 즉, 선서령選敍令에서 "고과평정을 해야 하는 경우는 모두 상적狀迹을 심사한다. 평가하는 날에는 먼저 덕행을 본다"[7]고 한 것이나 또한 "고考가 차서 서위해야 할 사람이, 높은 덕행과 남다른 재능이 있으면[8]"이라고 한 것이 이것이다.) **모두 모아서 대독**對讀**한다**(생각건대, 읽기를 마치면 곧 다시 그 고考의 순서를 정하는 것이다.[9]). **그 우열**優劣**을 의논하여 9등제**九等第[10]**를 정한다**[11](생각건대, 한 사람을 두고 또한 우열을 가리는 것이다.[12]). **8월 30일 이전에 교정**校定**한다. 경관**京官**은 기내**畿內[13]**에 10월 1일까지 고문**考文[14]**을 태정관에 신송**申送**한다. 외국**外國[15]**은 11월 1일까**

단계의 明法家)가 있다.

5_ 하급 관사를 관할하는 것, 혹은 관할하는 관사를 말한다.

6_ 전년도 8월 1일부터 당년도 7월 30일까지다.

7_ 「선서령」 4조의 내용이다.

8_ 「선서령」 12조의 내용이다.

9_ 古記와 令釋에서는 당시의 실태로서 考를 정한 다음에 관인에게 對讀한다고 하였다.

10_ 上上에서 下下에 이르는 9등급의 考第를 말한다(「考課令」 50조).

11_ 5위 이상은 考第를 정하지 않고 上日(출근일수)과 善最 등을 기록한다.

12_ 해마다 9등의 考第를 정하므로 한 사람의 경우도 해마다 우열이 달라지는 것이다.

13_ 畿內의 大和國・山城國・河內國・攝津國 등의 諸國을 말한다. 畿外 諸國과 마찬가지로 朝集使로 하여금 申送한다.

14_ 관인의 1년간의 근무성적을 평가한 결과[考]를 중앙에 보고하는 문서를 말한다.

지 조집사朝集使[16]에게 부쳐 신송한다. 고문을 작성한 후의 공과功過는 모두 다음해에 넣는다. 만약, 본사本司가 고考를 마친 이후(생각건대, 8월 1일 이후는 곧 고考를 마친 후와 동일하다. 단, 고考 후의 공과가 해관[解][17]하거나, 승강昇降에 해당하는 경우는 곧 당해년의 고과평정에 부친다. 만약에 해관하거나 승강에 이르지 않는 것은 다음해에 넣는다. 이렇게 구별된다. 그러므로 주를 달아 명확히 한 것이다.) 성省에서 아직 교정하기 이전(생각건대, 12월 30일 이전이다. 왜냐하면, 선서령에서 "서위해야 할 경우는 식부가 10월 1일에 시작하여 12월 30일에 마친다"고 하였으므로[18] 즉, 고선에 정해진 일정과 이치로 보아 동일해야 하기 때문이다.)에 죄를 범하고 처벌을 마쳤는데, 사정에 비추어 해임하거나 강등하여야 하는 경우는 이에 곧 교정에 부쳐야 한다. 공功이 있어 올려주어야 할 경우, 또한 이에 준한다. **장관이 없으면 차관이 고考를 정한다**(생각건대, 판관과 주전은 고의 권한을 갖지 않는다. 다만, 상일上日과 행사行事만을 기록하여 태정관에 신송한다. 무릇 주고注考[19]하는 관인은 자신의 고제考第를 정하지 못하고, 선최공과善最功過를 기록하여 관사管司[20]에 신고한다. 관사가 없으면 태정관에 신송한다. 곧 식부式部와 병부兵部가 교정校定한다.).

2. 무릇 관인의 경적景迹[21]과 공과功過를 고考에 부쳐야 하는 경우(생각건대,

15_ 畿外의 諸國을 말한다.

16_ 지방의 國衙에서 중앙 조정에 파견하는 사자를 말한다. 考選文 이외의 각종 공문의 進上, 고선문을 校定할 때 필요에 따라 구두로 답변하거나 설명하는 일, 計會帳의 對勘에 출석하는 일, 貢人의 貢上 등을 임무로 한다. 「考課令」 61조 참조.

17_ 관인을 현직에서 해임하는 것을 말한다.

18_ 「選敍令」 1조의 내용이다.

19_ 관인의 考를 정하여 기록하는 것을 말한다.

20_ 관인 혹은 관인이 소속된 관사를 관할하는 관사를 말한다. 所管이라고도 한다.

21_ 선악을 통칭하는 것으로 선이든 악이든 큰 행적을 말한다.

관인이라는 것은 주전主典 이상이다. 그 분번分番 또한 이에 준한다. 경적은 경상景像이니, 상적狀迹이라고 하는 것과 같다.) **모두 반드시 사실을 기록[實錄]해야 한다**(생각건대, 1년 동안 매일 기록한다. 즉, 고과평정[考校]할 때에 이르러 이 기주記注를 모아서 총록總錄으로 삼는다. 이것이 앞의 조항에서 말한 소위 "자세히 1년의 공과행능功過行能을 기록한다"고 한 것이다. 이 조항에서 행능行能을 말하지 않은 것은 곧 사람의 재능이므로 매일 기록할 수 없기 때문이다.). **그 전임前任에서 사죄私罪를 범하였는데 처벌이 현임[今任]에서 있었을 경우는 또한 현임법見任法과 같다**[22](생각건대 아래 조항에 의거하면 "관인이 죄를 범하여 전殿에 부치는 경우, 모든 안성案成을 근거로 하여 이에 부친다. 사죄私罪는 속동贖銅 1근斤을 바친 것을 헤아려서 1부負로 한다. 공죄公罪는 2근斤을 1부負로 한다. 각 10부負가 1전殿이 된다. 상중上中부터 이하는 1전殿에 따라 1등等을 강등시킨다."고 하였다. 그러므로 전임前任에서 사죄를 범하여 판결이 후임後任에서 있을 경우 이에 현임見任과 같으므로, 부전負殿에 부쳐야 한다. 만약 전임前任에서 공죄를 범하였는데 판결이 현임에서 있을 경우는 율律에 따른다. 비관卑官이 죄를 범해서 관직을 옮겼는데 일이 발각되거나, 관官에 있으면서 죄를 범하였는데 관을 떠난 후에 일이 발각되었다고 하더라도, 공죄公罪로 유流 이하라면 범한 것을 논하지 않는다.[23] 이는 곧 이미 논하지 않으므로 또한 부전負殿에 부칠 수 없다.). **만일 개임改任되어 마땅히 전임前任 일수를 셈하여 고考를 해야 하는 경우**(생각건대, 고考의 대상이 되는 기간 중에 직임이 변경된 경우이다. 만약 고考의 대상이 되는 기간이 끝난 후에 직임이 변경된 경우는 모두 전임의 공과功過를 고考로 삼는다.) **공과를 모두 부친다.**[24] **주고注考하는 관인**[25]**은**(생각건대, 장관長官이다.) **오로지 사실**

22_ 전임관에서 죄를 저질러 현임에서 판결이 있는 경우는, 현임에서 저지른 범죄와 같이 취급한다는 뜻이다.

23_ 「名例律」 16조 참조.

24_ 전임과 합산해서 1년간의 고과를 평정해야 하는 경우에는, 전임의 上日뿐만 아니라 전임의 功過도 모두 고에 붙인다는 뜻이다.

25_ 1년간의 관인의 공과행능을 종합하여 9등의 고제를 注記하는 관인 즉 當司

만을 기록해야 한다. 함부로 선악[臧不]을 더 해서는 안 된다. 만약 주장注狀이 이치에 어긋나거나 포폄褒貶이 부당하거나, 생각건대, 경적景迹과 공功의 기록[狀]에서는 높으나 고제考第는 하下이거나 혹은 고제는 우수하나 경적은 졸렬한 경우이다. **그리고 그 공과功過를 숨김으로써**(생각건대, 주전主典이다. 만약 장관이 승강昇降하는 데 있어서 부당한 경우는 장관의 고과를 강등하고, 만약 주전이 사실을 기록함이 분명하지 않을 경우에는 주전의 고과를 강등하는 것을 말한다. 그러므로 말하기를 각각 잘못한 바의 경중輕重에 준하여 말미암은 바 관인의 고考를 강등한다고 한 것이다. 가령 1등을 강등한 경우는 곧 관련된 당사자들도 1등 강등시킨다. 2등을 강등한 경우 또한 관련된 자도 2등 강등시키는 부류이다. 만약 여러 사람의 고과를 강등하는 경우는 오직 제일 중한 것에 의거해 강등한다. 만일 올린[昇] 경우에도 또한 이에 준한다. 그 관련된 관인의 경우는 먼저 최最를 빼앗은 후에 고考를 강등한다. 나머지 관의 경우에는 오직 그 최最만 빼앗는다. 묻기를, "율律에 의하면 '고考를 사실로써 하지 않는 경우는 1사람이면 태형 50대를 치고 2사람이면 1등을 더하고 과실이라면 3등을 감한다'고 하였는데, 고考를 강등하는 데 고의와 과실의 차이가 있는지 잘 알지 못하겠습니다."라고 하였다. 답하기를, "율律을 근거로 죄를 과科한다. 비록 고의와 과실이 차이가 있다 하더라도, 영令에 있는 그대로 고考를 강등하는 것이다. 즉, 고의와 과실이 있음은 차이가 없다. 무릇 율律과 영令의 뜻은 다르다. 집착하지 마라."고 하였다. 또한 묻기를, "고考를 강등한 후에 또한 율律에 의거해 죄를 부과하는 것입니까? 안하는 것입니까?"라고 하였다. 답하기를, "고考를 강등하는 것을 끝낸 후에 다시 또한 죄를 과科한다."라고 하였다.) **승강昇降에 이른 경우는 각각 잘못한 바의 경중輕重에 준하여 관련된 관인의 고考를 강등한다.**[26] **만일 조집사朝集事가 올리고 내리고 나아가게 하고 물리치는 데[褒貶進退] 사실을 그르치는 경우**

長官을 말한다.

26_ 長官과 主典의 1년 공과행능의 集錄에 문제가 있는 경우에는 부정을 행한 당사자의 考第를 내린다.

또한 이와 같다(생각건대, 국사의 장관이 고考하는 바는 이치에 합당하나 조집사朝集事가 분명하게 답하지 못하면 곧 조집사朝集事의 고考를 강등시킨다. 만약 국사의 장관이 고考하는 바가 이치에 어긋나고 조집사朝集事 또한 분명하게 답하지 못한 경우에는 오직 장관의 고考를 강등한다. 말미암은 바 관인의 고考를 강등하기 때문이다.).

3. 덕德·의義로 명망이 있다면(생각건대, 덕德은 얻는다[得]는 뜻이다. 성품이 고행高行을 얻은 바이다. 의義는 마땅한[宜] 것이다. 분별하여 억제하는 것이 마땅함에 합치된다는 바이다. 양자는 반드시 함께 갖추어야 선善이라 칭할 수 있다. 이하 세 가지 선善도 또한 반드시 함께 해야 한다. 가령 황패黃覇[27]가 윤尹에 임하니 상서로운 봉황[瑞鳳]이 나라에 모여들고, 유곤劉昆[28]이 재宰가 되니 맹호猛虎가 강을 건넜다는 등의 부류가 바로 덕이다. 포영鮑永이 수레를 끌고 옛 군주에게 가서 곡을 했다거나 염범廉范이 말에서 내려 궁사窮使로 두루 돌아본 일 등의 부류가 바로 의이다.) **1선善[29]으로 한다.**

4. 청렴하고 신중한 것이 널리 드러났다면(생각건대, 청淸은 품행이 청렴하다[潔]는 뜻이다. 신愼은 언행을 삼가고 조심한다[勤]는 뜻이다. 양진楊震이 어두운 한밤중에도 금을 사양한 일[30]이나 호위胡威가 돌아오니 비단에 대해 물은 일[31]과

27_ 漢의 재상. 훌륭한 정사를 펼쳐 "黃覇政殊"라는 『蒙求』의 표제가 전해 온다. 『漢書』卷89.

28_ 漢의 弘農太守. 이전부터 그 경내에 호랑이가 많아 나그네들이 길을 가지 못했는데, 유곤이 부임하여 3년 동안 어진 정사를 베푸니 호랑이들이 새끼를 업고 강을 건너 모두 도망갔다는 일화.

29_ 근무평정에 있어 가장 중요한 항목으로 관인의 考第는 最의 유무와 善의 수로 정한다. 善은 관인의 덕목 중 가장 중요한 비중을 차지하였다. 실제로는 恪勤이 善의 중심을 이루었고, 나머지 3선을 받은 경우는 극히 예외적이었다.

30_ 동래 태수로 부임하는 길에 관내 昌邑에서 하룻밤 자게 되었는데, 창읍 현령 王密이 찾아와 전에 신세졌다는 이유로 금품을 가져왔다. 양진은 받을 이유가

같은 것이 바로 청淸이다. 공광孔光이 기밀을 맡으니 조정 온실전溫室殿의 나무[溫樹]에 대해서도 말하지 않았고,[32] 번굉樊宏이 궐闕로 나아갔지만 종루鐘漏를 어긴 일이 없었다는 것[33]이 바로 신愼이다.) **1선으로 한다.**

5. 공평公平**함이 칭송할 만하다면**(생각건대, 사사로움을 배제하고 공公을 위하며 마음으로 올바르고 곧은 것이다. 가령 조무趙武가 사적인 원수를 거용한 일이나[34] 기해祁奚가 그의 아들을 천거한 일[35]과 같은 것이 공평이다.) **1선으로 한다.**

6. 각근恪勤**하여 해이하지 않다면**(생각건대 각恪은 삼간다[敬]는 것이다. 힘을 다하는 것을 근勤이라 한다. 가령 풍표馮豹[36]가 일을 아뢰기 위해 밤새도록 전각에

없다고 완강히 거절하였다고 한다[四知].

31_ 魏의 胡質이 荊州刺史로 있었다. 아들 胡威가 서울에서 형주로 가서 문안을 드리고 돌아오려 하니, 호질이 비단 1필을 주어 행장을 차리도록 하였다. 武帝가 호위에게 "경의 청렴이 경의 아버지의 청렴에 비해 어떠한가?"하니 호위는 이렇게 대답하였다. "신의 아비는 청렴하되 남이 알까 두려워하고, 신은 청렴하되 남이 모를까 두려워하니, 신이 아비만 훨씬 못합니다."

32_ 한나라 성제(재위 BC 32~BC 7) 때의 명신인 孔光의 고사이다. 어떤 사람이 "궁궐 안의 溫室殿(조정의 회의장)에는 어떤 나무가 심어져 있습니까?"라고 묻자, 평소 입이 무겁기로 소문난 공광은 그 질문에 대해서도 묵묵히 대답하지 않았다고 한다. 이후 '온실수를 말하지 않는다.'는 말은 직무상 기밀을 잘 준수하는, 입이 무거운 관료를 칭송하는 표현이 되었다.

33_ 樊宏은 南楊의 거부였는데 劉秀(後漢의 光武帝)가 거병하기 전에 유수 집안의 여자를 처로 삼았다. 유수가 황제가 되자 그는 光祿大夫의 직함을 받았고 장라후로 봉해졌지만 항상 조심하고 삼갔다고 한다.

34_ 진나라 때 執政大夫였던 조무는 인물을 천거할 때 원수의 아들도 자신의 아들도 가리지 않았다고 한다(『韓非子』).

35_ 진나라 때 대부였던 祁奚는 자신의 후임으로는 원수인 解狐를 천거하고, 國尉에는 자신의 아들을 천거하였다고 한다.

36_ 후한의 馮豹는 郎官이 되어 천자에게 일을 아뢰었으나 허락하지 않자, 저녁부터 아침까지 부복하였다고 한다. 이에 肅宗이 비단이불을 덮어주게 하였다는 고사가 전한다.

엎드려 있는 일이나 무마巫馬가 정사에 종사하는 데 별이 뜨고도 관에 있었던 것과 같은 일이 각근이다.) **1선으로 한다.**

7. 최最의 조항(생각건대 최最는 총 42조가 있다. 무릇 최最라는 것은 8글자[八字]가 모두 함께해야만 최最를 이룰 수 있다. 그러나 가령 현번료玄蕃寮는 비록 번객蕃客이 오지 않았다고 하더라도 오직 승니僧尼가 도道에 합당하면 번객득소蕃客得所라는 최最를 얻을 수 있다. 하나를 들어서 언급하였으니, 나머지는 준해서 알아야 한다. 그 방술方術의 최最는 네 글자[四字]로 이루어진다. 가령 음양사陰陽師의 최는 점의 효험이 많은 것[占効驗多]과 같은 부류이다.)

8. 신기神祇의 제사는 상전常典[37]을 어기지 않는 것이 신기관神祇官의 최最이다[38](생각건대 소부少副 이상에게 해당된다.).

9. 헌체獻替[39] · 주선奏宣,[40] 기무[務]를 의논하여 이치에 합당하게 하는 것이 대납언大納言의 최最이다.

10. 천황의 뜻을 받들어 어김이 없고 토납吐納[41]하는 데 명민한 것이 소납언少納言의 최이다.

37_ 변할 수 없는 규정 · 법을 말한다.

38_ 「神祇令」 1조에서도 "天神地祇는 신기관이 모두 常典에 의거해서 제사지낸다"고 하였다.

39_ 옳고 그름에 대해서 건의하고 잘못된 것을 바꾸도록 하는 것이다. 近侍의 책무이다.

40_ 아뢰고 명을 받아 알리는 것을 말한다. 대납언은 大事를, 소납언은 小事를 宣奏한다(「공식령」 5조).

41_ 宣奏 · 宣納과 같은 뜻으로, 천황의 말을 알리고 신하들이 올리는 말을 천황에 아뢰는 것이다.

11. 서무庶務**를 접수하고 맡겨**[受付] **처분하는 데 지체되지 않는 것이 변관**辨官**의 최이다**(생각건대 소변少辨 이상에게 해당된다.).

12. 시종侍從[42]**하고 복주**覆奏[43]**하며 시행하는 데 지체되지 않는 것이 중무**中務**의 최이다**(생각건대 소보少輔 이상에게 해당된다.).

13. 인물人物[44]**을 전형**銓衡(생각건대 전형銓衡이라는 것은 전銓은 헤아려보는 것이고 형衡은 평형을 이룬다는 뜻이다. 인물은 사람만을 말하는 것이다. 관사의 관인을 뽑는 데 재능으로써 하는 것은 마치 전형銓衡하는 데 치수로써 하는 것과 같다고 할 수 있다. 그러므로 비유하여 말한 것이다.) **재능이 있는 자를 발탁하는 데 진력하는 것이 식부**式部**의 최이다**(생각건대 소보 이상에게 해당된다.).

14. 승니僧尼**는 도**道**에 합당하고**(생각건대 불도佛道에 합당하다는 것이다.)[45] **보제**譜第**가 어지럽지 않으면**(생각건대, 치부治部는 본성本姓을 관장하고, 해부解部가 보제譜第의 쟁송爭訟을 관장한다.[46] 그러므로 이를 들어서 최最의 명칭으로 삼은 것이다.) **치부**治部**의 최로 삼는다**(생각건대 소보 이상에게 해당된다.).

15. 호구戶口**에 착오가 없고**(생각건대 적장籍帳에 의거하여 조사하고 탈락·누락[脫漏]되거나 이름을 거짓되게 꾸며낸 일[冒名]이 없도록 하는 것이다.) **창고**倉

42_ 천황의 측근에서 시중을 들며 따른다는 뜻이다.

43_ 천황의 명령을 받아 문서로 작성한다는 다시 아뢰어 그 내용이 정확한지를 확인하는 절차를 말한다.

44_ 사람됨을 뜻한다. 義解에서 사람만을 뜻한다고 한 것은 物이라는 글자로 인해 사람과 物件으로 오해할 소지가 있기 때문이다.

45_ 치부성은 소속 관사인 玄蕃寮를 통하여 승니를 통제한다. 또한 氏姓·繼嗣 등을 관장한다.

46_ 「職員令」 16조 참조.

庫**가 채워져 있는 것**(생각건대 제국이 계산한 바 조세租稅와 잡도雜稻, 출거出擧 이자는 법과 같이하여 현결懸缺[47]하지 않도록 한다.)**이 민부**民部**의 최이다**(생각건대 소보 이상에게 해당된다.).

16. 무관武官**을 전형**銓衡**하고**(생각건대, 장리將吏의 재략才略을 알고 여러 비상한 일을 미리 대비한다. 그 무거武擧·출신出身은 재능에 따라 훈련시키고 뽑는 것[練擢] 또한 이것이다.) **융사**戎事**를 맡아 조련하고 충당하는 것**(생각건대, 군용軍容을 익히고 화구火具를 충당해서 갖추는 것이다.)[48]**이 병부**兵部**의 최이다. 생각건대 소보 이상에게 해당된다.**

17. 판결하는 데 막히지 않고 여탈與奪**이 이치에 맞는 것이 형부**刑部**의 최이다. 생각건대 소보 이상 및 판사**判事[49]**에게 해당된다.**

18. 수치修置[50]**를 엄격하게 하고**(생각건대 편안히 있게 두어서 제자리를 얻는 것이다.) **출납**出納**이 명확한 것이 대장**大藏**의 최이다. 생각건대 소보 이상에게 해당된다.**

19. 식산食産**을 바치는 일을 감당하며**(생각건대 천황에게 바치는 여러 음식[雜膳]을 일러 식食이라 하고 관전官田 및 원지園池에서 난 바를 일러 산産이라 한다. 미리 필요한 바를 헤아려 종류별로 준의准擬하고 공용供用에 이르기까지 모두 능히 담당하는 것을 말한다.) **여러 부**[諸部]**를 재촉하여 통솔하는 것**(생각건대, 치治는 잘 알아서 통솔하는 것이고 부部는 관할 부이다.[51] 궁내는 관할 부가 많고

47_ 손해를 끼친다는 뜻이다.

48_ 古記는 '充備兵具'라고 하여 병기 등을 갖추는 것으로 이해하였다.

49_ 형부성의 속관인 판사는 "案覆鞫狀, 斷定刑名, 判諸爭訟"을 관장하는 일로 한다(「職員令」 30조).

50_ 修는 품목별로 정리하는 것이고 置는 보관하는 것이다.

모두 공봉供奉하는 관사이므로 그 일이 매우 중하니 그러므로 최의 내용으로 삼은 것이다.)이 궁내宮內의 최이다. 생각건대 소보 이상에게 해당된다.

20. 방찰訪察이 엄격하고 명확하며 규거糺擧가 틀림없고 합당한 것이 탄정彈正의 최이다. 생각건대 충忠 이상 및 순찰巡察에게 해당된다.

21. 예교禮敎를 일으켜 받들고 도적을 금단禁斷하는 것을, 경직京職의 최最로 삼는다. 양亮 이상을 말한다.

22. 어선御膳을 감독하고 만드는[監造] 데(생각건대, 양亮 이상 및 봉선奉膳은 감監을 맡고, 전선典膳은 조造를 맡는다.) 정계淨戒하여 잘못을 저지르지 않은 것을(생각건대, 식금食禁을 범하지 않은 것이다.) 주선主膳의 최最로 삼는다. 양亮 및 전선典膳 이상을 말한다.

23. 통솔하는 데 방법이 있고(생각건대, 방方은 공평해서 의리가 있는 것[義方]이다.), 경계하여 지키는 데 실수가 없는 것을, 위부衛府의 최最로 삼는다. 위尉 이상을 말한다.

24. 음과 악이 능히 조화를 이루고 절주節奏[52]를 잃지 않는 것을, 아악雅樂의 최最로 삼는다. 조助 이상을 말한다.

25. 승니僧尼가 어지럽지 않고(생각건대, 승니령僧尼令에 합치되는 것이다.) 번객蕃客이 제자리를 얻는 것을(생각건대, 멀리 있는 사람이 새로 이르러서 수토水土가 맞지 않아서[53] 몸이 상하고, 풍속을 익히지 못하면, 유사有司가 존검存撿하

51_ 膳部・殿部 등의 伴部, 品部, 藥戶 乳戶 酒戶 등이 있었다.
52_ 마디와 가락을 말한다.

여 그들이 번람煩濫에 이르지 않도록 하는 것이다.), **현번玄蕃의 최最로 삼는다.** 조助 이상을 말한다.

26. **국용國用을 헤아려[支度][54] 주관하는 데[勘勾][55] 명확하면, 주계主計의 최最로 삼는다.** 조助 이상을 말한다.

27. **개장蓋藏을 조심하고 출납을 명확하게 하는 것을**(생각건대, 경국京國 관창官倉에 대한 개장 및 출납이다. 그 경京에 있는 것은 주세主稅가 스스로 검교撿挍한다. 그 밖에 있는 것은 장부[帳]에 의거해서 판단한다.), **주세主稅의 최最로 삼는다.** 조助 이상을 말한다.

28. **마구간의 말을 기르고 살찌우고 사정飼丁이 빠져나가지 못하게 하는 것을**(생각건대, 탈脫은 저절로 빠져나간 것[脫漏]이다. 호관戶貫을 따르지 않은 것을 탈脫이라고 한다.), **마료馬寮의 최最로 삼는다.** 조助 이상을 말한다.

29. **폭량曝凉하는 데 신중하고**(생각건대, 폭曝은 양지에 내어 말리는 것[陽乾]이고, 량凉은 서늘한 데 내어서 말리는 것[風凉]이다.) **출납이 명확한 것을, 병고兵庫의 최最로 삼는다.** 조助 이상을 말한다.

30. **아침저녁으로 항상 시중들면서 잃은 것을 줍고 빠진 것을 보충하는 것을, 시종侍從의 최最로 삼는다.**

31. **감찰監察[56]을 게을리하지 않고 출납을 명확하고 꼼꼼하게 하는 것을, 감**

53_ 물과 음식물을 먹지 못하는 것.
54_ 지출을 말한다.
55_ 결산을 말한다.

물監物의 최最로 삼는다.

32. 숙위宿衛에 힘쓰고 나아가고 물러나는 데 예에 합당하는 것을, 내사인內舍人의 최最로 삼는다.

33. 직사職事를 잘 다스리고 승강昇降[57]을 반드시 합당하게 하는 것을(생각건대, 제사諸司 차관次官 이상은 모두 이 최最를 얻는다.), 차관次官 이상의 최最로 삼는다.

34. 맑은 것을 일게 하고 탁한 것을 물리치며(생각건대, 격激은 맑게 한다는 뜻[淸]이다. 청렴한 사람이 하제下第에 있으면, 칭찬하여 올린다. 욕심이 많고 마음이 흐린[貪濁] 사람이 상고上考에 머무르면, 떨어뜨려서 내리는 부류를 말하는 것이다.) 포폄褒貶하는 것이 반드시 합당하게 하는 것을, 고문考問의 최最로 삼는다. 식부式部・병부兵部의 승丞을 말한다.

35. 방찰訪察하는 데 자세하게 살펴서 여러 일을 아울러 거행하는 것을, 판관判官의 최最로 삼는다.

36. 공적인 일에 힘써 게을리하지 않고 관장하는 일에 빠지는 바가 없는 것을, 제관諸官의 최最로 삼는다(생각건대, 여러 최最가 없는 관官은 모두 이 최最를 얻는다. 주령主鈴・전약典鑰 및 여러 장상長上과 같은 부류이다.).

37. 일을 기록하는 데 힘쓰고 계실稽失을 숨기는 바가 없는 것을, 주전主典의 최最로 삼는다.

56_ 물품을 출납하는 것을 감찰하는 것이다.

57_ 고과평정에 의한 昇降이다.

38. 상세하게 기록한 것이 법도에 맞고[典正] 사리詞理[58]를 모두 갖추는 것을, 문사文史의 최最로 삼는다(생각건대, 상詳이라는 것은 심審이다. 전정典正이라는 것은 간략하지만 문장을 이루고, 자세히 썼지만 탁해지지 않은 부류가 이것이다. 문사文史는 도서조圖書助 이상이다.).

39. 일을 기록하는 데 명확하게 하여 칙지勅旨를 잃지 않는 것을, 내기內記의 최最로 삼는다.

40. 가르치고 이끄는 데 방법이 있어서 생도生徒가 업業을 충당하는 것을(생각건대, '방方'이라는 것은 '도道'이다. '충充'이라는 것은 '만滿'이다. 「학령」에 의하여 중中 이상에 통하는 것, 이를 업을 충족시켰다고 한다.), 박사博士의 최最로 삼는다.

41. 점占, 후候, 의醫, 복卜(생각건대, 음양陰陽을 살피는 것을 점이라 하고, 천문天文을 살피는 것을 후라 하며, 병을 고치는 것을 의라 하고, 거북이껍질을 지지는 것을 복이라 한다.)의 효험이 많은 것을 열에 일곱이면 많은 것[多]이다. 방술方術의 최最로 삼는다.

42. 영허盈虛를 관측하고[推步](생각건대, 보步는 찾는[尋] 것이다. 현망弦望과 회삭晦朔을 관측하여 역曆으로 삼는 것이 이것이다. 영허라는 것은 해와 달의 정도가 차고 기우는 것이고, 시서時序와 절후節侯의 나아감과 물러남이다.) 이치를 궁구하여 정밀히 하는 것을 역사曆師의 최最로 삼는다.

43. 시전市廛이 소란스럽지 않고, 간람奸濫이 일어나지 않는 것을(생각건대,

58_ 詞는 용어를 말하며, 理는 문장의 이치를 말한다.

남녀의 가게를 나누고 화식貨食을 구분함이 시전이 소란스럽지 않은 것이다. 도둑질하거나 행동이 문란한 무리가 그 욕망을 얻지 못함이 간람이 일어나지 않는다는 것이다.) **시사**市司**의 최**最**로 삼는다.** 생각건대 우佑 이상이다.

44. **추국**推鞫**하여 실상을 알고, 신변**申辨**이 명료한 것을**(생각건대, 국鞫은 죄를 밝히는 것이다. 요了는 요별了別이라는 뜻이다.), **해부**解部**의 최**最**로 삼는다.**

45. **예**禮**와 의**儀**가 일어나 행해지고, 무기가 두루 갖추어지는 것을**(생각건대, 이는 오직 태재부太宰府[59] 및 축전국筑前國에 해당하고 그 관내에 있는 제국諸國은 포함되지 않는다.) **태재**太宰**의 최**最**로 삼는다.** 생각건대, 소이少貳 이상이다.

46. **여러 일을 힘써 처리하고, 소부**所部**를 숙청하는 것을**(생각건대, 도적이 일어나지 않는 부류이다. 가령 도적이 이미 일어나 기한 내에 포획하였다 해도 또한 그 최最를 없애야 한다.) **국사**國司 **최**最**로 삼는다.** 생각건대, 개介 이상이다.

47. **애증**愛憎 **없이, 받들어 모시는 것을 잘 이루는 것을**(생각건대 태재감太宰監 또한 이 최最를 얻을 수 있다.), **국연**國掾**의 최**最**로 삼는다.**

48. **방인**防人**이 훈련하여 익숙해지고, 융장**戎裝**이 채워져 갖추어지는 것을 방사**防司**의 최**最**로 삼는다.** 생각건대 우佑 이상이다.

49. **조사하는 데 올바른 방법으로 하고, 행인**行人**이 거리낌 없게 하는 것을**

59_ 大宰府라고도 한다.

관사關司**의 최**最**로 삼는다**(생각건대 기譏는 묻는 것이다. 관사는 「군방령」에 의거하면 국사國司가 나누어 맡아 지키고 공고히 하는데, 바로 이것이다.).

50. 1최 이상(생각건대, 신기神祇 소부少副 이상이다. 신기神祇 제사는 상법常典과 다르지 않은 것 및 직사수리職司修理, 승강필당昇降必當에 해당하는 최를 얻는 부류이다. 그러므로 이상이라고 말한 것이다.)**이고, 4선이 있을 경우**(생각건대, 무릇 선善은 반드시 평판을 기다린 연후에 선이라 할 수 있다. 곧 한 번 얻은 이후에는 그 행실이 변하지 않는다면 오래도록 그 선의 명칭을 얻는다. 다만 각근선恪勤善일 경우에는 반드시 항상적인 것이 아니어서 비록 평범하고 용렬하다 하더라도 스스로 힘써 얻을 수 있다. 그러므로 상황에 따라 올리고 내리는데 곧 당년에 해당한다.) **상상**上上**으로 한다. 1최 이상이고 3선이 있거나 혹 최가 없지만 4선이 있으면 상중**上中**으로 한다. 1최 이상이고 2선이 있거나 혹 최가 없지만 3선이 있으면 상하**上下**로 한다. 1최 이상이고 1선이 있거나 혹 최가 없지만 2선이 있으면 중상**中上**으로 한다. 1최 이상이거나 혹 최가 없지만 1선이 있으면 중중**中中**으로 한다. 직사**職事**가 거칠게 처리되고, 선**善**과 최**最**의 드러남이 없다면 중하**中下**로 한다. 애증**愛憎**이 정에 이끌려 처단**處斷**함이 이치를 어그러뜨린다면 하상**下上**으로 한다. 공**公**을 뒤로 하고 사**私**를 추구하여 직무가 폐궐**廢闕**되었다면 하중**下中**으로 한다. 관에 있으면서 아첨하고 속이거나**[諂詐] **욕심이 많아 마음이 흐려진**[貪濁] **정황이 있으면**(생각건대, 8자가 반드시 아니어도 되기 때문에, 구절을 끊어서 及을 넣은 것이다. 육장六贜 1척 이상이 자기에게 들어왔을 경우 모두 탐탁貪濁이다. 만약 도둑질하였는데 재물을 얻지 못한 것도 또한 하하下下로 한다.) **하하**下下**로 한다. 만약 선과 최 이외에 별도로 칭찬할 만한 것이 있거나, 죄가 비록 전**殿**을 이룬다 할지라도 정상**情狀**이 불쌍히 여길 만하거나, 혹 비록 전을 이루지 않는다 하더라도 정상이 꾸짖을 만한 것은**(생각건대 그 범한 바가 비록 경죄輕罪이지만 정의情意에 뉘우침이 없고 누차 허물과 실수가 있는 경우이다.) **성**省**에서 검교하는 날에 모**

두 임시로 헤아려 정하는 것을 허락한다.

51. 무릇 분번分番하는 사람은 매년 본사(생각건대, 당사의 차관 이하이다. 왜냐하면 승강필당昇降必當은 차관 이상의 최이기 때문이다.)가 그의 행능공과行能功過를 헤아려 3등의 고제考第를 세운다. 소심근탁小心謹卓(생각건대, 높으면서도 무리를 이루지 않는 것을 탁卓이라고 한다.), 집당간료執當幹了(생각건대, 집당은 집장執掌과 같다. 간료는 힘써 처리한다는 것[幹强]이다. 요了는 혜慧이다. 힘써 처리하고 슬기롭게 마쳐 스스로 능히 일을 감당할 수 있음을 말한 것이다.) 하면 상上으로 한다. 출근하는 데 어김이 없고, 잘 받들어 모시면(생각건대 윗사람의 지휘를 기다려서 받들고 따라 일을 이루는 것이다.) 중中으로 한다. 달아나서 출근하지 않고, 맡은 일을 소홀히 하였을 경우에는 하下로 한다. 대응하는 살펴 정하고 마치면 갖추어 기록하여 성에 보낸다(생각건대, 식부와 병부 2성으로 보내는 것이다.).

52. 무릇 병위兵衛는 3등의 고제考第를 세운다. 공손하고 성실하며 삼가하고 신중하며, 숙위宿衛는 법과 같이하고, 열심히 활과 말을 익혔다면(생각건대, 궁술弓術과 마술馬術을 아울러 갖추면, 곧 상上을 얻을 수 있는 것이다.), 상上으로 한다. 출근하는 데 어김이 없으며, 관장하는 일에 과실이 없고, 활과 말을 통달하였다 하더라도 이것이 분명하지 않다면(생각건대, 궁술弓術이나 마술馬術 중에서, 한 가지만 분명하면 역시 중中으로 하는 것이다.), 중中으로 한다. 순번을 어겨서 출근하지 않고, 자주 범犯과 실失이 있으며(생각건대, 자주라는 것은, 3번 이상이다. 범犯이란 것은, 고의적으로 범한 것이다. 실失이라는 것은, 과실過失이다. 아울러 이것이 장죄杖罪 이하면, 즉 그 고考를 내리고, 만약 도徒 이상에 이르렀다면, 곧 해임해야 한다.), 즐겨 사가私假를 청하고, 활과 말을 익히지 않았다면(생각건대, 비록 궁마弓馬를 익혔어도, 즐겨 사가私假를 청했다면, 중등中等의 종류로 간주한다. 궁마弓馬의 능력이 떨어지면, 역시 하제下第로 한

다. 그 밖의 여러 조항에서, 아래에 있으면서 위로 오르기를 꾀하는 데 미치지 않는 것은, 또한 모두 이에 준한다.), **하下로 한다.**

53. 무릇 위문衛門의 문부門部는 3등의 고제考第를 세운다. 당문當門에서 얼굴빛[色]을 바르게 하여(생각건대, 얼굴빛이 바르다는 것은, 얼굴빛과 용모가 엄정嚴正하여, 아첨하거나 왜곡하지[阿曲] 않는 것이다. 당문當門이란 것은, 맡아서 관장하는 곳이다) **금찰禁察에 밝고, 감당監當한 곳에서, 능히 간비姧非를 엄정히 다스렸다면**(생각건대, 엄격히 단속하고 자세히 조사하여糺肅正審, 소홀하거나 과실過失이 없는 것이다.) **상上으로 한다. 문門에 있으면서 태만하지 않고, 검교檢校에 과실이 없으며**(생각건대, 이것에 과실過失이 없더라도, 자못 소홀한 것이 있으면, 역시 중中으로 한다.), **금찰禁察에 이르러 이것이 두드러지지 않다면, 중中으로 한다. 그 문門에 힘쓰지 않고, 자주 어기는 바가 있고, 검교檢校하는 바에 일이 많이 소홀했다면**(생각건대, 반 이상을 소홀히 했다면, 많은 것으로 한다.), **하下로 한다.**

54. 무릇 국사國司와 군사郡司는 무육撫育하는 데 능력이 있고, 호구戶口를 증익增益시켰다면(생각건대, 그 생익生益한 것은, 공적의 범위에 들지 않는다. 만약 힘써 산육産育하여 더해진 사적事迹이 분명하다면, 이 또한 무육撫育하는 데 능력이 있는 것이다.), **각각 현호見戶에 준하여, 10분分으로 논한다. 1분分이 더해지면, 국사國司와 군사郡司는** 생각건대, 연掾 및 소령少領 **이상이다. 각각 고考 1등을 올린다**(생각건대, 준准은 의依와 같다. 현호見戶라는 것은 본호本戶이다. 아래 문장에서 현지見地에 준하여 논한다고 한 것은 역시 이와 같다.). **1분分이 더해질 때마다, 1등을 올린다.** 증호增戶란 것은 과정課丁이 늘어난 것을 말한다(생각건대, 본호本戶를 호수戶數로 계산하고, 증호增戶는 정丁의 수에 의거하는 것이다. 가령, 본호本戶가 100연烟이면, 곧 10연烟이 1분分되고, 이제 증정增丁이 10인 있다면, 1분分이 증가한 것으로, 고考 1등을 올리는 유類이다. 그 국

사國司와 군사郡司는 각각 행능공과行能功過에 의거하여, 고제考第를 세우고 이미 마친 후라도, 다시 이 조條에 의거하여, 분分에 따라 승강昇降한다.). 1정丁을 1호戶로 간주한다. 차정次丁 2구, 중남中男 4구와 불과호不課戶 6구를 각각 1정丁으로 간주한다. 그 파제破除가 있다면, 상쇄[相折]할 수 있다(생각건대, 호구戶口의 감원減員이 있다면, 즉 이 증익增益한 것으로 상쇄[相折]할 수 있는 것이다.). **만약 무양撫養하는 데 능력이 없고, 호구戶口가 줄었다면**(생각건대, 그 사망하여 줄어든 것은, 줄어든 범위에 있지 않다. 만약 억울한 죄를 얻어 사망에 이른 것이, 분명한 증거가 있다면, 즉 이것은 무양撫養하는 데 능력이 없는 것이다.), **각 증호增戶의 법에 준하여 역시 1분分이 줄어들면, 1등을 내린다.** 과課 및 불과不課는 모두 위의 규정에 준한다. **그 농사를 권과勸課하여, 능히 벼를 심는 면적이 늘어났다면[豊殖], 역시 현지見地[60]에 준하여, 10분分으로 논한다**(생각건대, 관할구역 내에 있는 잡전雜田을 모두 아울러 현지見地로 삼는다. 그 농업이란 것은, 인민人民이 먼저 하는 바이므로, 2분分이 늘어나면 고考를 올리고, 1분分이 줄어들면 고考를 내리는 것이다.). **2분分이 늘어나면, 각각 고考 1등을 올린다. 2분分이 늘어날 때마다, 1등을 올린다.** 생각건대, 숙전熟田 이외에, 따로 능히 개간하여 생긴 것이다. **그 권과勸課를 행하지 아니하여 이에 줄어든 것에 이르렀다면, 1분分이 줄었다면, 고考 1등을 내린다. 1분分이 줄어들 때마다 1등을 내린다.** 숙전熟田 안이 황폐荒廢한 것이다. **만약 여러 곳에 공적이 있어 아울러 고考를 올리는 것이 마땅하다면**(생각건대, 학령學令에 의거하면, 국사國司와 군사郡司가 경전의 뜻을 풀이할 수 있어서, 즉 교수敎授를 심하게 하여, 훈도訓導한 성과가 있다면 고考를 올리는 경우이다. 만약 여러 곳에서 과실이 있다면, 역시 거듭 내리는 것이다.), **역시 거듭 더하는 것을 허락한다.**

60_ 원래 파악되어 있던 토지를 말한다.

55. 국군國郡이 호구가 증가하여 고를 올려야 하는 경우에 만약, 초위招慰한 것이나, 본관戶貫을 옮기는 경우가 아니라(생각건대, 하이蝦夷의 부류이다.) 초위해서 얻은 사람들을 말한다. 괄출括出했거나(생각건대, 적장籍帳에 이름이 없는데 관사가 조사해서 찾아낸 것이다.) 은수隱首했거나(생각건대, 이름 없는 민民이 스스로 자수하는 것이다.) 주환走還한 경우에는(생각건대, 도주한 사람이 과거를 뉘우치고 돌아오거나, 떠돌면서 본관이 없어져서 있는 곳에서 본관을 올린 경우는 또한 공功의 범위에 들어간다.) 공功의 범위에 들어간다. 호구를 나누어서 호가 되는 경우는 합당하지 않다(생각건대, 절折은 나누는 것이다. 한 호가 나뉘어 두 호가 되는 것이다.). 만약에 호구가 역당에 들어가거나 [入逆](생각건대, 스스로 역당逆黨에 들어가는 것이다.[61]), 주실走失했거나(생각건대, 도망이다.), 죄를 범하여 유流[62] 이상으로 처벌되었거나(생각건대, 이미 사형되었거나, 이미 유배된 자를 말한다. 그 연좌 가구나 관에 몰수된 자 및 동거하는 사람에게 고독蠱毒을 쓴 경우 등이 모두 이에 해당한다. 단 이향移鄕 및 특류特流 및 속贖에 해당하는 자는 아니다.), 전장前帳에 헛되이 기록하였거나(생각건대, 전임 국사가 , 죽은 자를 살아있다고 기록했거나, 도망한 자를 있다고 기록하였는데, 후임 관리가 옛 기록에 따르고 고치지 않은 경우이다.) 도적에게 납치당해서沒賊(생각건대, 역적逆賊에게 노략질당하는 것이다.) 감손減損한 경우는 고를 내리는 예例에 의거한다. 적에게 납치당했더라도 인력으로 제어할 수 있는 것이 아니면 고를 내리는 대상이 아니다.

56. 관인이 호구를 늘리고 전농田農을 권장勸課하거나, 아울러 여공餘功에 연유하여 고를 올린 경우, 후에 일이 만약 사실이 아니라면 가령, 은강恩降

61_ 『令集解』 或說에서는 化外로 도망가거나, 逆國에 들어가거나 毛人國(일본열도 북부의 에미시라 불리는 이민족)에 들어가는 것을 예로 들고 있다.

62_ 流罪의 경우는 죄인의 이름이 본관지 籍帳에서 제외되고 유배지의 貫에 올린다. 적장을 만든 후에 이름을 제외하는 경우는, 死絶, 他國에 나누어 붙이는 것, 移鄕, 配流가 있다(「主計式」).

을 거쳤더라도[63] 그 고는 모두 추개追改[64]**에 따른다**(생각건대, 비록 서위敍位했더라도, 또한 반드시 추개한다.).

57. 무릇 관인이 죄를 저질러 전殿**을 부과하는 경우, 모든 안이 작성되면**[案成] **곧 부과한다**(생각건대, 전殿은 그 선수選數를 전으로 하는 것이다. 안성이란 죄를 단죄하는 데 옥안이 작성된 것으로 속동贖銅이 납부되기를 기다리지 않는다.). **사죄**私罪**는 속동 1근**斤**을 계산하여 1부**負**로 한다**(생각건대, 부負는 그 죄명을 지는 것이다. 하조下條에 의거하여 관인이 죄를 범하고 천황의 판단勅斷에 경중輕重이 있으면 모두 칙단에 의거하여 전殿을 부과한다. 즉, 그 조는 진결법에 의하여 결정된 죄나 속을 납부한 경우[眞決徵贖]로 제한하지 않고 모두 전을 부과한다. 즉, 속을 거두고 가볍게 하더라도 또한 전을 부과한다. 진결이 무거운 이치는 스스로 깨달아야 한다. 그 분번의 전을 계산하는 것 또한 모두 이에 준한다.). **공죄**公罪**는 2근을 1부로 한다. 각 10부를 1전**殿**으로 한다. 상상의 고에 해당하는 경우는 비록 전**殿**이 있더라도 내리지 않는다**(생각건대, 만약에 상상의 고에 해당하는 사람이 아울러 사죄에 의한 전과 공죄에 의한 전이 있다면, 다만, 사죄로써 상상을 내리고, 그 공죄의 전은 내리는 범위에 넣지 않는다.). **생각건대** 사죄는 아니다. **상중부터 이하는 1전에 준해서 1등**等**을 내린다. 즉 공좌**公坐**에 의한 전실**殿失**도 내려야 한다**(생각건대, 공좌公坐로 전이된 것은 원래 사사로운 것이 아니기 때문에 전실殿失이라고 한다. 만약에 공좌公坐 때문이라면 전을 감減 할 수 없다. 왜냐하면, 율에 의거하여 제방을 터뜨렸다면 장杖 80이라고 하였고, 주注에서는 어떤 사람이 제방을 몰래 터뜨려서 물을 공용供用했다면 공사公私를 묻지 않고 각각 연좌된다. 물이 만약에 관을 위한 것이라면 이것이 곧 공좌公坐이다. 그러므로 공좌전을 감할 수 없음이 분명하다.). **만약에 그 해의 일이 힘들**

63_ 일반적인 범죄는 恩赦를 만나면 降考를 면제받지만, 허위 사실로 考第가 올린 경우는 은사의 대상이 되지 않는 것이다.

64_ 과거로 소급해서 정정한다는 뜻이다.

어서 평상과 달랐다면(생각건대, 중상 이상의 고를 얻은 것을 말한다. 왜냐하면, 중상 이상의 고가 일반 사람이 얻을 수 없는 것이기 때문이다. 이런 까닭에 당령에는 1계季의 녹봉季祿을 더하였다. 즉 평상시에 중중을 얻은 사람이 특별히 중상을 얻었거나, 평소에 중상을 얻은 사람이 특별히 상하를 얻는 부류이다. 그러므로 평상과 다르다고 한 것이다.) **1전을 감하는 것을 허락한다. 과실로 사람을 살상**殺傷**한 죄를 범했거나, 의죄**疑罪[65]**로 속**贖**을 납부하였다면 모두 전의 범위에 들지 않는다.**

58. 무릇 관인이 사죄의 하중下中**이나 공죄의 하하**下下**를 범하였다면 모두 현임**見任**을 해임한다**(생각건대, 위의 조항에 의거해서 공사公私의 전殿을 헤아려 강등한 것이 이 제第[66]에 이른 경우는 곧 현임을 해임한다. 그 경적을 논하여 강등한 것이 이 고考에 이른 경우 또한 이와 같다. 만약 공사죄公私罪의 전殿을 아울러 헤아려 강등한 것이 하중下中에 이른 경우는 공죄公罪의 전殿으로 삼아서 해관解官할 수 없다.). **즉, 법에 의거하여 제면**除免[67] **· 관당**官當[68]**해야 할 경우는**(생각건대, 무위無位의 관인이 음속蔭贖[69] 도徒 이상인 경우는 또한 해관解官해야 한다. 8위 이상보다 가벼울 수 없다.[70]) **고과평정**[考校]**의 범위에 있지 않다. 모두 당년**當年**의 녹**祿**을 거둔다**(생각건대, 당년當年은 봄부터 겨울까지다. 만약 일이 발

65_ 증거가 부족하거나 본인이 죄를 인정하지 않은 경우를 擬罪라고 한다.
66_ 公罪의 下下第와 私罪의 下中第를 말한다.
67_ 除名, 免官, 免所居官을 말한다(「名例律」 18~20조).
68_ 관인의 관위로 형벌을 대신하는 것을 말한다(「名例律」 17조).
69_ 蔭의 감형되고도 徒刑에 처해지는 경우를 말한다.
70_ 관당 이상은 원칙적으로 8위 이상의 위계를 가진 자 및 초위 직사관에 대하여 적용되는 것이다(「名例律」 23조). 無位의 관인 및 分番에 대해서는 구체적인 규정이 없으나, 義解는 無位의 경우 蔭贖 徒刑 이상은 解官한다고 하였고, 分番 8위 이상은 관당법이 적용되기 때문에 당연히 고과의 대상이 될 수 없고 해임된다. 分番 初位 이하는 관인으로서 가질 수 있는 특권이 적용되지 않았다. 따라서 蔭에 의한 減贖의 특권을 갖지 않은 자는 실형에 처해지므로, 徒 이상은 모두 해임된다.

생한 해의 녹祿을 거두었다면 전년前年의 녹祿을 소급해서 거둘 수 없다. 가령, 정월에 일이 발생했을 경우 작년의 녹을 거둘 수 없고 장차 받을 녹을 지급하지 않는다. 만약 가을 녹祿이 이미 지급된 후 일이 발생했다면, 춘추의 녹을 거듭해서 모두 거두어 들이는 부류이다.). **본래 범한 죄가 제면과 해임에 이르지 않았으나 특별히 제면이나 해임한 경우에는 거두지 않는다. 그 고考로 해임된 자는 만 1년 후에 서임敍任을 허락한다**(생각건대 고로 해임된 자[考解]는 위位를 빼앗을 수 없다. 그리고 서임을 허용한다고 말한 것은 출사하는 것을 허락한다고 한 것과 같다.).

59. 무릇 내외 초위初位 이상의 장상관長上官이 고考를 헤아리기 이전에 사무를 본 것이 240일을 채우지 못하였거나, 분번分番이 140일을 채우지 못하였거나, 장내帳內와 자인資人이 200일을 채우지 못하였다면 모두 고考의 대상이 아니다. 분번分番하는 자가 만약 상일[日]에 단절斷絶이 있어서 고考를 전의 두 배로 근무하고자倍上 한다면 모두 통계通計를 허락한다(생각건대 합당한 사유가 있어 번番을 빠진 경우이다. 만약 농사지을 때는 휴가를 청하고 농한기에 두 배로 근무하고자倍上 하는 경우는 그 의도가 추측되므로, 이치로 보아 허락할 수 없다.). 즉 먼저 공사公使를 따른 후에 관직이 바뀐 자는(생각건대 산위散位가 먼저 공사公使를 따른 후에 관官에 임명된 경우 또한 같다.) 보임일補任日부터 혹은 임관이 되었으나 아직 근무하지 않았는데 다시 사신에 차출된 자는 사신에 차출된 날로부터, 모두 관사에서 사무를 보는 법과 같다. 만약 이미 관인 신분에 있는 자[舊人]가 사신이 되었다가 후에 교체된 경우(생각건대 관인이 사신으로 차출된 후에 교체되어 해임된 경우이다.[71]) 교체 후에는 사신으로 근무한 날도 통계하는 것을 허락한다. **그 공과功過가 분명해서**(생각건대 중상中上 이상의 고考에 해당하면 공功이다.

71_ 사신의 임명으로부터 실제 출발까지는 상당한 기간이 소요되기 때문에 그 사이에 병 등으로 사신에서 제외되는 경우도 있었다.

하중下中이하의 고考에 해당하면 과過이다. 이것이 공과가 분명[灼然]한 경우이다. 그 분번分番 또한 이에 준한다.) **이치로 보아 관직을 떨어뜨리거나 올려야 하는 경우, 비록 날짜를 채우지 않았더라도 별도로 기록하여 성省에 보낸다. 그 분번分番과 장상을 아울러 통계하여 고考로 삼는 경우**(생각건대 이것은 분번分番이 장상에 들어가는 것을 위해서 법을 세운 것이다. 만약 장상이 분번分番으로 나가는 경우 이 법은 적용하지 않는다. 또한 장상 1일은 분번分番 1일로 삼는다. 그 외장상은 내분번과 아울러 통계하지 않는다.), **분번의 3일은 장상의 2일에 해당한다. 매년 고문考文을 모으는 날에 성省은 살펴서 바로잡아**[勘校] **색별色別로 기록한다**(생각건대 상일上日과 고제考第는 색제色制[72]가 같지 않다. 그러므로 색별色別이라고 말한 것이다. 즉, 지금 소위 고지별기考之別記라고 하는 것이다.). **모두 공과功過를 드러낸다. 3위 이상은**(생각건대 1품 이하이다. 우대신 이상은 고의 예例에 있지 않다.) **상주上奏하여 천자의 결재를 청한다**[奏裁]. **5위 이상은 태정관이 헤아려 정하여 천자께 아뢴다. 6위 이하는 성省이 대조하여 정한다**[校定]. **끝낸 후에 고제考第를 읽어주고**[唱示](생각건대 이것은 6위 이하를 위하여 규정을 만든 것이다.) **태정관에 보고한다. 만약 고가 하제下第에 해당하였으나 이유가 충분하지 않아서**(생각건대 만약 상제上第에 해당하는데 고치고 헤아림을 분명히 하기 어려운 경우 마땅히 상제上第에 의거해 결정한다.) **헤아려 바로잡는 데 분명히 하기 어려운 경우 사신에게 부쳐서 다시 조사한다**(생각건대 사신은 편사便使[73]이다.). **선악善惡은 후년後年을 기다려서 함께 정한다**[總定]. **만약 고考가 지난 후에 이치를 호소하고 불복하여 바로잡아야 할 경우 또한 이와 같다**(생각건대 설雪은 바로잡는 것이다.).

72_ 관인은 근무지 및 근무방식에 따라 내장상, 내분번, 외장상, 외분번으로 나누는데 이를 色이라고 한다. 각 색에 따라서 上日과 考第가 서로 다른 것을 말한다.

73_ 중앙으로 가는 사신이 있을 때 그 편에 부쳐서 보내는 것이다. 專使는 특별한 목적을 위하여 파견되는 사신이다.

60. 무릇 2관官 이상을 겸하면 각각의 관직의 고[官考]에 의거한다(생각건대, 2개의 관직에서 각각 상례에 의거해서 고考를 세운다. 그러므로 각각의 관직에 의거한다고 말한 것이다.). 성省이 고考를 평가하는 날에 공과功過를 상쇄하고[相折](생각건대, 공功으로써 과過를 상쇄한다. 그 고과考過를 정하는 것은 만약 2관官이 모두 공과功過가 없고 오로지 선최善最만 있으면 상쇄할 수 없다.), 거듭해서 높은 관직의 고[一高官上考]를 따르는 것을 허락한다. 만약 한 관에서 사죄[私坐]를 범해서 해임[解官]해야 될 경우는 곧 모두 해임[解官]한다(생각건대, 2관직 모두 해임[解官]되는 것이다. 만약 공죄[公坐]를 범하면, 오직 일을 범한 한쪽이 해관되며, 그 2관직에서 공죄에 의한 전殿을 계산해서 해임에 이르면 역시 한쪽 고관高官을 해임한다.). 즉 한쪽 관에서 맡은 바를 떠나면(생각건대, 합당한 이유[理]로써 맡은 바[任]를 떠나는 것이다.), 거듭된 바의 고考를 현임의 관직으로 돌려서 논하는 것을 허락한다(생각건대, 해임된 바의 관직의 고考를 돌려서 현임의 관직의 고考로 삼는다. 그리하여 성선서위成選敍位하는 것을 말한다.).

61. 무릇 대이大貳 이하 및 국사國司는목目 이상을 말한다. 해마다 분번分番해서(생각건대, 이미 해마다 분번分番한다고 하였으므로, 곧 1년으로써 분번의 기한으로 삼는 것을 알 수 있다.) 조집朝集한다.[74] 해당 관사 내의 현임 및 해대解代를 모두 알아야 한다. 그 재임 이래의 연도별의 장적狀迹에 대해서는(생각건대, 국수國守 이하는 재임 중 1선選 기간 중의 연도별 장적狀迹에 대해서 묻는 것에 따라서 변답辨答하는 것이다.) 묻는 것에 따라서 변답辨答한다.[75]

62. 무릇 내외의 관인이 고考에 준해서 해관解官되어야 할 경우는(생각건대,

74_ 매년 교체되며 畿內는 10월 1일까지, 畿外는 11월 1일까지 考文 및 각종 문서를 지참하고 조정(태정관)에 모여야 한다.

75_ 國司, 郡司, 軍團의 大少毅의 考文을 校定할 때 朝集使에게 勘問한다.

차관次官 이하를 말한다. 장관長官의 고考는 스스로 정할 수 없다. 즉 그 보고가 내려오기 전까지는 여전히 사무를 보아야 한다.) **곧 일을 처리하는 데 합당치 않다.**[76] **부보符報를 기다려서 곧 해관한다**(생각건대, 보고를 기다리는 사이에 사력事力[77]과 직전職田[78]을 빼앗을 수 없다.).

63. 무릇 고考를 평가해야 하는 관인은 죄를 범해서 안案이 성립되면[案成], 고考하는 날[79]에 곧 고장考狀[80]에 기록해야 한다. 만약 다른 관사[司]의 사람이 공과功過가 있으면, 기록하여 본사本司에 첩牒하여 고考에 붙여야 한다(생각건대, 그 공과功過는 비록 올리고 내리는[昇降] 데에 이르지 않았다고 하더라고 역시 기록해야 한다. 통계하여 고考에 붙여야 하기 때문이다.). **도성에 있는[在京] 단죄하는 관사[司]는**(생각건대, 도성에 있는 모든 관사[在京諸司]가 이것이다. 왜냐하면 옥령獄令에 의거하면 재경제사在京諸司는 장죄杖罪 이하를 해당 관사가 결단하기 때문이다.[81] 그 형부刑部가 판단한 바 관당官當 이상의 죄는 아뢰어 보고하는 날에 바로 기록하여 보내므로, 이 조條에 들지 않는다.) **결단한 죄를 9월 30일 이전에 모두 기록하여 성省에 보낸다**(생각건대, 비록 전殿이 되지 않는다 하더라도 역시 기록하여 보내야 한다. 그 국군國郡 역시 이에 준한다.).

64. 무릇 관인이 죄를 범했는데 칙단勅斷으로 가볍거나 무거워지면, 칙단勅

76_ 考의 결과가 解官에 해당하는 경우에는 먼저 업무처리를 보지 못하도록 하는 것이다.

77_ 大宰府와 國衙의 관인에 지급되는 正丁으로 侍從·雜任 및 관인들의 職田의 耕作을 담당하였다. 大宰師는 20명, 大國守는 8명 등 지급 인원이 정해져 있었다.

78_ 관직에 부수된 토지를 말한다. 관인의 급여의 일종이다.

79_ 8월 1일부터 8월 30일까지를 말한다(「考課令」 1조).

80_ 기본적인 上日과 考第에 대한 기록만을 담은 考文과는 구별되는 고과평정과 관련된 기록으로 생각된다.

81_ 「獄令」 1조 참조.

斷에 의거해서 전殿에 붙인다(생각건대, 관인이 죄를 범하면, 본죄가 전殿이 된다. 그런데 칙단勅斷으로 혹은 가볍거나 혹은 무거워지면, 모두 칙단勅斷에 의거하여 전殿을 헤아려 고考를 내린다. 가령 관인이 사죄私罪 장杖 100을 범하면, 속동贖銅 10근에 해당하고, 이것이 1전殿을 이룬다. 그런데 칙단勅斷으로 장杖 90이면, 곧 속동贖銅 9근에 의해서 붙인다. 만약 칙단勅斷 도徒 1년이면, 역시 속동贖銅 20근에 의거하여 붙이는 것이다.). **만약 본범本犯이 전殿을 이루지 않는데 칙으로써 고考에 붙이도록 한 경우는 본범本犯에 의거해서 고考에 붙인다**(생각건대, 본범本犯으로 전殿을 이루지 못하는 것이다. 가령 관인이 죄를 범하여 장 90에 해당하고, 칙으로써 장 100을 결정하면, 오로지 속동贖銅 9근에 의하여 붙인다. 만약 장 70에 해당하고, 칙으로써 장 60을 결정하면, 곧 속동贖銅 6근에 의하여 붙인다.). **곧 별도의 칙으로써 방면하거나 은강恩降을 만나면, 전殿의 범위에 들지 않는다**(생각건대, 은강恩降이라는 것은 은사恩赦 및 강降이다.[82] 전殿의 범위에 들지 않는다[不入殿限]는 것은 율에 의거해서 만약 속동贖銅을 내고 나서[輸訖] 이후에 강降을 만나면, 오직 강降한 바를 제외하고, 나머지는 전殿에 준하여 이를[83] 내린다.). **본범本犯이 사죄私罪로 판결[斷]되어 도徒 이상인데**(생각건대, 도徒 이상이라는 것은 유죄流罪이다. 옥령獄令에 의거하면 "잡범雜犯으로 인한 사죄死罪를 지어 옥성獄成[84]이 되었는데 사면을 만나서 전부 용서받으면, 현임 직사를 해임한다"고 하였다. 즉 사죄死罪는 사면을 만나면, 곧 그 관을 해임한다. 번거롭게 전殿에 의거하여 내릴 필요가 없다. 규정에서 "단도이상斷徒以上"이라고 하였으므로,[85] 곧 아직 판결받지 않은 자는 은면恩免을 따르는 것이 분명하다. 그 비도比徒[86]의 경우는 도徒 이상이라고 칭하는 범위에 있지 않다.), **은면恩免을 입어서**

82_ 恩赦는 죄를 사면하는 것이고 降은 처벌을 낮추는 것이다.

83_ 본죄의 殿에서 본죄가 降해진 만큼 그 殿을 낮추어주는 것을 말한다.

84_ 贓物이 적발되었거나 현행범이라는 증거가 드러나면 贓狀露顯이라고 하여 郡이나 國의 심리 단계에서도 獄成이라고 하고 또 그 정도로 명백한 증거가 없더라도 판결안이 작성된 단계를 獄成이라고 한다.

85_ 徒刑 이상으로 판결을 받았다는 뜻이다.

(생각건대, 은사恩赦 및 별칙으로 방면하는 것이다. 그 강降도 역시 같다.), **해당 연도의 고考가 상上에 있다면**(생각건대, 중상中上 이상이다.), **역시 전殿에 준해서 내린다. 단 내려서 하제下第에 이르게 할 수 없다**(생각건대, 중하中下이다. 그 속동贖銅을 헤아려서 고考를 내린다. 이미 거두거나 거두지 않았거나 상관없다. 위의 조條에서 안성案成에 의거해서 이에 붙인다고 하였기 때문이다.). **만약 본범本犯이 면관免官 이상**(생각건대, 이상以上은 제명除名이다. 율을 살펴보면 잡범으로 가역류加役流[87]이거나, 자손이 과실로 유형[過失流]을 범한 경우는 모두 제명에 합치된다. 만약 은사恩赦를 만나면, 곧 그 죄를 면할 수 있게 된다. 단, 고考하는 날에 이르러서는 전殿을 헤아려 고考를 내린다.)**이거나 및 장물이나 뇌물[臟賄]을 자신이 취한 경우에**[88](생각건대, 관인이 감림監臨하는 바의 물품 1척尺 이상을 받는 부류이다.) **사면받기 이전에 옥성獄成이 되면**(생각건대, 별칙을 내리는 것은 모두 은례恩例와 같다. 그 감주監主가 도둑질[奸盜]을 범하여 옥성獄成이 되었는데 일상적인 사면을 만나면, 재직 중인 관직에서 물러나도록 하는 것이다. 이것은 일상적인 사면에서 면제해주지 않는다. 또한 고과평정을 판단하는[考挍] 범위에 있지 않다. 곧 이러한 경우에 비일상적인 사면을 만나는 경우는 이에 경적景迹으로써 논한다. 한 극단을 들었으므로, 나머지는 따라서 알 수 있을 것이다.), **곧 경적景迹으로써 논한다**(생각건대, 위의 조에 의거하면 관직에 있으면서 속이거나[諂詐] 탐욕스럽고 혼탁한 사실이 증거가 있으면, 하하下下로 삼는다. 즉 장물·뇌물[贓賄]을 자기가 취한 경우가 탐욕스럽고 혼탁한 경우이다. 즉 비록 은사恩赦를 만나더라도 오직 하하下下로 삼는다. 또 위 조항에 의거하면 관인

86_ 『唐律義疏』「名例律」23조 除免比徒條에 "除名·免官·免所居官, 罪有差降. 故量輕重節級比徒."라고 하여 제명 면관 면소거관 등을 徒刑과 견주는 것을 말한다. 예를 들어 3위 이상의 관인이 私罪를 범한 경우 하나의 관위는 徒 3년에 비교된다.

87_ 勞役을 부가한 유배형이다.

88_ 관인이 부당하게 이득을 얻은 경우를 말한다. 『당률소의』「雜律」1조 坐贓致罪條에서는 "贓罪正名, 其數有六 謂, 受財枉法, 不枉法, 受所監臨, 强盜, 竊盜, 幷坐贓."이라고 되어 있다.

이 사죄私罪 하중下中·공죄公罪 하하下下를 범한 바가 있으면, 해당 연도의 녹을 빼앗는다. 곧 이 규정에 의거해서 역시 녹을 빼앗는 것이 합당하다. 그러므로 고考를 떨어뜨리거나 녹을 빼앗는 것은 모두 일상적인 법[常法]에 의거한다고 말한 것이다.). **고考를 떨어뜨리거나 녹을 빼앗는 것을 모두 일상적인 법[常法]에 의한다. 곧 제면除免이 아니면, 해관解官하지 않는다**(생각건대, 제除한다는 것은 제명除名이고, 면免이라는 것은 면관免官이다. 위 조항에서 의거하면, 사죄私罪 하중下中·공죄公罪 하하下下는 아울러 현임을 해임한다고 하였다. 그 장물·뇌물[贓賄]을 자신이 취하면 따라서 비록 하하下下에 이르더라도, 해관解官할 수 없다. 다만, 본범本犯·제명除名·면관免官이면, 반드시 해관解官해야 한다. 그러므로 제면除免이 아니라면, 해관解官하지 않는다고 한 것이다.).

65. 무릇 해마다 모든 사[諸司]는(생각건대, 변관辨官, 치부治部, 민부民部, 형부刑部 등이다), **국사國司와 군사郡司의 정사[政]의 수공이행殊功異行**(생각건대, 공상행적功狀行迹이, 범상함을 넘어서고 무리에서 뛰어난 것이다. 가령, 정혼鄭渾이 제방을 만들어서, 패군沛郡의 조租가 배로 늘어나고, 포욱鮑昱이 도랑을 허물어 물을 흘러 보내어, 여남汝南의 물이 넉넉하였던 유類가 수공殊功이다. 구람仇覽이 포蒲의 장長이 되어, 아름다움을 퍼뜨리고 사나운 사람을 교화시키고, 탁무卓茂가 밀密을 다스리면서, 선행을 닦고 누리를 피하게 했던 부류가 이행異行이다.) **및 상서祥瑞[89]·재황災蝗[90]·호구戶口·조역調役의 증감, 해당 지역의 풍검豊儉, 도적盜賊의 다소多少를 얻으면, 모두 기록하여 성省에 보낸다**(생각건대, 수공이행殊功異行은 변관辨官으로부터, 상서祥瑞는 치부治部로부터, 조역調役의 증감은 민부民部로부터, 도적盜賊의 다수는 형부刑部로부터, 모두 다 기록하여 식부式部·병

89_ 大瑞 上瑞 中瑞 下瑞 등으로 나뉘며 대서는 기린 봉황 거북 용이 나타나는 것을 말한다. 「儀制令」 8조.

90_ 災는 자연재해를 말하고 蝗는 메뚜기떼가 대량으로 발생하는 누리를 말한다. 「戶令」 45조.

부兵部에 보내는 것이다).

66. **무릇 가령**家令**은**(생각건대, 서리書吏 이상을 통틀어 일컫는 것이다. 즉 문학文學 역시 본주本主가 고考한다. 그 부扶 이상 및 문학文學은 여러 관직諸官의 최最를 얻고, 종從은 판관判官의 최最를 얻고, 서리書吏는 주전主典의 최最를 얻는 것이다.) **해마다 본주**本主**가 여러 사**司**의 고법**考法**에 준하여 고**考**를 세운다. 빈**嬪 **이상 및 내친왕**內親王**의 가사**家事**는 궁내성**宮內省**에 예속시킨다**(생각건대, 가사家事가 고의 대상[考事]이 되는 것이다. 즉 궁내성宮內省이 본주의 뜻을 받들어, 그 고제考第를 정하는 것이다.). **고**考**를 마치면, 성**省**에 보고하고 안기**案記[91]**한다.** 고考에 준하여 해임하는 것이 응당한 경우는 여러 사司의 법과 같다.

고 외위考 外位

67. **무릇 국사**國司**는 해마다 군사**郡司**의 행능공과**行能功過**를 헤아려, 4등의 고제**考第**를 세운다. 깨끗하고 신중하게 공사에 힘쓰고, 맡은 바를 잘 수행하고 밝게 살피는 부류라면**(생각건대, 군사郡司의 소행所行이, 상제上第에 있는 것이 합당한 경우는, 단지 이 일만이 아니라 번다繁多하다. 따라서 '지류之類'라고 한다. 만약 다른 일[餘行]로 인하여, 상제上第를 얻었더라도, 이 8 글자[八字]를 취해서 그것으로써 최의 기준으로 삼는다.), **상**上**으로 한다. 관직에 있으면서 태만하지 않고, 일을 맡아서 사사로움이 없는 유**類**라면, 중**中**으로 한다. 그 직무에 힘쓰지 않고, 여러 차례 과실**[僭犯]**이 있는 유**類**라면, 하**下**로 한다. 공적인 것을 등지고 개인적인 것을 좇거나, 탐욕스럽고 탁한 정황이 있는 유**類**라면**(생각건대, 일이 모두 갖추어질 필요가 없다. 하나의 경우라도 즉 하하下下로 하는 것이다.), **하하**下下**로 한다. 그 군단**軍團**의 소의**少毅 **이상은**(생각건대,

91_ 사안별로 나누어 기록하는 것이다.

그 주장主帳인 경우는, 고考를 얻는 예에 있지 않다. 따라서 이상以上이라고 한 것이다) 통솔하는 요령이 있고, 관할 구역部下을 숙정肅整했다면(생각건대, 두 일이 모두 갖추어져야만, 이에 최最를 얻는다. 그 아래 조항도 역시 이에 준한다.), 상上으로 한다. 청렴하고 공평하도록 힘써 근무하고, 무예가 훌륭하다면, 중中으로 한다. 일에 있어 힘쓰지 않고, 무예가 뛰어나지 않았다면, 하下로 한다. 여러 차례 실수가 있고, 무용武用에 기틀이 없다면(생각건대, 기紀는 강기綱紀이다), 하하下下로 한다. 해마다 국사國司는 모두를 고考하고 대면[對定]해서 정한다. 마치면 모두 기록하여 조집사朝集使에 부쳐 성省에 보낸다. 그 하하下下의 고考인 경우에는 당년當年에 교정校定하여 곧 해임한다(생각건대, 앞에 조항에 의거하면, 부보符報를 기다려 곧 해임하는데, 이 조 역시 같다. 이 문장은 '성에 보낸다'고 하는 문장 아래에 이어지는 것이다. 즉 2성省이 교정校定하여 관에게 알리면 즉시 해임되는 것을 알 수 있다.).

68. 무릇 국박사國博士는 3등의 고제考第를 세운다. 관직에 있으면서 태만하지 않고, 가르쳐 이끄는 요령[敎導]이 있으면, 상上으로 한다. 학문을 가르치는 데 게으르지 않고, 생도生徒의 학업이 충분하다면, 중中으로 한다. 그 직무에 힘쓰지 않고, 가르치고 깨우치는 데 빠짐이 있다면, 하下로 한다. 그 의사醫師는 효험効驗의 다소에 준하여(생각건대, 생도生徒의 학업이 충분하더라도, 환자가 낫지 않으면 이에 하제下第로 한다.) 10에 7 이상을 얻으면 상上으로 한다. 5 이상을 얻으면 중中으로 한다. 4 이상을 얻으면 하下로 한다.

69. 무릇 장내帳內 및 자인資人은 해마다 본주本主가 그 행능공과行能功過를 헤아려, 3등의 고제考第를 세운다. 맡은 일에 힘써 게으르지 않고, 청렴함이 주인의 뜻에 부합한다면, 상上으로 한다. 공경하여 받드는 데 주인의 뜻에 합당하고(생각건대, 지祗는 공경한다는 것이다. 승承은 섬기는 것과 같다.), 맡은 일에 태만하지 않으면, 중中으로 한다. 자주 사사로운 휴가를 청하거나,

자주 과실이 있으면(생각건대, 두 일이 모두 갖추어질 필요가 없다. 만약 하나의 경우라도 역시 하下로 한다. 그 상절相折의 법은 분번조分番條와 같다.), 하下로 한다.

70. 무릇 수재秀才는 방략책方略策(생각건대, 방方은 큰 것이고 약略은 개요이다. 큰일의 요략要略을 말한다.) 2조를 시험한다. 문리文理(문文은 글이고 이理는 뜻이다.)가 모두 높다면 상상上上으로, 문장이 높고 뜻이 평이하거나 뜻은 높은데 문장이 평이하면 상중上中으로, 문리가 모두 평이하면 상하上下로, 문리가 대충 통하면 중상中上으로, 문장이 좋지 않고 뜻이 막히면 모두 불합격이다.

71. 무릇 명경明經은 주례周禮·좌전左傳·예기禮記·모시毛詩 각 4조와, 나머지 경에 각 3조, 효경孝經·논어論語를 통틀어 3조(생각건대 논어·효경은 1부의 책과 같다.)를 시험하는데, 모두 경의 문장 및 주석을 들어 질문한다. 대답은 모두 뜻과 이치를 명확하게 분별해야만 통通으로 삼는다. 10조를 통하면 상상이고(생각건대, 그중 중경中經을 통하고자 하면 2경經이 모두 통해야 하는 것으로 곧, 주례·모시 각 4조, 논어·효경은 통틀어 3조로, 합하여 11조를 시험한다. 만약 10조를 통하였다면 비록 전부를 통하지 않았다 하더라도 역시 상상으로 삼는다.) 8조 이상을 통하면 상중, 7조 이상을 통하면 상하, 6조 이상을 통하면 중상으로 삼고, 5조 이하 및 한 경經만 통하거나 혹은 논어·효경을 전혀 통하지 못하면(생각건대 3조를 시험하여 전부 통하지 못한 것이다.) 모두 불합격이다. 2경을 통하는 이외에 별도로 다시 다른 경經을 통하려면 경마다 대의大義 7조를 물어 5조 이상을 통해야 통으로 삼는다.

72. 무릇 진사進士는 시무책時務策(생각건대, 시무時務라는 것은 나라를 다스리는 데 중요한 정무[要務]이다. 가령, 이미 많지만 더욱 부유해지려면 그 방책은 무

엇인가라는 등이다.) **2조와 첩**帖[92]**을 시험하는데, 첩은 문선**文選 **상질**上秩**에서 7첩**(생각건대, 첩帖은 살핀다[安]는 뜻이다. 문장 속에서 사물을 살펴 외워서 읽으며 지나가게 하는 것을 말한다.), **이아**爾雅**에서 3첩이다. 그 책의 문장과 용어**[文詞]**가 순조롭고 어법에 맞고, 내용의 의미와 조리**[義理]**가 명백하고 타당하며, 아울러 첩**帖 **문제도 통과하였다면 통으로 삼는다. 책의 내용**[事義]**에 막힘이 있고 용어와 문장**[詞句]**이 어법에 맞지 않으며, 첩 문제도 통과하지 못하였다면 통**通**이 아니다. 첩과 책**策**이 모두 통한 경우를 갑**甲**으로 삼고, 책에서 2조 통하고 첩에서 6조 이상을 통과하면 을**乙**로 삼는다. 이외에는 모두 불합격이다.**

73\. **무릇 명법**明法**의 시험은, 율령**律令 **10조**(생각건대, 이 영에 의하면 필시 명법박사와 학생이 있어야 한다.)**이다.** 율律은 7조, 영令은 3조이다. **법의 뜻과 이치**[義理]**에 두루 깨달아 통달하여 질문에 미심쩍거나 막힘이 없으면 통이고, 대강 법규**[綱例]**를 알지만 본래의 취지를 궁구하지 못했다면 통이 아니다. 전부 통하였다면 갑, 8조 이상을 통하였다면 을로 삼고, 7조 이하를 통하였다면 불합격이다.**

74\. **무릇 공거인**貢擧人**을 시험하는 것은 모두 묘시**卯時**에 책**策**을 붙이고 당일에 대책을 끝낸다**[對畢](생각건대, 책策은 나무조각[簡]이다. 문사文詞를 쓰는 것이다. 수재·진사의 경우 이 간책簡策에 대하여 글로 써서 대답하게 하는 것을 말한다.). **식부**式部**가 시험을 감독한다**(생각건대, 식부는 그 시험을 감독하는 것이지 반드시 시험을 주관하는 것은 아니다.). **끝내지 못하면 평가하지 않는다.**(생각건대, 그날 2책에 대하여 완성해서 끝내지 않은 것이다.) **마치면 본사**本司**의 장관에 앞에서 등제**登第**를 정하여 소리 내어 발표한다.**(생각건대, 식부

92- 한 행에 세 군데를 나무로 가려서 시험을 내는 문제.

경式部卿 앞에서 그 등제를 정한다.)

75. 무릇 공인貢人은 모두 본부本部의 장관이 태정관에 올려 보낸다. 만약 장관이 없다면 차관이 올린다(생각건대, 판관은 공인을 바치지 않는다.). 그 사람은 조집사朝集使를 따라 가서 모인다. 도착한 날에 모두 변관辨官에서 데리고 가서 보이고 곧 식부式部로 보낸다. 이미 공송貢送되었는데 사고가 있어서 시험을 치지 못한 자는 다음 해에 응시를 허락한다. 그중 대학大學의 거인擧人은 문서를 갖추어 태정관에 보고하고, 제국諸國의 공인과 함께 시험을 본다. 시험이 끝나서 급제를 얻으면 아뢰어서 식부성에 머무르게 한다.(생각건대, 수재·명경에서 상상, 상중을 얻었다면 각각의 서법敍法이 있다. 그중 상하, 중상은 서위敍位의 범위에 들지 않고, 오직 식부에 머물게 해서 선選을 기다려 곧 서위한다.[93]) 급제하지 못하면 각각 본색本色으로 돌려보낸다.(생각건대, 9년을 채우지 못했다면 본학本學으로 돌아가지만, 채웠다면 본관本貫으로 돌려보낸다. 그러므로 '각각 본색으로 돌려보낸다.'고 한 것이다.)

93_ 정식 관인으로 출사하기 전에 式部省에서 머물면서 실무를 익히는 것이다.

(謂. 考者. 考校功過也. 課者. 課試才藝也. 律云. 考校課試不以實. 是也.) 凡漆拾伍條

凡內外文武官(謂. 依公式令. 在京諸司爲京官. 自餘皆爲外官. 又五衛府. 軍團及諸帶仗者爲武. 自餘並爲文是. 但外武官. 不入此條. 何者. 軍毅別爲立四等考第故也.)初位以上(謂. 一品以下. 此卽考校主典以上之法. 凡任主典以上者. 必須有位. 故云初位以上. 若有無位長上. 亦入此條也.). 每年當司長官(謂. 本司長官. 不由所管之省也.). 考其屬官(謂. 次官以下也.). 應考者. 皆具錄一年功過行能(謂. 具錄者. 年中功過行能. 考校之時. 惣集抄錄也. 功過行能者. 職事修理爲功. 公務廢闕爲過. 善惡爲行. 才藝爲能. 其緣才進考. 令條无文. 猶亦兼錄者. 爲銓衡人物. 必據考簿故. 卽選叙令. 應選者. 皆審狀迹. 銓擬之日. 先盡德行. 又考滿應叙之人. 有高行異才. 是也.). 並集對讀(謂. 讀訖卽便定其考第也.). 議其優劣. 定九等第(謂. 於一人. 亦可有優劣也.). 八月卅日以前校定. 京官畿內. 十月一日. 考文申送太政官. 外國. 十一月一日. 附朝集使申送. 考後功過. 並入來年. 若本司考訖以後(謂. 八月一日以後. 卽與考後同. 但考後功過. 合解及昇降者. 卽附當年考. 若不至解及昇降者. 仍入來年. 以此爲別. 故兼注互明也.). 省未校以前(謂. 十二月卅日以前也. 何者. 選叙令. 應叙者. 式部起十月一日. 盡十二月卅日. 卽考選程限. 理合一同故也.). 犯罪斷訖. 准狀合解及貶降者. 仍卽附校 有功應進者. 亦准此. 無長官. 次官考(謂. 判官主典不在考限. 唯錄上日行事. 申送於官. 凡注考官人. 不定自身考第. 具錄善最功過. 申送管司. 若無管司. 申送於官. 卽式兵部校定也.). 凡官人景迹功過. 應附考者(謂. 官人者. 主典以上. 其分番亦准此也. 景迹者. 景像[94]也. 猶言狀迹也.). 皆須實錄(謂. 一年之內. 每日記錄. 卽至考校之時. 集此記注. 以爲惣錄. 是上條所謂具錄一年功過行能者也. 此條不言行能者. 卽人之才能. 不可

94_『政事要略』에는 狀으로 되어 있다.

每日記錄故也.). 其前任有犯私罪. 斷在今任者. 亦同見任法(謂. 依下條. 官人犯罪附殿者. 皆據案成乃附. 私罪. 計贖銅一斤爲一負. 公罪. 二斤爲一負. 各十負爲一殿. 自上中以下. 率一殿降一等. 故前任犯私罪. 斷在後任者. 仍同見任. 可附負殿. 若前任犯公罪. 斷在今任者. 依律. 卑官犯罪. 遷官事發. 在官犯罪. 去官事發. 犯公罪流以下勿論. 此則既得勿論. 亦不可附負殿也.). 卽改任. 應計前任日爲考者(謂. 考中改任者若考後改任者. 皆在前任爲考也.). 功過並附. 注考官人(謂. 長官也.). 唯得述其實事. 不得妄加臧不. 若注狀乖舛. 褒貶不當. 謂景迹功狀高而考第下. 或考第優而景迹劣之類. 及隱其功過(謂. 主典也. 言若長官昇降不當者. 降長官考. 若主典實錄不明者. 降主典考. 故云. 各准所失輕重. 降所由官人考. 假如. 降一等者. 卽降所由一等. 降二等者. 亦降所由二等之類. 若降數人考者. 唯依一重者降. 卽昇者亦准此法. 其所由官者. 先奪最後降考. 餘官者唯奪其最也. 問. 依律. 考挍不以實者. 一人笞五十. 二人加一等. 失者減三等. 未知. 至於降考. 故失有別耶. 答. 據律科罪. 雖故失各異. 在令降考. 卽故失无別. 是律令義殊. 未可滯執. 又問. 降考之後. 亦依律科罪以不. 答. 降考訖後. 更亦科罪也.). 以致昇降者. 各准所失輕重. 降所由官人考. 卽朝集使褒貶進退失實者亦如之(謂. 長官所考合理. 而朝集使不能辨答. 仍降朝集使考. 若長官所考乖理. 而朝集使亦不能辨答. 唯降長官考. 爲降所由官人考故也.).

德義有聞(謂. 德者. 得也. 性得高行. 義者. 宜也. 裁制合宜. 二者相須. 乃得稱善. 以下三善. 亦合相須. 假如. 黃覇守尹. 瑞鳳集國. 劉昆作宰. 猛虎渡河之類. 是德也. 鮑永引車. 哭於舊君. 廉范下馬. 周於窮使之類. 是義也.)者. 爲一善.

清愼顯著(謂. 淸者. 潔也. 愼者. 謹也. 假如. 楊震闇[95]夜辭金. 胡威歸[96]路問絹之類. 是淸也. 孔光典機. 不語溫樹. 樊宏詣闕. 無謬鐘漏之類. 是愼也.)者. 爲一善.

公平可稱(謂. 背私爲公. 用心平直. 假如. 趙武擧以私讎. 祁奚薦以己子之類. 公平也.)者. 爲一善.

95_ 暗으로 되어 있는 사본도 있다.

96_ 귀의 古字인 皈로 되어 있으나 정자로 고쳤다.

恪勤匪懈(謂. 恪. 敬也. 盡力曰勤. 假如. 馮豹奏事. 通宵伏閣. 巫馬從政. 戴星居官之類. 恪勤也.)者. 爲一善.

最條(謂. 最惣有卅二條. 凡最者八字相須. 乃得成最. 假如. 玄蕃寮. 雖蕃客不來. 猶得僧尼合道. 蕃客得所之最. 擧一以言. 餘准須知. 其方術之最. 以四字成. 假如. 陰陽師最. 占效驗多之類也.)

神祇祭祀. 不違常典. 爲神祇官之最. 謂少副以上.

獻替奏宣. 議務合理. 爲大納言之最.

承旨無違. 吐納明敏. 爲少納言之最.

受付庶務. 處分不滯. 爲辨官之最. 謂少辨以上.

侍從覆奏. 施行不停. 爲中務之最. 謂少輔以上.

銓衡人物(謂. 銓衡者. 銓. 銓量也. 衡. 平也. 人物者. 猶云人也. 言司選之於才能. 猶銓衡之於錙銖. 故諭云[97]也.). 擢盡才能. 爲式部之最. 謂少輔以上.

僧尼合道(謂. 合於佛道也.). 譜第不擾(謂. 治部掌本姓. 解部掌譜第爭訟. 故擧以爲最名也.). 爲治部之最. 謂少輔以上.

戶口不濫(謂. 據勘籍帳. 令無脫漏及冒名也.). 倉庫[98]有實(謂. 諸國所支. 租稅雜稻. 擧息如法. 令无懸缺也.). 爲民部之最. 謂少輔以上.

銓衡武官(謂. 知將吏之材略. 備預諸非常. 其武擧出身. 隨材練擢且是也.). 調充戎事(謂. 調習軍容. 充備火具也.). 爲兵部之最. 謂少輔以上.

決斷不滯. 與奪合理. 爲刑部之最. 謂少輔以上及判事.

謹於修置(謂. 安置得所也.). 明於出納. 爲大藏之最. 謂少輔以上.

堪供食産(謂. 供御雜膳. 謂之食. 官田及園池所生. 謂之産也. 言預量所須. 色別准擬. 至於供用. 皆能堪之也.). 催治諸部(謂. 治渫治也. 部所部也. 宮內所管多. 是供奉之司. 其事尤重. 故爲最名也.). 爲宮內之最. 謂少輔以上.

訪察嚴明. 糺擧必當. 爲彈正之最. 謂忠以上及巡察.

97_ 言으로 되어 있는 사본도 있다.

98_ 『令集解』에는 廩으로 되어 있다.

興崇禮敎. 禁斷盜賊. 爲京職之最. 謂亮以上.

監造御膳(謂. 亮以上及奉膳爲監. 典膳爲造也.). 淨戒無誤(謂. 不犯食禁也.). 爲主膳之最. 謂亮及典膳以上.

部統有方(謂. 方者. 義方也.). 警守无失. 爲衛府之最. 謂尉以上.

音樂克諧. 不失節奏. 爲雅樂之最. 謂助以上.

僧尼不擾(謂. 合僧尼令也.). 蕃客得所(謂. 遠人新至. 不服水土. 不習風俗. 有司存撿. 不致令其煩濫也.). 爲玄蕃之最. 謂助以上.

支度國用. 明於勘勾. 爲主計之最. 謂助以上.

謹於蓋藏. 明於出納(謂. 京國官倉. 蓋藏及出納. 其在京者. 主稅自撿挍. 在外者. 據帳知也.). 爲主稅之最. 謂助以上.

調肥閑馬. 不脫飼丁(謂. 脫. 脫漏也. 不從戶貫爲脫也.). 爲馬寮之最. 謂助以上.

愼於曝凉(謂. 曝者. 陽乾也. 凉者. 風凉也.). 明於出納. 爲兵庫之最. 謂助以上.

朝夕常侍. 拾遺補闕. 爲侍從之最.

監察不怠. 出納明密. 爲監物之最.

勤於宿衛. 進退合禮. 爲內舍人之最.

職事修理. 昇降必當(謂. 諸司次官以上. 皆得此最也.). 爲次官以上之最.

揚淸激濁(謂. 激. 淸也. 言淸廉之人在下第者. 褒而進之. 貪濁之人處上考者. 貶而降之類.). 褒貶必當. 爲考問之最. 謂式部兵部丞.

訪察精審. 庶事兼擧. 爲判官之最.

公勤不怠. 職掌无闕. 爲諸官之最(謂. 諸無最官. 皆得此最. 如主鈴典鎰及諸長上之類也.).

勤於記事. 稽失无隱. 爲主典之最.

詳錄典正. 詞理兼擧. 爲文史之最(謂. 詳者. 審也. 典正者. 婉而成章. 盡而不汙之類是也. 文史者. 圖書助以上也.).

明於記事. 不失勅旨. 爲內記之最.

訓導有方. 生徒充業(謂. 方者. 道也. 充者. 滿也. 依學令. 通中以上. 是爲充業也.). 爲博士之最.

占候醫卜(謂. 陰陽曰占. 天文曰候. 療病曰醫. 灼龜曰卜也.). 效驗多者. 十得七爲多. 爲方術之最.

推步盈虛(謂. 步猶尋也. 推步弦望晦朔. 以爲曆是也. 盈虛者. 日月行度之盈縮. 及時序節候之進退也.). 窮理精密. 爲曆師之最.

市廛不擾. 姧濫不行(謂. 男女肆別. 貨食區分. 是爲市廛不擾也. 姧盜及行濫之徒. 不得其情. 是爲姧濫不行也.). 爲市司之最. 謂佑以上.

推鞫得情. 申辨明了(謂. 鞫者. 窮罪也. 了者. 了別之義也.). 爲解部之最.

禮儀興行. 戎具充備(謂. 此唯爲大宰府及筑前國. 其管內諸國者非也.). 爲太宰之最. 謂少貳以上.

强濟諸事. 肅淸所部(謂. 盜賊不起之類也. 假令. 盜賊已起. 限內捕獲. 尙亦須除其最也.). 爲國司之最. 謂介以上.

無有愛憎. 供承善成(謂. 大宰監亦得此最也.). 爲國掾之最.

防人調習. 戎䙬充備. 爲防司之最. 謂佑以上.

譏察有方. 行人無擁. 爲關司之最(謂. 譏者. 問也. 關司. 謂依軍防令. 國司分當守固. 是也.).

一最以上(謂. 神祇少副以上. 得神祇祭祀. 不違常典. 及職事修理. 昇降必當最之類. 故云以上也.)有四善(謂. 凡善者. 必待衆知. 然後乃得爲善. 卽一得以後. 其行不渝者. 永得其善名. 但恪勤善者. 不必天然. 雖是凡庸. 自强可得. 故隨狀昇降. 卽在當年也.). 爲上上. 一最以上有三善. 或无最而有四善. 爲上中. 一最以上有二善. 或无最而有三善. 爲上下. 一最以上有一善. 或无最而有二善. 爲中上. 一最以上. 或无最而有一善. 爲中々. 職事粗理. 善最弗聞. 爲中下. 愛憎任情. 處断乖理. 爲下上. 背公向私. 職務廢闕. 爲下中. 居官諂詐. 及貪濁有狀(謂. 八字不相須. 故隔句以及. 其六贓一尺以

上入己者. 皆是貪濁. 卽盜不得財. 亦爲下下也.). 爲下々. 若於善最之外. 別有可嘉尙. 及罪雖成殿. [而][99]情狀可矜(謂. 爲人寡尤. 而邂逅犯罪者也.). 或雖不成殿. 而情狀可責者(謂. 論其所犯. 雖是輕罪而情意不悔. 數有口失者也.). 省校日. 皆聽臨時量定.

凡分番者. 每年本司(謂. 當司次官以上也. 所以知者. 昇降必當. 爲次官以上最故.)量其行能功過. 立三等考第. 小心謹卓(謂. 高而不群. 謂之卓也.). 執當幹了(謂. 執當者. 猶執掌也. 幹了者. 幹强也. 了慧也. 言强幹慧了. 自能堪事也.)者. 爲上. 番上無違. 供承得濟(謂. 待人指麾. 承順成濟者也.)者. 爲中. 逋違不上. 執當虧失者. 爲下. 對定. 訖具記送省(謂. 送於式兵二省也.).

凡兵衛. 立三等考第. 恭勤謹愼. 宿衛如法. 便習弓馬者(謂. 弓馬相須. 卽得爲上也.). 爲上. 番上不違. 職掌無失. 雖解弓馬. 非是灼然者(謂. 或弓或馬. 一者灼然亦爲中也.). 爲中. 違番不上. 數有犯失(謂. 數者. 三度以上也. 犯者. 故犯也. 失者. 過失也. 並是杖罪以下卽降其考. 若至徒以上者. 仍可解任也.). 好請私假. 不習弓馬(謂. 雖習弓馬. 而好請私假者. 比類中等. 優劣殊懸者猶居下第. 其自餘諸條. 居下仰上. 企而不及者. 亦皆准此也.)者. 爲下.

凡衛門々部. 立三等考第. 正色當門(謂. 正色者. 色皃嚴正. 不爲阿曲者也. 當門者. 執掌之處也.). 明於禁察. 監當之處. 能肅姧非者(謂. 糺肅精審. 無有漏失也.). 爲上. 居門不怠. 撿校無失(謂. 雖是無失. 頗有踈漏. 故猶爲中也.). 至於禁察. 未是灼然者. 爲中. 不勤其門. 數有口違. 撿校之所. 事多踈漏(謂. 漏半以上者. 乃爲多也.)者. 爲下.

凡國郡司. 撫育有方. 戶口增益者(謂. 其生益者. 不入功限. 若加功産育. 事迹分明者. 尤是撫育有方者也.). 各准見戶. 爲十分論. 加一分. 國郡司謂掾及少領以上. 各進考一等(謂. 准. 猶依也. 見戶者. 本戶也. 下文云准見地論. 亦與此同也.). 每加一分. 進一等(謂. 本戶計戶數. 增戶依丁數也. 假如. 本戶百烟. 卽十烟爲一分. 今有增丁十人者. 爲加一分. 進考一等之類也. 其國郡司. 各依行能功

99_『政事要略』에는 而가 있다.

過. 立考第已訖後. 更依斯條. 爲分昇降也.). 增戶. 謂增課丁. 率一丁同一戶法. 每次丁二口. 中男四口. 不課口六口. 各同一丁例. 其有破除者. 得相折之(謂. 戶口有減損者. 卽得以增益相折也.). 若撫養乖方. 戶口減損者(謂. 其死損者. 不在損限. 若受寃致死. 灼然可驗者. 卽是撫養乖方者也.). 各准增戶法. 亦減一分. 降一等. 每減一分. 降一等. 課及不課. 並准上文. 其勸課田農. 能使豊殖者. 亦准見地. 爲十分論(謂. 部界之內 所有雜田. 皆惣爲見地. 其農業者. 人民所先. 故加二分乃進. 損一分卽降也). 加二分. 各進考一等. 每加二分. 進一等. 謂口田之外. 別能墾發者. 其有不加勸課. 以致損減者. 損一分. 降考一等. 每損一分. 降一等. 謂口田之內. 有荒廢者. 若數處有功. 並應進考者(謂. 依學令. 國郡司有解經義. 卽兼令加教授. 訓導有成卽進考之類. 若數處有過者. 亦須累降也.). 亦聽累加.

凡國郡以戶口增益應進考者. 若是招慰. 謂不從戶貫(謂. 蝦夷之類也.)而招慰得者. 括出(謂. 籍帳無名. 而官司勘出者也.). 隱首(謂. 無名之民. 自來而首也.). 走還者(謂. 逃走之人. 悔過還歸. 其浮逃絶貫. 於所在附貫者. 亦入功限也.). 得入功限. 折生者不合(謂. 折[100]者. 分也. 言一戶分爲二戶也.). 若戶口入逆(謂. 謂自入逆黨者也.). 走失(謂. 逃亡也). 犯罪配流以上(謂. 已殺已配者. 其緣坐家口及沒官. 并蠱毒同居等皆是. 但移鄕及特流. 并當贖者非也.). 前帳虛注(謂. 前司之時. 死者注生. 逃者注在. 而後任之官. 因循不改者也.). 及沒賊(謂. 謂. 被逆賊抄略.)以致減損者. 依降考例. 沒賊. 非人力所制者非.

凡官人. 因加戶口. 及勸課田農. 并緣餘功. 進考者. 於後事若不實. 縱經恩降. 其考皆從追改(謂. 雖已叙位. 亦須追改也.).

凡官人. 犯罪附殿者. 皆據案成乃附(謂. 殿者. 殿其選數也. 案成者. 斷罪案成. 不待贖銅納訖也.). 私罪. 計贖銅一斤爲一負(謂. 負者. 負其罪名也. 依下條. 官人犯罪. 勅斷有輕重者. 皆依勅斷附殿. 卽彼條不限眞決徵贖. 皆悉附殿. 然則收贖

100_ 의미로 보아 析이 옳은 것으로 보인다.

是輕. 尙亦附殿. 眞決惟重. 理自須知. 其分番計殿. 亦皆准此也.). 公罪. 二斤爲一負. 各十負爲一殿. 當上上考者. 雖有殿不降(謂. 若當上上考之人. 兼有私罪殿. 公罪殿者. 唯得以私罪降上上. 其公罪殿. 不在降限也.). 謂非私罪. 自上中以下. 率一殿. 降一等. 卽公坐殿失應降(謂. 公坐成殿. 元非挾私. 故曰殿失. 若公坐故者. 不可減殿. 何者. 依律. 盜決堤防者. 杖八十. 注云. 有人盜決堤防. 取水供用. 無問公私. 各得此坐. 水若爲官. 卽是公坐. 然則公坐殿. 故不可減明也.). 若當年勞劇. 有異於常者(謂. 得中上以上考者. 何者. 中上以上考. 非常人之所得故. 是以. 唐令加一季祿. 卽常得中中之人. 特得中上. 常得中上之人. 特得上下之類. 故云有異於常也.). 聽減一殿. 其犯過失殺傷人. 及疑罪徵贖者. 並不入殿限.

凡官人. 有犯私罪下中. 公罪下々. 並解見任(謂. 依上條. 計公私殿. 降至此第者. 卽解見任. 其以景迹論. 降至此考者亦同. 若通計公罪私罪殿. 降至下中者. 卽爲公罪殿. 不可解官也.). 卽依法合除免官當者(謂. 若無位官人. 有蔭贖徒以上者. 亦須解官. 不可輕於八位以上也.). 不在考挍之限. 並奪當年祿(謂. 當年者. 自春至冬. 卽奪事發年祿. 不可追前年祿. 假如. 正月事發者. 不徵去年祿. 卽停將來祿. 若秋祿旣給後事發者. 春秋之祿. 重皆徵還之類也.). 本犯不至除解. 而特除解者不徵. 其考解者. 朞年聽叙(謂. 考解之人. 不可追位. 而言聽叙者. 猶云聽仕也.).

凡內外初位以上長上官. 計考前釐事. 不滿二百卌日. 分番不滿一百卌日. 若帳內資人不滿二百日. 並不考. 分番者. 若日有斷絶. 欲於考前倍上者. 皆聽通計(謂. 有故闕番者. 若農時請假. 閑月陪上者. 量其意故. 理不可聽也.). 卽先從公使. 後改官者(謂. 散位先從公使. 後任官者亦同也.). 起補任日. 及任訖未上. 便差充使者. 起差使日. 並同在司釐事法. 若舊人被使. 後得替者(謂. 官人充使. 後得替解任者也.). 替後使日. 亦聽通計. 其有功過灼然(謂. 當中上以上考者爲功. 當下中以下考者爲過. 是並功過灼然者. 其分番亦准此也.). 理合黜陟者. 雖不滿日. 別記送省. 其分番與長上通計爲考者

(謂. 是爲分番入長上立法. 若長上出分番者. 不用此法. 猶亦以長上一日. 爲分番一日. 其外長上與內分番. 亦不在通計之例也.). 分番三日. 當長上二日. 每年考文集日. 省勘挍. 色別爲記(謂. 上日考第. 色制非一. 故云色別. 卽今所謂考之別記者也.). 具顯功過. 三位以上(謂. 一品以下其右大臣以上. 不在考例也.)奏裁. 五位以上. 太政官量定奏聞. 六位以下. 省挍定. 訖唱示考第(謂. 此爲六位以下立文也.). 申太政官. 若考當下第. 狀有不盡(謂. 若當上第. 校量難明者. 猶依上第爲定也.). 量挍難明者. 附使勘覆(謂. 使者. 便使也.). 善惡待後年惣定. 若過考之後. 訴理不伏. 應雪者. 亦如之(謂. 雪者. 明也.).

凡任二官以上. 各依官考(謂. 二官各依常例立考. 故云. 各依官考也.). 省考挍日. 聽以功過相折(謂. 以功折過. 定其等第. 若二官共無功過. 唯有善最者. 不可相折也.). 累從一高官上考. 若一官上犯私坐應解者. 則並解(謂. 二官並解. 若犯公坐者. 唯解事發之一官. 其計二官公殿. 至解官者. 亦解一高官也.). 卽一官去任者(謂. 以理去任也.). 聽廻所累考於見任官上論(謂. 廻所解之官考. 爲見任之官考. 而成選叙位也.).

凡大貳以下及國司. 謂目以上. 每年分番(謂. 旣云每年分番. 卽知以一年爲番限也.)朝集. 所部之內見任及解代. 皆須知. 其在任以來年別狀迹(謂. 國守以下. 在任一選之內. 年別狀迹. 隨問辨答也.). 隨問辨答.

凡內外官人. 准考應解官者(謂. 次官以下. 其長官之考. 不得自定. 卽符報未下之間. 猶須釐事也.). 卽不合釐事. 待符報卽解(謂. 待報之間. 不可追事力職田.).

凡應考之官. 犯罪案成者. 考日卽附考狀. 若他司人有功過者. 錄牒本司附考(謂. 其功過雖不至可昇降. 猶亦錄牒. 爲通計附考故也.). 其在京斷罪之司(謂. 在京諸司皆是. 何者. 依獄令. 在京諸司. 杖罪以下當司決之故. 其刑部所斷官當以上罪者. 奏報之日. 隨卽錄送. 不入此條也.). 所斷之罪. 九月卅日以前. 並錄送省(謂. 雖不成殿. 亦須錄送. 其國郡亦准此.).

凡官人犯罪. 勅斷有輕重者. 皆依勅斷附殿(謂. 官人犯罪. 本罪成殿. 而勅斷或輕或重者. 皆依勅斷. 計殿降考. 假令. 官人犯私罪. 杖一百. 應贖銅十斤. 是成一殿. 而勅斷杖九十者. 卽依贖銅九斤附. 若勅斷徒一年者. 亦依贖銅廿斤附之也.). 若本犯不成殿. 勅令附考者. 依本犯附考(謂. 本犯不至殿者也. 假令. 官人犯罪. 應杖九十. 而勅決杖一百者. 猶依贖銅九斤附. 若應杖七十. 而勅決杖六十者. 仍依贖銅六斤附也.). 卽別勅放免. 及會恩降者. 並不入殿限(謂. 恩降者. 恩赦及降也. 不入殿限者. 依律. 若贖銅輸訖. 後會降者. 唯除所降. 餘准殿降之也.). 本犯私罪. 斷徒以上(謂. 徒以上者. 流罪也. 依獄令. 雜犯死罪. 獄成會赦全原者. 解見任職事. 卽死罪會赦者. 直解其官. 不可煩准殿降也. 文云斷徒以上. 卽未斷者. 從恩免明. 其比徒之色者. 不在稱徒以上之限.). 蒙恩免(謂. 恩赦及別勅放免. 其降亦同也.). 當年考應居上者(謂. 中上以上也.). 亦准殿降. 唯不得降至下第(謂. 中下. 其計贖銅降降考. 不限已輸未輸. 上條. 稱據案成乃附故也.). 若本犯免官以上(謂. 以上. 除名也. 案律. 雜犯加役流. 子孫犯過失流. 並合除名. 若會恩赦者. 卽須免其罪. 但至於考日. 計殿降考也.). 及贓賄入己(謂. 官人受所監臨物一尺以上之類也.). 恩前獄成者(謂. 別放及降. 並同恩例. 其監主犯奸盜. 而獄成會常赦者. 免所居官. 此常赦所不免. 亦不在考挍之限. 卽如此之類. 會非常赦者. 仍以景迹論. 擧此一端. 餘隨可知也.). 仍以景迹論(謂. 依上條. 居官諂詐. 及貪濁有狀. 爲下下. 卽贓賄入己. 是貪濁有狀. 卽雖會恩赦. 猶爲下下. 又依上條. 官人有犯私罪下中. 公罪下下. 奪當年祿. 卽依此文. 亦合奪祿. 故云貶考奪祿. 並依常法也.). 貶考奪祿. 並依常法. 卽非除免者. 不解官(謂. 除者. 除名也. 免者. 免官也. 依上條. 私罪下中. 公罪下下. 並解見任. 其贓賄入己者. 縱雖至下下. 不可解官. 但本犯除名免官者. 仍須解官. 故云非除免者. 不解官也.).

凡每年諸司(謂. 辨官. 治部. 民部. 刑部等也.). 得國郡司政. 有殊功異行(謂. 功狀行迹. 超倫拔萃. 假如. 鄭渾興陂. 沛郡倍租. 鮑昱決洫. 汝南饒水之類. 殊功也. 仇覽長蒲. 流美化梟. 卓茂宰密. 修善避蝗之類. 異行也.). 及祥瑞災蝗. 戶口調役增減. 當界豊儉. 盜賊多少. 並錄送省(謂. 殊功異行自辨官. 祥瑞自治部. 調役增減自民部. 盜賊多少自刑部. 並皆錄送式部兵部也.).

凡家令(謂. 書吏以上惣名. 卽文學亦本主考. 其扶以上及文學. 得諸官最. 從得判官最. 書吏得主典最也.). 每年本主准諸司考法立考. 嬪以上及內親王家事. 隷宮內省(謂. 家事者. 考事. 卽宮內省承主旨. 定其考第也.). 考訖. 申省案記. 准考應解者. 同諸司法.

考外位

凡國司. 每年量郡司行能功過. 立四等考第. 淸謹勤公. 勘當明審之類(謂. 郡司所行. 合居上第者. 非唯此事. 觸類繁多. 故曰之類. 若緣餘行. 雖得上第. 取此八字. 以爲最名也.). 爲上. 居官不怠. 執事無私之類. 爲中. 不勤其職. 數有口犯之類. 爲下. 背公向私. 貧濁有狀之類(謂. 二事不相須. 有一者. 卽爲下下也.). 爲下々. 其軍團少毅以上(謂. 其主帳者. 不在得考之例. 故云以上也.). 統領有方. 部下肅愗(謂. 二事相須. 乃得爲最. 其下文亦准此也.). 爲上. 淸平謹恪. 武藝可稱. 爲中. 於事無勤. 武藝不長. 爲下. 數有口失. 武用無紀(謂. 紀者. 綱紀也.)爲下々. 每年國司皆考對定. 訖具記附朝集使送省. 其下々考者. 當年校定卽解(謂. 依上條. 待符報. 卽解此條亦同. 此文承於送省之下. 卽知二省校定申官卽解之也.).

凡國博士. 立三等考第. 居官不怠. 教導有方. 爲上. 教授不倦. 生徒充業. 爲中. 不勤其職. 教訓有闕. 爲下. 其醫師. 准效驗多少(謂. 雖生徒充業而不療病者. 仍爲下第.). 十得七以上爲上. 得五以上爲中. 得四以下爲下.

凡帳內及資人. 每年本主量其行能功過. 立三等考第. 恪勤不懈. 淸廉稱上. 爲上. 祇承合意(謂. 祇者. 敬也. 承猶事也.). 産業不怠. 爲中. 好請私假. 數有口失(謂. 二事不相須. 若有一者. 亦爲下. 其相折之法. 同分番條也.) .爲下.

考貢人

凡秀才. 試方略(謂. 方. 大也. 略. 要也. 大事之要略也.)策二條. 文理(謂. 文辭也. 理義也.)俱高者. 爲上々. 文高理平. 理高文平. 爲上中. 文理俱

平. 爲上下. 文理粗通. 爲中上. 文劣理滯. 皆爲不第.

凡明經. 試周禮. 左傳. 禮記. 毛詩. 各四條. 餘經各二條. 孝經. 論語. 共三條(謂. 論語孝經. 猶一部之書也.). 皆擧經文及注爲問. 其答者. 皆須辨明義理. 然後爲通. 通十爲上々(謂. 其通中經者. 二經並通. 然則. 周禮毛詩各四條. 論語孝經共三條. 合試十一條. 若通十者. 雖不全通. 猶爲上上也.). 通八以上爲上中. 通七爲上下. 通六爲中上. 通五及一經. 若論語. 孝經全不通者(謂. 試三條. 全不通者.). 皆爲不第. 通二經以外. 別更通經者. 每經問大義七條. 通五以上爲通.

凡進士. 試時務策(謂. 時務者. 治國之要務也. 假如. 旣庶又富. 其術如何之類也.)二條. 帖所讀. 文選上秩七帖(謂. 帖者. 安也. 言於字上安物. 諳讀令過也.). 爾雅三帖. 其策文詞順序. 義理慥當. 并帖過者. 爲通. 事義有滯. 詞句不倫. 及帖不過者. 爲不. 帖策全通爲甲. 策通二. 帖過六以上. 爲乙. 以外皆爲不第.

凡明法. 試律令十條(謂. 依此令. 必可有明法博士及生.). 律七條. 令三條. 識達義理. 問無疑滯者. 爲通. 粗知綱例. 未究指歸者. 爲不. 全通爲甲. 通八以上. 爲乙. 通七以下. 爲不第.

凡試貢擧人. 皆卯時付策. 當日對畢(謂. 策者. 簡也. 所以書文詞者也. 言於秀才進士. 付此簡策. 令其書對也.). 式部監試(謂. 式部監視其試. 不必親試也.). 不訖者不考(謂. 當日二策. 不成畢者也.). 畢對本司長官. 定等第唱示(謂. 對式部卿. 定其等第也.).

凡貢人. 皆本部長官. 貢送太政官. 若無長官. 次官貢(謂. 其判官者. 不在貢限也.). 其人隨朝集使赴集. 至日皆引見辨官. 卽付式部. 已經貢送. 而有事故. 不及試者. 後年聽試. 其大學擧人. 具狀申太政官. 與諸國貢人同試. 試訖得第者. 奏聞留式部(謂. 秀才明經. 得上上上中者. 各有叙法. 其上下中上. 不在叙位之例. 唯留式部. 待選乃叙也.). 不第者. 各還本色(謂. 未滿九年者. 還本學. 旣滿者. 還本貫. 故云各還本色.).

祿令 第十五

녹령 제15

무릇 15조이다.

1. **무릇 경**京**에 있는 문무**文武 **직사**職事 **및 대재**大宰 **· 일기**壹岐 **· 대마**對馬**에게는 모두 관위에 의거하여 녹**祿**을 준다**(생각건대, 지나간 날을 계산하여 장래의 녹을 준다. 그러므로 아직 주기 전에 정당한 사유로 관을 떠난 경우 기한을 비록 충족시켰더라도 지급하는 예[給例]에 있지 않다.). **8월부터 정월까지 상일**上日[1]**이 120일 이상인 경우 봄 · 여름**[春夏]**의 녹을 준다. 정종**正從 **1위에게 비단 30필, 진면**眞綿[2] **30둔**屯,[3] **베 100단**端,[4] **가래**[5] **140구**口[6]**를 주고 정종**正從 **2위에게 비단 20필, 진면 20둔, 베 60단, 가래 100구를 준다. 정3위에게 비단 14필, 진면 14둔, 베 42단, 가래 80구를 주고 종3위에게 비단 12필, 진면 12둔, 베 36단, 가래 60구를 준다. 정4위에게 비단 8필, 진면 8둔, 베 22단, 가래 30구를 주고 종4위에게 비단 7필, 진면 7둔, 베 18단, 가래 30구를 준다. 정5위에게 비단 5필, 진면 5둔, 베 12단, 가래 20구를 주고 종5위에게 비단 4필, 진면 4둔, 베 12단, 가래 20구를 준다. 정6위에게 비단 3필, 진면**

---

[1]- 출근하여 근무한 날을 말한다.

[2]- 누에고치를 펴서 솜처럼 가공한 것을 말한다.

[3]- 眞綿의 거래 단위로 主計式에 의하면 1屯은 150g이지만, 450g으로 보는 설도 있다.

[4]- 베의 크기를 나타내는 단위로 옷 1벌을 만들 수 있는 천을 기준으로 한다.

[5]- 괭이라고도 하고 가래라고도 하는데, 양쪽으로 쓰일 수 있는 철제 날 부분만을 준 것으로 보인다.

[6]- 폭 9寸 5分 길이 2丈 8尺이다.

3둔, 베 5단, 가래 15구를 주고 종6위에게 비단 3필, 진면 3둔, 베 4단, 가래 15구를 준다. 정7위에게 비단 2필, 진면 2둔, 베 4단, 가래 15구를 주고 종7위에게 비단 2필, 진면 2둔, 베 3단, 가래 15구를 준다. 정8위에게 비단 1필, 진면 1둔, 베 3단, 가래 15구를 주고 종8위에게 비단 1필, 진면 1둔, 베 3단, 가래 10구를 준다. 대초위大初位에게 비단 1필, 진면 1둔, 베 2단, 가래 10구를 주고 소초위少初位에게 비단 1필, 진면 1둔, 베 2단, 가래 5구를 준다. 가령家令은 한 단계 내린다(생각건대, 서리書吏 이상을 가령家令이라고 통틀어 칭한 것이다. 가령, 종7위관은 내려서 정8위관으로 간주하는 부류이다. 그 소초위관은 다시 내릴 바가 없는 경우로 가래 5구로써 강법降法에 따른다. 대소초위의 녹법을 계산하면, 가래 5구의 차이가 나기 때문이다.[7]). 단 문학文學은 내리는 범위에 있지 않다. 가을 · 겨울의 녹도 역시 이와 같다.

2. 무릇 녹은 봄 · 여름 두 계절분은 2월 상순에 준다. 명주 1타래로 면 1둔을 대신한다. 가을 · 겨울 두 계절분은 8월 상순에 준다. 철 2정으로써 가래 5구를 대신한다.

3. 무릇 내사인內舍人과 별칙재기別勅才伎로서 제사諸司에 장상長上하는 자는 모두 해당 관사 판관判官 이하의 녹에 준한다. 그 지위가 주전主典 이상이라면, 소판관少判官에 준하고, 그 이외에는 모두 대주전大主典에 준한다(생각건대, 가령 중무대록中務大錄은 정7위관이고, 소록少錄은 정8위관이므로, 만약 내사인內舍人 정8위라면, 성省의 소승少丞에 준한다. 또 종8위 이하 및 무위無位라면, 성省의 대록大錄에 준하는 부류이다.).

4. 무릇 행수行守에 해당하는 자는 모두 행수行守하는 바에 의거해서 지급한

7_ 家令으로서 소초위관인 경우에 가래 5구를 줄여서 진면, 삼베만 준 것이다.

다(생각건대, 가령, 6위를 가진 사람이 7위관을 행行하는 경우는 7위의 녹을 지급하고, 7위를 가진 사람이 6위관을 수守하는 경우는 6위의 녹을 지급하는 부류이다.). **만약 한 사람이 여러 개의 관직을 가졌다면, 녹은 높은 곳에 따라서 지급한다**(생각건대, 만약 높은 관직의 상일上日은 부족하고 낮은 관직의 상일上日을 충족시켰다면, 곧 높은 관직에 따라서 지급한다.).

5. 무릇 녹을 지급하는 데 해당되는 관인이 만약 부범負犯이 있어서(생각건대, 범죄가 있는 것이다.) **제면관당除免官當에 해당하여 추핵推劾을 받으면, 과단科斷을 끝내지 않았더라도 그 녹은 지급하는 것을 정지한다. 판단을 끝내기를 기다려서 교정挍定하고 그러한 후에 지급한다**(생각건대, 만약 당면當免에 해당된다면, 고과령에 의거해서 해당 연도의 녹을 빼앗는다. 당면當免에 해당하지 않는다면, 곧 지급한다.). **그 사죄私罪의 하상下上과 공죄公罪의 하중下中은 반년의 녹을 빼앗는다.**

6. 무릇 초임初任의 관인은 비록 상일上日을 채우지 않았다 하더라도 모두 초임의 녹을 지급한다(생각건대, 초임은 무록인無祿人이 유록有祿에 들어가는 것이다. 상일上日을 채우지 않았다는 것은 임관 이후의 근무일수를 헤아렸는데, 지급하는 기한을 충족시키지 못한 것이다. 그 병위兵衛는 비록 녹은 있고 직사職事가 아니지만, 만약 초임관初任官이라면 역시 지급하는 예에 넣는다. 즉 상喪을 당해 해관解官된 자가 관의 명령으로 관직에 나아가면 이전에 근무한 날짜[前日]를 통계해서 지급한다. 초임의 예와 같지 않다.).

7. 무릇 녹을 빼앗을 때 반년분을 거두어들인다면 60일을 기한으로 하여 납부하기를 마친다. 1년분을 거두어들인다면 120일을 기한으로 하여 납부하기를 마친다(생각건대, 모두 징수하도록 결정된 날부터 비로소 헤아린다. 즉 속동贖銅을 거두어들이는 것과 같다.). **만약 기한 내에 은사恩赦를 만나거나 별**

칙別勅으로 복임復任된 경우에는(생각건대, 기한 내에 원래의 관직[本任]에 복임復任한 경우이다. 다른 관사司에 임용된 경우도 또한 같다. 만약 기한을 지나서 복임復任되었다면, 또한 반드시 거두어들여야 한다.), 모두 거두어들이는 것을 면제한다. 즉 지급해야 되는 경우는 복임일復任日부터 새롭게 헤아리는 것으로 한다(생각건대, 이미 복임일復任日부터 새롭게 헤아린다고 하였으므로, 즉 초임의 예와 같지 않음을 알 수 있다. 무릇 녹을 거두어들이는 것은 비록 정록正祿이 현재 있더라도, 다만 은강恩降을 만나면 면제한다. 즉 육장六贓과 조금 다르다.[8]).

8. 무릇 병위兵衛는 6개월 내에 근무한 밤낮[日夜]이 각각 80일 이상이라면, 녹을 지급한다. 유위有位는 대초위大初位에 준하며, 무위無位는 소초위少初位에 준한다. 수도사인授刀舍人[9] 역시 이에 준한다.

9. 무릇 궁인宮人에게 녹을 지급하는 것은 상장尙藏이라면 정3위에 준하고, 상선尙膳·상봉尙縫은 정4위에, 전장典藏은 종4위에, 상시尙侍·전선典膳·전봉典縫은 종5위에, 상주尙酒는 정6위에, 상서尙書·상약尙藥·상전尙殿·전시典侍는 종6위에, 상병尙兵·상위尙闈는 정7위에, 상소尙掃·상수尙水·장장掌藏·장시掌侍는 종7위에, 장선掌膳·장봉掌縫은 정8위에, 전서典書·전약典藥·전병典兵·전위典闈·전전典殿·전소典掃·전수典水·전주典酒는 종8위에 준한다. 나머지 산사散事는(생각건대, 씨녀氏女·여유女孺의 부류이다.) 유위有位라면 소초위少初位에 준하고, 무위無位라면 포 1단을 감한다. 지급하고 징수하는 법은 모두 남자에 준한다.

8_ 六贓은 재물을 받고 枉法한 경우, 재물을 받고 왕법하지 않은 경우, 監臨主司로서 재물을 받은 경우, 강도, 절도, 坐贓(監臨主司가 아니면서 일로 말미암아 재물을 받은 경우를 말한다. 贓物의 경우는 은사가 내리더라도 거두어들인다.

9_ 칼을 소지하고 있는 舍人을 말한다. 궁중 경호를 강화하기 위하여 707년에 설치되었다가 728년에 中衛府에 흡수되었다. 759년에 授刀衛로 부활되었다.

10. 무릇 식봉食封은, 1품은 800호, 2품은 600호, 3품은 400호, 4품은 300호 내친왕內親王은 반을 감한다. 태정대신은 3,000호, 좌우대신은 2,000호, 대납언은 800호, 만약 합당한 이유로 해관解官되거나 치사致仕한 자는 반을 감한다. 정1위는 300호, 종1위는 260호, 정2위는 200호, 종2위는 170호, 정3위는 130호, 종3위는 100호, 그 5위 이상은 식봉食封의 예에 있지 않다. 정4위는 비단[絁] 10필, 진면[綿] 10둔, 베[布] 50단, 용포庸布 360상常,[10] 종4위는 시絁 8필, 면綿 8둔, 포布 43단, 용포庸布 300상, 정5위는 비단 6필, 진면 6단, 베 36단, 용포庸布 240상, 종5위는 비단 4필, 진면 4둔, 베 29단, 용포庸布 180상이다. 여자는 반을 감한다. 그 까닭 없이 근무하지 않은 것이 2년이라면 곧 지급하는 것을 멈춘다(생각건대, 아울러 봉록封祿을 위해서 규정을 만든 것이다. 직봉職封은, 이 예에 들지 않는다. 단 합당한 이유로 해관된 경우는, 상례가 끝난 후[服闋] 및 병을 치료한 후[病差]에 까닭없이 근무하지 않은 것이 1년이라면, 선서령選敍令에 준하여 지급하는 것을 멈추고, 그 재임在任한 관리는 근무일이 120일이라면 역시 지급하지 않는다.). 궁중宮中의 탕목湯沐에 2,000호, 동궁東宮의 1년의 잡용료雜用料에 비단 300필, 진면 500둔, 사絲 500구絇,[11] 베 1,000단, 가래[金秋] 1,000구, 철鐵 500정廷이다.

11. 무릇 황친皇親은 나이가 13세 이상이면, 모두 시복료時服料를 지급한다. 봄에는 비단 2필, 사絲 2구, 베 4단, 가래鍬 10구를, 가을에는 비단 2필, 진면綿 2둔, 베 6단, 철鐵 4정이다, 그 유무를 지급한 왕이라면 (생각건대, 2세世 왕이나. 그 친왕은, 영조令條에 보이지 않으므로, 별식을 두어야 한다. 만약 황친이 관직을 맡았거나 5위 이상에 서임되었더라도, 거듭하여 지급할 수 없다. 단 계록季祿과 왕록王祿 중에, 많은 것에 따라 지급한다.) 비단 4필, 사絲 8구, 베 12단이다.

10_ 길이 1尺 3寸의 布를 1常이라고 한다.

11_ 명주실의 계량 단위로 1絇는 약 220g이다.

12. 무릇 빈嬪 이상은 모두 품위品位에 따라 봉록封祿을 지급한다(생각건대, 반감하지 않는 것을 나타내려고 하였다. 따라서 품위品位에 따른다고 한 것이다. 그 봉록封祿이 이렇게 많은 것은 우대하여 남자에 준하게 한 것이다. 자인資人과 위전位田도 감하지 않는 것이 분명하다.). 그 봄·여름의 호록號祿[12]을 지급하는 것은, 비妃에게 비단 20필, 사絲 30구, 베 60단, 부인夫人에게 비단 18필, 사絲 36구, 베 54단, 빈嬪에게 비단 12필, 사絲 24구, 베 36단이다. 만약 관직이 있는 경우에는 거듭 지급한다. 가을과 겨울 역시 같고, 진면으로서 사絲를 대신한다.

13. 무릇 5위 이상이(생각건대 1품 이하이다.), 공적으로써 식봉食封을 받는 경우에는, 그 사람이 죽었다면 대공大功은 반을 감하여 3세世에게 전하고, 상공上功은 3분의 2를 감하여 2세世에게 전하고, 중공中功이면 4분의 3을 감하여 자식에게 전하고(생각건대, 남녀가 같다), 하공下功이면 전하지 않는다.

14. 무릇 절[寺]은 식봉食封의 예에 있지 않다. 만약 별칙別勅으로써 임시로 봉하는[權封]경우는, 이 영令에 구애받지 않는다. 임시[權]라는 것은 5년 이하를 말한다.

15. 무릇 영조令條 외에, 만약 특봉特封 및 증가한 것이 있다면, 모두 별칙別勅에 따른다.

12_ 妃·嬪·夫人이라고 하는 것이 號이고 이에 따라 녹을 지급하므로 號祿이라고 한다.

凡在京文武職事. 及大宰. 壹岐. 對馬. 皆依官位給祿(謂. 計以往日. 給將來祿. 然則未給之前. 以理去官者. 雖滿限日. 不在給例也.). 自八月至正月. 上日一百廿日以上者. 給春夏祿. 正從一位. 絁參拾疋. 綿參拾屯. 布壹佰端. 鍬壹佰肆拾口. 正從二位. 絁貳拾疋. 綿貳拾屯. 布陸拾端. 鍬壹佰口. 正三位. 絁拾肆疋. 綿拾肆屯. 布肆拾貳端. 鍬捌拾口. 從三位. 絁拾貳疋. 綿拾貳屯. ,布參拾陸端. 鍬陸拾口. 正四位. 絁捌疋. 綿捌屯. 布貳拾貳端. 鍬參拾口. 從四位. 絁漆疋. 綿漆屯. 布拾捌端. 鍬參拾口. 正五位. 絁伍疋. 綿伍屯. 布拾貳端. 鍬貳拾口. 從五位. 絁肆疋. 綿肆屯. 布拾貳端. 鍬貳拾口. 正六位. 絁參疋. 綿參屯. 布伍端. 鍬拾伍口. 從六位. 絁參疋. 綿參屯. 布肆端. 鍬拾伍口. 正七位. 絁貳疋. 綿貳屯. 布肆端. 鍬拾伍口. 從七位. 絁貳疋. 綿貳屯. 布參端. 鍬拾伍口. 正八位. 絁壹疋. 綿壹屯. 布參端. 鍬拾伍口. 從八位. 絁壹疋. 綿壹屯. 布參端. 鍬拾口. 大初位. 絁壹疋. 綿壹屯. 布貳端. 鍬拾口. 少初位. 絁壹疋. 綿壹屯. 布貳端. 鍬伍口. 家令降一級(謂. 書吏以上. 通稱家令. 假令. 從七位官. 降爲正八位官之類. 其少初位官. 更無所降者. 以鍬五口. 准爲降法. 計大少初位祿法. 以鍬五口爲差故.). 唯文學不在降限. 秋冬亦如之.

凡祿. 春夏二季. 二月上旬給. 以絲一約. 代綿一屯. 秋冬二季. 八月上旬給. 以鐵二廷. 代鍬五口.

凡內舍人. 及以別勅才伎. 長上諸司者. 皆准當司判官以下祿. 其位主典以上者. 准少判官. 以外並准大主典(謂. 假令. 中務大錄正七位官.

少錄正八位官. 若內舍人正八位者. 准省少丞. 卽從八位以下. 及無位者. 准省大錄之類也.).

凡行守者. 並依行守處給(謂. 假令. 帶六位人. 行七位官者. 給七位祿. 帶七位人. 守六位官者. 給六位祿之類也.). 若一人帶數官者. 祿從多處給(謂. 若高官之日少. 而卑官之日滿者. 仍從高給.).

凡應給祿之官. 若有負犯(謂. 有犯罪也.)應除免官當. 被推劾. 科斷未畢. 其祿停給. 待斷訖. 按定然後給之(謂. 若應當免者. 依考課令. 奪當年祿. 不應當免者. 仍卽給之.). 其私罪下上. 公罪下中. 奪半年之祿.

凡初任官者. 雖不滿日. 皆給初任之祿(謂. 初任者. 無祿人入有祿也. 不滿日者. 計任後日. 不足給限. 其兵衛者. 雖是有祿. 卽非職事. 若初任官者. 亦入給例. 卽遭喪解官. 奪情從職者. 通計前日給之. 不同初任之例.).

凡奪祿者. 徵半年. 限六十日內輸畢. 徵一年. 限百廿日內輸畢(謂. 並從判徵日始計. 卽與徵贖銅同也.). 若限內遇恩. 及別勅復任(謂. 限內復任本官者. 其任他司亦同. 若限外復任者. 猶亦須徵之也.)者. 並免徵. 卽應給者. 從復任日爲始計(謂. 旣云從復任日爲始計. 卽知不同初任之例. 凡徵祿者. 雖正祿見在. 但會恩降者可免. 卽與六贓稍異.).

凡兵衛. 六月內. 上日夜各八十以上者給祿. 有位准大初位. 無位准少初位. 授刀舍人亦准此.

凡宮人給祿者. 尙藏准正三位. 尙膳. 尙縫准正四位. 典藏准從四位. 尙侍. 典膳. 典縫准從五位. 尙酒准正六位. 尙書. 尙藥. 尙殿. 典侍准從六位. 尙兵. 尙闈准正七位. 尙掃. 尙水. 掌藏. 掌侍准從七位. 掌膳. 掌縫准正八位. 典書. 典藥. 典兵. 典闈. 典殿. 典掃. 典水. 典酒准從八位. 自餘散事(謂. 氏女女孺之類也.). 有位准少初位. 無位減布壹端. 給徵之法並准男.

凡食封者. 一品八百戶. 二品六百戶. 三品四百戶. 四品三百戶. 內親王減半. 太政大臣三千戶. 左右大臣二千戶. 大納言八百戶. 若以

理解官. 及致仕者減半. 正一位三百戶. 從一位二百六十戶. 正二位二百戶. 從二位一百七十戶. 正三位一百卅戶. 從三位一百戶. 其五位以上. 不在食封之例. 正四位絁十疋. 綿十屯. 布五十端. 庸布三百六十常. 從四位絁八疋. 綿八屯. 布卌三端. 庸布三百常. 正五位絁六疋. 綿六屯. 布卅六端. 庸布二百卌[13]常. 從五位絁四疋. 綿四屯. 布廿九端. 庸布一百八十常. 女減半. 其無故不上二年者. 則停給(謂. 兼爲封祿立例. 其職封者. 不入此例. 但以理解官者. 服闋及病差之後. 無故不上一年者. 准選叙令停給. 其在任之官. 不上百廿日者. 亦不給也.). 中宮湯沐. 二千戶. 東宮一年雜用料. 絁三百疋. 綿五百屯. 絲五百絇. 布一千端. 鍬一千口. 鐵五百廷.

凡皇親. 年十三以上. 皆給時服料. 春絁二疋. 絲二絇. 布四端. 鍬十口. 秋絁二疋. 綿二屯. 布六端. 鐵四廷. 其給乳母王者(謂. 二世王. 其親王者. 不見令條. 可有別式. 若皇親任官. 及叙五位以上者. 不可重給. 但季祿與王祿. 從多合給也.). 絁四疋. 絲八絇. 布十二端.

凡嬪以上. 並依品位給封祿(謂. 欲顯不減半. 故云依品位. 其封祿是重. 優令准男. 資人位田. 灼然不減.). 其春夏給号祿者. 妃絁廿疋. 絲卌絇. 布六十端. 夫人絁十八疋. 絲卅六絇. 布五十四端. 嬪絁十二疋. 絲廿四絇. 布卅六端. 若帶官者累給. 秋冬亦如之. 以綿代絲.

凡五位以上(謂. 一品以下也.). 以功食封者. 其身亡者. 大功減半傳三世. 上功減三分之二傳二世. 中功減四分之三傳子(謂. 男女同.). 下功不傳.

凡寺不在食封之例. 若以別勅權封者. 不拘此令. 權. 謂五年以下.

凡令條之外. 若有特封及增者. 並依別勅.

13_ 政事要略 등에는 卅으로 되어 있다.

색인

索引